U0089736

中國學術思想 研究輯刊

三三編

林慶彰 主編

第 11 冊

近代社會思潮演進格局下的船山學

劉覓知 著

花木蘭文化事業有限公司

國家圖書館出版品預行編目資料

近代社會思潮演進格局下的船山學／劉覓知 著 -- 初版 -- 新
北市：花木蘭文化事業有限公司，2021〔民110〕
序 4+ 目 2+266 面；19×26 公分
（中國學術思想研究輯刊 三三編；第 11 冊）
ISBN 978-986-518-440-7（精裝）
1.（清）王夫之 2. 學術思想 3. 清代哲學
030.8   110000657

ISBN-978-986-518-440-7

9 789865 184407

中國學術思想研究輯刊
三三編　第十一冊　　　　　　　ISBN：978-986-518-440-7

近代社會思潮演進格局下的船山學

作　　者　劉覓知
主　　編　林慶彰
總 編 輯　杜潔祥
副總編輯　楊嘉樂
編　　輯　許郁翎、張雅淋　美術編輯　陳逸婷
出　　版　花木蘭文化事業有限公司
發 行 人　高小娟
聯絡地址　235 新北市中和區中安街七二號十三樓
　　　　　電話：02-2923-1455／傳真：02-2923-1452
網　　址　http://www.huamulan.tw 信箱　service@huamulans.com
印　　刷　普羅文化出版廣告事業
封面設計　劉開工作室
初　　版　2021 年 3 月
全書字數　258695 字
定　　價　三三編 18 冊（精裝）新台幣 48,000 元

近代社會思潮演進格局下的船山學

劉覓知 著

作者簡介

　　劉覓知（1974～），女，苗族，湖南大學嶽麓書院歷史學博士。研究方向：中國古代思想史，工作單位：湖南大學普通教育與繼續教育學院。獲長沙市卓越教師、長沙市德育先進個人等榮譽稱號，主持一項省級課題，參與兩項國家級課題、一項省級重大課題和兩項省級一般課題，在《中國哲學史》、《湖南大學學報》、《求索》等核心期刊發表多篇文章，出版著作《近代湖湘文化和近代中國歷史進程》、《地域文化理論視域下的湖湘文化研究》。

提　要

　　王船山與顧炎武、黃宗羲並稱為「明末清初三大思想家」，但是相比顧炎武、黃宗羲的學術思想研究，近代以前對王船山的研究明顯沒有引起學界的足夠重視，這種狀況直至19世紀中晚期才有了轉機，由湖南出現了一股波及全國的研習船山學的熱潮。通過探究近代船山學傳播的途徑和過程，發現近代船山學研究的發展與近代中國許多社會思潮的產生相伴相隨。在近代幾次影響較大的社會思潮中，都可以發現王船山學術思想活躍的蹤跡。本文即致力於探究近代社會思潮演變格局下，各知識群體對船山學的詮釋與重建，側重於瞭解他們之間的互動和對近代中國社會所產生的影響。

　　本文以船山學與中國近代社會思潮的發展關係為研究對象，通過二者之間的互動，認識到歷次社會思潮的興起，不僅豐富了船山學的內容，也推動了船山學的發展，更有利於船山學較好地實現了從傳統文化向近代文化的過渡；同時船山學對近代社會思潮的活躍也有積極促進作用，船山學為近代社會改良運動和革命運動提供了有力的理論支持。本文試圖通過剖析這一階段船山學發展嬗變的向度和轉型機制，進一步探究在面臨西方文化滲透加劇的情況下，近代知識群體應該如何傳承和理解傳統文化 如何實現傳統文化的近代轉型。同時也想探究船山學，曾經給予了近代國人救亡圖存的精神動力，今天在中華民族崛起的道路上，我們該如何繼續弘揚船山的精神，努力構建有中國特色的思想文化體系。

序

朱漢民

　　覓知的博士論文《近代社會思潮演進格局下的船山學──近代知識群體對船山學的詮釋與重建》即將出版，她希望我為之作一序。看到自己指導的博士生論文出版，自然是一件高興的事情，我亦樂意為之作序。

　　覓知在攻讀博士學位期間，敏感地發現了船山學與中國近代社會思潮演進的密切關係，故而向我提出其博士論文將重點探討「近代社會思潮演進格局下的船山學」。經過一個時期的刻苦努力寫作，她終於圓滿完成了這一篇博士論文，思考和探討了船山學的一個重要問題。

　　王船山以畢生精力從事學術研究，留下了一個博大精深的思想文化遺產。一方面，他全面繼承、系統總結了以「六經」為代表的中國思想、儒家文化的傳統；另一方面，他又根據歷史變革發展的趨勢，大膽創新、全面發展了中國的傳統思想、儒家文化。這樣，他留給後人的是一個既有深厚中國文化傳統、又有超前時代意義的思想文化體系。儘管船山留下的可觀著述並不為當時所知，但他堅信自己思想遺產的歷史價值。他囑咐後人將其書稿好好保留下來，相信它們在二百年後一定能為人們所接受而光大於世。果然，就在他去逝的二百年後的十九世紀下半葉，他的著述開始被士大夫廣泛刊刻與閱讀，並成為從晚清到民國時期文化建設的重要資源。

　　道光二十二年（1842），湖湘士大夫開始系統刊刻船山的著作，如守遺經書屋版的《船山遺書》，收船山著作 18 種，150 卷，湖湘地區的著名士大夫紛紛參與其事，由鄧顯鶴、何紹基等人校閱，鄒漢勳、左宗植、左宗棠、歐陽兆熊、羅汝懷等人編校，唐鑒為之作序。繼此之後，是曾國藩、曾國荃兄弟於同治四年（1865）刊刻的金陵本《船山遺書》，收船山著作 56 種，288 卷。值得

注意的是，這個版本出版正是湘軍攻克太平天國首都「天京」之後，湖南的政治地位、軍事地位達到歷史頂點之時。所以，船山學說不僅成為湘軍諸儒將的文化底蘊，也成為湖湘文化崛起的重要文化資源。湘軍將領除了刊刻船山先生遺書之外，還修建紀念船山先生的祠堂。城南書院系南宋理學家張栻所創，故後來建有「南軒祠」，郭嵩燾於同治九年（1894）主持長沙城南書院時，於南軒祠邊建船山祠，「期以鄉里先賢開示學者，知所歸向。」〔註1〕可見他建船山祠有很強烈的振興鄉邦文化的意識。後來，郭嵩燾還多次上奏朝廷，奏請將船山從祀文廟，以提升他作為清代大儒的地位。自王船山於清康熙三十一年（1692年）逝世以後，由最初的默默無聞，到嘉道時名聲驟起，再到咸同時的極度推崇，船山先生的地位發生了重大的變化，但是，這段時期對船山思想內涵的詮釋卻沒有重大變化，即均是將船山學說詮釋成孔孟儒家的聖賢學脈、濂洛關閩的正統理學的傳人。

晚清中國的政治格局、文化觀念的變革甚為劇烈。維新運動在湖南的蓬勃開展，帶來了這個地區「官與紳一氣，士與民一心，百廢俱舉，異於他日」〔註2〕的全面改革發展。在這一大的背景下，文化觀念正在發生急劇的變化。中國文化的近代化轉型，帶來了對船山思想的重新解讀和詮釋。船山思想本來就博大精深、內容豐富，船山先生不僅有對兩千多年中華思想文化精華的系統總結，同時也在「道莫盛於趨時」的感悟中對文化發展的趨勢也有深入的思考。所以，船山思想又成為中國文化近代轉型的重要資源。

作為一個晚清的湖湘學人，譚嗣同很早就學習了船山的思想學說，他自稱是「私淑船山也」。譚嗣同從學脈、道統上將船山學說與宋明理學作了嚴格的區分。譚嗣同在詮釋船山思想時，從船山學說中引伸出了許多新的思想觀點，這些思想觀念成為中國文化近代化的重要資源。在政治思想上，譚嗣同認為船山是倡民權的思想家，他說：「更以論國初三大儒，惟船山先生純是興民權之微旨；次則黃梨洲《明夷待訪錄》，亦具此義；顧亭林之學，殆無足觀。」〔註3〕他認為船山學說中大量民本思想，完全表達了近代興民權的政治要求，故而是建構中國近代化文化、實現中國文化轉型的重要資源。譚嗣同對船山思想的詮釋，使得船山在中國文化史上的身份、性質發生了重大的變化，他

〔註1〕【清】郭嵩燾：《郭嵩燾詩文集》，長沙：嶽麓書社，1984：139。
〔註2〕梁啟超：《梁啟超全集》第1冊，北京：北京出版社，1999：250。
〔註3〕蔡尚思、方行編：《譚嗣同全集·上歐陽中鵠》，北京：中華書局，1981：464。

不再是濂洛關閩之道學的正統傳人，不再充當「扶世翼教」的文化責任，相反，他是維新變法的倡導者，是鼓吹民權、自由、平等等觀念的思想家。

維新運動失敗後，許多立志於推動中國近代化運動的人們開始倡導推翻清朝的近代資產階級革命，而「驅逐韃虜，恢復中華」的民族主義思潮蓬勃興起。曾經是維新運動開風氣之先的湖南省又出現了一大批倡導推翻清朝政權的革命派人物。值得注意的是，船山思想中本來就包含大量反清複明的民族主義思想，湘軍集團領袖人物雖極端推崇船山學說，卻對船山思想中反清的民族主義思想隻字不提。但是，從戊戌到辛亥，船山思想中反清的民族主義思想受到當時革命派人士的密切關注。正如革命派人士章太炎後來回憶這一段時期所說的：「當清之季，卓然能興起頑懦，以成光復之績者，獨賴而農家言而已矣。」〔註4〕當時的革命派十分推崇船山學，並將其作為反清排滿的思想武器。辛亥革命時期著名的革命家、宣傳家楊毓麟也以反清排滿的民族主義詮釋船山思想，他說：

> 王船山氏平生所著書，自經義、史論以至稗官小說，於種族之戚，家國之痛，呻吟嗚咽，舉筆不忘，如盲者思視也，如痿者思起也，如瘖者之思言也，如飲食男女之欲一日不能離於其側，朝愁暮思，夢寐以之。〔註5〕

楊毓麟的反清民族思想，曾深受譚嗣同的影響，譚嗣同曾以湘軍的保衛清室是「鏟滅同種，以媚胡族，實負天下之大罪」〔註6〕，而楊則深以為然，以此為「湖南負罪於天下也」。所以，他對船山先生的「種族之戚」有著強烈的同感，並引王船山為湖南人中「有特別獨立之根性」的傑出代表，以期望建設一個獨立的「新湖南」，最終實現「存湖南以存中國」。〔註7〕

辛亥革命推翻了滿清王朝，延續了兩千多年的封建帝制被推翻，古老的中華文明步入一個新的歷史時期。但是，由於近代中國所面臨問題的複雜性，從而導致辛亥革命之後中國思想文化的多元性，出現了各種各樣希望解決中國近代化問題的文化思潮。在諸多不同文化思潮中，有三大主流的文化思潮：自由主義、民族文化本位主義與馬克思主義。

〔註4〕《重刊船山遺書序》，《船山全書》第16冊，長沙：嶽麓書社，2011：441。
〔註5〕楊毓麟：《楊毓麟集・新湖南》，長沙：嶽麓書社，2008：31。
〔註6〕楊毓麟：《楊毓麟集・新湖南》，長沙：嶽麓書社，2008：34。
〔註7〕楊毓麟：《楊毓麟集・新湖南》，長沙：嶽麓書社，2008：47。

　　自晚清道光以來，湖湘地區一直是中國新的文化思潮衍化發展的重鎮。辛亥以後，這一地域文化格局仍然得以延續。自由主義、民族文化本位主義與馬克思主義三大主流文化思潮在中國文化轉型中雖有輕重之分，但是均得到完整的體現。尤有特點的是，這三大思潮均與船山學的詮釋有關。可以說，船山思想已經成為中國文化近代化建構的重要資源。

　　覓知的博士論文正是以船山學與中國近代社會思潮的發展關係為研究對象，重點探討二者之間的思想互動。文章全面梳理了船山思想對中國近代思潮影響的歷史過程，這樣，這項研究不僅豐富了船山學的研究，也以船山學的角度探討了中國傳統文化近代化轉型的特點。這也是本論文的價值所在。

　　是為序。

2020 年 11 月 4 日於嶽麓書院文昌閣

第1章 緒 論

　　王船山本名夫之（1619～1692），字而農，號薑齋，因晚年隱居湖南衡陽縣金蘭鄉的石船山，故世稱船山先生，與顧炎武、黃宗羲並稱「明末清初三大家」。船山先生學識淵博，舉凡經學、子學、史學、文學等，造詣無不精深，於天文、曆數、兵法、乃至星象，亦旁涉兼通。其代表作有《周易外傳》《尚書引義》《讀四書大全說》《讀通鑑論》《宋論》《詩廣傳》《老子衍》《莊子通》等100多種，近400卷。然其一生窮居山野，交友甚少，早年曾參與抗清鬥爭，其學說中蘊含強烈的民族主義思想，故清初兩百多年裏一直湮沒不彰。19世紀下半期列強武力打開中國大門，中國社會發生了數千年未有之變局，在民族危難時刻，「一些先進的中國人不僅熱烈地向西方追求真理，同時也力圖從中國古代思想武庫之尋找對他們有用的東西。而生當明末清初又與清朝勢不兩立的王船山，自然成了他們大力推崇的對象。他們把船山思想當作改良或革命的理論武器，賦之以活潑的生命力」。〔註1〕於是船山學術思想中倡導的民族主義思想、經世致用理念、理勢合一的歷史觀以及趨勢更新的進化理論等，契合了中國近代社會發展變遷的需要，為近代的思想家、政治家和社會活動家所關注，他們積極投入到對船山學的考證和研究中，遂在近代掀起了船山學術思想研究的熱潮，有力地促進了船山學的形成和發展。

　　追溯船山學研究，最早應該是王船山的次子王敔，他首先對王船山的著述進行了校勘、補正、注釋、謄錄、保存等系統性的整理工作，從現存較早的王船山著述湘西草堂刻本的各書序、跋、題識等方面看，都留有王敔整理的

────────────────

〔註1〕王興國，王船山與近代中國，船山學報，1989（1）。

痕跡。如《楚辭通釋》各卷卷端都題有「男敔校」,《老子衍》各卷卷端也題有「男敔纂注」。清康熙四十一年(1702),王敔得學生與友人相助,首次刊刻了王船山的著述,這對船山學的發展起到了開創性作用。除王敔外,當時關注船山學術思想的學者很少,現有資料顯示最早提及船山學術思想的是潘宗洛、劉獻廷、繆沅、蔣驥等少部分人,潘宗洛在擔任湖廣學政時,曾召王敔入幕校裏試卷,始知船山之名,求讀其書而不釋手,借閱了「《思問錄》《正蒙注》《莊子解》《楚辭通釋》」等書,並撰有《船山先生傳》贊曰:「明之支藩,播遷海澨,先生非不知其無能為也,尤間關跋涉,發讜論,攻憸邪。終擯不用,隱而著書,其志有足悲者。以先生之才,際我朝之興,改而圖仕,何患不達?」還稱讚王船山是「前明之遺臣」「我朝之貞士」。〔註2〕後潘宗洛又做《邘江王氏家譜序》稱讚王船山「著述等身,湘岳之逸也,真砥柱一代之偉人矣。」〔註3〕劉獻廷是清初著名的地理學家,他在王船山去世前後,於清康熙三十年(1691)和三十二年(1693)兩次到過湖南,但很遺憾都沒有與王船山及其後人進行過交流,後他在《廣陽雜記》中對王船的家世、生平和學術作了簡單的論述,稱讚說:「而農先生於壬申歲已八十矣,隱居山中,未嘗入城市。其學無所不窺,於《六經》皆有所發明。洞庭之南,天地元氣,聖賢學脈,僅此一線耳。」〔註4〕將船山學稱之為「聖賢學脈」,其評價頗高,亦是認同船山學的儒學正統地位,只不過王船山去世時享年74歲,劉獻廷未經考證稱「壬申歲已八十矣」有誤。後湖廣學政繆沅進一步詮釋了船山學說接續「聖賢學脈」的說法,他將明朝的覆滅歸咎為是學說混亂導致的結果,指出:「自有明之中葉,良知之說作,無善無惡,混儒墨於一途,士大夫靡然從之,……所謂生於其心,害於其事,作於其事,害於其政,未有甚於此者也。」於是乎「生民塗炭,終明之亡」,「薑齋王先生憂之深,以為姚江之說不息,濂、洛、關、閩之道不著;濂、洛、關、閩之道不著;生民之禍將未有已。……使先生而猶及濂、洛、關、閩,而豈在游、楊、黃、蔡下哉!」〔註5〕一種學說是否真正

〔註2〕潘宗洛,船山先生傳〔M〕//王夫之,船山全書:第16冊,長沙:嶽麓書社,2011:89。

〔註3〕宗洛,邘江王氏家譜序〔M〕//王夫之,船山全書:第16冊,長沙:嶽麓書社,2011:521。

〔註4〕劉獻廷,廣陽雜記〔M〕//王夫之,船山全書:第16冊,長沙:嶽麓書社,2011:519。

〔註5〕王船山先生集序·衡陽縣志卷三十八〔M〕//王夫之,船山全書:第16冊,長沙:嶽麓書社,2011:400。

有如此大的社會功效可以導致國家滅亡，這還值得商榷，但思想文化對社會
發展具有一定程度的促進或阻礙作用，卻是事實，船山學接續程朱理學，對
生民是一大福祉。陸隴其評價王船山則說「其高風文學不減王介石。」〔註6〕
當時對船山學術思想頗有研究的是江蘇學者蔣驥，著有《山帶閣注楚辭》，此
書與王船山的《楚辭通釋》和戴震的《屈原賦注》並列為清代楚辭研究的三
大專著，蔣驥在考證一些問題時引用和借鑒了王船山的《楚辭通釋》。除此外，
清初官方對王船山也有一些關注，《四庫全書》收錄了王船山的《周易考異》
《周易稗疏》《書經稗疏》《詩經考異》《詩經稗疏》《春秋稗疏》六種著述和
《尚書引義》《春秋家說》兩種存目，但這些收錄只是王船山著述的極少一部
分。清國史館也將王船山列入了儒林傳，然其評價不高，稱：「其說《尚書》，
詮釋經文亦多出新義，有失之穿鑿者，然詞有根據，不同游談，雖醇疵互見
而可取者多。其說《詩》，辨正名物訓詁，以補傳箋諸說之遺，皆確有依據，
不為臆斷。」〔註7〕整體來看，清初無論官方還是學界對王船山的研究、評價
和重視程度都是很低的。這也就直接導致了王船山的學術思想，「及身而絕，
後無傳人」。

　　至晚清道同年間，王船山學術思想在其故地湖南的傳播和認可度都還欠
佳，清同治八年（1869）王闓運在日記中提及王船山時說：「船山學在毛西河
伯仲之間，尚不及閻伯詩、顧亭林也，於湖南得為風氣之先耳」〔註8〕。王闓
運認為王船山在湖南算是不錯的學者，學術水平亦與毛奇齡相當，不及閻若
璩、顧炎武。及至清光緒十七年（1891）王闓運受聘於衡州船山書院任山長，
前後任職長達二十多年，在此期間他深入研究了王船山的學術思想。後在《邘
江王氏族譜敘》中他再次提及船山學術思想，則稱其學說為「王學」，說：「而
國荃克江南，文正總督兩江，國荃出二萬金開局金陵，盡搜船山遺書，除有
避忌者悉刻之，於是王學大行。」〔註9〕王船山的學術思想在晚清能夠得到廣
泛傳播，主要得益於鄧顯鶴的推崇。鄧氏傾力刊刻了守遺經屋版船山遺書，
並高度評價王船山，說：「船山先生於勝國為遺老，於本朝為大儒，其志行之

〔註6〕陸隴其，三魚堂日記〔M〕//王夫之，船山全書：第16冊，長沙：嶽麓書社，
　　　2011：521。
〔註7〕國史儒林傳稿〔M〕//王夫之，船山全書：第16冊，長沙：嶽麓書社，2011：
　　　97。
〔註8〕王闓運，湘綺樓日記第1卷〔M〕，長沙：嶽麓書社，1997：15。
〔註9〕王闓運，邘江王氏族譜敘〔M〕//湘綺樓詩文集，長沙：嶽麓書社，2008：394之

超潔，學問之正大，體用之明備，著述之精卓宏富，當與顧亭林、黃梨洲、李二曲諸老先生相頡頏，而世鮮知者。」〔註10〕現有資料顯示鄧顯鶴可能是第一個把王船山與黃宗羲、顧炎武相提並論的學者，這為以後「明末清初三大家」的提法提供了借鑒，也對王船山大儒地位的形成奠定了基礎。光緒年間譚嗣同稱王船山的學說是「精義之學」，與其友人信中提及：「既而薄上京師，請業蔚廬，始識永嘉之淺中弱植，睹橫渠之深思果力，聞衡陽王子精義之學。」〔註11〕第一個正式提出「船山學」概念的學者是熊十力，他在其著述中說：「船山書凡三百二十卷，學者或苦其浩瀚，未達旨歸。余以暗昧，幸值斯文，嘉其啟予，爰為纂緝，歲星一周，始告錄成，遂名船山學。」〔註12〕可見「船山學」的產生不僅是晚近的事情，還頗費了一番周折。

研究船山學的熱潮最早開始於19世紀中晚期，由湖南發起而逐漸波及全國。梁啟超曾說：「近世的曾文正、胡文忠都受他的薰陶，最近的譚嗣同、黃興亦都受他的影響。清末民初之際，知識階級沒有不知道王船山的人，並且許多青年，作很熱情的研究，亦可謂潛德幽光，久而愈昌了。」〔註13〕近代推崇船山學術思想的人物遠遠不止梁啟超所提及的這幾位。諸如王闓運評價說：「船山貞苦，其道大光。千載照耀，百家汪洋，為楚大儒，名久愈章。蒲輪寂寞，蘭佩菲芳。」〔註14〕譚嗣同說：「國初三大儒，惟船山先生純是興民權之微旨。」〔註15〕還說：「五百年來，真能通天人之故者，船山一人而已」。章太炎則認為「王而農著書，壹意以攘胡為本」〔註16〕，凸顯其夷夏大防的民族主義思想。侯外廬卻特別重視王船山學術思想中的唯物主義成分，稱其「是中國歷史上具有近代新世界觀萌芽的傑出唯物主義哲學家」〔註17〕。

〔註10〕鄧顯鶴，王夫之〔M〕//王夫之，船山全書：第16冊，長沙：嶽麓書社，2011：105。

〔註11〕譚嗣同，報劉淞芙書一〔M〕//蔡尚思，方行編，譚嗣同全集，北京：中華書局，1981：9。

〔註12〕熊十力，心書〔M〕//熊十力全集：第1卷，武漢：湖北教育出版社，2001：5。

〔註13〕梁啟超，儒家哲學專集之一百三〔M〕//飲冰室合集：第12冊，北京：中華書局，1989：62。

〔註14〕王闓運，衡陽縣志序〔M〕//湘綺樓詩文集，長沙：嶽麓書社，2008：84。

〔註15〕譚嗣同，上歐陽中鵠書〔M〕//蔡尚思，方行編，譚嗣同全集，北京：中華書局，1981：464。

〔註16〕章太炎，書曾刻船山遺書後〔M〕//章太炎全集：第5冊，上海：上海人民出版社，1985：123。

〔註17〕侯外廬，船山學案新版序〔M〕//船山學案，長沙：嶽麓書社，1982：103。

　　近代學者們對王船山及其船山學術思想的詮釋和解讀雖各有千秋，褒貶不一，但無不與近代風雲詭變的政治時局和社會思潮的發展密切相關。如 19 世紀中葉理學經世思潮興起後，以湘籍官吏和學者為核心的經世團體將船山學看作是理學經世致用的典範，主張從傳統文化裏尋找富國強兵的良方，王船山受到了曾國藩、彭玉麟、郭嵩燾等人的極力推崇。曾國藩與其弟曾國荃傾鉅資刊刻了《船山遺書》，使船山學彰顯於世。彭玉麟也捐鉅資重建衡陽船山書院，「期講明夫之之學」。在湘軍鎮壓太平天國期間，船山思想儼然成了曾國藩凝聚湘軍的一面精神旗幟。曾國藩就說：「船山先生注《正蒙》數萬言，注《禮記》數十萬言，幽以究民物之同源，顯以綱維萬事，彌世亂於未形，其於古者明體達用、盈科後進之旨，往往近之。」〔註18〕這一時期船山學儼然起到了發明聖賢精蘊，彰顯理學宏光，「以止人心，以扶士氣」〔註19〕的作用。19 世紀末維新思潮開始後，船山學又被康有為、梁啟超、譚嗣同、唐才常等演繹為倡導變革、反對專制的思想武器。梁啟超直接說：「清初幾位大師——實即殘明遺老——黃梨洲、顧亭林、朱舜水、王船山……之流，他們許多話，在過去二百多年間，大家熟視無睹，到這時忽然像電氣一般把許多青年的心弦震得直跳。」〔註20〕與王船山同鄉的譚嗣同受其影響尤其深遠，實際上譚嗣同關注船山學並非是單純的同鄉之誼，王船山與譚嗣同所初時代都是國家民族遭遇巨大動盪和災難之時，二人有強烈的時代機遇感。譚嗣同說：「然今之世變，與衡陽王子所處不無少同，則學必征諸實事，以期可起行而無窒礙。」〔註21〕「惟船山先生純是興民權之微旨」〔註22〕，譚嗣同把王船山標注為「興民權」的學者，從西方民主思想的角度解讀船山學，使船山學具有了時代的生命力。20 世紀初辛亥革命前期，船山學說又被孫中山、章太炎、黃節、章士釗等革命者詮釋為中華民族復興的思想武器，王船山「尊黃攘夷」、「夷夏

〔註18〕曾國藩，船山先生序〔M〕//王夫之，船山全書：第 16 冊，長沙：嶽麓書社，2011：419。

〔註19〕孔祥麟，擬請從祀文廟摺〔M〕//王夫之，船山全書：第 16 冊，長沙：嶽麓書社，2011：686。

〔註20〕梁啟超，中國近三百年學術史專集之七十五〔M〕//飲冰室合集：第 10 冊，北京：中華書局，1989：29。

〔註21〕譚嗣同，上歐陽中鵠書〔M〕//王夫之，船山全書：第 16 冊，長沙：嶽麓書社，2011：714。

〔註22〕譚嗣同，上歐陽中鵠書〔M〕//王夫之，船山全書：第 16 冊，長沙：嶽麓書社，2011：724。

大防」的主張被引申到「驅除韃虜，恢復中華」的資產階級民族革命綱領中，使之成為近代民族主義思想的直接理論來源之一，推動了近代民主革命的蓬勃發展。「故老遺民如史可法、黃道周、倪元潞、顧炎武、黃宗羲、王夫之諸人，嚴《春秋》夷夏之防，抱冠帶沉淪之隱，孤軍一族，修戈矛於同仇，下筆千言，傳楮墨於來世。或遭屠殺，或被焚毀，中心未遂，先後殂落。而義聲激越，流播人間，父老遺傳，簡在耳目。」〔註23〕20世紀早期為了反擊全盤西化，拯救中國文化傳統，保存民族的精神血脈，梁漱溟、熊十力、錢穆、賀麟等現代新儒家學者提倡民族本位文化，以接續儒學「道統」為己任，服膺宋明理學，以謀求中國文化和中國社會的現代化出路。為此他們積極弘揚王船山扶長中夏的學者風範和治學態度。熊十力認為張載和王船山是中國漢代以後最有才華的哲學家，「漢以下，有哲學天才者莫如橫渠、船山。船山偉大，尤過橫渠亦。其學問方面頗多，猶未免於粗耳。」〔註24〕錢穆也說：「船山則理趣甚深，持論甚卓，不徒近三百年所未有，即列之宋明諸儒，其博大閎括，幽微精瑩，蓋無多讓。」〔註25〕20世紀20、30年代馬克思主義思潮在中國廣泛傳播後，侯外廬、張岱年、嵇文甫等倡導唯物史觀的史學家，又積極挖掘王船山學說中的唯物主義思想和辯證法理論，開始嘗試用馬克思主義基本原理分析傳統文化，力求既實現馬克思主義學說的中國化，又積極促使傳統文化適應近現代社會發展轉型的需要，以利於構建新時代的中國文化體系。侯外廬就認為王船山是唯物主義思想家，繼承和發展了王充的唯物主義和張載的氣本論哲學。他指出「夫之的物質概念所以是唯物論的進步思想，更在於他不但看出『有而富有』，『有而日新』的物質的豐富多樣性和發展性，而且看出物物的依存性。」〔註26〕馮友蘭也認為「唯物主義和辯證法是王夫之的哲學思想的主要的一面，他的哲學體系是後期道學的高峰」〔註27〕。

〔註23〕孫中山，中國同盟會本部宣言〔M〕//國父全集：第一冊，臺北：中央文物供應處，1981：776。

〔註24〕熊十力，原儒〔M〕//王夫之，船山全書：第16冊，長沙：嶽麓書社，2011：982。

〔註25〕錢穆，中國近三百年學術史〔M〕//王夫之，船山全書：第16冊，長沙：嶽麓書社，2011：1088。

〔註26〕侯外廬，中國早期啟蒙思想史〔M〕//王夫之，船山全書：第16冊，長沙：嶽麓書社，2011：1162。

〔註27〕馮友蘭，中國哲學史新編：第五冊〔M〕//王夫之，船山全書：第16冊，長沙：嶽麓書社，2011：1132。

　　船山學術思想在近代不斷被詮釋和解讀的過程，也就是船山學發展、演變的歷程，而這歷程竟與近代中國主流社會思潮的發展過程十分吻合。從這裡我們也可以將船山學在近代的發展和演變看作是中國傳統文化在近代轉型過程中的一個典型範例。後世學人將船山學的發展歷程進行了分期：「乾嘉為一期，其代表則章學誠、周中孚；道咸為一期，其代表則鄧顯鶴、鄒漢勳；同治至光緒中葉為一期，其代表則曾國藩、郭嵩燾；戊戌變法前後為一期，其代表則譚嗣同、梁啟超；辛亥革命前後為一期，其代表為章炳麟、楊昌濟；民國為一期，其代表則熊十力、嵇文甫；至於中華人民共和國成立以後，作者之立場觀點方法，迥異疇昔。」〔註 28〕從這個分期可以發現，乾嘉以來對王船山學術思想的研究不絕如縷，而且推崇者不僅有學術界的巨擘，還有主流社會思潮的推動者和宣傳者，他們對王船山和船山學的詮釋帶有濃鬱的時代色彩，既體現了學者們不同的思想旨趣和治學範式，也反映了近代各個時期湧現出的各種社會思潮對學者們學術思想的影響和觸動。為了更好地研究和傳播船山學，有必要將船山學置於近代歷史的發展長河中去體味當時的歷史情境和語境，並結合近代中國紛繁複雜的社會思潮來分析船山學的發展變化。

　　自船山學肇始至今已經過去了三百餘年，「船山學」這一概念的提出也近百年，人們對於船山學的內涵及其發展分期也作過一些討論，但是至今還沒有全面系統研究船山學的著作出版。〔註 29〕要完成這樣的一部著作，需要花費的氣力肯定是艱辛的，對著作者的學術能力也是一個非凡的考慮，筆者才疏學淺，僅從船山學研究中擇其一二問題進行探究。本文以船山學與中國近代社會思潮的發展關係為研究對象，通過二者之間互動的研究，認識到歷次社會思潮的興起不僅豐富和推動了船山學的發展，有利於實現船山學從傳統文化向近代文化的過渡和轉型；同時，船山學也豐富了近代社會思潮的內涵，為近代的社會改良和革命運動提供了思想和理論武器，促進了中國近代學術思想的發展。本文希望從研究船山學在近代社會思潮之中的發展、演變入手，梳理出船山學發展的歷史脈絡，從而為王船山學術思想史的研究，貢獻一點

〔註 28〕楊堅，雜錄之部編校後記〔M〕//王夫之，船山全書：第 16 冊，長沙：嶽麓書社，2011：1458。

〔註 29〕王興國，深化船山研究，開拓船山學的新生面──紀念《船山學刊》創刊 90 周，船山學刊〔J〕，2005（4）。

綿薄之力。王船山的學術思想博大精深，因而每每適合了不同時代的需求，能夠給予當時的思想家、政治家和社會活動家以鼓舞和啟迪，這是船山學歷史地位和船山學研究的意義所在。「中華文化是中華民族生生不息、團結奮進的不竭動力。要全面認識祖國傳統文化，取其精華，去其糟粕，使之與當代社會相適應、與現代文明相協調，保持民族性，體現時代性」〔註30〕。因此在中華民族復興的道路上，我們應該繼續弘揚船山學，大力挖掘其有益的思想內涵，並使之為社會主義精神文明建設和社會主義現代化建設服務，努力構建有中國特色的社會主義文化體系和道德體系。

1.1 關於「船山學」概念的論述

明亡後，王船山隱居湖南衡陽石船山「湘西草堂」，潛心治學，其著述約有一百餘種，三百九十八卷，共計八百多萬字，涉及哲學、史學、經學、文學、佛學等許多方面。「如果按照現在新的學科體系即《中國圖書館分類法》劃分，已經涉及了哲學、政治、經濟、教育、軍事、語言文字、文學、歷史地理、自然科學等學科。」〔註31〕縱觀王船山遺留下來的著作，內容廣博，體系龐大，足以形成一門獨立的學術思想研究體系。但基於如下幾個主要原因直至近代對王船山學術思想的研究一直欠系統和完善：一是其長期隱居湖南衡州，與其他學者的溝通交流十分有限，故而當時學術界對其認識不足；二是他早年的抗清經歷和學術思想中強烈的夷夏大防觀念，制約了其學術思想在清初的傳播；三是清初漢學風靡，學界對考據訓詁趨之若鶩，而他的學術理念與漢學大相徑庭，故而其學術思想上的價值沒有引起學界的關注。

上述因素導致王船山學術思想的研究和傳播，在清代前期的二百多年裏一直都侷限在一個相對狹窄的範圍內。直至步入近現代，才受到知識分子的青睞。尤其是新中國成立以後，學術界還不定期地舉辦有關船山學術思想的大型研討會，一直持續至今。1962 年首次由湖南、湖北兩省學界聯合在長沙舉辦了紀念王船山逝世 270 週年學術討論會，潘梓年、呂振羽、嵇文甫、關鋒、馮友蘭、金燦然、楊榮國、譚戒甫、謝華、吳澤、吳傳啟、徐旭生、林拿

〔註30〕胡景濤，高舉中國特色社會主義偉大旗幟·為奪取全面建設小康社會新勝利而奮鬥——在中國共產黨第十七次全國代表大會上的報告，黨的建設〔J〕，2007 年 11 月 7 日。
〔註31〕朱迪光，王船山研究著作述要〔M〕，長沙：湖南大學出版社，2010：19。

時、吳則虞等知名學者都參加了這此會議,與會學者就船山學術思想展開了熱烈的討論,這是新中國成立後召開的第一次大型的全國性船山學研究會議,對船山學的發展起到了很好的推動作用。1982 年在紀念王船山逝世 290 週年學術研討會上,方克立教授提出,王船山應該是一個世界性的人物,船山學不僅是中國人民的歷史文化遺產,而且也應該是全人類共同的思想財富,現在學術界有國際黑格爾學大會、國際朱子學大會,他也希望研究船山學術思想的世界各國學者能夠聚在一起,召開國際船山學學術會議,來共同發掘船山學說中所蘊含的思想寶藏。〔註 32〕會議上學者們秉承解放思想、實事求是的思想方針糾正了船山學研究中存在的一些誤區和偏差,對進一步深化現代船山學研究起到了很好的作用。1992 年,多家機構聯合召開了紀念王船山逝世 300 週年國際學術討論會,有來自新加坡、港臺地區及全國各地的學者 100 多人出席會議,提交了大量研究的成果,展現了新時期船山學研究的驕人成績。同一時期臺灣也成立了船山學會,翻印出版了《王船山遺書全集》,船山學在海峽的另一邊也得到了很好的傳承。

持續召開的學術研討會議和研究船山學機構的建立,將船山學術思想研究推入到一個嶄新的階段,具體表現在三個方面,一是學者們積極收集、整理王船山的著述,使王船山遺留的學術著述得到了比較完整的考證、校對和編輯,有利於建立完善的王船山學術體系。其次,各種學術會議的召開和學術團體的成立,培養了一大批對船山學研究感興趣的學者,為船山學的進一步發展,起到了薪火相傳的作用。再者,經過學者們長期的研究、討論和磋商,船山學的研究範疇和內涵得到了擴大和深入,船山學的概念逐漸確定下來,即凡一切與王船山相關的研究都可稱之為船山學。船山學的研究範疇也更清晰了,即諸如王船山生平活動、師友交遊、家庭教育、學術思想以及船山思想與湖湘文化、中國文化的互動和影響等等都列入船山學的研究範圍,這種界定比較全面概括了船山學學科建設的著力點以及學者研究王船山思想的選題依據,為船山學在現代的發展創造了條件。

確切地說船山學研究應包含兩個方面,一方面是指研究王船山本人的學術思想成果,王船山的學問博大精深,自成一體而且對後世產生了深遠的影響。現代學者以學術研究方向為基準,將王船山本人的學術思想分為哲學、倫理、美學、心理思想、宗教、政治、軍事、經濟、法律、教育、語言文字、

〔註32〕王興國,船山學新論〔M〕,長沙:湖南人民出版社,2005:97~98。

文學、藝術、史學、科學等十幾個研究方向〔註 33〕，深入細緻地概括了王船山學術思想的各個方面。另一方面是後人對王船山學術思想的詮釋、解讀、運用和傳播，也即是船山學史的研究。這主要包括對王船山的家世、生平、交友、著述和思想主張等的考證和研究，王船山的學術思想自王船山去世後迄今為止的三百多年時間裏，學界對他的認識和研究不斷的增強，尤其是步入近代社會，王船山學術思想更是受到了許多思想家的關注和青睞，不同時期不同學派的思想家都積極從船山學中尋找到自己所需的思想資源，同時他們還依據自身的認識和需求對船山學進行了重新的解讀和詮釋，有力地推動了王船山學術思想的傳播和深入發展，這後一方面可以稱之為王船山學術思想發展史。總之，船山學概念涉及雙重涵義，這兩方面之間既有區別，又有聯繫，共同建構起了內涵豐富的船山學學術思想體系。近現代以來學術界對前一方面的研究，即王船山學術思想的研究已經比較詳細，著述也很豐富。但對船山學術史的研究相對來說還是較弱，到目前為止尚沒有一本完整的船山學術史稿的著述問世。本文則主要側重於後一方面的研究，也就是船山學史的發展演變，本文選取了船山學在近代的發展狀況作為研究對象，時間跨度為 19 世紀中葉至中華人民共和國成立前，這一百多年的時間。主要探討在近代社會思潮風起雲湧和社會時局紛紜更替的時期，學者們基於時代的變遷和身處的歷史環境對船山學術思想進行了怎樣的認識和理解，還有這種認識和理解與當時的學術界和社會產生了怎樣的影響和作用。

1.2 關於中國近代社會思潮的界定

　　本文提到的社會思潮僅僅指反映近代中國社會發展趨勢的具有主導性的社會思潮，如何確定什麼樣的社會思潮是主導性的呢？按照唯物主義史觀，這個判斷的標尺以是否關心國家、民族的生存，是否具有愛國主義情懷，是否推進中國社會的近代化轉型為標杆。簡單說就是對近代中國社會具有積極進步意義，致力於喚醒國民民族意識，倡議救亡圖存的思想文化解放運動。關於社會思潮概念的闡釋也有很多，梁啟超有一個精闢的解釋，他說：「今之恒言，曰『時代思潮』。其此語最妙於形容。凡文化發展之國，其國民於一時期中，因環境之變遷，與夫心理之感召，不期而思想之進路，同趨於一方向，

〔註33〕朱迪光，王船山研究述要〔M〕，長沙：湖南大學出版社，2010：20。

於是相與呼應洶湧，如潮然。始焉其勢甚微，幾莫之覺，寢假而漲—漲—漲，而達於滿度；過時焉則落，以漸至於衰熄。凡『思』非皆能成『潮』；能成『潮』者，則其『思』必有相當之價值，而又適合其時代之要求者也。凡『時代』非皆有『思潮』；有『思潮』之時代，必文化昂進之時代也。」〔註34〕梁啟超主要從文化角度解釋了時代思潮，但它大體上也適用於社會思潮，只不過社會思潮涉及的內容更多、範圍更廣些而已。社會思潮「常常需要跨越政治、哲學、宗教、文學藝術、教育乃至俗文化、社會生活方式諸多領域，從而反映出社會思潮自身的廣度與深度。」〔註35〕關於中國近代社會思潮的概念，本文參照了吳雁南主編的《中國近代社會思潮》一書中的定義：「所謂社會思潮是某些個人、集團、階層、階級在特定歷史條件下圍繞社會重大問題抒發並產生較大影響的思想主張、觀點、意願的總和。……嚴格意義上的社會思潮，既具有理論形態，又具有心理形態，是理論形態和心理形態的統一。因為一種思想主張必須在一定的社會範圍內得到傳播，並在相當程度上為社會個體所接受，才能形成社會思潮；而個體接受某種思想主張，既有理性的內化，也有情感的吻合；前者需要主體的知識基礎，因而只是社會中的少數人，後者只需以情感、信念作基礎，往往具有自發性和普泛性。因此，社會思潮一旦形成，就不光是思想理論了，它必然滲雜著大量的情感、信念、意願，必然是融理論形態與心理形態為一體的思想潮流。」〔註36〕

關於中國近代史分期的討論沿用最廣泛的是按社會性質劃分近代史的主張，1954 年胡繩在《歷史研究》雜誌上，發表了《中國近代的歷史分期》一文，將 1840 年至 1949 年中華人民共和國成立前，這 109 年的歷史確定為中國近代史的研究範疇，此後這個觀點被學界普遍認可。其劃分的依據是，鴉片戰爭發生前，中國是一個完全獨立的封建王朝，除少數的知識分子關注夷情外，整個清王朝基本上都沉湎在天朝大國四夷賓服的文治武功中，做著「天朝上國」的美夢，然而這個「人口幾乎占人類三分之一的幅員廣大的帝國，

〔註34〕梁啟超，清代學術概論專集之三十四//飲冰室合集：第 8 冊〔M〕，北京：中華書局，1989：1～2。

〔註35〕馮契，中國近代社會思潮研究叢書總序//李向平，救世與救心——中國近代佛教復興思潮研究〔M〕，上海：上海人民出版社，1991：3。

〔註36〕徐永祥、賀善侃，現代西方社會思潮〔M〕，上海：中國紡織大學出版社，1994：1～2，轉引自吳雁南，中國近代社會思潮：第 1 卷〔M〕，長沙：湖南教育出版社，1998 年：1。

不顧時勢，仍然安於現狀，由於被強力排斥於世界聯繫的體系之外而孤立無依，因此竭力以天朝盡善盡美的幻想來欺騙自己，這樣一個帝國終於要在這樣一場殊死的決鬥中死去」〔註37〕最終大英帝國的堅船利炮使清王朝的聲威和顏面盡掃，古老而封閉的大門被打開了，列強魚貫而入，中國被迫捲入了資本主義世界體系。另一方面中國傳統的思想文化、價值觀念、生活秩序等亦受到西方文明的衝擊，從此古老的中國開始了漫長的夢魘般的半殖民半傳統的社會歷程。將 1840 年確定為近代史開端，這是學術界普遍認可的，本文對這一觀點沒有異議。不過在進行近代思想史研究時，這種分期方法還是有點片面和武斷，很有外因決定論的嫌疑。就思想史的內涵和發展演變歷程來說，它有其自身內在的邏輯性和連續性，並非完全由外在的條件所決定的。尤其像中國這樣歷史悠久的國家，其思想文化更是歷經幾千年滄桑而延綿不絕，其自身已經具有不斷更新、不斷完善的強大功能和機制，非外界一、二條件就能導致其完全改變和中斷的。以鴉片戰爭為中國古代史和近代史的分水嶺，便利了學者們的研究，但也顯得頗為突兀，因為這種分期人為地割裂了中國思想史的連續性和發展歷程。誠然中國近代社會思潮和思想文化運動的紛紜迭出，與西方列強的侵略和西方文化的衝擊不無關係，它使得「天朝帝國萬世長存的迷信受到致命的打擊，野蠻的、閉關自守的、與文明世界隔絕的狀態被打破了」。〔註38〕不過「中國近代社會思潮何以在神州大地勃然興起、演變和發展，自然西學的輸入無疑是一個重要因素，但是起決定作用的還是中國內部具有一定的條件，有它的社會土壤。」〔註39〕「面對西方文化的挑戰，中國文化自不能不進行調整和更新，但是調整和更新的動力必須來自中國文化系統的內部。易言之，此文化系統將吸收外來的新因子而變化，卻不能為另一系統（西方）所完全取代。」〔註40〕

　　針對上述情況，本文參照了一些學者的觀點，對中國近代社會思潮和思想文化運動的描述跨越了 1840 年這個分界點，而把近代社會思潮興起的邏輯

〔註37〕馬克思，恩格斯，鴉片貿易〔M〕//馬克思恩格斯選集：第 2 卷，北京：人民出版社，1972：26。

〔註38〕馬克思，中國革命和歐洲革命〔M〕//馬克思恩格斯全集：第 9 卷，北京：人民出版社，1972：110。

〔註39〕吳雁南，中國近代社會思潮：第 1 卷〔M〕，長沙：湖南教育出版社，1998：14。

〔註40〕余英時，錢穆與新儒家〔M〕//錢穆與現代中國學術，南寧：廣西師範大學出版社，2007：35。

起源確定在嘉道年間，因為「嘉慶道光年間復興的經世思潮具備了向近代轉型的可能性，而發生於此時的鴉片戰爭，又給經世思潮注入了新的內容，從而使這種可能性成為了現實性，正是在嘉慶道光年間，中國傳統思想開始邁出了向近代轉型的第一步，並對晚清思想產生了重大而深遠的影響。」〔註41〕道咸之際重新崛起的「經世之學」，「這條路線與近代中國進步思想有直接的聯繫。從龔自珍、魏源到梁啟超、章太炎，當然還有許多其他的人，都是在『經世致用』等觀念影響下，注重事實、歷史、經驗，主張改革、變法、革命。無論是龔的『尊史』，魏的『師長』，還是梁的『新史學』，章的『國粹』……都可以看做是中國這種傳統在近代特定條件下的繼承和發揚。他們憤然推開心性玄談，而面向現實，救亡圖存。」〔註42〕

　　具體來看，嘉慶道光以後，清王朝的統治可以說是江河日下，一方面國內各種社會問題和社會矛盾異常尖銳，另一方面西方列強虎視眈眈地覬覦中國市場，清王朝呈現出一派末世衰象。從 19 世紀中葉到 20 世紀上半葉，近代中國湧現出各式各樣的社會思潮和思想解放運動，積極探索抵禦外辱、復興民族的良方。有的思潮代表了當權的地主階級改革派要求變法改良的需求，在社會上居於主導地位，影響廣泛；有的思潮超越了近代社會的發展現狀，具有明顯的空想性，但也反映了部分國人對未來的憧憬；有些思潮是由居統治地位的封建地主階級倡導和發起的，而有的思潮則是由代表先進生產關係的資產階級或無產階級倡議的。總之由於近代中國特殊的社會環境，中華民族面臨前所未有的危機和挑戰，這一時期社會思潮呈現出了複雜多變的情況。但這些思潮的倡導者也有相通之處，那就是「民族復興」和「國家獨立」始終是他們關注的核心問題，「中國向何處去？」和「用什麼思想指導和規劃中國社會前進的方向？」成為了近代社會各界民眾熱衷討論的話題，各種社會思潮無不圍繞這些中心問題而展開。100 多年間，無數的志士仁人先後提出了各種各樣的挽救和復興國家的方案，其中有些變革方案對社會產生了較大影響，直接演變為推動近代社會發展的政治或經濟變革運動，如洋務運動、太平天國起義、維新變法、辛亥革命等社會運動，而在這些運動中起指導作用的思想，也就成為了當時主流地位的社會思潮。目前被學術界認可的近代史上與

〔註41〕鄭大華，晚清思想史〔M〕，長沙：湖南師範大學出版社，2005：6。
〔註42〕李澤厚，經世觀念隨筆//中國古代思想史論〔M〕，北京：三聯書店，2008：
　　　　311。

社會政治、經濟、思想、文化關係密切，且對社會發展有較大影響的社會思潮大致有：經世致用思潮、洋務思潮、維新改良思潮、君主立憲思潮、資產階級民主革命思潮、實業救國思潮、新文化思潮、社會主義思潮、重商主義思潮、無政府主義思潮、國粹主義思潮等等。

本文所涉及的社會思潮，是一個特定的概念，乃是指反映近代中國社會發展趨勢的具有近代性質和具有主流性的社會思潮。眾所周知，1840 年鴉片戰爭以後，近代中國由一個完全獨立的傳統帝制社會逐漸淪為半殖民半封建社會，在社會變革的過程中，社會各階層努力尋求救亡圖存，復興中華的獨立之路。近代掀起的各式各樣的社會思潮，是人們從思想文化的角度去探索救國救民道路的嘗試。「人們深知沒有國家的獨立，民族的解放，什麼事也辦不成，更不用說要實現像人的自由發展和解放這類史無前例的大事。因此，爭取國家獨立、民族解放的運動此伏彼起，一浪高過一浪；愛國主義始終是中國近代史上一貫到底的繫人心弦的巨大思潮，是近代中國各種進步社社思潮的原動力。中國近代一切直接或間接的有益於國家獨立、民族解放、振興中華的人物和思潮都應當給予適當的肯定。毫無疑問，愛國主義應當成為評價社會思潮的一個標尺。愛國主義與改造中國相結合是中華民族走向新的覺醒的標誌。」〔註 43〕促進中國社會向前發展的社會思潮，或同時並存，或接踵興起，在近代社會發展的過程中呈現出多層面的立體交錯運動的態勢，對近代中國社會的發展和轉型產生了十分重要影響。船山學發展、演變的過程，恰好吻合了近代中國社會思潮的發展歷程，王船山和船山學受到近代學者們的青睞，王船山的著述不斷被整理完善，船山學也得到深入的研究和探索，這為王船山學術思想體系的創立奠定了堅實的基礎。

1.3 船山學與中國近代社會發展研究綜述

目前船山學的研究成果主要集中在船山學對近代湖南人才群體的影響、船山學與湖湘文化的關係、船山學的分期研究、船山學與中國近代社會思潮的互動等方面。

〔註43〕吳雁南，中國近代社會思潮：第 1 卷〔M〕，長沙：湖南教育出版社，1998：5。

一、船山學與近代湖湘文化的建構和發展

　　王船山是湘籍學者，船山學研究在湖南得天獨厚，學界普遍認為王船山在湘學發展史上佔有重要地位，一直將其視為近代湖湘文化發展的源頭，是湖湘學派承上啟下的關鍵人物，他接續並大大發展了湖湘學派和學風，對近代湘學和湖南產生了極大的影響。持這種觀點的學者很多，方克立的《王船山——從古代湘學過渡到近代湘學的關鍵人物》〔註44〕一文認為，王船山繼承和傳遞了湘學性理哲學與經世之學相結合、內聖外王並重的精神特質和學風，並將湘學中深厚的民族主義思想傳統發揮到極致，在湘學發展中起到了承上啟下的作用。彭大成在《湖湘文化與毛澤東》〔註45〕中用大量的篇幅講述王船山對近代湘人曾國藩、譚嗣同、楊昌濟、毛澤東等人的思想形成起了重要的啟迪作用，並形成了近代湘學發展的兩條線索，即從王船山—曾國藩—譚嗣同和從王船山—譚嗣同—楊昌濟—毛澤東兩條線索，大大豐富了湘學的內涵。楊金鑫在《王船山是湖湘學派承上啟下的關鍵人物》〔註46〕一文中指出：王船山結合時代特點，全面繼承和發展了湖湘文化，並對曾國藩、郭嵩燾、譚嗣同、唐才常、禹之謨，乃至蔡和森、毛澤東等產生了巨大影響。朱漢民的《船山詮釋與湖湘文化建構》〔註47〕則認為，王船山留給後人一個既有地域性又有普遍性、既是回歸傳統又有超前意識的思想文化體系。類似的文章還有趙載光的《周敦頤道學與湖湘派儒學的特色——從周敦頤、胡宏到王船山》〔註48〕、鄭焱的《王船山與近代湖湘文化》〔註49〕、周輝湘的《船山思想與湖湘文化的近代化》〔註50〕等。

〔註44〕方克立，王船山——從古代湘學過渡到近代湘學的關鍵人物〔J〕，湘潭大學社會科學學報，2003（1）15～21。

〔註45〕彭大成，湖湘文化與毛澤東〔M〕，長沙：湖南出版社，1991。

〔註46〕楊金鑫，王船山是湖湘學派承上啟下的關鍵人物〔J〕，湖南師範大學社會科學學報，1995（5）80～128。

〔註47〕朱漢民，船山詮釋與湖湘文化建構〔J〕，社會科學戰線，2012（8）1～5。

〔註48〕趙載光，周敦頤道學與湖湘派儒學的特色——從周敦頤、胡宏到王船山〔J〕，船山學刊，1999（2）55～59。

〔註49〕鄭焱，王船山與近代湖湘文化〔J〕，湖南社會科學，1988（00）72～76。

〔註50〕周輝湘，船山思想與湖湘文化的近代化〔J〕，湘潭大學社會科學學報，2002（6）43～46。

二、船山學與中國近代社會思潮的互動

　　王興國在《清末民初船山學論述評》〔註51〕一文中，對從 19 世紀末戊戌變法前後，至 20 世紀 20 年代這段時期一些重要的思想家、政治家對王船山思想言論的利用和評論做了精湛的總結。他從「夷夏之辨」「民主思想」「哲學思想」「歷史地位」四個方面出發，認為這一時期人們對船山思想的研究，主要都是出於政治鬥爭的需要，缺少學術色彩。熊考核在《船山思想對近代中國社會變革的主要影響及歷史作用》中指出：「船山思想在晚清的傳播與昌盛，對中國近代社會的變革產生了巨大的影響，其作為覺醒民族的一面思想旗幟，曾積澱和集合了一種自強不息、死而後生的民族精神，成為馬克思主義在中國傳播之前，本土文化破塊啟蒙的一道醒目的思想風景線。」〔註52〕方紅姣在《現代新儒家的船山學研究述評》中指出：「作為一個學派，現代新儒家從整體上都很重視船山學的研究。從第一代的熊十力、張君勱、賀麟、錢穆、馮友蘭，再到以後的幾代學者都對船山的思想和人格表現出了普遍的研究興趣。」〔註53〕文章分析了現代新儒家思潮與船山學的聯繫。周輝湘則在《船山思想與近代民族意識的形成》〔註54〕、《船山學復蘇與近代思想界的嬗變》〔註55〕、《洋務思潮與船山政治思想之異同》〔註56〕和《船山學復蘇與戊戌思潮》〔註57〕中分別指出：進入近代以後，船山的尊王攘夷、夷夏大防等思想，對近代的洋務運動、維新運動和辛亥革命都產生了不同程度的影響，對近代民族民主運動的發展起到了催化作用。鄧樂群在《〈黃書〉與辛亥革命》一文中指出，「資產階級革命派在拒俄運動的推動下，將西方的民族民主思想與王船山《黃書》中的尊黃攘夷思想、民族獨立自強思想以及君主可禪、可繼、可革，而不可使異類間之的命題等融為一體，醞成反清民主革命的思想巨浪，從而有力地推動了同盟會的成立和辛亥革命的爆發，有效地啟迪和提

〔註51〕王興國，清末民初船山學論述評〔J〕，船山學刊，1994（1）202～216。

〔註52〕熊考核，船山思想對近代中國社會變革的主要影響及歷史作用〔J〕，船山學刊，2001（3）5～10。

〔註53〕方紅姣：現代新儒家的船山學研究述評〔J〕，哲學動態，2006（8）11～15。

〔註54〕周輝湘，船山思想與近代民族意識的形成〔J〕，雲夢學刊，2002（9）44～47。

〔註55〕周輝湘，船山學復蘇與近代思想界的嬗變〔J〕，衡陽師範學院學報（社會科學），2002（5）19～24。

〔註56〕周輝湘，洋務思潮與船山政治思想之異同〔J〕，衡陽師專學報，1995（2）29～33。

〔註57〕周輝湘，船山學復蘇與戊戌思潮〔J〕，船山學刊，2004（3）10～13。

高了中華民族在反帝反傳統鬥爭中緊密聯合的革命自覺性。」〔註 58〕另外值得稱道的是日本學者高田淳撰寫了《清末的王船山》〔註 59〕，文中闡述了王船山思想對清末維新變法運動和革命排滿運動的積極影響，分析了清末各思想流派人物對王船山及其船山學的不同認識和看法，突出分析了曾國藩、章太炎與船山學的關係，文章在《船山學刊》上分三期刊出，內容詳實，條理清晰，對一些質疑的史料重新作了考證，提出了一些富有啟發性的觀點，反映了國外船山學研究的狀況和較高水準。

　　近代關於王船山還有一件事值得提起，那就是從祀孔廟問題，圍繞王船山是否應該入祀孔廟的問題，從朝廷到民間，許多階層和社會團體都參與了辯論，這對傳播和擴大船山學起到了意想不到的作用，這也從另外一方面體現了近代各種社會思潮和社會團體之間複雜的鬥爭。近代湖湘文化的崛起是與湘人有意識建構地方文化的努力分不開的。王船山作為可資利用的地方先賢和學術偶像，受到湘人的極大關注與推崇，通過刊印船山遺書、宣講船山學說，設立祠堂定期祭拜，到最終使得清廷同意將其列入文廟祀典，獲得儒學正統地位認可，這一歷程是十分艱辛和曲折的。這是湖湘士子持續努力的結果，也是船山學不斷發展適應了近代社會的反映。近代湖南鄉紳和士子將船山學作為地方文化建構的有利質素，使其成為區域文化的重要組成部分，而積極倡導船山崇祀文廟並將其視為地域社會建構自身文化體系和象徵系統的一種話語，極大地促成了湖湘文化在近代的輝煌和成功。與此有關的文章有黃節的《明儒王船山黃梨洲顧亭林從祀孔廟論》〔註 60〕、陳勇勤的《光緒間關於王夫之從祀文廟的爭論》〔註 61〕、戶華為的《船山崇祀與近代湖湘地方文化建構》〔註 62〕和《晚清社會思想變遷與聖廡的最後演出——顧、黃、王三大儒從祀風波探析》〔註 63〕、夏曉虹的《明末「三大家」之由來》〔註 64〕、

〔註 58〕鄧樂群，黃書與辛亥革命〔J〕，南通師範學院學報，2001（4）90～96。

〔註 59〕高田淳，清末的王船山〔J〕，船山學報，1984（2）131～137。

〔註 60〕黃節，國粹學報〔N〕，1907（3）。

〔註 61〕陳勇勤，光緒間關於王夫之從祀文廟的爭論〔J〕，船山學刊，1997（1）22～25。

〔註 62〕戶華為，船山崇祀與近代湖湘地方文化建構〔J〕，湖南大學學報（社會科學版），2003（6）29～34。

〔註 63〕戶華為，晚清社會思想變遷與聖廡的最後演出——顧、黃、王三大儒從祀風波探析〔J〕，社會科學研究，2005（2）134～139。

〔註 64〕夏曉虹，明末「三大家」之由來〔J〕，瞭望，1992（35）43。

秦燕春的《清末民初的晚明想像》〔註65〕、段志強的《顧炎武、黃宗羲、王夫之從祀孔廟始末新考》〔註66〕和《孔廟與憲政：政治視野中的顧炎武、黃宗羲、王夫之從祀孔廟事件》〔註67〕等。

三、現代學者對晚清、民國學者研究船山學的分析

　　晚清、民國時期研究和傳播船山學的學者，主要將研究成果集中在曾國藩、譚嗣同對王船山的關注上。相關的文章如：李先國的《王船山與曾國藩：不同文化衝突中的處世抉擇》〔註68〕，認為王船山對曾國藩產生了不小的影響，但由於所處時代不同，面臨的文化衝突不同，他們的處世抉擇明顯有差異，雖然同為湘學的傳承者但他們呈現出了不同的生命風貌。熊考核的《曾國藩為何力倡船山學》〔註69〕指出，曾國藩倡行船山學，對近代中國產生了深遠的影響，從此之後，船山學便走出湘學地域，成為近代中國的一種「顯學」。文章分析了曾國藩推崇船山學的原因，作者認為曾國藩是出於「保衛中國傳統文化」和樹立湘軍思想旗幟這樣雙重目的，這種分析較以前的觀點要客觀得多。彭大成的《王船山、曾國藩與湖南「省運大盛」》〔註70〕指出，王船山的學術思想對曾國藩產生了很大的影響，在曾氏一生「事變萬端」的文治武功中，船山思想的影響時常出現。此外夏劍欽的《略論王夫之對譚嗣同的深刻影響》〔註71〕指出：王船山是譚嗣同終生欽佩的鄉賢和先儒，戊戌維新時期，譚嗣同積極倡導改良和革新運動，王船山對其起到了思想啟蒙的作用。宋偉明的《譚嗣同對王船山哲學思想的態度》〔註72〕和《譚嗣同對王船山思想的繼承與發展》中指出：「譚嗣同對王船山的理論體系進行了深刻的研

〔註65〕秦燕春，清末民初的晚明想像〔M〕，北京：北京大學出版社，2008。

〔註66〕段志強，顧炎武、黃宗羲、王夫之從祀孔廟始末新考〔J〕，史學月刊，2011（3）63～71。

〔註67〕段志強，孔廟與憲政：政治視野中的顧炎武、黃宗羲、王夫之從祀孔廟事件〔J〕，近代史研究，2011（4）120～133。

〔註68〕李先國，王船山與曾國藩：不同文化衝突中的處世抉擇〔J〕，衡陽師範學院學報，2003（2）53～57。

〔註69〕熊考核，曾國藩為何力倡船山學〔J〕，衡陽師範學院學報，2002年（2）53～55。

〔註70〕彭大成、王船山，曾國藩與湖南「省運大盛」〔J〕，船山學刊，1994（2）24～42。

〔註71〕夏劍欽，略論王夫之對譚嗣同的深刻影響〔J〕，求索，1995（1）122～128。

〔註72〕宋偉明，譚嗣同對王船山哲學思想的態度〔J〕，船山學報，1986（2）96。

究，對船山思想既有繼承又有發揮，他把船山學說和其他古代思想家的著作進行綜合比較研究，再結合西方傳來的自然科學和某些社會政治學說，並緊密聯繫當時的階級鬥爭與民族鬥爭的複雜情況，加以融合貫通與擇取，為當時的維新變法活動製造理論依據。」〔註73〕

除此之外，船山思想對其他學者也產生了不小的影響，王立新的《跨越歷史的心靈溝通——郭嵩燾對王船山的認識和評價》〔註74〕中提到，郭嵩燾有關王船山的言論和說法，雖然還算不上嚴格和全面意義上的價值詮釋，但他對船山思想評價的高度和準確性，卻是他的前輩和同時代人所不及的。朱迪光的《梁啟超與王船山研究》〔註75〕認為，梁啟超在船山學研究上運用西方自然哲學的研究方法對後人產生了巨大的影響。李清良的《薑齋千載是同窗——論王船山對熊十力的影響（上）》指出熊十力無論在人生道路的選擇上，還是在思想路向的確定上，都深受王船山其人其學的影響。船山思想既引導他參加革命，又促使他從革命轉向「革心」，決志學術；而在學術上，他最終決定由佛歸儒，並以繼承「船山之志」、發揮船山精神為終身職志。上述文章都從各個方面論證了船山學對近代許多思想家、政治家存在的影響，對近代學術史和政治活動產生了深遠的影響，王船山及其船山學研究具有較高的學術價值，應得到重視和禮遇。「自1962年、特別是1982年以來，船山學在前輩學者和兩湖學者的推動下，日新月異，蓬勃發展，湧現出一批有才華、有成就的船山學研究者，船山學也成為大陸、以至臺灣地區學術研究的熱點。……在中國哲學史、思想史研究中，除孔子和朱熹外，船山學研究的成果是最顯著的」〔註76〕。

綜上所述，自船山學術思想問世以後，學界對他的研究不絕如縷，涉及哲學、歷史、經學、教育、文學、詩歌等各個領域，這些研究極大地豐富了船山學的研究內涵和範疇。歸納起來看目前船山學研究主要集中在對王船山本人的學術思想研究方面，而對於三百多年來推動船山學發展的各個時代學者

〔註73〕宋偉明，譚嗣同對王船山思想的繼承與發展〔J〕，湘潭師範學院學報，1999
　　　　（1）78～81。
〔註74〕王立新，跨越歷史的心靈溝通——郭嵩燾對王船山的認識和評價〔J〕，湖南
　　　　科技學院學報，2005（9）191～193。
〔註75〕朱迪光，梁啟超與王船山研究〔J〕，船山學刊，2004（2）9～12。
〔註76〕張立文，船山學研究的新視野新方法〔J〕，衡陽師範學院學報，2005（1）1
　　　　～4。

與船山學之間關係和互動深入研究的不多。尤其是步入近代社會後，在近代掀起的曾佔據社會主導地位的各種社會思潮中，都少不了王船山的影子。既然船山學與近代的發展歷程和近代中國社會思潮的變遷息息相關，那麼理應在中國學術史和思想史的研究中佔據重要的一席之地，然而目前在近代史的研究中，把船山學與中國近代紛繁複雜的社會思潮緊密聯繫起來的研究著述還不是很多。近代的船山學研究，仍存在不足之處，有待提高。一是船山學研究應該重視兩個方面，一方面是王船山本人的著述學說思想研究，另一方面是研究傳播、弘揚和推動船山學向前發展的學者的學術思想和社會環境。目前船山學研究主要集中在對王船山本人的學說思想的收集、整理和研究方面，這一方面的成果已經非常顯著。但對於三百多年來推動船山學發展演變的學者的研究則相對較少。尤其是步入近代後，船山學一度影響了幾代中國學子，並與中國近代的社會思潮發展密切聯繫，互動頻繁。作為近代社會思潮史研究的個案，船山學與近代社會思潮的互動，折射了傳統文化在近代社會的轉型和變遷，具有較高的學術價值和政治意義。目前把船山學與中國近代社會思潮緊密聯繫起來研究著述還不多，其挖掘和探索的空間還很大，有待於後學者努力完成。二是在船山學研究裏側重點也有不同，近代為了救亡圖存和民族復興，對船山學的研究主要集中在哲學、史學等領域，其他方面的研究相對薄弱，而且對於王船山和船山學研究的學者的研究也不全面，許多為船山學的傳播做出了貢獻的學者，沒有得到應有的重視和研究；三是至今還沒有一本全面系統研究船山學的著作出版，如《王船山學術史》《王船山思想史》等。近代的船山學研究應該是船山學術史、思想史的一個重要的組成部分，深入研究近代船山學的發展有助於推動船山學術思想史的進一步完善。誠如葛榮晉教授所說：「發掘和弘揚船山學中的珍貴文化資源，絕不是簡單地從《船山全書》中尋章摘句，而是以研究者多年的人生閱歷去解讀船山之書，體悟和驗證它的真理性，並進一步根據社會需要加以現代詮釋，賦予它以新的時代精神，努力尋求船山學與現代社會的結合點和生長點，把『古』與『今』有機地結合起來，從而開啟現代人的智慧之海，以推動社會發展和精神文明建設。」〔註77〕

〔註77〕葛榮晉，完成兩個轉變，推進船山學的研究〔J〕，衡陽師範學院學報，2006（1）1～3。

1.4 研究內容與方法

一、主要研究內容

　　本文不是專注於研究王船山的學術思想，而是將研究的重點及其創新點放在了王船山學術思想在近代社會的傳播和發展，也就是說研究的側重點是船山學史的發展歷程。本文擬在充分吸取已有研究成果的基礎上，致力於探索晚清、民國時期為實現民族復興，中國社會各階層積極探索救國救民的道路，促使各種社會思潮在近代中國紛紜迭起，各階層民眾和各學術團體在這些社會思潮的推動下，對船山學的詮釋各有不同，本文致力於對這些問題和關係作一較為全面的梳理，特別是船山學與近代社會思潮錯綜複雜的互動以及各個思想家對船山學的認識，將作一較為深入的探討。其大致內容，下面將分章逐一介紹。

　　第一章「緒論」，概述選題的背景意義、研究動態以及研究的內容與方法，主要介紹王船山的生平與著作，「船山學」的概念與研究範疇、研究史的回顧，還對中國近代社會思潮概念及其發展歷程等問題作了概述。

　　第二章，19 世紀中期，湖南知識分子群體的形成和湘軍集團的崛起，極大地推動了理學經世思潮的發展，在提高湖湘文化政治地位和凝聚湘軍將士鎮壓太平天國起義這兩項政治訴求的驅使下，船山學成為了湖南鄉紳和湘軍擎起的一面旗幟。這一時期對船山學的重新發掘主要包括四個方面：收集並刊刻《船山遺書》；著述立說，高度評價王船山；創立船山書院，弘揚船山學術思想；推動王船山從祀孔廟。

　　第三章，19 世紀晚期資產階級維新思潮興起之後，梁啟超、譚嗣同等維新志士從船山學中解讀出船山著述之中「廢專制」「興民權」「破綱常」「行平等」和「反清革命」等「新」思想，船山學成為了維新派宣傳變法維新和改良社會的理論工具之一。梁啟超算是真正用近代科學方法全面研究船山學的第一個人，從他研究船山學的歷程，可以折射出一個傳統士大夫向近代知識分子轉變的心路歷程。這一階段，圍繞王船山從祀問題，各個政治團體和學術派別展開了激烈的爭論，凸顯了清末社會力量的變化和社會思潮的變遷狀況。

　　第四章，從 19 世紀末到 20 世紀初，王船山著述中蘊涵的「夷夏大防」和「尊黃攘夷」等思想成為資產階級民主革命派宣傳民族、民主革命的思想

武器。章太炎以及國粹派提出了「用國粹激動種性，增進愛國的熱腸」的口號，積極利用船山學宣揚革命排滿思想，喚醒國人的愛國意識；劉人熙則號召「廣船山於天下，以新天下」，創立《船山學報》和船山學校，有計劃、有組織地推廣和研究船山學。這一階段的船山學史研究再現了近代知識分子在中西、新舊的文化夾縫之中尋找出路的矛盾與彷徨，同時也揭示出了傳統文化要實現在近代轉型的艱難歷程。

第五章，20 世紀 20 年代現代新儒學思潮開始興起，第一代現代新儒家學者們大多數都對船山學表現出濃厚的興趣。熊十力終身服膺王船山，船山的學識和品行對其產生了重要影響，他對船山人格精神和學術思想也作了大力弘揚；錢穆以其宋學觀的視野角度對船山學進行了獨到的分析和研究，認為船山學直接接續宋學，在儒學的發展中具有承上啟下的意義；賀麟在創立「新心學」哲學體系時，重點詮釋了王船山的歷史哲學，認為其與黑格爾哲學等現代精神相通。新儒家學者們在中國近代化進程快速發展的境況下，倡導拯救中國文化傳統，保存民族的精神血脈，提倡民族本位文化，無疑是一股清流。

第六章，20 世紀 20、30 年代，馬克思主義思潮成為了影響中國社會的主流思潮，嵇文甫、侯外廬、張岱年等採用唯物史觀和辯證法研究船山學。冀圖將中國傳統文化的內涵與馬克思主義基本原理相結合，尋找到中國文化發展的新方向和新突破。嵇文甫是最早運用唯物史觀進行船山學研究的學者，他的《船山哲學》及其研究方法和觀點對後來者提供了寶貴的借鑒；侯外廬的《船山學案》提出王船山是中國歷史上具有近代啟蒙思想的唯物主義哲學家；張岱年以繼承船山學為己任，高度讚揚了王船山的唯物主義思想，他們的研究對新中國成立後的船山學研究產生了直接影響。

結論部分，指出王船山是中國傳統學術思想的集大成者，他的思想體現了對傳統文化的傳承性、創新性和超前性。一方面，他批判地繼承了以「六經」為代表的中國傳統學術思想尤其是儒學；另一方面，他又根據社會歷史發展變遷的需要大膽創新，大膽提出「六經責我開生面」，充分改造和發展了中國的傳統思想和儒學學術體系。通過對王船山及其船山學的分析，可以發現兩千多年以來，儒學一直伴隨著傳統社會的發展而發展，它在意識形態上取得了主導地位，深深地影響著人們的行為方式與思維心理。因此從船山學的發展歷程來看，近代知識群體經過不斷的探索，逐漸明確了方向，那就是

在學習和吸收西方文明的同時，深入挖掘傳統文化的精華，促進傳統文化的轉型方能孕育出真正屬於中國的時代文化之精神。亨廷頓曾提出過一個概念——「自我撕裂國家」，他說：「如果一個國家不能植根於自己原先固有的文明母體，而是千方百計與自己的文明母體斬斷關係，力圖換種而進入根本不屬於它的其他文明母體的話，那麼這個國家就必然成為自我撕裂的國家」〔註78〕，而避免「撕裂」的最好辦法就是熱愛和傳承好本民族的傳統文化。

二、研究重點

近代關注船山學發展的學者許多都是晚清和近代著名的思想家、政治家或社會活動家，他們也是同時代中國較早覺醒的仁人志士，對當時中國社會面臨的危機和紛紜複雜的時局也有著各自不同的理解和認識。同時他們又都樂於接受新思想，積極倡導革新，推動了晚清和近代各種社會思潮的形成和發展，在晚清和近代掀起的各種社會政治運動中也都有他們活躍的身影，可以毫不誇張地說他們對推動中國社會的改良和革命作出了傑出的貢獻。而這些人對船山學的研究表現出濃厚的興趣，這就是一個很值得探討的話題。

王船山及其船山學的研究是一個重要而又熱門的話題，前賢時修關注不少，形成的觀點各有千秋，研究程度也深淺不一。在此基礎上推陳出新，會給本文的研究帶來很大的挑戰和壓力，也會存在一定的難度。所以，本文重點關注船山學與近代社會思潮的互動關係，力爭將思想家的思想與社會現實緊密聯繫起來。具體而言，本文的研究重點及其創新之處如下：

第一，簡述王船山學術思想體系的形成和發展過程，也即船山學的建構歷程。這是旨在闡明博大精深的船山學，不僅豐富了中國傳統文化的內涵，而且在許多方面對傳統文化作了精闢的總結、歸納和創新，在後世學子學習和借鑒傳統文化的過程裏，船山學理應成為傳承儒學的經典教材。因此本文力圖將船山學的建構，置於清末民初紛紜複雜的社會背景之下，結合同一時期社會思潮的發展演變，來探索王船山及其船山學在近代受到各知識群體青睞的原因和船山學在近代社會不斷煥發生機的深層緣由。

第二，闡述船山學與近代社會思潮的關係與互動，船山學代表了傳統文化尤其是儒學的精粹，它在近代被社會各階層的知識群體重新解答和詮釋，

〔註78〕塞繆爾·亨廷頓，我們是誰？美國國家特性面臨的挑戰〔M〕，北京：新華出版社，2005：3

說明船山學具有適應近代社會的發展因子。在近代中國為救國救民掀起了轟轟烈烈的各種社會思潮中，船山學始終與近代社會思潮的發展互為表裏，在國人尋找救國救民的道路和理論時，船山學術思想之中總有一些主張和見解充當了指明燈的作用。在中國近代社會的發展過程裏，船山學對近代社會思潮的發展產生了重要影響，而近代紛紜變化的社會思潮也對船山學的發展起到了很好的推動作用。對兩者之間互動原因的分析是本文的第二個創新點。

第三，王船山即是湖湘文化的傑出代表，又是與顧炎武、黃宗羲齊名的「明清三大家」，在他的學說裏即體現了湖湘文化的獨特性，又蘊含了中華文化的普世性，可以說船山學很好地實現了地域文化和中華文化的和諧統一。通過論述船山學在近代的發展歷程，可以解析傳統文化在近代的艱難發展和轉型。在西方先進的技術和文明的衝擊之下，如何保留民族文化和地域文化特色，如何實現傳統文化向近代社會的轉型，如何讓儒學的精粹和儒者的高尚情操及學行在近代化社會持續發展和發揮作用，這是一個值得每一個學子和國人思考的嚴峻的問題。透過本文對船山學建構的研究，也進一步思考如何定位傳統文化尤其是儒學在社會主義現代化建設中的位置和作用。

三、研究方法

目前對近代社會思想史和社會史的研究主要採用兩種研究方法，一種是以思潮為線索構架中國近代史思想的研究方法，一種是以思想家為線索構架中國近代思想史的研究方法。兩種方法各有優劣，以思想家為主要線索構架而成的著作中，可以清楚地瞭解到隨著社會時局的發展變化思想家學術思想積澱和成長，但由於許多思想家歷經晚清、民國等各種社會形態，個人的人生歷程和學術活動具有複雜性、不確定性和片段性，故而導致在這類著作中側重於對思想家本身學術思想和心路歷程的解剖，反而對晚清和近代社會思潮的分析和描述就只能散見於著作的各個章節，由此導致這些著作在敘述社會思潮的發展演化脈絡線索和條理都不是十分清晰，會產生有樹木而無森林的感覺。而以思潮為主要線索構架而成的近代社會思想史、社會史著作中，很多都是側重於政治、經濟、外交和軍事等方面的研究，對晚清以致近代思想家的思想和活動只作簡單地敘述和介紹，無法突出思想家的學術特色和個性，又產生有森林而無樹木的感覺。故而「不強調從思潮著眼，無法瞭解個別思想家的地位和意義；不深入解剖主要代表人物，也難以窺見時代思潮所

達到的具體深度。」〔註 79〕因此只有將社會思潮史研究與思想家研究完美結合起來，才能成就一部優秀的近代思想史研究著作。

　　毋庸置疑，時代的變革、社會的發展甚至重大的歷史事件都可能對個體產生不同程度的影響，從而也就會影響其學術思想的變化。中國近代社會時局紛紜複雜，「決定了近代史上相當多的歷史人物不只是單純的某一思潮中的人，在他們身上常常會同時兼有若干思潮的特徵，或者曾經先後信奉過一些彼此對立的思潮。」〔註 80〕這種複雜性無疑會給他們的研究者帶來很大的困難。另外近代這些學者們對船山學的詮釋和理解，各有自己的方法和路徑。同一時代不同的學者對船山學的認識不一樣，甚至不同的時段裏同一位學者，他對王船山及其船山學的認識和理解都會有可能隨著時代的變化而不一樣。因為詮釋本身就是詮釋者的個人行為，不同的詮釋者，或者同一詮釋者面臨的語境迥異，都有可能產生不同的理解和認識，我們必須尊重詮釋者的個體性。另外在近代社會思潮風起雲湧之時，為了理解傳統文化對近代文明所作的回應，也必須對傳統文化固有的多樣性和內在特點有所認識。「因為中國知識分子主要是根據從儒家傳統沿襲下來的那套獨特的關懷和問題，對晚清西方的衝擊做出回應的。除非我們從儒家的內涵開始，否則便不能理解這些需要加以考慮的事情。」〔註 81〕這一研究方法雖然提到的是晚清，但實際上也適用於一般的近代思想史研究。我們應該把思想史的發展看著是有生命的和有傳統的，這個生命和傳統的成長過程，不僅僅依賴於外界的變化和刺激，它的成長更關鍵的、更重要的還是依靠內在的自我更新。余英時也說：「同樣的外在條件、同樣的政治壓迫、同樣的經濟背景，在不同的思想史傳統中可以產生不同的後果，得到不同的反應。所以在外緣之外，我們還特別要講到思想史的內在發展。」〔註 82〕確實傳統文化數千年來的發展是有跡可尋的，儒學經歷的多次變遷也是有線索可以考證的，思想文化是根植於一個民族內在的意識形態，近代西方文明的衝擊促使傳統文化作出了回應，也促使傳統知識分子作出了改變，但這些回應和改變主要還是建立在原來固有的傳統的文化基礎之上的回應和改變。不過我們也不能忽視外在條件對思想史的影響，

〔註 79〕李澤厚，中國近代思想史論〔Ｍ〕，北京：三聯書店，2008：484。
〔註 80〕高瑞泉，中國近代社會思潮〔Ｍ〕，上海：上海人民出版社，2007：14。
〔註 81〕張灝，梁啟超與中國思想的過渡〔Ｍ〕，南京：江蘇人民出版社，2005：2。
〔註 82〕余英時，中國思想傳統的現代詮釋〔Ｍ〕，南京：江蘇人民出版社，2006：158。

需要客觀全面地分析船山學和近代社會思潮的發展變化。

因此本文在研究時注重歷史與邏輯統一的方法，在研究中既要承認西方文明對中國傳統社會的衝擊和影響，又要看到傳統文化在面臨危機時的自我更新。具體到本文的研究對象則力爭對船山學在近代的變遷、船山學與近代社會思潮的互動、從船山學的演變看傳統文化在近代的轉型以及儒學在近代的價值重估等問題進行深層次的考察和探究。本文在研究方法上以社會思潮出現的先後為準，將近代社會思潮劃分為五個階段，本文第 3、4、5、6、7 章節專門討論船山學的發展變化與近代主要社會思潮演變的互動。第一個時期是 19 世紀上半葉興起的理學經世致用思潮；第二個時期是 19 世紀 60 至 90 年代興起的洋務思潮；第三個時期是 19 世紀末興起的維新思潮；第四個時期是 20 世紀初興起的立憲思潮和民主革命思潮；第五個時期是 20 世紀上半葉興起的激進民主主義思潮、新儒學思潮和馬克思主義思潮。與此同時，我們在研究船山學和社會思潮的時候，一方面必須努力鑽研原始資料，潛下心去認真閱讀和研究各位思想家的專著。同時也要充分尊重前人的研究成果，積極吸取他人的優秀養料，學習他人的長處，它山之石可以攻玉也；另一方面，近代社會思潮紛紜複雜，涉及的思想家人數也十分的繁雜，對研究者的學識和認知都是一個不小的考驗，因此還要力求突破已有研究的視野限制和克服自身學識的不足，從多角度、多層面去思考史料中所反映出來的問題，從而深化對本課題的研究和探討。因此在進行本文的研究時，我們必須要努力浸潤到傳統思想文化中去，要「瞭解他們的問題，以同情的態度追隨他們去探索問題的答案，才不至於空入寶山，無功而還。當然我們嘗試去瞭解傳統，並不是要抱殘守缺，只做一些尋章摘句的工夫，而必須訴之於善巧的解釋，才可以幫助現代人看到傳統的意義，並進一步瞭解其限制，加以創造的轉化，以適應現代人的需要。」〔註 83〕可見做思想史研究務必須進行大量的閱讀和考證，然筆者才疏學淺，文章欠缺之處，敬祈方家批評指正。

〔註83〕劉述先，儒家哲學研究〔M〕，南京：江蘇人民出版社，2010：310。

第 2 章　船山學的特點及近代知識群體對船山學的認識

2.1　王船山生平事蹟和著作考述

　　王船山祖籍江蘇高郵，明永樂初年，先祖官衡州，遷入湖南衡陽，到他出生時已是第九代。其先祖多係中下級軍官。到高祖王寧時才以詩書培養教育後代。曾祖王雍「以文名著南楚，由歲貢薦授武岡訓導，遷江西南城教諭」〔註1〕，王雍「頗務豪盛」，家境殷實。但到了王船山的祖父和父親時，確因為不善謀生，造成家徒四壁，「薄田但供饘粥」。王船山有兩個兄長，王介之和王參之，在三兄弟中王船山才華最佳，在學術上他受父親王朝聘和叔父王廷聘的影響較深。在父輩和兄長們的指導和薰陶下，他十四歲考中秀才，崇禎十一年（1638），時年二十歲就讀於嶽麓書院，師從吳道行（吳是張栻高足、南宋學者吳獵之後），吳道行講學力主糾正明末王學空疏的流弊，極力維護理學正宗，這種務實的學風，對王船山的治學和人生都產生了很大的影響。讀書期間，他和同鄉學子郭鳳躚、官嗣裘、文之勇等組織了「匡社」，取匡時救國之意。明崇禎十一年（1638）於嶽麓書院肄業。明崇禎十五年（1642）跟隨兄長王介之赴武昌鄉試，他中式第五名《春秋》經魁，介之中式第四十名舉人，兩兄弟都榜上有名，令其父十分高興。督促他們一鼓作氣直接前往北京參加「會試」，但此時興起的農民起義阻斷了他們的仕途之路。明崇禎十七年

〔註1〕王夫之．薑齋文集〔M〕//船山全書：第15冊，長沙：嶽麓書社，2011：109。

（1644），李自成率農民起義軍攻陷了北京，崇禎皇帝朱由檢自縊身亡，明朝270多年的統治土崩瓦解了。明朝的滅亡令王船山十分悲慟，他為此寫了《悲憤詩》一百韻，此後他又經歷了南明弘光、隆武、永曆三個政權的覆滅，這段時期是他人生中非常艱難的時候。在《章靈賦》的自注中清楚地表達了當時的心情，「甲申春，李自成陷京師，思廟自靖，五行汩災，橫流滔天，禍嬰君上，普天無興勤王之師者。草野哀痛，悲長夜之不復旦也。」〔註2〕在目睹了清軍南下過程中對漢族民眾的肆意劫掠、殺戮以後，王船山加入到了抗清鬥爭中，然幾經波折，救國的夢想最終還是破滅了。「既知事不可為，乃退而著書，竄伏窮山四十餘年，一歲數遷其處，故國之戚，生死不忘」〔註3〕。隨後他隱姓埋名顛沛流離於湖南湘西、衡山、永州、郴州、常寧等湘南一帶荒涼僻遠之地，康熙十四年（1675）在衡陽石船山附近修築了一間茅舍，取名「湘西草堂」，絕意國事，潛心治學，直至清康熙三十一年（1692）去世，享年74歲。

從清順治元年（1644）開始，王船山在清朝的統治之下生活了近半個世紀，稱其「清儒」，一點也不過分。然其自撰的墓誌銘卻固執地自稱「明遺臣」：「有明遺臣行人王夫之字而農葬於此，其左則繼配襄陽鄭氏之所祔也。自為銘曰：抱劉越石之孤憤而命無從致，希張橫渠之正學而力不能企。幸全歸於茲丘，固銜恤於永世。戊申紀元後三百年十有年月日。」劉越石名琨（270～318）忠於晉王朝，少時與祖狄為友，立志報效國家，有「枕戈待旦，聞雞起舞」之典傳，但他遺憾自己未能擊破石勒、劉曜，解除晉朝邊境危機，以報晉恩，最後反遭殺害。王船山以劉琨自喻，說：「琨乃以孤立之身，遊於豺狼之窟，欲志之申也，必不可得；即欲以頸血濺劉聰、石勒，報晉之宗社也，抑必不能；是以君子深惜其愚也。以琨之忠，身死族夷，報志長埋於荒遠，且如此矣」〔註4〕王船山亦採用這種方式表明自己的孤忠，在墓誌銘中特地強調「全歸」〔註5〕和「戊申紀元」〔註6〕，拒絕使用清康熙紀年，強調其明遺臣的身份。王船山一生亦貧亦艱，充滿坎坷和曲折，國破家亡，危殆困

〔註2〕王夫之，薑齋文集〔M〕//船山全書：第15冊，長沙：嶽麓書社，2011：185。
〔註3〕李元度，國朝先正事略：卷二十七〔M〕，長沙：嶽麓書社，2008：890。
〔註4〕王夫之，讀通鑒論〔M〕//船山全書：第10冊，長沙：嶽麓書社，2011：467。
〔註5〕大戴禮·曾子大孝曰：「父母全而生之，子全而歸之，可謂孝矣。不虧其體，不辱其身，可謂全矣」。
〔註6〕「戊申紀元」，是明太祖朱元璋的洪武元年，即明王朝建立的時間。

苦的精神壓力始終籠罩著他，堅持「全歸」和「遺民」身份成為了他維護儒者精神世界和體現其人格情操唯一能做的事情。他一生堅持不剃髮、不易服，以「六經責我開生面、七尺乞天求活埋」的悲壯豪情，鑄就了其獨特學行和情操。王船山的學術立論是接續張載一脈的，他對程朱陸王都有所批判，惟張載純讚美之辭，譽為「正學」。稱讚張載的學說可與孟子媲美，說：「嗚呼！孟子之功不在禹下，張子之功又豈非疏瀹水之歧流，引萬派而歸墟，使斯人去昏墊而履平康之坦道哉！是匠者之繩墨也，射者之彀率也。」王船山直接繼承了張載的元氣本體論，認為物質性的「氣」是世界的唯一本源，而且他從哲學意義上對「氣」作出了更高、更抽象的概括，突破了古代樸素唯物主義「元氣說」的藩籬，實現了中國古代認識上的一個飛躍。他對張載的推崇和傳承，也直接導致後世學者將宋明理學分為了程朱理學、陸王心學和張王氣學三個派系。後世很多學者都強調船山篤守張子「正學」，與張載曠代相感，相得益彰。李周望稱「橫渠之書，微船山而旨隱；船山之學，微橫渠之書而不彰。兩人曠代相感，一作一述，非如馬遷所云顏淵之於夫之，附驥而名益彰者耶？」〔註7〕鄧顯鶴也說：「先生憂之，生平論學，以漢儒為門戶，以宋五子為堂奧。而原本淵源，尤在《正蒙》一書，以為張子之學，上承孔孟之志，下梂來茲之失，如皎日麗天，無幽不燭，聖人復起，未之能易，惟其門人未有逮庶者。」〔註8〕

　　王船山所著書籍數量眾多，涉及到了經學、子學、史學、文學、政法、倫理等許多領域，甚至於天文、曆數、醫理、兵法乃至卜筮、星象，亦觸類旁通，就連剛剛傳入中國的「西學」，他也設法瞭解。本著「言必徵實，義必求理」的態度，潛心著述四十餘年，這些著述構成了精深縝密而又博大的船山學，對中國傳統學術思想作出了巨大的貢獻。船山著作錄於《四庫》的有：《周易稗疏》《考異》《尚書稗疏》《詩稗疏》《春秋稗疏》等。然一般為人們所熟悉的主要著作是：《周易內傳》《尚書引義》《張子正蒙注》《讀四書大全說》《思問錄》《老子衍》《莊子通》《黃書》《續春秋左氏傳博議》《春秋世論》《讀通鑑論》《宋論》等。據估計王船山所著書約有一百種，三百九十八卷，其中

〔註7〕李周望，王船山先生正蒙注序〔M〕//王夫之：船山全書：第 16 冊，長沙：
　　　嶽麓書社，2011：398。
〔註8〕鄧顯鶴，船山著述目錄〔M〕//王夫之：船山全書：第 16 冊，長沙：嶽麓書
　　　社，2011：410。

約二十種不知卷數，共計八百多萬字；傳世著作有七十四種，三百七十三卷，從清康熙四十八年（1709）至民國年間（1912～1949）這些著作先後刊刻行世，為後人研究王船山學術思想提供了珍貴資料。

2.2 王船山的學術特徵

一、船山學是對宋明理學的繼承與發展

王船山的學術思想與宋明理學有著很深的淵源，他不僅積極吸取了宋明理學的精粹，還對宋明理學進行了理論上的修正和補充。郭嵩燾說王船山是：「篤守程朱，任道甚勇，實能窺見聖賢之用心而發明其精蘊，足補朱子之義所未道。尤陸王學術之辨，析之至精，防之至嚴，卓然一出於正，惟以扶世翼教為心。」[註9] 王船山的理學學術旨趣最早來自家庭的薰陶，其父和叔叔早年都受業於衡陽有名的理學家伍定相的門下，伍定相「居敬窮理，實踐虛求」，而且「為學綜天文、地紀、人官、物曲、兵農、水利之書，以淹貫為主。」此「船山之學，所由本也。」[註10] 父親對王船山的教育也很嚴格：「夫之稍與人士交遊，以雕蟲問世，每蒙呵責，謂躬行不逮，而亟於尚口，孺子其窮乎！嗚呼！奉若不恪，既不能自立不朽，而家學載之空言者且將無託。吾父之言，炯若神明，一至此乎！」[註11] 王船山後又到推崇理學的湖湘文化重鎮嶽麓書院深造學習，其子王敔評述父親是「參伍於濂洛關閩，以闢象山、陽明之謬，斥錢、王、羅、李之妄，作思問錄內外篇，明人道以為實學，欲盡廢古今虛妙之說而返之實。」[註12] 王船山對宋明理學的推崇，在《張子正蒙注》中表現尤為明顯說：「宋自周子出，而始發明聖道之所繇，一出於太極陰陽人道生化之終始。二程引而申之，而實之以靜一誠敬之功。然游、謝之徒，且歧出以趨於浮屠之蹊徑，故朱子以格物窮理為始教，而蘗括學者於顯道之中。……學之興於宋也，周子得二程而道著。程子之道廣，而一時之英

〔註9〕 郭嵩燾，請以王夫之從祀文廟疏〔M〕//郭嵩燾，郭嵩燾全集：第4冊，長沙：嶽麓書社，2012：799。

〔註10〕 羅正鈞，船山師友記〔M〕，長沙：嶽麓書社，1982：72。

〔註11〕 王夫之，顯考武夷府君行狀〔M〕//船山全書：第15冊，長沙：嶽麓書社，2011：111。

〔註12〕 王敔，大行府君行述〔M〕//王夫之，船山全書：第16冊，長沙：嶽麓書社，2011：73。

才輻輳於其門。張子教學於關中，其門人未有殆庶者。故道之誠然者不著，貞邪相競而互為畸勝，是以不百年而陸子靜之異說興，又二百年而王伯安之邪說熾，……使張子之學曉然大明，以正童蒙之志於始，則浮屠生死之狂惑，不折而自摧，陸子靜、王伯安之蕞然者，亦惡能傲君子以所獨知，而為浮屠作率獸食之倀乎？」〔註13〕他不僅高度讚揚了宋明理學對儒學聖道的弘揚，而且還就宋明理學裏一向不被學界重視的張載的學術思想重新進行了詮釋，明確將張載的「唯氣論」提高到與程朱理學和陸王心學同等的地位，確立了「氣學」在傳統文化史上的學術價值和歷史地位，為以後宋明理學研究形成「理學」「心學」和「氣學」三個研究方向奠定了學術基礎，以後張岱年等近現代學者對宋明理學的研究便是沿著這個路數發展下去的。

在王船山的學說中還有很多地方可以明顯看出他對宋明理學的繼承和發展，例如他修正了宋明理學先天性命的心性論，強調「繼善成性」和「性日生而日成」，反對將天命看成是初生之際的一次性事件，認為人性是可以改變的，人的善惡也是可以改變的，強調了人的主觀性和能動性。他提出的「性乃氣質中之性」〔註14〕，糾正了程頤、朱熹等宋儒將善性歸於天命之性，而將惡歸於氣質之性的氣二元論，捍衛了氣一元論，對宋儒的心性論起到了救弊補偏的作用。他還進一步完善了張載的動靜觀，明確提出運動是絕對的，靜止是相對的，說：「太極動而生陽，動之動也；靜而生陰，動之靜也。廢然無動而靜，陰惡從生哉？」〔註15〕指出運動變化是時時刻刻存在的，有些事物形式上看起來是不變的，實際上它的內容早就已經在發展改變中，即「天地之德不易，而天地之化日新。今日之風雷，非昨日之風雷，是以今日之日月，非昨日之日月。」〔註16〕在知行觀上，他提出「知行相資以為用」和「行可兼知」的命題，即是對朱熹「知先行後」說和王陽明「知行合一」說的矯正。他還摒棄了程朱理學「存天理滅人慾」的觀點，提出不能離開人慾空談天理，天理即在人慾之中。認為理和欲是相輔相成的一組概念，彼此並不相

〔註13〕王夫之，張子正蒙注〔M〕//船山全書：第 12 冊，長沙：嶽麓書社，2011：10～12。

〔註14〕王夫之，讀四書大全說〔M〕//船山全書：第 6 冊，長沙：嶽麓書社，2011：857。

〔註15〕王夫之，思問錄內篇〔M〕//船山全書：第 11 冊，長沙：嶽麓書社，2011：402。

〔註16〕王夫之，思問錄外篇〔M〕//船山全書：第 11 冊，長沙：嶽麓書社，2011：434。

悖，不應該對立起來，因為「天理充周，原不與人慾相對壘。理至處，則欲無
非禮；欲盡處，理尚不得流行。如鑿池而無水，其不足以蓄魚者，與無池同。
病已療而食不給，則不死於病而死於餒。故曰『仁則吾不知也』。此聖學、異
端之大界，不可或為假借者也。」〔註17〕

　　王船山對宋明理學的繼承和發展在學界是公認的事實，嵇文輔評價王船
山「宗師橫渠，修正程朱，反對陸王。」〔註18〕認為他不僅繼承了宋明理學
的道統，還積極結合明末時代發展的需要，改造和創新了儒學，「正統派的道
學到船山手裏，卻另變一幅新面貌，帶上新時代的色彩了。」〔註19〕「假如
用辯證法的觀點來看，程朱是『正』，陸王是『反』，清代諸大師是『合』。陸
王『揚棄』程朱，清代諸大師又來個『否定的否定』，而『揚棄』陸王。船山
在這個『合』的潮流中，極力反對陸王以扶持道學的正統。」因此完全可以說
王船山不僅是宋明理學的傳承者，他還是一個很好的創新者，宋明理學在王
船山的改造下進入了一個新境界。例如「朱子把博文和約禮分成兩段，以格
物為始教，深受陽明學派的攻擊。船山接受這個教訓，他把朱王兩家都撇開，
而另走橫渠『知禮成性，變化氣質』的道路。他在這方面也發揮出許多新
義。」〔註20〕王船山許多開明進步的主張和見解，甚至超越了張載等宋明理
學家。除嵇文甫外，熊十力等現代新儒家學者也將王船山視為宋明理學的優
秀傳承者，熊十力認為船山之學具有尊生、明有、主動、率性的特點，是「繼
續程朱以來之反佛教精神，而依據大易，重新建立中國人之宇宙觀與人生
觀。」〔註21〕熊十力不同意梁啟超、胡適等人把王船山歸類為反道學，他堅
持認為王船山的精神是宋學精神，「宗主橫渠，而和會於濂溪、伊川、朱子之
間。」〔註22〕熊十力的這個看法獲得了現代新儒家諸學者的普遍贊同，也奠
定了現代新儒家船山學研究的一個基本方向。錢穆也說：「船山則理趣甚深，
持論甚卓，不徒近三百年所未有，即列之宋明諸儒，其博大閎括，幽微精警，

〔註17〕王夫之，讀四書大全說〔M〕//船山全書：第6冊，長沙：嶽麓書社，2011：
　　　　801。
〔註18〕嵇文輔，船山哲學〔M〕//王船山學術論叢，北京：三聯書店，1962：109。
〔註19〕嵇文輔，船山哲學〔M〕//王船山學術論叢，北京：三聯書店，1962：121。
〔註20〕嵇文輔，王船山的學術淵源〔M〕//王船山學術論叢，北京：三聯書店，1962：
　　　　36。
〔註21〕蕭蓳父，船山哲學引論〔M〕，南昌：江西人民出版社，1993：159。
〔註22〕吳根有，熊十力『明清學術史觀』斠評〔J〕，船山學刊，2001（4）。

蓋無多讓。」〔註23〕

　　「全面而言，船山思想的主導意識，仍是如何克除佛老的影響，建立正確的儒家的人生價值觀，這正是北宋道學的主題，在此意義上，船山不僅是宋明道學運動的繼承者、參與者，也經他之手的發展，使得自張載以下到船山這樣一個宋明道學內部的發展形態，清晰起來。這個形態，從宋明思想的實際歷史來看，是道學主題之下的一個非主流的發展；但從思想的特質而言，就清代而言，卻未必不是一重要的流向，從而可視為『後理學時代』開端的代表。而無論如何，船山是一個一心重建儒學正統以排佛老而正人心的儒學思想家，這個面目是清晰的。」〔註24〕這是當代學者對王船山比較公允的認識。眾所周知，王船山的學術思想因為特殊的時代原因而湮沒於世長達兩百多年，與顧炎武、黃宗羲等相比，王船山在啟發和引導清初的學術思想發展上所起的實際作用相對要弱很多。但是王船山潛心治學，對傳統文化尤其是宋明理學所做的總結和創新性研究，「在思想史的歷史標尺上具有這樣典型意義。」〔註25〕他充分汲取古代唯物史觀和辯證法的優秀成果，並以此為治學基礎，修正和完善了宋明理學裏的許多基本概念範疇如天道、器、心、性等，對糾正王學空疏之弊起到了積極的作用。「可以清楚地看出，王夫之在顯然背離新儒學的同時，卻又在一定的範圍內繼承了新儒學的傳統。他雖然明確與王陽明對立，但還是與朱熹相接近。」「王夫之的哲學具有多方面的重要意義，他是一個具有獨立性格的思想家，通過批判宋代新儒學的理學和明代新儒學的心學，而走向一個新的方向。在這樣的時候，他預示了其後兩個世紀內的中國思想，儘管他並沒有直接影響這時期中國的思想。」〔註26〕因此可以說王船山不僅是理學「繼往」的優秀傳承者，他更是理學「開新的傑出代表」。

二、船山學代表了古代唯物主義發展的最高峰

　　王船山的唯物主義思想不僅僅來源於張載，他「更是漢代唯物論者王充的繼承者」〔註27〕，船山學裏蘊含了豐富的唯物論思想，可以說是傳統唯物

〔註23〕錢穆，中國近三百年學術史〔M〕，北京：中華書局，1997：106。
〔註24〕陳來，詮釋與重建——王船山的哲學精神〔M〕，北京：三聯書店，2010：47。
〔註25〕陳來，詮釋與重建——王船山的哲學精神〔M〕，北京：三聯書店，2010：21。
〔註26〕布羅夫，王船山學說的歷史命運〔M〕//王船山研究參考資料，長沙：船山學社，1982：34～36。
〔註27〕侯外廬，船山學案〔M〕，長沙：嶽麓書社，1982：17。

主義思想的集大成者。在本體論、方法論、認識論、辯證法、歷史觀、政治思想等方面，都有許多獨到的見解和光輝的論點，代表了古代唯物主義思想發展的最高水平。張岱年就說：「王船山是明清之際的卓越思想家，他的哲學思想史是中國近古時代唯物主義和辯證法思想的最高峰。」〔註28〕「船山所處時代，的確使他接觸些新東西，另換一種眼界，其學術思想中具有許多開明進步因素，從唯心主義轉向唯物主義，也是很自然的了」〔註29〕關於將王船山定性為一位偉大的唯物主義思想家，嵇文輔做了比較全面的總結，他認為王船山的學術思想在很多方面都滿足唯物主義者的需求，例如：「第一、王船山反對迷信術數及天人感應一類的神秘思想；第二、王船山反對萬法唯心和虛無主義的佛老思想；第三、王船山不離器而言道，不離氣而言理；第四、王船山對於理欲、理勢、體用、常變等一系列問題的現實的靈活的看法，都貫串著唯物主義精神。」〔註30〕

　　王船山從歷史演進和實際需要上著眼，對陰陽五行說、三皇五德論、象數說還有佛老思想都進行了犀利的批判，並把它們「打得粉碎，一點傳統的迷信氣味都沒有」，在此基礎上他繼承和發展了張載「知太虛即氣則無無」的學說，積極倡導物質不滅的唯物論思想。他還肯定物質世界是獨立存在的，不以人的意志為轉移，說：「目所不見，非無色也。耳所不聞，非無聲也。言所不通，非無義也。故曰『知之為知之，不知為不知』。知有其不知者存，則既知有之矣，是知也。」〔註31〕明顯堅持了唯物主義的基本立場。又說：「盈天地間，人身以內人身以外，無非氣者，故亦無非理者。理，行乎氣之中，而與氣為主持分劑者也。」〔註32〕在這裡他強調了理依氣而存，也是肯定了世界是由物質構成的。還有他關於道器觀的論說尤為精闢，常常被看成是古代唯物主義駁斥唯心主義的經典範例，說：「天下惟器而已矣。道者器之道，器者不可謂之道器也。無其道則無其器，人類能言之。雖然，苟有其器矣，豈患

〔註28〕張岱年，王船山的歷史地位〔J〕，中國哲學史研究，1983（3）。
〔註29〕嵇文輔，王船山的學術淵源〔M〕//王船山學術論叢，北京：三聯書店，1962：36。
〔註30〕嵇文輔，王船山的唯物主義思想及其唯心主義的雜質〔M〕//王船山學術論叢，北京：三聯書店，1962：47～49。
〔註31〕王夫之，思問錄內篇〔M〕//船山全書：第12冊，長沙：嶽麓書社，2011：401。
〔註32〕王夫之，讀四書大全說〔M〕//船山全書：第6冊，長沙：嶽麓書社，2011：859。

無道哉！君子之所不知，而聖人知之；聖人之所不能，而匹夫匹婦能之。人或昧於其道者，其器不成，不成非無器也。無其器則無其道，人鮮能言之，而固其誠然者也。洪荒無揖讓之道，唐、虞無弔伐之道，漢、唐無今日之道，則今日無他年之道者多矣。未有弓矢而無射道，未有車馬而無御道，未有牢醴璧幣、鍾磬管弦而無禮樂之道。則未有子而無父道，未有弟而無兄道，道之可有而且無者多矣。故無其器則無其道，誠然之言也，而人特未之察耳。」〔註 33〕另外王船山還從先天、後天、實虛、有無、體用等方面對佛老等唯心主義思想進行了徹底的批判和清算，「王船山不僅能打破世俗迷信，並且對於主觀唯心論、客觀唯心論，都明白表示反對，尤其是還能把唯物主義精神貫徹應用到許多具體歷史問題上去。從他們所達到的深度和廣度來說，在中國唯物主義發展史上，恐怕還很難找出幾個人和他相比。說他是偉大的唯物主義思想家，是可以當之無愧的。」〔註 34〕

　　除嵇文輔外，侯外盧、張岱年等也充分肯定了王船山的唯物主義思想，張岱年認為「王船山是中國十七世紀的卓越的唯物主義哲學家。在西方，十七世紀已是資本主義社會的發展時期，出現了許多著名的科學家和哲學家。在中國，十七世紀還停留在封建制時代。但是，王船山的哲學思想確已達到了宏廣博大、精深詳密的高度，在理論思維的水平上不亞於西方十七世紀的思想家。」〔註 35〕與以往的唯物主義思想家相比，王船山的唯物主義思想與社會實際的變化聯繫更密切，具有更強烈的經世致用性。「王船山是屬於中小地主階層的，他的思想基本上是代表了中小地主階層的利益。而他的唯物論便是他用來反對清朝統治集團及豪族大地主的戰鬥武器。」〔註 36〕王船山身處明末清初之際，遭遇了國破家亡的巨大災難，其學術思想也就成為了他反抗異族入侵的唯一有力武器。因此他充分利用唯物論為武器，猛烈抨擊滿清貴族的黑暗統治及殘酷剝削，意圖喚醒民眾的愛國主義情緒，激發民眾復興民族的激情，這應該是王船山唯物主義思想的實際意義所在。

〔註 33〕王夫之，周易外傳〔M〕//船山全書：第 1 冊，長沙：嶽麓書社，2011：1028。
〔註 34〕嵇文輔，王船山的唯物主義思想及其唯心主義雜質〔M〕//王船山學術論叢，北京：三聯書店，1962：53。
〔註 35〕張岱年，弘揚王船山的精粹思想〔J〕，船山學刊，1991（0）10～12。
〔註 36〕張岱年，王船山的唯物論思想〔M〕//張岱年全集：第 5 卷，石家莊：河北人民出版社，1996：1～2。

受階級侷限性所致王船山的唯物論還不夠徹底，還有許多缺陷，「他的唯物論還沒有完全摒棄主觀臆測和直觀的成分，沒有超出樸素唯物主義的範圍；在對待心、性、理方面，王氏雖然也提出了某些可取的見解，但仍存在著與朱熹等理學家劃不清界限的地方。」〔註 37〕但我們不能拋棄時代背景來苛求他，王船山的唯物論和辯證法思想，在傳統唯物主義思想發展史上，理應佔有很高的歷史地位。王船山結合明末社會時局的發展變化，從唯物史觀的角度出發，對傳統文化和宋明理學進行了總結和修正，船山學稱得上是中國傳統文化的精粹。遺憾的是「船山中年以後便循跡深山，平生著作雖多，在當時卻沒有發生多少影響。直到清代末年，他的唯物論學說，才得到一部分進步人士的宣揚，起了很大的積極作用。在今天，我們使用具體分析的方法及歷史的觀點來重新研究王船山的哲學思想，對於他的偉大貢獻，應該予以充分的估計。他的唯物論的學說，在人類的思想寶庫中，將永遠放射著金燦燦的光輝。」〔註 38〕

三、船山學體現了湖湘文化特質和中華文化普遍價值的統一

中國大地上豐富多彩的地域文化共同構成了歷史悠久的中華文化，雖然各地區的文化各具特質，但作為中華文化的組成部分，總是要體現、表達中華民族整體的倫理道德觀、精神價值觀和思維活動方式等有形的和無形的特徵，也總會在一定程度上影響和促進中華文化的發展演變。因此區域文化與中華文化在某種程度上說應該是和諧統一的，所謂區域文化和中華文化普遍價值的統一，就是指區域文化中那些能夠充分體現、表達中華民族的精神趨向，在中華文化體系中佔有重要地位或具有重大影響的文化成果或文化要素。中華文化經歷了數千年的發展演變，中國各個地域的文化都為其作出了重要的貢獻，但基於政治、經濟、地理環境等各種因素，各地域文化在中華文化發展中所起的作用還是有差異的，而且地域文化要能夠蓬勃發展成為全國的文化核心，還必須能夠充分表達中華文化的內在特質與體現中華文化的發展趨勢。具體就湖湘文化而言，很長一段時間裏湖湘文化處於邊緣化狀態，直至兩宋以後，湖湘文化才逐漸崛起，歷經明清、及至近代逐漸發展成為了中

〔註 37〕鄧潭州，王船山傳論〔M〕，長沙：嶽麓書社，1982：21。
〔註 38〕張岱年，王船山的唯物論思想〔M〕//張岱年全集：第 5 卷，石家莊：河北人民出版社，1996：11。

華文化的核心之一。「在晚清中國的近代化轉型進程中，湖湘文化表現得富有
生氣、朝氣蓬勃，傳統的實學精神因其思想的內在理路而成為近代文化轉型
的邏輯的、歷史的依據與起點。」〔註39〕王船山是湖湘文化的傑出代表，他
以縝密理性的思維和獨特的研究視角，對中國古代學術思想諸多領域的問題
進行了深入細緻的研究和反思，在繼承前輩學術成就基礎上，推陳出新，創
立了博大精深的學術思想體系，對以後的學術界和社會產生了深遠的影響，
因而王船山及其船山學稱得上是湖湘地區有著普遍影響力、輻射力的優秀文
化成果之一，很好地體現了湖湘文化特質和中華文化普遍價值的統一。這體
現在：

　　首先，王船山及其船山學說代表了湖湘文化傳統中最為豐富的文化成
果。王船山是土生土長的湘籍學者，他的學說裏充分顯坝出湖湘學派的學術
旨趣、學術風格以及人格精神。王船山繼承和傳遞了湘學當中的性理之學與
經世之學，並且將之融會貫通，形成內聖外王並重的學術精神；還將湘學之
中深厚的民族主義思想傳統和愛國情懷發揮到極致，形成了一種合聖賢與豪
傑為一體的理想人格。在湖湘文化發展過程中王船山起到了承上啟下的作
用，「湖湘學派，在北宋時為周濂溪，在南宋時為張南軒，中間很銷沉，至船
山而復盛。」〔註40〕王船山著述宏博，形成了完備的學術思想體系，極大地
充實和豐富了湖湘文化的內涵。在湖湘文化的浸染之下，王船山的學說又帶
有明顯的地域文化特徵，我們將此稱為船山精神，主要集中在三個方面：以
堅貞之遺臣所體現的民族氣節、集豪傑與聖賢一體的人格理想和即事窮理經
世致用的求實精神，具有這樣三方面特質的船山精神，吸引、感染和征服了
無數的湖湘志士，最終王船山儼然成為近代湖湘文化的一面旗幟。船山精神，
在一代又一代的湖湘人的弘揚之下，也就成了湖南精神之中最為重要的組成
部分。以晚清湘軍集團的將領來看，曾國藩、郭嵩燾、彭玉麟、胡林翼、羅澤
南等人，大多推崇船山精神。其中曾國藩在金陵刊刻了《船山遺書》；郭嵩燾
上書清廷請求將王船山入祀孔廟；彭玉麟則為王船山立傳，「親讀其書，私淑
其人」。可以說船山精神，就是凝聚湘軍將領的一條重要的精神紐帶。王船山
還對湖南近代以來的維新派、革命派人才群體有著重大的影響，他們也都深

〔註39〕朱漢民，論湖湘實學傳統的近代轉型〔J〕，船山學刊，2006（3）22～27。
〔註40〕梁啟超，儒家哲學專集之一百三〔M〕//飲冰室合集：第 12 冊，北京：中華
　　　　書局，1989：62。

受船山精神的鼓舞。從譚嗣同、唐才常、黃興、譚人鳳、楊昌濟等人的言談、日記和文集中都可以看出，《船山全書》是他們的案頭必備之書。誠如梁啟超所言：「船山在清初湮沒不彰，咸同以後，因為刊行遺書，其學漸廣，近世的曾國藩、胡文忠都受他的薰陶，最近的譚嗣同、黃興亦都受過他的影響。清末民初之際，知識階級沒有不知道王船山的人，並且有許多青年作很熱心的研究，亦可謂潛德幽光，久而愈昌了。」〔註41〕

其次，王船山及其船山學說還體現了中華文化的普遍性特質。船山學不僅深入涉及到中國傳統學術的各個方面，並且將中國傳統學術文化發展到一個新的高度。王船山的學術思想涉及經學、小學、史學、諸子學、文學等多個領域，說他是傳統文化的集大成者一點不假。譚嗣同說：「五百年來學者，真通天人之故者，船山一人而已。」〔註42〕梁啟超稱讚《讀通鑑論》和《宋論》是史識卓絕千古，對當世仍具有很高的學術價值。劉人熙誇讚說：「船山之學，通天人，一事理，而獨來獨往之精神，足以廉頑而立懦，是聖門之狂狷、洙泗之津梁也。」〔註43〕王船山對傳統文化尤其是對儒學的反思和創新，涉及到了中國傳統學術思想的許多領域，並且他還根據社會時局的變遷提出了一系列創造性的主張和觀點，因此可以說船山學早已經超越了湖湘地域的限制，達到了歷史的深度和時代的高度，他的思想文化成果理應代表中華文化的發展方向。例如，近代興起的各種主要社會思潮在從傳統文化裏汲取養料和尋求思想理論支持時，無一例外地都想到了王船山的學說，近代學者們對王船山學術思想給予了很高的評價。歐陽兆熊視其為宋明理學的正統傳人，認為其學術遠超顧炎武、黃宗羲二人，說：「船山先生為宋以後儒者之冠，同時如顧亭林、黃梨洲均不能及。」〔註44〕章士釗認為王船山思想的核心是民族主義，說：「船山之史說，宏論精義，可以振起吾國之國魂者極多。故發願申說，以告世之不善讀船山之書、深掌船山之意者。」〔註45〕楊昌濟認為王

〔註41〕梁啟超，儒家哲學專集之一百三〔M〕//飲冰室合集：第12冊，北京：中華書局，1989：62。

〔註42〕梁啟超，論中國學術變遷之大勢文集之七〔M〕//飲冰室合集：第1冊，北京：中華書局，1989：82。

〔註43〕劉人熙，船山學報敘意〔M〕//劉人熙集，長沙：湖南人民出版社，2009：346。

〔註44〕歐陽兆熊，榾柮談屑〔M〕//王夫之，船山全書：第16冊，長沙：嶽麓書社，2011：576。

〔註45〕章士釗，王船山史說申義〔M〕//王夫之，船山全書：第16冊，長沙：嶽麓書社，2011：827。

船山的「我者德之主，性情之所持也」〔註46〕的觀點即為人本主義思想的體現。侯外廬高屋建瓴地認識到王船山及其船山學在中國傳統文化中的整體性作用和普遍性價值，說：「船山先生的學術是清以前中國思想的重溫與發展，他不但把六經別開生面地重新解說，而且從孟子以後的中國哲人多在他的理性主義批判之下翻案，所以他的思想，蘊涵了中國學術史的全部傳統」。〔註47〕通過這些學者們的研究和詮釋可以發現船山學說在宋明理學方面、清初經世致用思想領域乃至整個中華文化史上都具有普遍價值和現實指導意義。「王船山既繼承發揚了中華民族傳統美德，又站在時代的高度，深刻地批判了程朱理學末流的弊端。在批判的同時，又保留其積極因素，提出了一系列別具特色的理論和命題，建立起富有時代特色的價值觀思想，為中華民族傳統道德及核心價值觀的發展做出了有益的貢獻。」〔註48〕可見，王船山的學術思想雖然是湖湘地域性文化的產物，但同時他的學說和人格又充分體現出中華文化勇於創新、關注民生、敢於擔當等普遍性的特點，這種將文化的地域性與民族文化的普遍性有機地結合在一起的能力，正是王船山成為一位偉大的學者所必須具備的條件。由此看來，王船山的學術思想確實稱得上是湖湘文化和中華文化傳統的重要組成部分，他對民族、人類、天道的深刻思考及其精神文化成果，不僅代表著那個時代的最高水準，甚至可以說是具有恆常的價值，值得我們繼續發揚光大。

2.3　近代知識群體對船山學的詮釋和重建

　　從晚清直至民國初年，正是中國社會發生急劇變革、轉型的重要時期，社會思潮風起雲湧，從咸同時期的理學經世思潮、洋務思潮，到光緒時期接踵而至的維新思潮、立憲思潮、民主革命思潮，再到新文化運動時期的自由主義思潮、民族文化本位思潮、馬克思主義思潮的湧現，中國思想文化領域出現了又一次的「百家爭鳴」局面。在這些思想主張迥異的文化思潮中，各階層學者均嘗試借助詮釋船山思想，來實現文化的建構與創新，這確實是一個值得探索的問題。為什麼曾國藩、郭嵩燾、譚嗣同、劉人熙、梁啟超、熊十

〔註46〕楊昌濟，論語類鈔〔M〕//王夫之，船山全書：第 16 冊，長沙：嶽麓書社，2011：814。

〔註47〕侯外廬，船山學案自序〔M〕//船山學案，長沙：嶽麓書社，1982：2。

〔註48〕蔡方鹿，船山價值觀與中華核心價值觀〔J〕，船山學刊，2015（4）101～107。

力、錢穆、張岱年、侯外廬等如此之多的學者，會對同一個人的思想持認可態度？這也就涉及到了晚清及近代知識群體對船山學研究的問題。「中國許多知識分子將自己看成是對政治危機和文化變遷作出反應的自律的，進行創造性思維的人。」〔註49〕他們希冀通過深入發掘傳統思想文化的精粹，為自己倡議的改良主張或救國道路尋找充足的理論支撐。通過深入、細緻的分析可以發現，近代知識群體對王船山及其船山學術思想表現出濃厚興趣的原因主要就是基於救亡圖存的時代需要和傳承民族文化的使命所然。依據時代發展歷程來看：

19 世紀中期，正值晚清社會日益凋敝，異說潛興、海疆有禍之時，船山學術思想在特殊的時代背景促使下開始真正成為湖湘文化的重要資源，受到湖南士大夫和學術界的廣泛關注與推崇。這一時期，湖湘地區湧現出一批在政壇和學界都有很大影響力的人物，如陶澍、賀長齡、賀熙齡、唐鑒、羅澤南、曾國藩、左宗棠、彭玉麟、胡林翼等，在他們的身邊聚集了一群研究程朱理學的學人，而且大多數的學者還是理學經世思想和洋務思想的推崇者。他們看中了王船山堅持道統、推崇儒學、扶長中夏的治學理念，認為船山學可以起到「以正人心、以扶士氣」〔註50〕的救世作用。曾國藩就說：「船山先生注《正蒙》數萬言，注《禮記》數十萬言，幽以究民物之同原，顯以綱維萬事，弭世亂於未形，其於古者明體達用、盈科後進之旨，往往近之。」〔註51〕郭嵩燾也說：「其尤精者，《周易內傳》、《讀四書大全》。實能窺見聖賢之用心而發明其精蘊，足補朱子之義所未備。生平踐履篤實，造次必依禮法，發強剛毅，大節凜然。……於表章理學儒臣以光聖化，所裨實多。」〔註52〕而彭玉麟在《奏請改建船山書院片》中也明確提到，改建書院的目的就是為了「景仰鄉賢，乘時奮勉，養其正氣，儲為通才」〔註53〕。這一時期湖南地區的官

〔註49〕墨子刻，擺脫困境——新儒學與中國政治文化的演進〔M〕，南京：江蘇人民出版社，1990：203。

〔註50〕孔祥麟，擬請從祀文廟摺〔M〕//王夫之，船山全書：第 16 冊，長沙：嶽麓書社，2011：686。

〔註51〕曾國藩，王船山遺書序〔M〕//曾國藩全集：第 14 冊，長沙：嶽麓書社，1994年：278。

〔註52〕郭嵩燾，請王夫之從祀文廟疏〔M〕//郭嵩燾全集：第 4 冊，長沙：嶽麓書社，2012：798。

〔註53〕彭玉麟，奏請改建船山書院片〔M〕//彭玉麟集：第 1 冊，長沙：嶽麓書社，2008：398。

紳們側重於從理學立場詮釋王船山的思想，這除了有挽救世俗人心、改變社會風氣的目的外，還蘊含了鮮明的建構近代湖湘文化的想法，表達了湘籍人士重振湖湘地域文化、弘揚理學的迫切需求。因此這一段時期他們積極致力於刊刻船山遺書、修建船山祠堂和創立船山書院等活動，他們對王船山的推崇，對船山思想的弘揚，帶有明顯的鄉邦文化情結。但也正是由於湘籍人士的努力，王船山得以走出湖湘大地，進入國人的視野，船山學也逐漸大顯於天下，並成為了一門專門的學科受到世人的關注。

　　19 世紀晚期，維新思潮興起，倡導變法、改良的維新志士譚嗣同、梁啟超、唐才常等也對船山思想高度讚賞。尤其是譚嗣同「為學專主船山遺書，輔以廣覽博取」。〔註 54〕稱頌「衡陽王子，膺五百之運，發斯道之光，出其緒餘，猶當空絕千古」。〔註 55〕明確表示要以王船山為榜樣：「欲為大地立心，為生民立命，以續衡陽王子之緒脈。」〔註 56〕其代表作《仁學》中引用船山的話隨處可見。與曾國藩、郭嵩燾等將王船山視為儒學的正宗傳承者不同，譚嗣同認為王船山的學說完全是「精義之學」，與宋明理學有著本質的區別，說：「宋儒以善談名理，稱為道學，或曰理學。理之與道，虛懸無薄，由是則易為世詬病。王船山先生乃改稱精義之學，然不若六朝人目清談元旨為義學也。」〔註 57〕譚嗣同從王船山「道器論」思想中，詮釋出了器變道亦變的支持維新變法的理論依據。自立軍首領唐才常與譚嗣同是同鄉，同師於歐陽中鵠，並稱為「瀏陽二傑」，也「素服膺王船山之學說，及主講時務學堂，日以王船山、黃梨洲、顧亭林之言論，啟迪後進。又勉勵諸生，熟讀《黃書》《噩夢》《明夷待訪錄》《日知錄》等書，時共研習，發揮民主民權之說而引申其緒，以啟發思想，為革命之先導。」〔註 58〕這一時期梁啟超對船山學的研究和借鑒，主要也是基於維新變法運動的需要，期望從傳統文化裏尋找思想資源，為維新派倡導的社會改良運動提供理論武器。維新派志士們密切聯繫清末紛紜複雜的變遷局勢，將船山學說與西方傳來的自然科學、社會政治學說加以融合貫通，為當時的維新變法活動和革命運動製造理論依據，對船山思

〔註 54〕譚嗣同，上劉蔚廬師書〔M〕//譚嗣同全集，北京：中華書局，1981：261。
〔註 55〕譚嗣同，論藝絕句〔M〕//譚嗣同全集，北京：中華書局，1981：77。
〔註 56〕譚嗣同，上歐陽辦薑師書〔M〕//譚嗣同全集，北京：中華書局，1981：164。
〔註 57〕譚嗣同，石菊隱訪廬筆識學篇七十七〔M〕//譚嗣同全集，北京：中華書局，1981：122。
〔註 58〕唐才常，唐才常烈士年譜〔M〕//唐才常集，北京：中華書局，1980：273。

想既有繼承，又有不少創新。

19 世紀末 20 世紀初，資產階級民主革命思潮在中國蓬勃發展起來，船山學中「尊黃攘夷」「夷夏大防」民族觀、激烈的反清言論和特立獨行的人格精神，為革命志士提出的「改條約，復政權，完全獨立；雪仇恥，驅外族，復我冠裳」〔註59〕等主張提供了理論支撐，契合了資產階級革命派反清排滿的政治需求。這對於辛亥革命前期喚醒民眾的民族意識和激發抗清情緒起到了很重要的作用，它將中國近代民族主義思潮推進到了新的高度，直接影響了一代革命志士，如黃興、章炳麟、楊毓麟、宋教仁、蔡鍔、陳天華、禹之謨等，激勵著他們為民主革命的勝利而英勇奮戰。章炳麟就認為王船山的民族主義思想對自己的影響很深，促使自己從支持社會改良主義轉變為堅定的革命者，他回憶自己的革命經歷說：「康氏之門，又多持《明夷待訪錄》，余常持船山《黃書》相角，以為不去滿洲，則改政變法為虛語，宗旨漸分」〔註60〕。以身殉國的烈士楊毓麟也說：「王船山氏平生所著書，自經義、史論以至稗官小說，於種族之戚，家國之痛，呻吟嗚咽，舉筆不忘，如盲者之思視也……朝愁暮思，夢寐以之。」〔註61〕馮自由在《革命逸史》中也強調辛亥革命期間許多革命志士都是受了王船山民族思想的影響而走上革命排滿道路的。譬如畢永年「少讀王船山遺書，隱然有興漢滅滿之志。遇鄉人有稱道胡、曾、左、彭功業者，輒面呵之曰：『吾湘素重氣節，安得有此敗類？』聞者為之色變」〔註62〕。又如葛謙「少讀王船山遺書，隱然具有民族思想。居常語人，輒斥胡、左、彭為漢族罪人」〔註63〕。這些革命者從王船山的學說中不斷尋求思想養料，為推翻滿清封建統治和創立自由、平等、民主的國家而努力。這一時期對王船山及其船山學的解讀跳出了理學的窠臼，開始向著近代社會的方向發展，煥發出了新的時代光輝。值得一提的還有劉人熙在長沙創立了船山學社和《船山學報》，聚集了一批推崇船山學的學者和社會活動家，他們深入

〔註59〕陳天華，猛回頭〔M〕//陳天華，鄒容集，瀋陽：遼寧人民出版社，1994：39。

〔註60〕章炳麟，太炎先生自定年譜〔M〕//轉引：湯志鈞，章太炎年譜長編，北京：中華書局，2013：22。

〔註61〕楊毓麟，新湖南〔M〕//王夫之，船山全書：第16冊，長沙：嶽麓書社，2011：806。

〔註62〕馮自由，畢永年削髮記，革命逸史〔M〕//王夫之，船山全書：第16冊，長沙：嶽麓書社，2011：866。

〔註63〕馮自由，葛謙事略，革命逸史〔M〕//王夫之，船山全書：第16冊，長沙：嶽麓書社，2011：868。

研究和廣泛傳播船山學說，並積極倡導船山道德救世的思想和主張，期望藉此改變民國初年混亂的社會風氣，挽救日趨頹廢的道德人性，這些倡議對淨化心靈、提高國人素質起到了推動作用。而且船山學社是中國近代第一個專門以研究王船山學術思想而創立的學術團體，對於推動船山學術思想的研究起了很重要的作用。

　　20 世紀初期新文化運動興起，西方各種思想、學說如潮水般湧入中國，民主、自由、科學的口號響徹於中國大地，學術界也興起了用西方的科學研究方法反思和剖析中國傳統文化。許多學者都熱衷於拿中國傳統文化與西方文明做各式比較。在這一大環境下，人們對船山學的詮釋和探究也不例外，船山學所具有的近代化色彩也越來越明顯。如有的學者就認為王船山在經濟方面與英國經濟學家亞當‧斯密《原富》論點有很多相同之處，及今讀王船山之書，其中所言，竟有與斯密《原富》不謀而合者。噫！亦奇矣。」〔註 64〕而胡適則認為王船山在哲學方面的思想與德國哲學家尼采有相通之處，「他（指王船山）得《正蒙》之力甚多。他要人明白自己（人）在宇宙間的高等地位，努力做『超人』（豪傑）。……所以我說他似尼采。」〔註 65〕楊昌濟則認為王船山的倫理思想具有近代化特徵，認為王船山強調個體我是德的主體，是性情的載體；若超越主體我，則是有道而無德，這種講主客之別，與西方倫理學講自我實現思想是一個意思，即「船山亦主張人本主義者也，其言道與德之區別，即客觀與主觀之別也。近世倫理學家言自我實現說，與船山之論暗合。」〔註 66〕可見這一時期在西方文化的衝擊和影響下，學者們努力嘗試運用西方文化的研究方法和學術術語，重新詮釋傳統文化和儒學，引導傳統文化在近代的發展，企圖實現傳統文化與近代社會的接軌，達到舊貌換新顏的目的。這一時期涉及到船山學研究的著作，較突出的有梁啟超的《中國近三百年學術史》、蔣維喬的《中國近三百年哲學史》、錢穆的《中國近三百年學術史》、王孝魚的《船山學譜》和張西堂的《王船山學譜》等。這些著作均採用近代研究方法對王船山的學術思想進行了系統的分析和歸納，構建了

〔註 64〕勇立，王船山學說多與斯密暗合說〔M〕// 王夫之，船山全書：第 16 冊，長沙：嶽麓書社，2011：842。

〔註 65〕胡適，致錢玄同（1924 年 7 月 9 日）〔M〕// 王夫之，船山全書：第 16 冊，長沙：嶽麓書社，2011：892。

〔註 66〕楊昌濟，性道微言，論語類鈔〔M〕// 王夫之，船山全書：第 16 冊，長沙：嶽麓書社，2011：814。

船山學研究的新範式。

　　20 世紀 20 年代，五四新文化運動興起後，西方文明在中國傳播速度進一步加劇，傳統社會裏原來以儒學為基石構建的社會道德倫理觀、價值觀和生活方式受到了巨大的衝擊。在工業文明成果面前，傳統文化自慚形穢，迷茫、困惑、混亂的精神狀態開始在社會上彌漫，在此境況之下，恢復或重建中華民族的精神特質顯得尤為重要。具有強烈民族主義精神的學者堅持認為儒家文化和傳統人文思想中具有永恆的價值，人們在謀求中國文化和社會的近代化時不應完全摒棄傳統文化。他們積極思考「返宗儒家，融合中西哲學，以建立新儒學」，這些學者的主張被人們稱為文化保守主義或文化本位主義。現代新儒家是這股社會思潮中影響最大，持續時間最長，最有代表性的學術團體。現代新儒家的幾代學者都很重視研究船山學，第一代學者中對船山學研究感興趣的有熊十力、張君勱、賀麟、錢穆、馮友蘭，第二代有唐君毅、牟宗三、徐復觀，再到第三代杜維明、劉述先、余英時、曾昭旭、林安梧等，他們普遍對船山學研究表示出了濃厚的興趣。如熊十力毫不掩飾對船山哲學的推崇，他稱撰寫《新唯識論》的目的就是為了彌補王船山「乾坤並建」理論存在的偏差。賀麟著《知行合一問題——由朱熹、王陽明、王船山、孫中山到〈實踐論〉》和《王船山的歷史哲學》，結合西方哲學思想分析和高度評價了王船山的歷史哲學。張君勱則認為王船山創立了與朱子「道問學」派及陸王「尊德性」派相對抗的「儒家實在論」開創了儒學發展的新境地，並且指出王船山的人生論和知識論都是其實在論本體學說的反映。錢穆在《中國近三百年學術史》中對王船山的學術思想大要進行了細緻的論述，認為船山「理趣甚深，持論甚卓，不徒近三百年所未有，即列之宋明諸儒，其博大閎闊，幽微精警，蓋無多讓。」〔註 67〕現代新儒家學者們在研究中特別重視王船山所具有的「宋學」精神，認為王船山是宋明理學的最佳傳承者，也是儒學道統的接續人，對王船山學術思想的研究，即是探索傳統文化尤其是儒學在近代社會發展轉型的實例。他們一直認為近代中國要真正實現國家獨立和民族復興，首要條件就是要維護中華文化的優越性和獨立性，只有保持了中華文化屹立於世界民族之林，才能樹立國人的民族自豪感和責任心，才能鼓勵廣大的國人積極投入近代中國的建設中去。

〔註67〕錢穆，中國近三百年學術史〔M〕，北京：商務印書館，1997：106。

20 世紀 30 年代，馬克思主義思潮發展成為影響中國社會的主流思潮，許多學者又開始嘗試用馬克思主義史觀和方法論研究船山學。馬克思史學研究者更加注重對研究對象所處社會的政治、經濟、思想文化等方面的條件進行全面的考察和分析，深入探究研究對象學術思想形成的原因和學說的真正內涵。這與以往簡單地將王船山確定為理學家、改革者或民族主義者的研究相比，具有突破性的進步。侯外廬、嵇文甫、張岱年等是運用馬克思主義原理研究船山學的先驅，嵇文甫是最早運用運用辯證唯物主義和歷史唯物主義方法深入研究王船山學術思想史的學者，他關於船山學的研究方法和學術觀點可謂是創見卓識，自成一家，代表了船山學研究發展的新方向，在學術界引起了強烈反響。1935 年他著《船山哲學》對王船山的一般哲學和歷史哲學進行了系統的梳理，激發了國內學術界使用唯物史觀研究船山學的熱情。侯外廬對王船山的研究突出的特點是賦予了王船山和船山學早期啟蒙思想的特點和意義，1943 年侯外廬在撰著《船山學案》中稱王船山「是中國歷史上具有近代新世界萌芽的傑出唯物主義哲學家」，其思想是舊制度「天崩地解」、新因素「破快啟蒙」的反應，王船山對傳統文化尤其是宋明理學進行了批判式的總結，提出了一系列具有近代啟蒙意義的命題，「開啟了中國近代的思維活動」，其思想可以與德國近代理性派、洛克、亞當·斯密等歐洲近代啟蒙學者相比。張岱年也認為王船山的思想中蘊含了豐富的唯物論和辯證法思想，代表了明清之際唯物論的最高成就，論證了物質世界的獨立存在，規律的客觀性以及物質世界的永恆性，「王氏建立了一個博大精深的哲學系統，他以道本於器，由唯氣進而講唯器，是一種顯明的唯物論」〔註68〕。中華人民共和國成立後，在很長的一段時間裏，以唯物史觀為指導研究船山學在學術界佔據了很大的地位。

從上述的研究來看，近代中國處於社會動盪和危機四伏的狀態，身處其中的知識分子們都「經歷了一場認同危機，或者正在經歷一個文化絕望時期。中國的知識分子對動盪不安的本世紀所作的共同反應，不是自我懷疑和推卸責任，而是堅信個人的道德理想充分正確。他們把這種動亂看成上升和進化過程的一部分，看成一種能導向一個秩序更好的積極的、富有創新力的震盪，這種震盪不僅包括『亂』，而且也包括各種旨在達到美好目標的強大『運

〔註68〕張岱年，中國哲學大綱〔M〕，北京：中國社會科學出版社，1982：25。

動』。」〔註69〕這可能就是近代中國社會思潮和社會運動活躍的主要原因。面對西方文明的衝擊和傳統社會日漸走向沒落的雙重打擊之下，近代知識分子敏銳地發現，在實現中國近代化轉型的過程中，國人內在的精神轉化也是十分重要的問題。舊的文化和習俗在中國根深蒂固，近代社會在發展演變的過程裏，不可能完全拋棄過去，而且傳統社會和傳統文化裏還有的東西可以促進近代社會的發展。以船山學為例，近代各知識群體都嘗試從船山學中尋找可資利用的理論資源和思想武器，以促進近代中國社會的改良或革命。在近代諸多的居主導地位的社會思潮中，也都可以發現船山學活躍的蹤影，王船山及其船山學確已成為近代社會思潮發展演變中的重要資源之一。同時因為政治目的和社會改良的主張見解不同，近代知識群體對王船山及其船山學的認識和選取的側重點也各有差異，這樣又導致了近代對船山學多元的理解和詮釋，這又反過來促進了船山學在近代的轉型和發展。總之，隨著社會時代的變遷和社會思潮的演進，近代知識群體總能夠從王船山及其船山學裏尋找到他們需要的精神動力和理論來源，他們賦予了船山學新的活力，而活躍發展的船山學也成為了近代社會思潮的重要組成部分。

〔註69〕墨子刻，擺脫困境——新儒學與中國政治文化的演進〔M〕，南京：江蘇人民出版社，1990：213。

第3章　理學經世思潮興起和船山學中經世致用思想的彰顯

19世紀中期，晚清學術界興起理學經世思潮，積極倡導崇實斥虛的實學精神。主張將治學與社會實踐相結合，強調學術要能為國家排憂解難解，消除內憂外患。這股思潮在社會上逐漸蔓延並被民眾接受和響應。嘉道和咸同之際湖南形成的兩個知識群體對經世思想都充滿了興趣，他們基於提高湖湘文化政治地位和凝聚湘軍將士鎮壓太平天國這兩項政治訴求的驅使，都選擇了以船山學為號召復興地域文化和團結湘軍的精神動力，尤其是湘軍集團的將領們更是積極挖掘王船山和船山學的學術價值和社會意義，這在一定程度上推動了湖南和晚清社會的發展。具體來說他們主要從四大方面致力於對王船山及船山學的弘揚：一是收集並刊刻《船山遺書》；二是著述立說，高度評價王船山；三是創立船山書院，弘揚船山學術思想；四是倡議王船山從祀孔廟。在經世致用思潮興盛的推動下，王船山走出了湖湘大地，逐漸為世人所熟悉，船山學中經世的智慧也為晚清理學經世派所欣賞，成為了重塑晚清社會風氣和道德風尚的清新氣息。

3.1　理學經世思潮興起

所謂「經世」，就是「經國家」〔註1〕、「經邦國」〔註2〕的意思，也稱之

〔註1〕春秋左傳・隱公十一年〔M〕顧馨點校，瀋陽：遼寧教育出版社，1997：12。
〔註2〕周禮儀禮・天官冢宰第一〔M〕崔高維點校，瀋陽：遼寧教育出版社，1997：3。

為「治世」「理世」或者「治理天下」的意思，這一字面的意義反映出儒家一種特殊的入世人生觀〔註3〕。「經世」觀念並非儒家獨創，但儒家卻將經邦濟世、興邦安國等思想與經世致用緊密聯繫在了一起，使「經世」成為中國傳統文化上的一個重要概念，並且賦予了經世思想「修身、齊家、治國、平天下」的政治理想和價值高度。「經世」觀念不僅代表儒家所特有的基本價值取向——一種入世精神，一種積極進取的人生態度，它也是儒家區別於其他學派和思想文化的鮮明特徵。而「中國儒家的入世，一以貫之地以政治為人生本位，它引導衷心服膺『仁政』『聖治』的儒者，在嘈雜的世界和困頓的人生中時刻感覺到自己的責任和使命，『以天下為己任』。仕途的迴響永遠是士人生命的主旋律，即使因宦途遇挫而退居田園、歸隱山林，內心也往往充滿對現世的憂患，充滿撕裂感。」〔註4〕傳統知識分子所具有的「憂患意識」「責任意識」「擔當意識」與經世理念和入世精神有很大的關係。在這一觀念和精神的感召下，他們在治學和社會實踐中，都提倡務實精神，積極關注社會現實問題，以求達到興邦安國。儒學是鮮活、生動的學問，儒者通過強化自身的修養和素質，樹立起道德模範和社會精英的形象，這個高尚的形象可以對老百姓起到道德感化和社會教化的作用。也就是說「儒家的經世致用主要在於由文化精英樹立一些道德榜樣。因為通過養性，文化精英可以獲得眾望所歸的特殊道德品質，使他們有資格承擔起『教化』這一至關重要的任務，促使人們在行動中自覺地以他們為榜樣。通過這一辦法，從而產生一種道德習俗；這種道德習俗一旦產生，國家和社會就易於有秩序。」〔註5〕荀子說：「聖也者，盡倫者也，王也者，盡制者也。兩者盡，足以為天下極矣。」〔註6〕也就是這個道理。經世致用觀念是將儒者的道德修養追求和經邦治國理想結合起來的橋樑，也是儒者實現「內聖外王」的有效手段和方法。自古以來儒者幾乎都懷有以天下為己任的情懷，具有強烈的社會責任感和歷史使命感，他們想將他們的社會道德理想運用到現實世界中，主張治學不僅關注儒學經典，

〔註3〕張灝，宋明以來儒家經世思想試釋〔M〕//幽暗意識與民主傳統，北京：新星出版社，2006：76。

〔註4〕馮天瑜，黃長義，晚清經世實學〔M〕，上海：上海社會科學院出版社，2002：9。

〔註5〕張灝，梁啟超與中國思想的過渡1890～1907〔M〕，南京：江蘇人民出版社，2005：6。

〔註6〕荀況，荀子解蔽〔M〕//諸子集成：第2卷，北京：團結出版社，1996：309。

還要將農政、兵革、賦稅、刑法等關係國計民生的經世之道納入研究範圍。他們強調以政治為本位，積極參與政治事務和社會管理，力圖實現「達則兼善天下」的目的。儒學倡導的這種經世理念和方法數千年來綿延不斷，到了近代甚至還發展成了一股具有很大影響力的社會思潮，這即是 19 世紀興起的理學經世思潮，這股思潮的興起很大程度上是儒者對遭遇巨大變化的晚清社會時局作出的回應。

　　嘉慶年間開始，清王朝呈現出了江河日下的末世衰象，社會危機日漸顯露。道光年間，西方列強挾商品、鴉片和堅船利炮駸駸東來，致使晚清社會出現了數千年來未有之變局。內憂深重、外患日亟，致使一批文人學子和開明官紳開始積極尋找匡救時弊的良策。這種探索和改變首先自學術界開始，學術研究開始「從『純學術』走向『致用之學』，是乾嘉到道咸的一種帶有趨勢性的學術轉向。在乾隆朝曾經極一時之盛的考據學逐漸衰落，潛心考據的漢學家開始關注風俗人心，頌法程朱的理學家也講起經濟事功，並出現了善於用危言聳動輿論的今文經學派，沈寂達百年之久的經世致用學風再度昂揚起來」〔註 7〕晚清經世思潮的興起是多方面因素促成的，「有發於本學派之自身者，有由環境之變化所促成者」〔註 8〕，尤其是西方文明的碰撞與衝擊，加速了中國傳統文化領域學術風氣的改變。這一時期「帝國主義者兇焰方張，志士扼腕切齒，引為奇恥大辱，思所以自澗拔，於是經世致用之思想復活，」〔註 9〕錢穆也說：「道咸同光，此際也，建州治權腐敗不可收拾，而西力東漸，海氛日惡，學者怵於內憂外患，經籍考據不足安定其心神，而經世致用之志復切，乃相率趨及於理學家言，幾幾乎若將為有清一代理學之復興。」〔註 10〕學者們的視線離開了學術的象牙塔，投向了充滿矛盾和紛爭的現實社會，開始「相與指天畫地，規天下大計」〔註 11〕。

〔註 7〕馮天瑜、黃長義，晚清經世實學〔M〕，上海：上海社會科學院出版社，2002：67。

〔註 8〕梁啟超，清代學術概論專集之三十四〔M〕//飲冰室合集：第 8 冊，北京：中華書局，1989：65。

〔註 9〕蕭一山，清代通史：第 4 卷〔M〕，上海：華東師範大學出版社，2006：308。

〔註 10〕錢穆，清儒學案序〔M〕//中國學術思想史論叢：第 8 冊，臺北：東大圖書公司，1980：366。

〔註 11〕梁啟超，清代學術概論專集之三十四〔M〕//飲冰室合集：第 8 冊，北京：中華書局，1989：69。

關於理學復興的情形，方宗誠的概說頗為精練：「嘉道間海內重熙累洽，文教昌明，而闇然為為己之學，兢兢焉謹守程朱之正軌，體之於心，修之於身，用則著之為事功，變則見之於節義，窮則發之於著述，踐之於從善化唐確慎公講道問業，不逐時趨。其時在下位者有湘鄉羅羅山先生、桐城方植之先生、永城劉虞卿先生，俱無所師承，而砥節礪行，為窮理精義之學。厥於內行，統一不雜，有守先待後之功者，聞見所及，約有數人。長白倭文端公、霍山吳竹如先生，官京師時，與師宗何文貞公、湘鄉曾文正公、羅平竇蘭泉侍御，後諸公學成德尊，倭公則完養深醇近於薛文清，吳公則誠明兩進近於陸清獻，羅、方、劉三先生聞道距跂，其正大精純幾於韓子之辨佛老、朱子之辨雜學，是皆大有功於道教者也。曾公既用其學撥亂反治以薰德顯，竇公秉正嫉邪以直言著，獨何文貞公高志卓識，實體躬行，毅然有堯舜君民之心。」〔註12〕這些人或為京城要員，或為封疆大吏，或為地方名士，他們或以學術研究經世，或以行政手段致力於社會實際事物，將經世方案付諸於社會實踐中，結成了晚清時期最為活躍的理學經世群體。他們所倡導的注重現實、學以致用的學風，促使部分官吏和學子從封閉的學術故紙堆裏走了出來，為晚清政壇和學術界的變化準備了條件。但覺醒的這些士大夫和官吏們在面對如此紛紜複雜的社會時，大多數人仍手足無措，只能「藥方只販古時丹」，從傳統裏尋找可資借鑒的思想和理論，來對晚清遭受的踐踏和衝擊作出回應、反擊。他們推崇清初之際顧炎武、黃宗羲、王船山、李顒、顏元、李塨等倡導的躬行實踐、崇實斥虛、經世致用、明道救世的思想。稱讚顧炎武的：「君子之為學也，非利己而已也。有明道淑人之心，有撥亂反正之事，知天下之勢之何以流極而至於此，則思起而有以救之。」〔註13〕和「君子之為學，以明道也，以救世也。徒以詩文而已，所謂雕蟲篆刻，亦何益哉？某自五十以後，篤志經史，其於音學深有所得。……有王者起，將以見諸行事，以躋斯世於治古之隆。」〔註14〕倡導王船山所強調的在史學研究中要貫徹經世致用的觀念，如：「所貴乎史者，述往以為來者師也。為史者，記載徒繁，而經世之大略不

〔註12〕方宗誠，校刊何文貞公遺書敘〔M〕//柏堂遺書：第43冊，柏堂集餘編卷三，第13～15頁，光緒年間志學堂家藏版。
〔註13〕顧炎武，亭林餘集·與潘次耕札之一〔M〕//顧亭林詩文集，北京：中華書局，2008：166。
〔註14〕顧炎武，與人書二十五·亭林餘文集卷4〔M〕//顧亭林詩文集，北京：中華書局，2008：98。

著，後人欲得其得失之樞機以效法之無由也，則惡用史為？」〔註15〕「讀史者鑒之，可以知治，可以知德，可以知學矣。」〔註16〕晚明之際把學風與國家興亡緊密聯繫起來的主張，具有強烈的救世和擔當意識，契合了晚清士大夫們為清王朝尋找出路的心情和想法。梁啟超就認為晚清學術變遷的「最初原動力」，是「殘明遺獻思想之復活」。〔註17〕王國維也說：「道咸以降，塗轍稍變，言經者及今文，考史者兼遼金元，治地理者逮四裔，務為前人所不為，雖承乾嘉專門之學，然亦逆賭世變，有國初諸老經世之志。」〔註18〕他們都明確地將明末清初的經世思想看作是晚清學術變動的理論來源。於是明末清初這些倡導經世學問的思想家在沈寂上百年後成為了晚清社會熱議的對象，船山學在近代的發展就是在這種歷史背景下出現的。

　　但從另外一方面看，由於遭受到資本主義列強的軍事侵略和工業文明的衝擊，晚清經世學者們在繼承傳統的同時，又多有創新和突破，他們自覺或不自覺地被賦予了新的時代特點。相比清初的經世思想，它們更深刻、更開放和更注重時效性。在強調以「義理」修身養性的同時，主張以經世思想補充宋學外王事功的不足，如曾國藩在肯定「義理」的同時，又強調了「經濟」的重要性，他創造性地提出了「義理、考據、詞章和經濟」並舉而行的治學觀點，這明顯是洞察了晚清末世衰象而提出來的。更加可貴的是他們中的部分學者還嘗試接受西學，如魏源著《海國圖志》，明確提出了「以夷攻夷」「以夷款夷」和「師夷長技以制夷」的觀點。在嘉道、咸同時期經世派人士的鼓動和宣傳之下，理學經世思想逐漸發展成為晚清社會的一股主流社會思潮，亦成為當時地主階級進行改良自救的指導思想，引導晚清較早覺醒的官吏和士大夫積極探索自強之路。這也是晚清社會從帝制的末世向近代演化過程中出現的一種具有進步性質和近代化因子的思想潮流，這些經世人士也可以看作是中國由傳統社會向近代化轉型的先行者。王船山治學提倡「言必徵理，義必求實」，關心現實生活，注重實際，強調知識分子的社會責任感和歷史使命

〔註15〕王夫之，讀通鑑論卷六〔M〕//船山全書：第 10 冊，長沙：嶽麓書社，2011：
　　　　225。
〔註16〕王夫之，讀通鑑論卷六〔M〕//船山全書：第 10 冊，長沙：嶽麓書社，2011：
　　　　760。
〔註17〕梁啟超，中國近三百年學術史專集之七十五〔M〕//飲冰室合集：第 10 冊，
　　　　北京：中華書局，1989：29。
〔註18〕王國維，沈曾植七十壽慶序〔M〕//王國維手定觀堂集林，杭州：浙江教育出
　　　　版社，2014：502。

感，在很大程度上滿足了晚清經世派的需要，因此受到了他們的關注和推崇。

3.2 湘籍官紳傳播船山學和復興湖湘文化的熱忱

　　船山學的發展與晚清湖南理學經世致用思想的活躍有著密不可分的關係。湖南是理學根基十分深厚的地區，最早可以追溯到北宋理學開山鼻祖周敦頤，隨後胡安國、胡宏、胡寅父子及其弟子張栻等將理學進一步發揚光大，使湖南享有了「理學之邦」的美譽。即便是在漢學研究鼎盛之時，湖南學者仍篤守程朱、崇尚理學，不忘經世。「其時海內已競於纂輯目錄故訓之學，而湖湘猶依先正傳述，以義理經濟為精閎，見有言音義字體者，恒戒以為逐本遺末。傳教生徒輒屏去漢、唐諸儒書，務以程、朱為宗。」〔註19〕以至「漢學風靡一時，而湖湘學子大都專己守殘，與湖外風氣若不相涉。」〔註20〕這種推崇義理、重視經世的獨特學風對晚清社會和近代湖湘文化的發展都產生了不小的影響。嘉道年間，匯聚於理學經世思想旗幟下的代表人物有陶澍、賀長齡、唐鑒、林則徐、龔自珍、魏源、姚瑩、包世臣、徐繼畬等數十人。這其中有半數以上都是湖南人，湖湘學派遂成為了復興理學的重鎮，陶澍更被稱為「湖南政治家之巨擘」，「嘉道之時，留心時政之士夫，以湖南為最盛，政治學說亦倡導於湖南。……而澍以學問為實行，尤為湖南政治家之巨擘。」〔註21〕陶澍的思想和政風深深影響了道咸時期的一大批官吏和學子，「道光來人才，當以陶文公（澍）為第一。其源約分三派：講求史事，考訂掌故，得之者在上則有賀耦耕（長齡），在下則有魏默深（源）諸子，而曾文正（國藩）集其成；綜覈名實，堅卓不回，得之者林文忠（則徐）、蔣礪堂（攸銛）相國，而琦善竊其緒以自矜；以天下為己任，包羅萬象，則胡（林翼）、曾（國藩）、左（宗棠）直湊單微。而陶實黃河之崑崙，大江之岷也。」〔註22〕陶澍不僅繼承了湖湘文化中的經世致用思想，而且還利用自己朝廷重臣的身份積極推廣經邦治國理念，挖掘和培養經世人才。賀長齡也「平生篤守理學，以導養

〔註19〕 羅克進，皇清誥誦議大夫太常寺卿銜候選內閣中書舍人選受龍山芷江等縣儒學訓導羅府君墓誌銘//綠漪草堂文集卷首〔M〕，長沙：嶽麓書社，2013：5。
〔註20〕 湖南文獻彙編第2輯〔M〕，長沙：湖南人民出版社，2008：111。
〔註21〕 孟森，明清史講義：下冊〔M〕，北京：中華書局，1981：618。
〔註22〕 張佩綸，澗於日記，轉引馮天瑜，黃長義，晚清經世實學〔M〕，上海：上海社會科學院出版社，2002：91。

生心為主，治事設政一以宋儒之學為本。」〔註 23〕他聘請魏源編輯的《皇朝經世文編》，囊括了清代前中期近 200 年間的經世名篇，內容涉及學術、治體、吏政、戶政、禮政、兵政、刑政、工政等多個方面，此書刊刻問世後，開啟了晚清及近代經世思潮的先河。其弟賀熙齡也是經世思想的倡導者，兩兄弟並稱「二賀」，張之洞、夏振武等後學稱譽他們是湘學正宗。〔註24〕稍後的曾國藩、左宗棠、郭嵩燾、胡林翼等湘軍集團將領們，更加洞察到經世思想對挽救清王朝統治危機的作用，他們躬行踐履，積極倡導，成為道咸時期理學經世派的中堅力量。湘籍官吏和學者的推動有力地促進了晚清經世思潮的蓬勃發展，也燃了湖湘士子復興地方文化的夢想。湖湘文化聲譽鵲起在兩宋，然而從文化的綜合力量來看，湖湘文化一直都沒有成為全國最有實力與影響的區域文化。自周敦頤以後，湖南鮮有大儒出現，亦再無儒者入祀孔廟，甚至再也沒有出現過一位儒者被供奉進孔廟，及至元、明兩朝和清初時期，湖南在文化上一直處於被邊緣化狀態。嘉道時期興起的這股經世思潮，使湘籍士紳發現了重振湖湘道學，建設鄉邦文化的契機。迄止咸同年間，湘軍集團迅速崛起，湘籍官吏及軍人　度主宰了晚清的軍政大局，地域群體的凝聚力和感召力，促使湖南士紳們急切地想提升湖南和湖湘文化在全國的地位。

　　湖湘文化要繁榮發達並成為全國的文化核心之一，必須滿足兩個基本條件，即必須能夠體現出中華文化的內在特質和中華文化的演變趨勢。要達到這個目的，湖湘學子就必須深入挖掘湖湘文化的傳統資源，將其弘揚和推廣至全國，而且這些傳統資源，還必須超越地域文化的狹隘範疇，充分體現中華文化的普遍性特質。在湘籍名士中，將地域文化的特殊性和中華文化的普遍性結合最好者非王船山莫屬。王船山是湖南土生土長的學者，他交往的師友基本上也以湖湘人士為主，早年求學的嶽麓書院是湖湘文化的集結地和理學重鎮，其學術思想充分體現了湖湘文化的地域性特色。不僅如此，他的學術思想早已經在很多方面又超越了區域文化的範疇，他對宋明理學做了高屋建瓴的總結，是中國古代哲學發展的集大成者，將中國傳統文化提升到了一個新的高度，彰顯了中華文明的精神內涵。受清初嚴苛的民族和文化政策的

〔註23〕李肖聃，二賀學略〔M〕//近百年湖南學風湘學略，長沙：嶽麓書社，1985：170。

〔註24〕李肖聃，二賀學略〔M〕//近百年湖南學風湘學略，長沙：嶽麓書社，1985：171。

限制，王船山及其船山學湮沒不顯近兩百年，直至湘軍集團崛起才尋到了機會。道光以後清王朝遭遇到千年不遇的困境，在內憂外患的雙重打擊之下，中國社會和中華文化都面臨著艱難的挑戰和調整，歷史促成了湘軍集團的崛起，湖南也被推到了歷史舞臺的中央。敏銳的湖湘官紳們對晚清社會深層的矛盾與歷史發展的趨勢作了深入的瞭解和分析，在蓬勃發展的理學經世思潮下，以船山學為旗幟，將改良社會的理想和復興地域文化的希望有機地結合在一起，推動了晚清社會和湖南的發展。

王船山學術思想中最早被挖掘和弘揚的是理學經世致用思想，這與晚清日益凋敝的社會局勢分不開。道光十八年（1838），曾任兩江總督的陶澍為王船山隱居的湘西草堂題寫「衡嶽仰止」的匾額和楹聯「天下士，非一鄉之士；人倫師，亦百世之師」〔註25〕，高度讚賞了這位鄉賢。晚清理學名家唐鑒也感歎說：「先生理究天人，事通今古，探道德性命之原，明得喪興亡之故，流連顛沛而不違其仁，險阻艱難而不失其正。」〔註26〕王船山一生治學，重視實事求是，力戒空談虛說，倡導即事窮理的求實精神。他力倡「言天者徵於人，言心者徵於事，言古者徵於今」〔註27〕的為學之道，要求「明人道以為實學，欲盡廢古今虛妙之說而返之實，……於四書及《易》、《書》、《春秋》，各有稗疏，悉考訂草木魚蟲山川器服以及制度同異、字句參差，為前賢所疏略者。蓋自少喜從人間問四方事，至於江山險要，士馬食貨，典制沿革，皆極意研究。」〔註28〕另外，王船山還強調儒者治學要有強烈的社會責任感，不僅要探究書中的基本道理，還要注重將書中的理論和現實社會緊密聯繫起來，要能夠通經致用，解決實際的社會問題。主張「書義而外，論以推明經史，而通其說於治教之詳，策以習天人治亂、禮樂、兵刑、農桑、學校、律曆、吏治之理，非此則浮辭靡調，假於五經、四書而不知其所言者何謂，國無可用之士，而士益偷則益賤，固其宜已」〔註29〕，「君子有救世之心，當思何以挽

〔註25〕鄧顯鶴，船山先生王夫之〔M〕//王夫之，船山全書：第16冊〔M〕，長沙：嶽麓書社，2011：107。

〔註26〕唐鑒，國朝學案小識〔M〕//唐鑒集，長沙：嶽麓書社，2010：326。

〔註27〕王夫之，張子正蒙注〔M〕//船山全書：第12冊，長沙：嶽麓書社，2011：252。

〔註28〕王敔，薑齋公行述〔M〕//王夫之，船山全書：第16冊，長沙：嶽麓書社，2011：81。

〔註29〕王夫之，噩夢〔M〕//船山全書：第12冊，長沙：嶽麓書社，2011：569。

之」〔註 30〕。明亡後，王船山對民族和社會的存續有著強烈的歷史使命感和社會責任感，他致力於總結過往的學術思想，積極探索復興民族和文化的道路。「夫之荒山弊榻，終歲孜孜，以求所謂育物之仁，經邦之禮，窮探極論，千變而不離其宗，曠百世不見知而無所悔，雖未為萬世開太平以措施見諸行事，而蒙難艱貞以遁世無悶，因為生民立極。其茹苦含辛，守己以貞；歷劫勿渝，厲世磨鈍之節堅。」〔註 31〕他實現了「六經責我開生面」的治學理想，建立起了宏博淵源的學術體系，其學術思想和人格品行都給予了後世有益的啟迪。但王船山的治學又不是單純的為學問而學問，在他看來經世致用關乎著文化傳承和民族大義的政治寄託。他「慨明統之墜也，自正、嘉以降，世教早衰，因以發明正學為己事」〔註 32〕。認為陽明學派空談心性輕視務實而導致明亡，強調治學崇尚經世就是希望挽救這種空疏學風，希望通過學術明瞭「上下古今興亡之得失」，為有志於民族復興的仁人志士提供經驗教訓，為以後中華文化的復興創造條件。

　　湘軍集團崛起後，湘軍將領將王船山及其船山學視為湖湘文化建設的重要資源，大力弘揚和傳播船山學，積極推動船山學走出湖湘大地。據羅爾綱的《湘軍兵制》記載，凡有姓名、籍貫、出身、職務可以考查的湘軍將領有 179 人之多，其中儒生出身的有 104 人，占湘軍集團將領總數的一半以上。如此之多的儒者擔任將領，不能簡單地將湘軍集團看成是一個單純的軍事集團，它完全就是由一群飽讀詩書、期望建功立業的湖湘士子組成的政治和文化團體，一個理學的大本營。他們既是深受湖湘文化薰陶的社會精英，又是「矯矯學徒，相從征討，朝出鏖兵，暮歸講道」〔註 33〕的儒將，他們將儒學倡導的「內聖外王」之道和儒者追求的人生最高理想境界即修身齊家治國平天下，有機地結合起來並發揮到了極致。如果說儒學是促使他們投筆從戎的精神支柱，那麼船山學術思想則是推動他們踐履理想的動力源泉。孔祥麟在《擬請王夫之從祀文廟摺》中，明確指出了王船山對湘軍的作用，「至所著史論，具於上下古今之識，指陳歷代之興衰治亂，嚴尊攘，斥黨援，深切著明，

〔註30〕王夫之，俟解〔M〕//船山全書：第 12 冊，長沙：嶽麓書社，2011：480。

〔註31〕錢基博，近百年湖南學風〔M〕，北京：中國人民大學出版社，2010：6。

〔註32〕王敔，大行府君行述〔M〕//王夫之，船山全書：第 16 冊，長沙：嶽麓書社，2011：73。

〔註33〕曾國藩，羅忠節公神道碑銘〔M〕//曾國藩全集：第 14 冊，長沙：嶽麓書社，1994：305。

使讀者悚然引為法戒，更以之師千百世而有餘。是以咸、同之際，中興將帥半湘省儒生，其得力夫之之遺書者皆居多。蓋夫之知明社之覆，前由武備之廢弛，後由兵謀之未嫺，故於歷代兵事謀之甚詳。湘人服膺其書，多明將略，出興戎機，遂能削平大難。」〔註34〕如果說在湘軍崛起之前，湖湘學子對船山學的關注和研究是不絕如縷，那麼在湘軍集團形成後，曾國藩則將王船山和船山學上升到了泉湧風發的新高度。他使船山的人格精神成為湘軍的集體人格精神，成為湘軍馳騁疆場的精神動力，既推動著湘軍集團建立事功，也成就了湘軍將領對儒家理想人格的追求。

　　概括起來說，這段時期湖南鄉紳和學子挖掘和傳播船山學主要從以下幾個方面著手：一是收集王船山著述，刊刻《船山遺書》。其中以鄧顯鶴和鄒漢勳組織刊刻的匯江書屋刻本《船山遺書》，曾國藩和曾國荃兩兄弟組織刊刻的金陵本《船山遺書》最為有名；二是著述立說，弘揚船山學術和精神。唐鑒是湘籍在京的高官和晚清理學宗主，他在《國朝學案小識》中也高度評價了王船山。還有王之春著《船山公年譜》，羅正鈞著《船山師友記》，都是研究王船山及其船山學的重要史料。三是積極弘揚船山學術思想，創立船山書院。彭玉麟捐鉅資改建船山書院，並聘請名師主講船山學術思想，為湖湘文化培養後繼之人才。湘籍著名學者王闓運主講船山書院二十多年，並著有《邢江王氏族譜敘》，對傳播船山學作出了很大貢獻。四是積極鼓動王船山從祀孔廟，提升王船山在儒學道統中的地位，擴大其在全國的影響。在這方面不遺餘力的是歐陽兆熊和郭嵩燾，歐陽兆熊最早有此想法，郭嵩燾則是主將，他撰有《請以王夫之從祀文廟疏》，親自上疏朝廷，同時還撰有《船山祠碑記》《船山先生祠安位告文》等多篇紀念王船山的文章。總而言之，王船山作為生於斯、長於斯、終老於斯的湖湘學人，他的學術思想和精神氣質具有濃鬱的湖湘地域文化的特質，特別能夠激發湖湘人士的桑梓之情，故而王船山以及船山學對近代湖湘文化的發展和湖湘士人的人格精神建構都產生了極大的影響。湖湘士大夫從一開始將船山從湮沒不彰的歷史中發掘出來，就與晚清社會時局和近代湖湘文化建構的需求緊密聯繫在了一起。同時，對王船山學術思想的詮釋和傳播過程，也就是近代湖湘文化建構的過程，湖湘士大夫希望通過弘揚和詮釋王船山學術思想將湖湘文化的地域性與中華文化的普適性結

〔註34〕孔祥麟，擬請王夫之從祀文廟折〔M〕//王夫之，船山全書：第16冊，長沙：嶽麓書社，2011：686。

合起來，促進湖湘文化和湖南的崛起。

3.3 鄧顯鶴首次系統刊刻《船山遺書》，船山學初顯光彩

鄧顯鶴（1777～1851），字子立，號湘皋，晚號南村老人，寶慶府新化縣（今湖南婁底市新化縣）人。著名詩人和鄉土文獻學家，生平纂輯的地方文獻有《沅湘耆舊集》《資江耆舊集》《寶慶府志》《楚寶增輯考異》《武岡州志》等多種，有「楚南文獻第一人」之美譽。陶澍贊其詩文「導源於魏晉，而馳騁於唐宋諸老之場。雄厚峻潔，磅礴沉鬱，情深而意遠，氣盛而才大。」〔註35〕李元度稱讚他：「博究群書，足跡半天下，凡海內薦紳大夫才俊士多慕與為友。時因事至長沙，治旁舍舍客。造請詩文者日相踵，歸然稱楚南文獻者垂三十年。」〔註36〕曾國藩為其撰寫墓誌表，盛譽他：「闡揚先達，獎寵後進。知之惟恐不盡，傳播之惟恐不博且久。用是門庭日廣，而纂述亦獨多，詩歌所不能表者，益為古文辭以彰顯之。其於湖南文獻，搜討尤勤。如饑渴之於食飲，如有大譴隨其後，驅迫而為之者。」〔註37〕鄧顯鶴畢生致力於搜集、整理湖南地方歷史文獻，堪稱「湘學復興之導師」。〔註38〕組織搶救了瀕臨湮滅的《船山遺書》，改變了船山學「在清代基本上是湮沒不彰的」〔註39〕狀況，為船山學在近代社會的興盛奠定了堅實的基礎，近現代學術界也公認「鄧氏為最早系統整理、刊刻《船山遺書》的主持者。」〔註40〕鄧顯鶴對傳承湖湘文化有著天然的使命感，具體來看鄧顯鶴積極致力於王船山著述的刊刻和對船山學說的弘揚，主要是基於以下幾方面的原因：

首先，關注王船山及其船山學是鄉土文獻學家使命所然。鄧顯鶴很早就萌生致力於文獻收集的工作，他在《校刊楚寶序》中說：「顯鶴自授書以來，

〔註35〕陶澍，南村草堂詩鈔〔M〕，長沙：嶽麓書社，2008：3。

〔註36〕李元度，國朝先正事略：卷四十四〔M〕，長沙：嶽麓書社，2008：1251～1252。

〔註37〕曾國藩，鄧湘皋先生墓表//近百年湖南學風·湘學略〔M〕，長沙：嶽麓書社，1985：176。

〔註38〕梁啟超，飲冰室合集·說方志之四十一//飲冰室全集：第 10 冊〔M〕，北京：中華書局，1989 年：313。

〔註39〕戴鴻森，薑齋詩話箋注·後記//王夫之，船山全書：第 16 冊〔M〕，長沙：嶽麓書社，2011：496。

〔註40〕戴鴻森，薑齋詩話箋注·例言//王夫之，船山全書：第 16 冊〔M〕，長沙：嶽麓書社，2011：494。

喜聞老先稱說古今巨人碩德、鄉邦文獻，念生長湖外，欲搜討楚故，無如此書，求之十數年不獲。」〔註41〕幼年求學時遭遇的窘境，促使他十分關注收集、整理湖湘文獻，以彌補湖湘文化在這個領域的不足和空白。「其於湖南文獻，搜討尤勤。如饑渴之於飲食，如有大譴隨其後驅迫而為之者。以為洞庭以南，服嶺以北，旁薄清絕，屈原、賈誼傷心之地也，通人志士，仍世相望；而文字放佚，湮鬱不宣，君子懼焉。」〔註42〕曾國藩贊說：「先生自甫掇科名，即已厭薄仕進，愢然有志於古之作者」。〔註43〕自清入關之後傳統文獻遭受巨大的劫難和破壞，鄧顯鶴十分痛惜，湖南是南明永曆朝抗清的根據地，在各方面受到的破壞十分慘烈，「楚南值鼎革之際，其毅然殉白刃蹈溝壑者，不可勝數。迨殊世久遠，尺箋寸楮，多隨水火劫奪以佚，若滅若沒，委同草莽。」〔註44〕清統一全國後，又實行了殘酷的文字獄和民族歧視政策，致使很多讀書人「往往抱幽守獨，至老死，且窖其書牖下，不求名於時。」〔註45〕各種因素導致湖湘文化都經歷了一個發展敝落的時期，鄧顯鶴以殉道者的精神，積極致力於文獻的搜錄、整理，力圖挖掘本土文化資源，在選材和資料收集上，具有明顯的經世明智的目的，「所為古文，詳贍演遁，一意表章先哲，凡予奪其實者，必力為昭雪。」〔註46〕意圖復興湘學，振奮和鼓舞湖南學子，「期以一寸心，遍餉百世士」。〔註47〕收集整理文獻的過程是十分艱難的，「夫人嘗著書百卷，或數百卷，或數卷，畢一生之心力為之而不必成；或成之而稿本僅存，歿後久之而後刊行於世多矣；亦有竟無刊行，並稿本亡之者，此亦著書之大痛也。湘皋不然，既手成之，必手刊之，曰：『吾不可有遺憾。』」〔註48〕一介布衣的鄧顯鶴，如果不是對湖湘文化懷有深厚的感情，如果不是具有堅韌不拔的精神和志向，如果不是師友的支持，要完成如此恢弘巨大的鄉邦文獻的收集、編纂和刊行，幾乎是不可能的。

〔註41〕鄧顯鶴，校刊楚寶序//南村草堂文鈔〔M〕，長沙：嶽麓書社，2008：70。
〔註42〕曾國藩，曾國藩全集·詩文：第14冊〔M〕，長沙：嶽麓書社，1994：270。
〔註43〕曾國藩，曾國藩全集·詩文：第14冊〔M〕，長沙：嶽麓書社，1994：271。
〔註44〕李元度，國朝先正事略卷四十四〔M〕，長沙：嶽麓書社，1991：1252。
〔註45〕李元度，國朝先正事略卷四十四〔M〕，長沙：嶽麓書社，1991：1252。
〔註46〕李元度，鄧湘皋先生事略〔M〕//國朝先正事略，長沙：嶽麓書社，2008：1252。
〔註47〕鄧顯鶴，寄答湯海秋農部鵬//南村草堂詩鈔〔M〕弘征點校，長沙：嶽麓書社，1994：384。
〔註48〕姚瑩，南村草堂文鈔序〔M〕//鄧顯鶴，南村草堂文鈔，長沙：嶽麓書社，2008：2。

　　湖湘學人素有「褒美鄉賢」的傳統，對鄉邦文化有一種彌足珍貴的情感。作為一個鄉土文獻學家，鄧顯鶴對於本區域文化傳統更加珍惜和鍾愛，尤為注重從鄉賢先達的思想中挖掘有用質素，建構具有地方特色的文化。他搜集、整理《船山遺書》，使王船山遺著第一次得到大規模出版，為王船山與顧炎武、黃宗羲並列清初三大家奠定了堅實基礎。「其大者莫如表彰衡陽王先生久晦之書，與顧（炎武）黃（宗羲）諸老並列。」〔註 49〕道光九年（1829），即《船山遺書》問世十多年前，重刊《楚寶》之時，他就撰寫了《王夫之傳》，向世人詳細介紹了王船山的高潔志行和淵博學識，並號召湘人大方提供船山藏書，供大家共同學習，說：「安得士夫家有珍藏全部善本，重為審校開雕，嘉惠後學，使湖湘之士共知宗仰，豈非羽翼吾道，表揚前哲一大功乎？」〔註 50〕清道光二十三年（1843）他在《沅湘耆舊集》中，又撰寫了《船山先生王夫之》，表達了《船山遺書》刊刻面世的欣喜之情，稱「久晦不顯之書，一旦炳焉呈露，豈非衡嶽湘江之靈有以默牖而陰相之哉？非偶然也已。」〔註 51〕在鄒漢勳的協助下，清道光二十二年（1842）王船山的著作大部分刊刻出來，涉及「《周易內傳》十二卷、《周易大象解》一卷、《周易稗疏》二卷、《考異》一卷、《周易外傳》七卷、《書經稗疏》四卷、《尚書引義》六卷、《詩經稗疏》五卷、《考異》一卷、《詩廣傳》五卷、《禮記章句》四十九卷、《春秋稗疏》五卷、《續春秋左氏傳博議》二卷、《四書訓義》三十八卷、《四書稗疏》二卷、《考異》一卷，大凡十八種，都百五十卷」。〔註 52〕這是我國歷史上第一次系統刊刻《船山遺書》，封面書版寫有「道光廿有二年湘潭王氏守遺經書屋刊」，因此人們習慣稱此次刊刻的書為「湘潭王氏守遺經書屋刻本」，簡稱「王氏守遺經書屋刻本」。這次刊刻為船山學的發展提供了豐富的資料。

　　其次，鄧顯鶴弘揚船山學明顯是受到王船山人格情操的影響。鄧顯鶴對於王船山是「親讀其書，私淑其人」，船山著作的精髓和品行可以說和他是同聲相應、同氣相求。「天下承平日久，士大夫每以科名祿位相矜尚，獨先生以

〔註 49〕姚瑩，南村草堂文鈔〔M〕//鄧顯鶴，南村草堂文鈔，長沙：嶽麓書社，2008：1。

〔註 50〕鄧顯鶴，王夫之〔M〕//王夫之，船山全書：第 16 冊〔M〕，長沙：嶽麓書社，2011：105。

〔註 51〕鄧顯鶴，船山先生王夫之〔M〕//王夫之，船山全書：第 16 冊，長沙：嶽麓書社，2011：106。

〔註 52〕鄧顯鶴，船山遺書目錄序〔M〕//錢基博，李肖聃，近百年湖南學風·湘學略，長沙：嶽麓書社，1985：147。

儒官，只輪孤翼遨翔公卿間，與纂述相終始，宜世所推重，與衡陽王而農後先媲美。」〔註53〕二人雖然生活於不同的時代，卻有著極其相似的生存境遇。雖是才華橫溢、滿腹經綸，但面對國家衰敗，社會動盪，卻空有一腔熱血，無法實現興邦安國的理想。正如王船山在《周易內傳》說：「箕子無待武王之心，而訪不訪，存乎人者不可期也。君子雖際大難，可辱可死，而學道自其本務，一日未死，則不可息於一日，屬己非為人也。懷道以待訪，則訪不可必，而道息矣。志節之與學問，道合於一而事分為二。遇難而恣情曠廢。無明道之心，志節雖立，獨行之士耳，非君子之所謂貞也。」〔註54〕治學求道是君子應該做的份內之事，與所處的境遇沒有關係，即便身處「可辱、可死」的危險境地，也不能荒廢。君子修身養性、問道求學不能單純地為了外在事功，能否遇到像周武王那樣的賢明君主，這要憑機運，不能強求，君子治學問道主要還是為自己立言、立德、立行，因此一定要保持樂觀向上的處事心態，不可過於功利。鄧顯鶴求道、問學的心境，同王船山極其相似。與鄧顯鶴早年交好的其他朋友如姚瑩、林則徐、唐鑒、魏源、何紹基、王闓運、賀長齡兄弟、左宗棠兄弟、曾國藩兄弟、郭嵩燾兄弟等等，無不交口稱讚鄧顯鶴的人品和才華。但是不可否認的是，與這些官宦朋友們相比，在政治境遇和社會地位方面鄧顯鶴顯得落寞多了，雖才華橫溢，卻無施展抱負的平臺。曾任湖南巡撫、湖廣總督的裕泰在《重訂〈楚寶〉序》中惋惜地說：「又歎湘皋之生為不偶，其用力之勤而收名遠。雖不顯於時，必傳其後無疑也。」不過鄧顯鶴對名利看得十分淡薄，他認為「便作公卿亦何味，能安貧賤即堪嘉」〔註55〕，他更在意國家、民族的前途和安危。

鴉片戰爭後「逆夷猖獗，普天同憤」，鄧顯鶴是「草野迂生，憂處林莽，日懷杞憂」。面對清軍屢戰屢敗的行徑，他極為憤慨，曾著文質問綠營將帥：「桓桓諸帥，時勢至此，畢竟作何勾當？」〔註56〕鴉片戰爭中，當英軍進犯天津海口時，投降派官僚乘機誣陷林則徐，道光帝以「誤國病民，辦理不善」的罪名，將林則徐革職查辦，後又革去林則徐四品卿銜，遣戍伊犁。鄧顯鶴

〔註53〕劉基定，寧鄉訓導鄧湘皋先生墓表〔M〕//鄧顯鶴年譜，熊治祁編，湖南人物年譜：第1冊，長沙：湖南人民出版社，2013：609。

〔註54〕王夫之，周易內傳〔M〕//船山全書：第1冊，長沙：嶽麓書社，1996：310。

〔註55〕鄧顯鶴，疊韻示琮兒〔M〕//村草堂詩鈔，長沙：嶽麓書社，2008：391。

〔註56〕鄧顯鶴，與人言洋事及資遣流民論〔M〕//南村草堂文鈔，長沙：嶽麓書社，2008：7。

聽聞此事十分憤慨，在著《南村草堂文鈔》時，他在開篇即開宗明義撰寫《宋四將論》，於南宋「中興四將」（注：張俊、韓世忠、劉錡、岳飛），鄧顯鶴尤為推崇岳飛，稱其「好賢禮士，流覽經史，文武全器，仁知並施如岳飛者，古之名將百不見一，加以勇鷙絕倫，精忠貫日。……豪傑向風，士卒用命，使賊檜之計不行，班師之詔不下，痛飲黃龍府，中興之業未可量也；何至靖康之恥，終宋之世不能刷哉！」世人皆知岳飛是抗金英雄，卻慘遭不幸。這種狀況正與當時林則徐的境遇類似，禁煙和抗擊英軍不僅沒有給林則徐帶來功績，反遭革職查辦、譴戍伊犁。此文完全是借古諷今，非有大智大勇的愛國主義精神，孰能撰此雄文？

鄧顯鶴倡導保留湖湘歷史、文獻資料，積極弘揚船山精神的舉措在當時具有極其重要的現實意義，這既是傾訴強烈的愛國熱忱和推崇儒學忠孝節義思想，又有鼓勵民眾保護鄉邦文化，熱愛故土家園的目的。他特意將整理、編纂湖南文獻的重點放在了明末清初這一時期，其以史為鑒、以古諷今、張揚民族精神的用意十分明顯。例如在《沅湘耆舊集》中，搜集、保存了王船山、夏汝弼、方以智、一念和尚等前代遺民、忠烈的作品，並飽含景仰之情積極為他們樹碑立傳。在《寶慶府志》和《武岡州志》中，對先民、遺民、從臣、遷客及明朝耆舊諸傳，也做了詳盡記載，旗幟鮮明地表彰了那種剛毅倔強、大義凜然，為了國家、民族不惜捨身赴死的高尚氣節。除此之外，他還纂述了《明季湖南殉節諸人傳略》《明季湖南十三鎮考略》《邵州先民錄》《書楚寶增輯熊襄愍傳後》《書楚寶蔡忠烈公傳後》《重修朱子五忠祠續修王忠祠記》《邵州前後五忠祠記》《寶慶重修召伯祠議從祀各官職名記》等篇，對湖南尤其是邵陽歷代遺民、忠烈、耆舊等忠貞愛國之士予以表彰，弘揚可歌可泣的民族氣節，其用心與船山先生之志何異！「秉彝攸好，人有同心，表忠旌節，國有常憲。今以煌煌巨典，謀之二十年，一旦成於吾輩二三人之手，而公論不以為僭，清議不病其專，豈非大賢之流風餘韻不容終泯，而天理之所恃以長有，人心之所由以不死者與！」〔註57〕鄧顯鶴的這些舉措有著重要的現實意義，當時清政府正處在嚴重的內憂外患危機之中，記載這些「效忠殉國，足以光史冊，垂模範」的先賢遺民，弘揚他們為國家民族不惜捨身赴死的精

〔註57〕鄧顯鶴，重修朱子五忠祠續修王忠祠記〔M〕//南村草堂文鈔，長沙：嶽麓書社，2008：143。

神氣節，就是對當時社會上的求和派和投降派犀利的諷刺和批判。李元度贊其壯舉是「至議建會城前後五忠祠及邵州前後五忠祠，尤欲舉貞臣烈士為邦人勸，俾各動其忠義之心，用意尤深且遠焉。」〔註58〕

再者，王船山治學講究實用，關注實踐的經世傳道情懷也為鄧顯鶴所認可。王船山著述的目的是總結明亡的教訓，為後世明得失提供借鑒。鄧顯鶴也是「煌煌經世平生志，出處須為天下計」〔註59〕，他「閉戶讀書講求經濟之學，凡一切朝章大政、國家掌故，靡不綜錄成帙，以期實用。」〔註60〕於時事、於民生，每每感慨繫之，憤懣鬱勃之情充溢於字裏行間。任寧鄉訓導期間，見湖南省其他地方出現叛亂，立即書《議修寧鄉縣城及團練事例》向縣令建言，所提意見，條條切中機宜。他提出興辦團練的設想，即「今日之事，在先定民志，舍團練無他法。」〔註61〕比湘軍將領中最早創辦團練的江忠源都要早十幾年（清道光二十四年（1844）江忠源聯絡鄉紳舉辦團練，每到月初將各村丁壯集齊，灌輸忠孝禮義，教其兵法技勇。筆者註）。鄧顯鶴是一個十分務實的人，清道光二十九年（1849），他又撰《議捐積穀規約十二條》，勸新化縣令籌置積穀以備荒災，說：「積貯為民命所關，恤窮即保富之道。年歲之豐歉靡常，積貯之籌備宜早。此誠保富恤貧、久安長治之良法美意也。謹擬規約十二條，期與長顧卻慮、熟思審處之邦人君子共勉圖之。」〔註62〕如實分析了新化縣「山多田少，一遇歉收，立見饑荒的實情」，提出的十二條建議，完備周匝，明白曉暢，充分體現了經世智慧。除了關注地方事務，鄧顯鶴對社會時局的發展也十分關切，撰《與人言洋人議事及資遣流民論》，文章不僅闡述了「安內方可攘外，制勝當在出奇」〔註63〕的觀念，也犀利地批評了清王朝在列強入侵時表現出的懦弱態度，諷喻清末屈膝洋人的行為可與南宋苟延旦夕相比擬，說：「竭繒帛以奉強敵，此南宋偏安小弱，苟延旦夕，無

〔註58〕李元度，國朝先正事略卷四十四〔M〕，長沙：嶽麓書社，2008：1252。
〔註59〕鄧顯鶴，南村草堂詩鈔〔M〕，長沙：嶽麓書社，2008：355。
〔註60〕劉基定，寧鄉訓導鄧湘皋先生墓表〔M〕//鄧顯鶴年譜，熊治祁編，湖南人物年譜：第1冊，長沙：湖南人民出版社，2013：618。
〔註61〕鄧顯鶴，南村草堂文鈔〔M〕，長沙：嶽麓書社，2008：13。
〔註62〕鄧顯鶴，議捐積穀規約十二條〔M〕//南村草堂文鈔，長沙：嶽麓書社，2008：19。
〔註63〕鄧顯鶴，與人言洋事及資遣流民論〔M〕//南村草堂文鈔，長沙：嶽麓書社，2008：7。

可如何之覆轍！不謂煌煌天朝，據中國全勝之勢，甘自蹈之，捐百萬之金以
資逆寇！」〔註64〕故而他在文中呼籲「朝野上下，早作夜思，撤膳減樂，大
開言路，廣求異才，上下勠力，中外一心，刻刻以滅賊為念。」其愛國憂民之
心於茲可鑒。他的《詩抄》中也蘊含了強烈的關注國計民生，張揚愛國主義
的情懷，後人評論「其託意處，仍是騷經香草之遺」〔註65〕。聽到林則徐結
束流放返回內地的消息以後，他賦詩慶賀曰：「此生久分入山深，結習難忘尚
苦吟。壯歲那無經世志，衰年空有濟時心。逢人孤憤言何益，回首中原思不
禁。多謝入關班定遠，瘡痍滿眼要為霖。」〔註66〕從頷聯就可見「經世」是
他的平生夙志。又如他在另一首詩中所說：「煌煌經世平生志，出處須為天下
計。諸君且勿悵別離，百萬蒼生方待字。君知此意行勿延，宇宙艱巨須共艱。
他時康濟遍海宇，老我亦得安林泉。」〔註67〕其感時抒事，關懷民生的情懷
躍然紙上。

　　《清史稿》評價鄧顯鶴說：「嘗以為洞庭以南，服嶺以北，屈原、賈誼傷
心之地也，歷代通人志士相望，而文字湮鬱不宣。乃從事搜討，每得貞烈遺
行於殘簡斷冊中，為之驚喜狂拜，汲汲彰顯，若大讎隨其後。」〔註68〕他對
湖南文獻的重視確實是強烈的眷念鄉土文化的情結所致，但也明顯寄託了其
復興湘學、匡扶天下的經世情懷。他通過創作詩文、整理文獻、推崇船山學
等行為來表達和踐履自己的理想和追求，這些工作都是出於修明法度、醇美
風俗和經邦濟世這一總的目的和框架體系，都寄託了一個儒者的強烈救世情
懷。縱觀湖湘文化的歷史，可以發現湖南學子有意識地強化屈原、周敦頤、
張栻、王船山乃至曾國藩一脈相承的湖湘文化學術傳統，力圖構建起完整的
區域文化體系。在這個鏈條中，王船山是很關鍵的一環，他是古代湘學向近
代轉化的重要環節，鄧顯鶴發現和推崇王船山對完善這根鏈條，起了承上啟
下的重要作用。鄧顯鶴一生不僅著述豐富，而且還教育和培養了一大批湖湘
士子，令湖湘之學玄歌不絕，代代相傳。魏源、曾國藩、左宗棠、左宗植、郭

〔註64〕鄧顯鶴，與人言洋事及資遣流民論〔M〕//南村草堂文鈔，長沙：嶽麓書社，
　　　　2008：7。
〔註65〕錢仲聯，清詩紀事‧嘉慶朝卷，轉引自弘征，湘學複習導師鄧湘皋〔M〕，書
　　　　屋，1995（1）。
〔註66〕鄧顯鶴，南村草堂詩鈔〔M〕，長沙：嶽麓書社，2008：355。
〔註67〕鄧顯鶴，南村草堂詩鈔〔M〕，長沙：嶽麓書社，2008：335。
〔註68〕趙爾巽，清史稿‧鄧顯鶴傳〔M〕，杭州：浙江古籍出版社，1998：1539。

嵩燾、江忠源、何紹基、楊彝珍等湘中人傑皆推崇其道德文章，梁啟超盛讚他為地域文化和地方學派的形成發展作出了傑出的貢獻，說：「蓋以中國之大，一地方有一地方之特點，其受之於遺傳及環境者蓋深且遠，而愛鄉土之觀念，實亦人群團結進展之一要素。利用其恭敬桑梓的心理，示之以鄉邦及其學藝，其鼓舞瀋發，往往視狄遠者為更有力。地方的學風之養成，實學界一堅實之基礎也。彼全謝山之極力提倡浙東學派，李穆堂之極力提倡江右學派，鄧湘皋之極力提倡沅湘學派，其直接影響於其鄉後輩者何若？間接影響於全國者何若？斯豈非明效大驗耶！」〔註69〕鄧顯鶴無愧於這些頌揚，他促進了近代船山學的形成和發展，也豐富了近代湖湘文化的內涵，對建構近代湖湘文化體系做出了傑出的貢獻。

3.4 曾國藩刊刻金陵版《船山遺書》，促使船山學顯名於天下

曾國藩（1811～1872），湖南湘鄉人，初名子城，字伯涵，號滌生，晚清著名政治家、軍事家、理學家和文學家，湘軍的創立者和統帥。累官兩江總督，封一等毅勇侯，晉大學士，諡文正。與李鴻章、左宗棠、張之洞並稱「晚清四大名臣」，又與胡林翼並稱「曾胡」，對晚期政局產生了深遠的影響。作為湘籍官紳，曾國藩對湖湘文化的發展也是十分重視的。以船山學的發展為例，曾國藩是晚清促成船山學廣為傳播的關鍵人物之一，很久以來船山學術思想的傳播主要侷限在湖南境內，學習和弘揚船山學以湘籍人士為主，金陵版《船山遺書》後，王船山和船山學便隨著湘軍的崛起，突破了湖湘大地的藩籬，逐漸傳播至全國，船山學逐漸聲名鵲起。近代學者就曾國藩弘揚船山學多有考證和探究，從近代社會發展的角度分析，曾國藩大力提倡和弘揚船山學，主要是因為船山學蘊含了匡救時弊的經世智慧和挽救世風人心的理論，曾氏希望以此來整肅軍紀、政風和世風，以挽救日益走向衰落的晚清王朝。具體來看，曾氏關注和弘揚船山學的原因主要基於如下幾點：

一、通過刊刻《船山遺書》，弘揚傳統文化尤其是儒學，從思想文化上反擊太平天國。近百年來，關於曾國藩為什麼要刊刻與傳播船山學術思想，有

〔註69〕梁啟超，中國近三百年學術史專集之七十五〔M〕//飲冰室全集：第5冊，北京：中華書局，1989：97。

很多種說法。章太炎認為曾國藩刊刻《船山遺書》是因為鎮壓太平天國，殘殺漢族同胞後，感到愧疚的「悔過」行為。但章氏自己後來又否定了這個觀點，在《書曾刻船山遺書後》解釋說曾國藩刊刻船山遺書是為了表彰王船山具有「排滿」思想，為以後漢民族的復興奠定基礎。〔註 70〕馮友蘭則認為曾國藩是一個道學家，其刊刻遺書是「保衛中國傳統文化」「王夫之的《正蒙注》以及全部《船山遺書》正是他尋找的武器。」〔註 71〕侯外廬認為曾國藩是基於「推崇理學」而刊刻船山遺書。〔註 72〕除此之外，近現代學者關於曾國藩刊刻《船山遺書》的原因還有多種說法，不一而足。〔註 73〕從根源上看曾國藩熱衷於刊刻《船山遺書》是弘揚儒家思想文化，積極傳承儒學道統；從直接因素上看則是為了凝聚湘軍將士以抗擊太平天國起義，這一分析是基於曾國藩強烈的衛道意識而來的，船山學被曾國藩視為是很好的恢復和弘揚傳統倫理道德體系的工具。他在《王船山遺書序》中高度讚揚了王船山對孔孟道統的繼承和發揚，說：「昔仲尼好語求仁，而雅言執禮，孟氏亦仁禮並稱。蓋聖王所以平物我之情，而息天下之爭，內之莫外於仁，外之莫急於禮。……又千餘年，宋儒遠承墜緒，橫渠張氏乃作《正蒙》，以討論為仁之方。船山先生注《正蒙》數萬言，注《禮記》數十萬言，幽以究民物之同原，顯以綱維萬事，弭世亂於未形。其於古昔明體達用，盈科後進之旨，往往近之……以求

〔註 70〕 章太炎，「王而農著書，壹意以攘胡為本。曾國藩為清爪牙，踣洪氏以至中興，遽刻其遺書，何也？衡湘間士大夫以為國藩悔過之舉，余終不敢信。最後有國藩解者曰：『夫國藩與秀全其志一而已矣，秀全急於攘滿州者，國藩緩於攘滿州者。自湘淮軍興，而駐防之威墜，滿州人亦不獲執兵柄，雖有塔齊布、多隆阿輩伏匿其間，則固已為漢帥屬矣』。自爾五十年，虜權日衰。李鴻章、劉坤一、張之洞之倫，時抗大命，喬然以桓、文自居。巡防軍衰，而後陸軍繼之，其卒徒皆漢帥也。於是武昌倡義，後四月而清命斬，夫其端實自國藩始。刻王氏遺書者，固以遂其志，非所謂悔過者也。」章太炎，書曾刻船山遺書後〔M〕//船山全書：第 16 冊，長沙：嶽麓書社，2011：795～796。
〔註 71〕 馮友蘭，中國哲學史新編：第 6 冊〔M〕，北京：人民出版社，1988：76。
〔註 72〕 侯外廬，船山學案〔M〕，長沙：嶽麓書社，1982：22。
〔註 73〕 王興國認為刊刻的主要目的是為了「推重鄉賢」，王興國，王船山與近代中國〔J〕，船山學報，1989（1）；許山河認為王船山、曾國藩都是儒學的傳承者，具有儒者相同的追求社會政治的理想，因此，曾氏刊刻《船山遺書》是發揚船山的愛國思想和民族精神。許山河，論曾國藩刊印《船山遺書》〔J〕，船山學報，1988 增刊（11）；劉泱泱認為刊刻的主要目的是對鄉「先賢」們「申景行之慕」，但也含有宣揚民族氣節和傳統禮教的強烈政治意義，這後者尤為現實而引人注目。劉泱泱、鄧顯鶴曾國荃等刊布（船山遺書）述論〔M〕//船山學論，船山學社刊，1993：287。

所謂育物之仁，經邦之禮，窮操極論，千變而不離其宗，曠百世不見知而無
所於悔。」〔註74〕在曾國藩看來王船山是「博文約禮，命世獨立之君子」，他
對儒學的詮釋和總結，不僅「與後賢若合符契」，而且還可以起到維護綱常禮
教和法度的作用。

　　咸豐四年（1855）正月十九日，太平軍西征部隊第三次佔領漢口、漢陽，
進圍武昌。同時石詳貞所部沿江而上，攻克岳州，連下湘陰、靖港、寧鄉，
前鋒距長沙僅六十餘里，形勢十分危急。為此曾國藩親率部隊從衡州出發，
經湘潭到達長沙。在臨出發之前，他發布了《討粵匪檄》。《討粵匪檄》表達
了維護儒學道統的迫切心情，他猛烈抨擊了太平天國起義軍肇亂五年以來，
蹂躪州縣五千餘里，毀廟宇、學堂、詩書、農舍的惡劣行徑，致使人民深受
其害。控訴洪秀全借天主教蠱惑人心，盡毀孔聖及歷代先賢之書，將中華數
千年之文化掃地蕩盡，致人神共憤。太平天國在起義之初確實取得了巨大勝
利，但太平軍這種簡單、粗暴、極端化的革命手段，不僅激起了普通民眾的
反對，而且引起了傳統知識分子極大的恐慌，他們擔心太平軍取得勝利，則
儒家道統將會萬劫不復。在此情形之下，曾國藩抓住了太平天國在制度和政
策方面的弱點，從維護孔孟、禮教、神靈等方面出發，爭取到了知識分子和
部分民眾的支持。適時地充當了衛道尊儒的角色，將湘軍與太平天國農民軍
之間的戰爭，上升成為了一場維護民族文化和儒學道統的保衛戰，獲得了
「衛道」的神聖意義。檄文說：「自唐虞三代以來，歷世聖人，扶持名教，
敦敘人倫，君臣、上下尊卑，秩然如冠履之不可倒置。粵匪竊外夷之緒，崇
天主之教。自其偽君偽相，下逮兵卒賤役，皆以兄弟稱之。謂惟天可稱父，
此外凡民之父，皆兄弟也；凡民之母，皆姊妹也。農不能自耕以納賦，而謂
田皆天王之田；商不能自買以取息，而謂貨皆天王之貨；士不能誦孔子之
經，而別有所謂耶穌之說、《新約》之書。舉中國數千年禮義人倫、詩書典
則，一旦掃地蕩盡。此豈獨我大清之變，乃開闢以來名教之奇變，我孔子、
孟子之所痛哭於九原！凡讀書識字者，又烏可袖手安坐，不思一為之所也！」
〔註75〕因此必須「殄此凶逆」，以「慰孔孟人倫之隱痛」，以「為上下神祇雪

〔註74〕曾國藩，王船山遺書序〔M〕//曾國藩全集：第14冊，長沙：嶽麓書社，1994：
　　　　278。
〔註75〕曾國藩，討粵匪檄〔M〕//曾國藩全集：第14冊，長沙：嶽麓書社，1994：
　　　　232。

被辱之憾」。檄文煽動了傳統知識分子的仇恨和不滿，一大批的社會精英投入到曾國藩的麾下，為湘軍集團的崛起和發展奠定了堅實的基礎。在鎮壓太平天國起義的過程中，曾國藩除了積極部署軍事打擊太平天國外，他也認識到重新恢復戰亂地區的社會秩序和倫理道德體系對維護清王朝和社會穩定的重要性，因此在戰爭的間歇裏積極重建當地的文廟、學堂，重視弘揚儒學和前賢，整理刊刻大儒的著述和修建忠烈祠，這些都傳統文化及其儒學的恢復也起到了至關重要的作用，而刊刻王船山著述則是這些舉動中突出的貢獻和成效。

　　二、以船山學術思想為紐帶，團結和凝聚湘軍將士。曾國藩是湘軍的創始者，其一介書生，丁憂去職之際，要去建立一支能征善戰的軍隊來完成挽救國家危亡的重任，其艱難可想而知。然曾國藩非常善於思考，他琢磨到了一個感召和聚集社會精英力量的方法，即從維護儒學道統和傳統倫理道德體系出發，以實現儒學提倡的終極追求為目的，將一大批的社會中堅力量緊密團結在了一起。湘軍將領中絕大部分人都是具有經世情懷的傳統文人和士大夫，他們把投身軍營看作是踐履儒學「外王」的手段。在這些志同道合的將領們的幫助下，曾國藩將湖南各地團練整合成一支完整的部隊，這支部隊成為了清政府與太平天國起義軍作戰的主要軍事力量，創造了晚清軍事史上的奇蹟，也書寫了他人生中最輝煌的一頁。曾國藩選擇以王船山作為團結和凝聚湘軍將領的精神紐帶是歷史的必然。因為王船山的精神氣質、學術旨趣、思想觀念對晚清湖湘知識群體早已產生了深刻的影響，湖湘學子也已將這位鄉賢視為儒學道統的傳承者和宋明理學的集大成者，「惟先生鍾靈衡嶽，闡道湖湘。衍關、閩、濂、洛之宗風，發《易》《禮》《詩》《書》之秘鑰。」〔註 76〕湘軍將領中如胡林翼、彭玉麟、郭嵩燾、羅澤南、劉蓉、王鑫、楊昌濬等都對船山學說推崇備至，他們或「親讀其書」，或「生同里閈」，或「私淑其人」，尤其是羅澤南「假館四方，窮年汲汲，與其徒講論濂洛關閩之緒，瘏口焦思，大暢厥旨。未幾，兵事起，湘中書生多拯大難、立勳名，大率公弟子也」。〔註 77〕「船山學術，二百多年沒有傳人，到咸同間，羅羅山（澤南）像稍為得著

〔註 76〕郭嵩燾，船山祠祭文〔M〕//郭嵩燾全集：第 15 冊，長沙：嶽麓書社，2012：679。

〔註 77〕曾國藩，羅忠節公神道碑銘〔M〕//曾國藩全集：第 14 冊，長沙：嶽麓書社，1994：305。

一點」〔註78〕羅澤南在私塾從事教學長達二十多年，其學生如曾國荃、曾國葆、李續賓、李續宜、王鑫、蔣益澧、劉騰鴻、楊昌濬、朱鐵橋、康景暉、羅信南等先後都成長為了湘軍的重要將領。「是以咸同之際，中興將帥半湘省儒生，其得力夫之之遺書者居多。」〔註79〕正是基於這一重要的原因，曾國藩積極刊刻和推廣船山學術思想，使王船山的人格精神成為了湘軍的集體人格精神，成為了湘軍馳騁疆場的精神支柱和動力來源，這對於推動湘軍集團建立不朽事功，成為支撐晚清政局的柱石之一和成就湘軍將領對儒家「內聖外王」理想人格的追求都起了十分重要的作用。這也就可以解釋為什麼曾國藩及其湘軍集團在與太平天國激烈交戰之時，還那麼熱衷於刊刻王船山的著述了。

　　曾氏兄弟刊刻《船山遺書》始於清同治三年（1864），促成此事的是湖南鄉紳歐陽兆熊（1808～1874）和趙烈文（1832～1894），歐陽兆熊，字曉岑，號匏叟，湖南湘潭人。與曾國藩深交。道光二十二年（1840），曾國藩身患重病，經歐陽兆熊醫治而康復，此後曾國藩一直對他尊敬有加。曾紀澤為歐陽兆熊所作輓聯反映了兩人的親密關係，「平生甚似魯連仲，而非游說縱橫之客；地下若逢先太傅，仍未布衣昆弟之交。」〔註80〕趙烈文，字惠甫，號能靜，江蘇常熟人。是曾國藩十分信任的幕僚，「受滌師之知己十四年，相從復八年」。〔註81〕兩人積極勸說曾氏兄弟出資刊刻船山遺書，而且歐陽兆熊還參加過王氏守遺經書屋本《船山遺書》刊刻工作，他固執地認為湖南之書應該由湖南人捐刊，為此還專門聯繫了許多的湘籍官紳，彭玉麟、李元度、左宗棠、劉蓉等湘軍將領也都積極反響同意刊刻。歐陽兆熊在寫給曾國藩的信中說：「前惠甫書來，云節相概允倡刻《船山遺書》。沅帥亦有此意，囑兆熊與劉子迎商之。子迎將往澧州，不名一錢。而鄉人之意，以為湖南之書，須湖南人捐刊為是，其言亦頗近理。敝同年趙玉班已允出資。因素及彭雪琴、李希庵、左季高、劉蔭渠、劉霞仙、唐義渠及帶勇諸君子之識字者，均可助成此事。其書欲求精美，非四千金不能。若能鐥資開雕於安河，則易成矣。昨晤竹沼同年，耳語竟日，

〔註78〕梁啟超，中國近三百年學術史專集之七十五〔M〕//飲冰室合集：第 10 冊，北京：中華書局，1989：74。

〔註79〕孔祥麟，擬請從祀文廟摺〔M〕//王夫之，船山全書：第 16 冊，長沙：嶽麓書社，2011：686。

〔註80〕李肖聃，星廬筆記〔M〕，長沙：嶽麓書社，1983：76。

〔註81〕趙烈文，能靜居日記〔M〕，長沙：嶽麓書社，2013：1199。

云節相有書相招,即當來營。校讎之事,便可相屬。」〔註82〕刊刻書籍涉及事務繁雜,經費、刻書的地方、刊印人員等都務必一一落實,組織者很關鍵。曾國藩同意「倡首」,為重刊《船山遺書》起到很重要的重要。資助刊刻經費最多的是曾國荃,而刊刻的具體事宜則由曾國藩負責,為了刊刻出精緻的版本,從寫刻工匠、梨木板片的挑選,到遺書的搜訪、書稿的校對,事無鉅細,一一過問。經曾國藩校閱的船山書稿多達 117 卷,占刊刻書稿的近二分之一多。《船山遺書》刊刻之時,正值湘軍與太平天國鏖戰之時,在戎馬倥傯的軍旅生涯中,曾國藩還抽出大量的時間關注船山書籍的出版,這也充分證明了王船山的學術思想必然對指揮鎮壓農民起義的曾氏有所啟示和借鑒。在他的督促之下,收錄船山著作 56 種,288 卷的金陵本《船山遺書》於清同治四年(1865)刊刻竣工。書的封面上半頁為湘潭昭潭歐陽述篆書趨字「重刻船山遺書—百八十八卷」,下半頁注為「同治四年湘鄉曾氏刊於金陵節署」〔註83〕。

　　金陵版《船山遺書》以空前的規模問世,並伴隨著湖南政治、軍事地位的提高,而逐漸傳遍宇內,船山學也開始成為風行全國的顯學,曾國藩於此功不可沒。朱孔彰稱讚刊刻遺書的義舉是「劫歷紅羊失五車,濃香班馬選梨初。欲將節義風天下,先刻船山百卷書。」晚清著名的理學家吳廷棟、方宗誠都曾經談及過王船山,二人能夠瞭解、熟知船山思想,與曾氏兄弟贈送的《船山遺書》不無關係。方宗誠寫信感謝曾國荃贈書「承賜王船山先生遺書,曷勝感佩。」〔註84〕他還認真學習和研究了王船山的《讀通鑒論》,肯定船山學以程朱之學為理論,並從如何體貼程朱精神的角度評論船山,說:「船山先生直是遁世無悶、獨立不懼之學,其獨往獨來之氣,真能推倒一時,開拓萬古。追蹤橫渠,而深契程朱心源,又博極群書,不遺細微,每因一事一言而隱探道要。但震於其議論之奇闢,視同武王非聖人之論,粗矣。即謂其身經國變,借古人以抒發忠憤而涉於偏,亦猶淺也。非得程朱之心源,固不能得其立論之根柢,非溯程朱之心源,即不能折衷其用意之離合。」〔註85〕

〔註82〕歐陽兆熊,致曾國藩信〔M〕//王夫之,船山全書:第 16 冊,長沙:嶽麓書社,2011:579。

〔註83〕劉誌盛、劉萍,王船山著作叢考〔M〕,長沙:湖南人民出版社,1999:44。

〔註84〕方宗誠,復曾沅浦中丞〔M〕//王夫之,船山全書:第 16 冊,長沙:嶽麓書社,2011:581。

〔註85〕吳廷棟,與方存之書〔M〕//王夫之,船山全書:第 16 冊,長沙:嶽麓書社,2011:580。

　　三、曾國藩刊刻船山遺書還有一個目的，就是利用船山學振興湖湘文化和挽救日益頹廢的世風。咸同時期湖湘士大夫們積極刊刻船山著作、推崇船山精神、詮釋船山思想，大多懷有重振湖湘地域文化和理學學統的強烈願望。鄧顯鶴亦是如此，他主持刊刻守遺經書屋本《船山遺書》時說：「船山先生於勝國為遺老，於本朝為大儒，……重為審校開雕，嘉惠後學，使湖湘之士共知宗仰，豈非羽翼吾道、表揚前哲一大功乎？」〔註86〕南宋時湖湘文化蓬勃發展，一度被學界稱為「方今學術源流之盛，未有出湖湘之右者」，〔註87〕然元、明以後，湖湘地區的理學呈衰減之勢，這令湖湘士大夫們十分憂心。咸同時期湘軍主導了晚清軍政大局，在軍事上、政治上居有重要地位的湖湘士大夫們於是迫切地盼望在思想文化上能夠崛起。所以，當他們發現在清初的湖湘之地還有這樣一位傳承孔孟、總結理學的學術大師、思想巨人時，幾乎是欣喜若狂地將其作為重振湖湘文化、傳承湖湘學統的重要資源。

　　曾國藩的視野遠高於湖南的鄉紳和一般的湘軍將領，他不僅認識到船山學在湖湘文化中佔據的重要地位，而且還意識到船山學術思想具有中華文化的普遍性特質，應該在傳統文化中佔有一席之地。因此他積極宣揚船山學術思想中的道德救世理念，希望能夠矯正晚清日益走向頹廢的世俗人心，重塑國人的精神面貌。曾國藩的這一想法是有原由的，道光以降清朝陷入內憂外患的境地，危機四伏，列強強迫清政府簽訂了一系列屈辱的不平等條約，肆意掠奪中國的資源和財富。同時西方文化也裹挾著強大的勢力進入中國，對傳統社會的倫理觀、道德觀和價值觀造成了巨大的衝擊。雪上加霜的是又爆發了太平天國起義，農民軍粗暴地踐踏和破壞傳統文化和儒學。由此王朝的沒落和文化的衰敗直接導致了人心離析，道德淪喪、民心渙散、意識消沉的風氣逐漸在社會上彌漫。這些在秉受儒學教育的士大夫看來都是痛心疾首的。曾國藩在與左宗棠的書信中說：「今日百廢莫舉，千瘡並潰，無可收拾。獨賴此耿耿精忠之寸衷，與斯民相對於骨嶽血淵之中，以求塞絕橫流之人慾，以挽回厭亂之天心，庶其萬有一補。」〔註88〕為此曾國藩毅然投筆從戎，創建

〔註86〕鄧顯鶴，王夫之〔M〕//王夫之，船山全書：第16冊，長沙：嶽麓書社，2011：105。

〔註87〕真德秀，勸學文真西山文集卷四十〔M〕//文淵閣四庫全書：第1178冊，北京：商務印書館，2006：452。

〔註88〕錢基博、李肖聃，近百年湖南學風·湘學略〔M〕，長沙：嶽麓書社，1985：32。

湘軍，便是為挽救這種局面而做的努力。儒者的身份促使曾國藩從文化思想上更深層次地思索拯救晚清衰落局勢的方法，基於上述狀況於是他積極主張以「禮」救世，在這一點上與王船山是相通的。

　　王船山說：「《六經》之教，化民成俗之大，而歸之於《禮》，以明其安上治民之功而必不可廢。蓋《易》《詩》《書》《樂》《春秋》皆著其理，而《禮》則實見於事，則《五經》者《禮》之精意，而《禮》者《五經》之法象也。故不通於《五經》之微言，不知《禮》之所自起；而非秉《禮》以為實，則雖達於性情之旨，審於治亂之故；而高者馳於玄虛，卑者趨於功利，此過不及者之所以鮮能知味而道不行也。」〔註 89〕王船山不僅突出了《禮》在五經中的地位，還發前人所未發，從體用的角度進一步闡述禮與政的關係，認為治理國家的理想模式在於「禮治」，禮是治理國家的標準和依據，具有綱維萬事的作用，統治者制定的政令章程就是天道、禮法在治國安民上的體現，即「禮，體也；政，用也。體用合一，而皆承天以治人，則禮之不可已而為治亂之大司明矣。」〔註 90〕王船山經歷了明清鼎革之際「禮崩樂壞」的慘痛，感觸頗深，他明確地說：「人之所以異於禽獸，仁而已矣；中國之所以異於夷狄，仁而已矣；君子之所以異於小人，仁而已矣。而禽狄之微明，小人之夜氣，仁未嘗不存焉；唯其無禮也，故雖有存焉者而不能顯，雖有顯焉者而無所藏。故子曰：『復禮為仁。』大哉禮乎！天道之所藏而人道之所顯也。」〔註 91〕王船山強調禮的道德教化功能和區別華夷之辨的作用，認為民眾如果在日常生活中接受禮、踐行禮，那麼潛移默化中民眾的道德意識和文明素養就會得到提高，這樣國家的政令就會得到有效的執行，社會也會趨於穩定和諧。

　　王船山的禮學經世主張契合了曾國藩的需求，他也希望「禮」能對具體的社會政治問題作出較為積極的回答，曾國藩這種「以禮經世」的思想是「經世派理學之新方向」〔註 92〕。曾國藩打算將王船山的《禮記章句》《讀通鑑論》《宋論》益以《諸經稗疏》印刷成單行本，「以便足饜時賢之心，而洗明季之習。」〔註 93〕還說：「船山說經高於論史，卓見極是。而說經又以《禮記章句》

〔註 89〕王夫之，禮記章句〔M〕//船山全書：第 4 冊，長沙：嶽麓書社，2011：11。
〔註 90〕王夫之，禮記章句〔M〕//船山全書：第 4 冊，長沙：嶽麓書社，2011：556。
〔註 91〕王夫之，禮記章句〔M〕//船山全書：第 4 冊，長沙：嶽麓書社，2011：9。
〔註 92〕陸寶千，清代思想史〔M〕，臺北：臺灣廣文書局，1978：419。
〔註 93〕歐陽兆熊，楬柚談屑〔M〕//王夫之，船山全書：第 16 冊，長沙：嶽麓書社，2011：577。

為最。」〔註94〕又說：「余以《禮記章句》為先生說經之最精者，擬細看一遍，以便作序，因以考校對者之有無錯誤。」〔註95〕從曾國藩日記裏可以看出，同治五年（1866）他認真地閱讀了《禮記章句》。「午正閱《文王世子》八葉，於『庶子之正於公族』章，探索良久」〔註96〕，庶子之正於公族者，教之以孝悌睦友子愛、明父子之義、長幼之序，這些給了曾國藩很多的啟示，「余所見近時搢紳，未有崇禮法而不興，習傲慢而不敗者。」〔註97〕曾氏將儒學的根本目的也歸於一個「禮」字，欲以「禮學」代理學，使宋明理學適應時代的需求。儒學傳統中的「禮」內涵十分豐富，涉及的範圍也很廣泛，典章制度、宗教禮儀、人倫教化、民間習俗、個人言行、生活規範等無不與之相關。王船山認為治國之綱就是儒家的禮治思想，「夫禮之為教，至矣大矣，天地之所自位也，鬼神之所自餒也，仁義之以為體，孝悌之以為用者也，五倫之經緯，人禽之所分辯，治亂之所司，賢不肖之所裁者也，捨此而道無所麗矣。」〔註98〕曾國藩也認為，禮學貫通於內聖外王之中，是治國安邦的理論依據，堅持將儒家人文之道的仁與禮作為治世的根本，認為湘軍在軍事上、政治上的成功，就是依賴的這一指導思想，「吾鄉數君子所以鼓舞群倫，歷九載而勘大亂，非拙且誠之效與？」〔註99〕他還強調說：「先王之道，所謂修己治人、經緯萬匯者，何歸乎？亦曰禮而已矣。」〔註100〕另外，他又指出：「古之君子之所以盡其心、養其性者，不可得而見；其修身、齊家、治國、平天下，則一秉乎禮。自內焉者言之，舍禮無所謂道德；自外焉者言之，舍禮無所謂政事。」〔註101〕

〔註94〕曾國藩，復歐陽兆熊〔M〕//曾國藩全集：第29冊，長沙：嶽麓書社，1994：6686。

〔註95〕曾國藩，曾國藩日記〔M〕//曾國藩全集：第17冊，長沙：嶽麓書社，1994：1260。

〔註96〕曾國藩，曾國藩日記〔M〕//曾國藩全集：第17冊，長沙：嶽麓書社，1994：1266。

〔註97〕曾國藩，曾國藩全集：第14冊〔M〕，長沙：嶽麓書社，1994：360。

〔註98〕王夫之，讀通鑒論〔M〕//船山全書：第10冊，長沙：嶽麓書社，2011：635。

〔註99〕曾國藩，湘鄉昭忠祠記〔M〕//曾國藩全集：第14冊，長沙：嶽麓書社，1994：304。

〔註100〕曾國藩，聖哲畫像記〔M〕//曾國藩全集：第14冊，長沙：嶽麓書社，1994：250。

〔註101〕曾國藩，筆記二十七則〔M〕//曾國藩全集：第14冊，長沙：嶽麓書社，1994：358。

古代君子們盡心竭力、修身養性的行為曾國藩雖未目睹，但古代賢士們通曉禮義、擅長辭令，使別人信服，使國家強盛的史實和美譽則流傳至今。因此他闡發了禮學中的經世之旨，聲稱「蓋古之學者，無所謂經世之術也，學禮焉而已。」〔註 102〕

曾國藩通過大力推崇王船山及儒家的仁、禮思想，很明顯就是期望通過道德教化，達到消除民眾的反抗意識，緩和社會危機，維繫傳統社會的統治秩序的作用。太平天國起義爆發後，儒學和禮制受到嚴重破壞，曾國藩尤感痛心疾首，於是他將「禮」視為了加強個人道德修養和整軍治國、序化社會的救世良方。除了親撰《討粵匪檄》討伐太平天國，維護儒家禮教外，在組建和管理湘軍的過程中，曾國藩始終以維護儒學禮教為己任。曾氏洞悉八旗、綠營兵的惡習和弊端，說：「以今日營伍之習氣，與今日調遣之成法，雖聖者不能使之一心一意。自非別樹一幟，改弦更張，斷不能辦此賊也。」〔註 103〕於是曾國藩從湘人中選擇士兵，積極推行以禮治軍的原則，「將之以忠義之氣為主，而輔之以訓練之勤，」兩者相輔相成，起到了很好的訓練效果。另外，考慮到士兵的文化程度不高，他還把綱常禮教以通俗的語言譜成歌謠，創作了《水師得勝歌》《陸軍得勝歌》《勸誡淺語十六條》《初定營規二十二條》《愛民歌》《解散歌》等多篇融綱常倫理思想和禮制規範於其中的歌謠，「令士卒歌誦，口向習以熟，冀嫻其大略，而其臨陣之神明變化，則有不能及也。」〔註 104〕曾國藩賦予了湘軍以維護禮教文明的神聖使命，將禮教文明貫徹到湘軍的日常生活和行軍打戰中的做法，起到了很好的教化作用，培養了湘軍將士忠誠、堅忍、勇猛的作風。無怪乎王闓運在《湘軍志》裏說「湘軍尊上而知禮」。再者，曾國藩個人也十分講求立身處世和修身養性，將自己塑造成儒學的捍衛者。曾氏強調：「帶勇之法：用恩莫如仁，用威莫如禮。仁者，即所謂欲立立人，欲達達人也，待弁勇如待子弟，常有望其成立，望其發達之心，則人知恩矣。禮者，即所謂無眾寡，無大小，無欺慢，泰而不驕也；……孟子曰『君子以仁存心，以禮存心。』守是二者，雖蠻貊之邦可行，又何兵勇之不可

〔註102〕 曾國藩，孫芝房侍講芻論序〔M〕//曾國藩全集：第 14 冊，長沙：嶽麓書社，1994：256。

〔註103〕 曾國藩，與王鑫八月二十日〔M〕//曾國藩全集：第 21 冊，長沙：嶽麓書社，1994：186。

〔註104〕 曾國藩，水師得勝歌並序〔M〕//曾國藩全集：第 14 冊，長沙：嶽麓書社，1994：426。

治哉？」〔註105〕他在實踐中充分運用了以禮治國，以禮治軍，以禮自治，以禮治人，完全堅持了「經世宰物，綱維萬事，無他，禮而亦已」，最終作為地方團練部隊的湘軍異軍突起，成功剿滅了太平天國起義軍，創造了古代軍事史上的奇蹟，並對晚清社會產生了重要的影響。在隨後的幾十年裏，湘軍享譽大江南北，極大地提升了湖湘地域的知名度和政治地位。

　　除了上述主要原因外，王船山的治學風格和獨特個性，也感染了曾國藩。王船山繼承和傳遞了湘學性理哲學，並將之與經世之學相結合，形成了內聖外王並重的精神特質和融聖賢與豪傑為一體的理想人格。王船山對明朝的覆亡有切膚之痛，有感於國家興亡、民族屠弱時，「內聖」型的聖賢人格難以在現實生活中挺立，於是對這種道德虛無之弊進行了反思和修正，說：「有豪傑而不聖賢者矣，未有聖賢而不豪傑者也。……聖人以《詩》教以蕩滌其濁心，震其暮氣，納之於豪傑而後期之以聖賢，此救人道於亂世之大權也。」〔註106〕這就是說，只有首先具備了豪傑精神才能成為聖賢，豪傑具有非凡的氣慨和獨立的人格，能夠發揚「以身任天下」的精神，為國家和民族利益即使犧牲性命也在所不惜。王船山指出「義」與「勇」是豪傑精神最明顯的特徵，「義以生勇，勇以成義，無勇者不可與立業，猶無義者不可與語勇也。故未知義者，可使之知也，知有義而勇不足以決之，然後明君不能為之鼓厲，信友不能為之獎掖，陷於大惡以亡身。故曰：勇者天德也，與仁、智並峙而三也。」〔註107〕曾國藩很早就確立了追求儒家聖賢氣象理念和經邦治國志向，他提出：「豪俠之質，可與入聖人之道者，約有數端。……俠者輕死重氣，聖賢罕言及此。然孔曰成仁，孟曰取義，堅確不移之操，亦未嘗不與之相類。昔人譏太史公好稱任俠，以余觀此數者，乃不悖於聖賢之道。」〔註108〕他也豐富了儒學「內聖外王」理念，認為儒家所推崇的「聖人」、「聖賢」必須具備開拓事功、創建偉業的氣魄，這種思想與王船山提倡的豪傑精神相似。曾氏認為理想人格的聖賢，一方面必須具有道德理性的精神，即「聖人者，其智足以周知庶物，其才能時措而咸宜。然不敢縱心以自用，必求權

〔註105〕曾國藩，咸豐九年六月初四日記〔M〕//曾國藩全集：第16冊，長沙：嶽麓書社，1987：391。

〔註106〕王夫之，俟解〔M〕//船山全書：第12冊，長沙：嶽麓書社，2011：479。

〔註107〕王夫之，讀通鑑論〔M〕//船山全書：第10冊，長沙：嶽麓書社，2011：666。

〔註108〕曾國藩，勸學篇示直隸士子〔M〕//曾國藩全集：第14冊，長沙：嶽麓書社，1994：442。

度而絜之。」〔註 109〕另一方面，又必須具有剛強血性的氣質，認為「豪俠之質，可與入聖人之道者。」〔註 110〕曾國藩常常以「血誠」、「明強」等理念作為自己和身邊弟子的奮鬥目標，它們表現的就是「明」、「誠」的道德理性與「血」、「強」的血性氣質的統一。他人格中的勁悍血性還堪比船山，曾氏強調「人苟能立志，則聖賢豪傑何事不可為」，只要有志氣，艱苦奮鬥，任何目的都是可以實現的。因而曾國藩奉行「好漢打脫牙和血吞」的勁悍血性精神，在厄運和磨難中求出路。在與湖南各州縣鄉紳溝通聲討粵匪，暢談團練防剿之策時他如是說：「國藩奉命以來，日夜悚惕。自度才能淺薄，不足謀事。唯有『不要錢，不怕死』六字時時自矢，以質鬼神，以對君父，即藉以號召吾鄉之豪傑。」〔註 111〕可見王船山的經世智慧和堅貞個性及其湖湘文化裏的勁悍精神對他確實起了个小的作用和影響，曾國藩個人的精神氣質完全符合他所詮釋的船山人格精神的特點。馮友蘭就明確指出了王船山對曾國藩的影響說：「他（曾國藩）是一個道學家，但不是一個空頭道學家。他的哲學思想的發展有兩個階段，其主要標誌是由信奉程朱發展到信奉王夫之。……王夫之的《正蒙注》以及全部《船山遺書》正是他所要尋找的武器。」〔註 112〕

3.5　郭嵩燾對王船山的敬重和推崇

郭嵩燾（1819～1891）字伯琛，號筠仙，晚年號玉池老人，又稱養知先生，湖南湘陰人，晚清著名的政治家、思想家和外交家。作為湖湘子弟，郭嵩濤受湖湘文化影響頗深，在嶽麓書院就讀期間，它與曾國藩、劉蓉等相識，並成為志同道合的摯友，共同致力於挽救時艱。作為湘軍集團的創建者之一，郭嵩燾在推崇王船山方面是不遺餘力的，他也是當時對王船山學術思想研究比較全面和深入的專家。郭氏推崇和弘揚王船山概括起來主要基於如下幾方面的原因：

〔註 109〕曾國藩，書學案小識後〔M〕//曾國藩全集：第 14 冊，長沙：嶽麓書社，1994：165。

〔註 110〕曾國藩，勸學篇示直錄士子〔M〕//曾國藩全集：第 14 冊，長沙：嶽麓書社，1994：442。

〔註 111〕曾國藩，與湖南各州縣公正紳耆書〔M〕//曾國藩全集：第 20 冊，長沙：嶽麓書社，1994：104。

〔註 112〕馮友蘭，中國哲學史新編：第 6 冊〔M〕，北京：人民出版社，2007：76。

一是重振湖湘文化，提升湖南在全國的聲望和地位。郭嵩燾青年時代就讀於嶽麓書院，深受湖湘文化薰陶。對重振鄉邦文化有一種強烈的使命感和責任感，他自覺地擔負了這一重擔。郭氏此時能夠擎起復興湖湘文化的大旗和選中王船山作為復興地域文化的典範，很大程度上得益於湘軍的崛起。在鎮壓太平天國起義的進程中湘軍聲振大江南北，作為湘軍精神紐帶和思想旗幟的王船山，也隨著湘軍集團走出了湖湘大地。王船山的學術價值和文化價值受到了更多的關注和認可。在表彰前賢，弘揚地域文化的感召下，郭嵩燾向朝廷上了《請以王夫之從祀文廟疏》，奏摺具有鮮明的建構地域文化和重振湖湘道學的特色。奏摺首先強調了王船山學識淵博，堪稱大儒，說「我朝經學昌明，遠勝前代，而闇然自修，精深博大，罕有能及衡陽王夫之者。所著經說，言必徵實，義必切理，持論明通，確有據依。亦可想見其學之深邃。」〔註113〕聲明王船山的著述是對程朱理學的繼承和發展，符合儒學扶翼世教的要求，說：「（夫之）篤守程朱，任道甚勇，實能窺見聖賢之用心而發明其精蘊，足補朱子之義所未道。尤陸王學術之辨，析之至精，防之至嚴，卓然一出於正，惟以扶世翼教為心。」〔註114〕稱讚王船山是一個潔身自好、德行高尚的學者，列舉了王船山堅決抵制張獻忠和吳三桂的拉攏和誘惑，其「發強剛毅，大義凜然，」完全值得清廷表彰。奏摺最後也闡述了以郭嵩燾為代表的湖湘士大夫渴望提升地方大儒的政治地位，弘揚湖湘文化的迫切心情。自周敦頤後，湖南再也沒有一位儒者成功獲得從祀，因此希望清廷考慮到王船山的學識人品和湖南地域文化建設的需要，獲准王船山入祀。實事求是地說，王船山的學行淹沒不傳已經兩百多年，要獲得從祀文廟，必定要經歷一番艱難的過程。清光緒三年（1877）身處歐洲的郭嵩燾得知其疏被禮部議駁，於是急忙「發遞禮部議駁明儒王夫之從祀，請飭部存案以俟論定一摺，諮請總理衙門代進」〔註 115〕其迫切之心溢於言表，然請求仍未獲批准。清光緒五年（1879），結束出使任務歸國之後，他立即四處打聽請祀失敗的原因，以探明真相。次年，當得知「梅小岩奏請以宋儒輔廣從祀兩廡，應補入祀典」的消息

〔註113〕郭嵩燾，請以王夫之從祀文廟疏〔M〕//郭嵩燾全集：第 4 冊，長沙：嶽麓書社，2012：798。

〔註114〕郭嵩燾，請以王夫之從祀文廟疏〔M〕//郭嵩燾全集：第 4 冊，長沙：嶽麓書社，2012：799。

〔註115〕郭嵩燾，郭嵩燾日記〔M〕//郭嵩燾全集：第 10 冊，長沙：嶽麓書社，2012：369。

之後，更是為朝廷沒有批准王船山入祀孔廟而感到憤怒和心酸，說：「船山之學，勝於慶源奚止百倍，即王虁石之聲光，亦百倍勝於梅小岩。吾楚人不務表章先達，竟無一能主事者。聞浙撫此奏，為之垂涕竟日」。〔註 116〕其殷切之情，天地可鑒。

　　除了積極倡議從祀外，郭嵩燾還先後著《船山祠碑記》《船山先生祠安位告文》《船山祠祭文》和《船山先生像贊》等文章，高度讚揚王船山的學行，積極宣傳船山學術思想，在這一系列文章中，郭氏將王船山與周敦頤相提並論，認為王船山是承繼宋明理學的不二人選，強化王船山對宋明理學和湖湘道學的傳承作用，說：「自有宋濂溪周子倡明道學，程子、朱子繼起修明之，於是聖賢修己治人之大法燦然昭著於天下，學者知所宗仰。然六七百年來，老師大儒，纘承弗絕，終無有卓然能繼五子之業者。吾楚幸得周子開其先，而自南宋至今，兩廡之祀，相望於學，獨吾楚無之。意必有其人焉，而承學之士無能講明而推大之，使其道沛然施顯於世。若吾船山先生者，豈非其人哉！」〔註 117〕還說：「蓋濂溪周子與吾夫子，相去七百載，屹立相望。攬道學之始終，互湖湘而有光。其遺書五百卷，歷二百餘年而始出，嗟既遠而彌芳。咸以謂兩廡之祀，當在宋五子之列，而至今不獲祀於其鄉。」〔註 118〕又如《船山先生像贊》稱：「濂溪渾然，其道莫窺，幸於先生，望見端崖。約禮明性，達變持危，闡揚正學，是曰先知。二百餘年，星日昭垂，私心之契，曠世之師。」〔註 119〕郭嵩燾對王船山的稱頌時常溢於言表，他與其他的湘籍學者努力挖掘、整理船山學術思想，既有力地促進了船山學術思想在晚清的傳播，又極大地豐富了晚清湖湘文化的內涵，二者相輔相成、相得益彰。

　　二是欣賞王船山扶長中夏、匡扶社稷的經世智慧。郭氏在日記中說：「許魯齋言『學者以讀書明道為第一義，即當以治生為第二義。』船山非之，以為

〔註 116〕郭嵩燾，郭嵩燾日記〔M〕//郭嵩燾全集：第 11 冊，長沙：嶽麓書社，2012：259。

〔註 117〕郭嵩燾，船山祠碑記〔M〕//郭嵩燾全集：第 15 冊，長沙：嶽麓書社 2012：649。

〔註 118〕郭嵩燾，船山先生祠安位告文〔M〕//郭嵩燾全集：第 15 冊，長沙：嶽麓書社，2012：675。

〔註 119〕郭嵩燾，船山先生像贊〔M〕//郭嵩燾全集：第 15 冊，長沙：嶽麓書社，2012：681。

盡天下之人營營焉以治生為急。」〔註120〕郭氏認為王船山治學的根源，就是講究「明人道以為實學，欲盡廢古今虛妙之說而返之實。」〔註121〕並且「以上下古今興亡得失之故，製作輕重倚伏之原。」〔註122〕推崇實學，強調治學為社會服務，尤其是知識分子要有服務社會，服務國家的意識，這是王船山經歷了國家覆滅後通徹反思的結果。知識分子是社會精英階層，對國家的發展起著重要的作用。儒學強調知識分子應該具備「修、齊、治、平」的素養，就是這個意思。王船山十分重視學校的教育功能和官員階層素質對國家的影響，說：「國家以學校為取捨人才之徑，士挾利達之心，桎梏於章程，以應上之求，則立志已荒而居業必陋。天子雖欲遊學者之志於昭曠之原而莫繇，固不如下之為教為學也，無進退榮辱之相禁制，能使志清而氣亦昌也。」〔註123〕如果儒者都只關注於追逐功名利祿，依「其道博寵光而侈門庭」，其危害是十分明顯的，王船山將他們貶之為「俗儒」，批評他們對國家、社會危害巨大。「若夫壞人心、亂風俗、釀盜賊篡弒危亡之禍者，莫烈於俗儒。俗儒者，以干祿之鄙夫為師者也，教以利，學以利，利乃沁人於人心，而不知何者之為君父，固異端之所不屑者也。」〔註124〕因為「風教之興廢，天下有道，則上司之；天下無道，則下存之；下亟去之而不存，而後風教永亡於天下。大臣者，風教之去留所託也。」〔註125〕受王船山啟發，郭嵩燾也強調統治階層的道德情操和價值取向對社會民眾有著風向標的作用，認為社會的治亂興衰也在很大程度上取決於此，說：「自古世道之亂，原本人心風俗，而其患皆起於士大夫。張子云『士君子處治朝則德日進，處亂朝則德日退。』此亦自然之理。自乾嘉以來，學者一意詆毀宋儒，直將作人的規模，毀壞淨盡。人心風俗，安得不壞？」〔註126〕又說：「今且問人心風俗所以日壞；其本源何在？在人心不

〔註120〕郭嵩燾，郭嵩燾日記〔M〕//郭嵩燾全集：第 11 冊，長沙：嶽麓書社，2012：236。

〔註121〕王敔，大行府君行述〔M〕//船山全書：第 16 冊，長沙：嶽麓書社，2011：73。

〔註122〕王敔，大行府君行述〔M〕//船山全書：第 16 冊，長沙：嶽麓書社，2011：74。

〔註123〕王夫之，讀通鑒論〔M〕//船山全書：第 10 冊，長沙：嶽麓書社，2011：629。

〔註124〕王夫之，讀通鑒論〔M〕//船山全書：第 10 冊，長沙：嶽麓書社，2011：630。

〔註125〕王夫之，讀通鑒論〔M〕//船山全書：第 10 冊，長沙：嶽麓書社，2011：623。

〔註126〕郭嵩燾，郭嵩燾日記〔M〕//郭嵩燾全集：第 11 冊，長沙：嶽麓書社，2012：603。

肯向學而已。試看國初諸老,是何等氣象;乾隆中葉何等氣象;道光、咸豐以後何等氣象。正氣日微,人心風俗亦愈益壞,無可改移。」〔註127〕

　　郭氏將晚清以來吏治腐敗,經濟凋敝,社會動盪的局面主要歸結於晚清以來學校教育失敗所造成的士大夫道德的淪喪。他認為士大夫是社會的中堅力量,在朝廷和民眾間起著紐帶的作用,如果士大夫加強個人的道德修養和認知能力的學習,將有助於培養經世致用的人才,也有利於對普通民眾進行道德感化和社會教化,可以起到淨化社會風氣、穩定社會秩序的作用。這樣深刻認識和分析到教育對國家公職人員個人素養形成所起的作用,在當時的官吏中是不多見的。郭嵩燾還提出了「欲挽回人心風俗,必自學校始」的方針,說:「聖人立為學校之制,示以立身制行,其義安在?蓋以天地生人,當使之各盡其道。得其道則治,不得其道則亂。聖人不能遍治也,聚天下之賢且能者,使涵詠詩書之中,有以通其變而達其微,庶幾繕性以修其身,推而行之以治天下,而後生人之道立,即天地之為道亦相維持於不蔽。」〔註128〕在這方面郭氏表現了一個儒者心憂天下的經世情懷,說:「君子在位則憂朝廷,退歸則憂學校。朝廷者天下之本,朝廷正則天下自正。學校者人心風俗之本,學校修明,人心風俗亦將有感其振興,轉移於不自知者。」〔註129〕為此他不僅親自擔任長沙城南書院山長,還相繼成立了思賢講舍和禁煙公社,交相維持,發明其說。思賢講舍的宗旨就是要「自重以為立身之本,講求禮法以為接人應務之方,親師取友以求共學之益,讀書務實以立為學之程」。〔註130〕郭氏把學校當成培養人心風俗之本的地方,把讀書與改良社會風氣習俗緊密地聯繫在了一起,在教學中積極弘揚王船山的學行氣節。清光緒七年(1881),他又在講舍內立船山柱,撰《船山先生像贊》及書楹聯一副,表達對王船山的仰慕之意,像贊說:「濂溪渾然,其道莫窺,幸於先生,望見端崖。約禮明性,達變持危,闡揚正學,是曰先知。二百餘年,星月昭垂,私心之

〔註127〕郭嵩燾,郭嵩燾日記〔M〕//郭嵩燾全集:第 11 冊,長沙:嶽麓書社,2012:409～410。

〔註128〕郭嵩燾,郭嵩燾日記〔M〕//郭嵩燾全集:第 11 冊,長沙:嶽麓書社,2012:408。

〔註129〕郭嵩燾,郭嵩燾日記〔M〕//郭嵩燾全集:第 11 冊,長沙:嶽麓書社,2012:603。

〔註130〕郭嵩燾,郭嵩燾日記〔M〕//郭嵩燾全集:第 11 冊,長沙:嶽麓書社,2012:365。

契，曠世之師。」〔註131〕楹聯則稱王船山是元明以來最傑出的人，說：「箋疏訓詁，六經於易尤尊，闡羲文周孔之道，漢宋諸儒齊退聽；節義詞章，終身以道為準，繼廉洛關閩而起，元明兩代一先生」。〔註132〕郭嵩燾將王船山的學行與晚清社會的發展聯繫起來，將船山學術思想中經世致用的智慧詮釋得淋漓盡致，「意庶以鄉賢之遺業，祐啟後世，闢吾楚之榛荒。」〔註133〕

郭嵩燾對王船山禮學思想的研究和借鑒具有很強烈的政治目的，太平天國運動不僅從政治上打擊了清王朝，而且還從思想文化上動搖了清王朝的統治基石，尤其是對傳統社會以「禮」為核心的統治秩序提出了嚴重的挑戰。郭氏關注禮學研究，倡議踐履禮學，就是為了恢復被太平天國運動破壞了的傳統統治秩序，以維繫末世的世道人心。他說：「《禮》者徵實之書，天下萬世人事之所從出也。得其意而萬事可以理，不得其意則恐展轉以自牾者多也。」〔註134〕他對王船山強調禮的教化功能十分欣賞。船山指出：「詩書禮樂之化，所以造士而養其忠孝，為國之楨幹者也。」〔註135〕又說：「夫禮之為教，至矣大矣，天地之所自位也，鬼神之所自綏也，仁義之以為體，孝悌之以為用者也；五倫之所經緯，人禽之所分辨，治亂之所司，賢不肖之所裁者也，捨此而道無所麗矣。故夷狄蔑之，盜賊惡之，佛、老棄之，其絕可懼也。有能為功於此者，褒其功、略其疵可也。」〔註136〕王船山認為禮對國家和社會安定起著至關重要的作用，如果國家荒廢了禮，就會導致社會秩序和道德秩序混亂、喪失，就會爆發農民起義。「上無禮，下無學，而後賊民興。」〔註137〕郭嵩燾受此啟發頗深。清咸豐二年（1852）為躲避太平天國農民軍，郭嵩燾被迫逃到山中隱居，利用這段時間他對王船山禮學思想進行了深入的研究，以期尋找到救世的良方。郭氏著《禮記質疑》，序言中提及王船山對自己的影響

〔註131〕郭嵩燾，船山先生像贊〔M〕//郭嵩燾全集：第 15 冊，長沙：嶽麓書社，2012：681。

〔註132〕郭嵩燾，船山先生祠聯〔M〕//郭嵩燾全集：第 14 冊，長沙：嶽麓書社，2012：260。

〔註133〕郭嵩燾，船山先生祠安位告文〔M〕//郭嵩燾全集：第 15 冊，長沙：嶽麓書社，2012：675。

〔註134〕郭嵩燾，禮記質疑〔M〕//郭嵩燾全集：第 3 冊，長沙：嶽麓書社，2012：2。

〔註135〕王夫之，讀通鑒論〔M〕//船山全書：第 10 冊，長沙：嶽麓書社，2011：647。

〔註136〕王夫之，讀通鑒論〔M〕//船山全書：第 10 冊，長沙：嶽麓書社，2011：635。

〔註137〕王夫之，讀通鑒論〔M〕//船山全書：第 10 冊，長沙：嶽麓書社，2011：630。

說：「咸豐壬子，避亂山中，有終焉之志。讀船山《禮記章句》，循其意旨，將合《大學中庸章句》為一書，以還戴《記》之舊，所得經義為多，鄙意竊獨好之。言禮者受範焉，政教所趨，人心所向，凡所著書與其行禮之實，確守而尊事之，莫敢違越。有疑則標識簡端，乃益求之注疏，討論其源流得失，積久而疑愈多，於是求之《儀禮》《周官》經，推測其立言之旨。」〔註138〕

　　三是深入研究船山學，探討船山學中蘊含的「興衰治亂之大原」。郭嵩燾兼有經世派和洋務派雙重身份，在從事實業，興辦洋務企業方面，郭嵩燾沒有顯著的業績，但在理論探索方面，郭嵩燾明顯高於同時期的其他思想家，「湘陰郭嵩燾遠襲船山，近接魏氏，其談海外政藝時措之宜，能發人之所未見，冒躓而勿措。」〔註139〕擔任駐英法公使後，他對傳統社會和傳統文化中存在的各種問題的反思愈加深刻，就越發想將西方文明中的有用成分融入傳統文化和傳統社會中。例如他主張對西學採取兼容並包的態度，提倡將西方的算學、天文、製造等科技內容納入到課程教學中。晚年郭嵩燾研究船山學側重於從政治角度，例如對王船山提出的「嚴以治吏，寬以養民」的政治思想，就曾作了深刻的闡述，王船山說：「嚴者，治吏之經也；寬者，養民之緯也；並行不悖，而非以時為進退者也。……故嚴以治吏，寬以養民，無擇於時而並行焉，庶得之矣。」〔註140〕郭氏也看出晚清吏治腐敗是導致天下不穩的根本原因，說：「天下受敝之由，必官吏先失其職。冤苦之積，戾氣乘之，古今一轍也。」〔註141〕「天下之亂原於吏治」〔註142〕；「吏治不休，民生凋敝，無所控訴，吾不知所終極也。」〔註143〕又說：「吾謂吏治不修，不在州縣而在大吏，其源尤在當國之大臣。以此時天子幼沖，政在樞府，舉措刑賞所自出，惟當國者好尚喜怒所繫為尤重也。今言者動曰取法西洋製造乃能致富強。人心風俗，政治法令，闒冗如此，從何取法西洋乎？於是益見中國求治之難

〔註138〕郭嵩燾，禮記質疑〔M〕//郭嵩燾全集：第 3 冊，長沙：嶽麓書社，2012：1。

〔註139〕楊毓麟，新湖南〔M〕//楊毓麟集，長沙：嶽麓書社，2001：35。

〔註140〕王夫之，讀通鑒論〔M〕//船山全書：第 10 冊，長沙：嶽麓書社，2011：309。

〔註141〕郭嵩燾，郭嵩燾日記〔M〕//郭嵩燾全集：第 8 冊，長沙：嶽麓書社，2012：60。

〔註142〕郭嵩燾，郭嵩燾日記〔M〕//郭嵩燾全集：第 8 冊，長沙：嶽麓書社，2012：474。

〔註143〕郭嵩燾，郭嵩燾日記：第 4 卷〔M〕，長沙：湖南人民出版社，1983：182。

也。」〔註144〕此番評論大膽犀利、切中時弊，非有膽識者不敢為之，彰顯了他剛健正直、特立獨行的個性。

郭嵩燾不僅對晚清吏治進行了深刻的批判，而且還提出了許多建設性的意見，如認真選擇各級官吏，加強官吏修身養性的培養，嚴格官吏管理制度等等，可惜這些見解因為官職被貶不能達於朝堂，也沒有機會推廣於社會，十分可惜。郭氏尤其推崇《讀通鑑論》和《宋論》，說：「國朝王船山先生通鑑論出，盡古今之變，達人事之宜，通德類情，易簡以知險阻，指論明確，粹然一出於正，使後人無復可以置議。故嘗以謂讀船山《通鑑論》，歷代史論可以廢。」〔註145〕他也很想創作一部綜論元、明兩朝歷史的著述，「以附船山之後」，但又擔心自己的史論不及船山「而未敢遽也」，想見郭氏對王船山的史論和史學研究方法是十分欽佩的。《讀通鑑論》是王船山運用樸素的辯證法思想和進步的社會歷史觀，對《資治通鑑》作總結性批判和評論，並詳細地闡明了自己的歷史觀和社會政治思想，王船山創作此書主要就是基於明清鼎革的劇變之痛，通過考證歷代政治得失，提出意見和分析，以期達到扶長中夏的救世目的，郭氏推崇此書實際上也是希望清廷能夠以史為鑑，走出困局。另外郭嵩燾對王船山實有思想的詮釋也是基於現實的需要，王船山說：「夫誠者實有者也，前有所始、後有所終也。實有者，天下之公有也，有目所共見，有耳所共聞也。」〔註146〕這裡的「實有」就是誠，是對客觀事物的高度概括，這一論述突出表現了王船山以氣論道的特點，充滿了辯證唯物論色彩。郭嵩燾從政治的角度出發借鑑其觀點闡述說：「心有忍，其乃有濟。有容，得乃大。有者，實有之，而非老氏欲張固翕、欲取固與之謂也。君子所以貞天下之變，利害名實皆無與於其心，不足於物，有餘於己，不足於身，有餘於心，乃以出入乎險阻，而自蓄其德。讀船山之論，兩年閱歷，曲盡形容，使此心為之爽然。」〔註147〕郭嵩燾對老子的「欲張固翕、欲取固與」持異議，他強調「人須是有實際，至誠所動，金石為之開。權術牢籠，

〔註144〕郭嵩燾，郭嵩燾日記〔M〕//郭嵩燾全集：第 11 冊，長沙：嶽麓書社，2012：261。

〔註145〕郭嵩燾，黎肇琨讀史法戒論序〔M〕//王夫之，船山全書：第 16 冊，長沙：嶽麓書社，2011：583。

〔註146〕王夫之，尚書引義〔M〕//船山全書：第 2 冊，長沙：嶽麓書社，2011：306。

〔註147〕郭嵩燾，郭嵩燾日記〔M〕//郭嵩燾全集：第 8 冊，長沙：嶽麓書社，2012：523。

終不濟事。」〔註 148〕因此士大夫要「求實效而不為虛語，務力行而不責近功」，這些見解明顯受了王船山的影響。

可以看出，郭嵩燾始終以經世致用為標杆設定他治學的宗旨和價值取向，和其他的理學經世派一樣，「他們不是為學問而學問，是為政治而做學問」〔註 149〕，郭嵩燾不僅積極從傳統文化裏尋找挽救清廷的濟世良方，他還根據自己出使歐洲的經歷，積極探究中國落後的根源，提出了務實性很強的意見。在《條議海防事宜》奏摺中，他提到「竊以為方今之急，無時無地不宜自強，而行之必有其本……本者何？正朝廷以正百官，大小之吏擇人而任之，則本立矣。」〔註 150〕「西洋立國有本有末，其本在朝廷政教，其末在商賈，造船、製器，相輔以益其強，又末中之一節也。」該「本末論」是郭嵩燾通過出使歐洲親歷西方文明和結合晚清社會的時局而提出來的針砭時弊的拯救方針。「其本末觀表明，他不僅突破了洋務派『中體西用』觀，強調學習西方的政治法律制度，而且深刻認識到道德、人心、風俗的重要性，預見了必須有一個從思想意識層面學習西方的階段。其認識的深刻性，是令人驚歎的，其超前性是不言而喻的。」〔註 151〕遺憾的是郭嵩燾的觀點和奏摺「招天下之大詬」，受到士大夫中頑固勢力的百般非議，這也使他看到了推進社會改革所面臨的艱難困境和巨大阻力。為此他竭盡餘力闡揚正學，強調必須改變民眾的社會心理和社會習俗，提高國民的素質，改革內政，才有可能真正挽救清廷的統治。而改變提高民族素養，改變人心風俗最基本的做法就是加強學校教育，他對康乾時期的學校教育給予了高度的讚譽說：「若如聖祖以至乾隆之季一百三十餘年間，重之以精求學校之實，鼓舞人才，以使之務實求精，其庶幾可望也。俯仰今昔，慨然傷懷。」〔註 152〕於是他倡議「學校之起，必百年而後有成。用其百年之力以滌蕩舊染；又用其百年之力，盡一世之人才而磨礱之；又用其百年之力，培養漸積以使之成。以今日人心風俗言之，必有聖

〔註 148〕郭嵩燾，郭嵩燾日記〔M〕//郭嵩燾全集：第 8 冊，長沙：嶽麓書社，2012：526。

〔註 149〕梁啟超，梁啟超論清學史二種〔M〕，上海：復旦大學出版社，1985：34。

〔註 150〕郭嵩燾，郭嵩燾奏稿〔M〕//郭嵩燾全集：第 4 冊，長沙：嶽麓書社，2012：340。

〔註 151〕王興國，郭嵩燾評傳〔M〕，南京：南京大學出版社，1998：266。

〔註 152〕郭嵩燾，郭嵩燾日記〔M〕//郭嵩燾全集：第 11 冊，長沙：嶽麓書社，2012：235。

人接踵而起，垂三百年而始有振興之望。」〔註153〕郭嵩燾將讀書人的個人修養與天下的治亂聯繫在一起，既要培養讀書人的個人素質，又要培養其具有經邦治國的本領，適應社會的發展、變化，開創了一種新的教育範式。1914年劉人熙在思賢講舍的基礎上創辦了「船山書社」，繼續專注於弘揚船山學，宣傳愛國主義精神。後來，毛澤東又利用船山學社社址創辦了湖南自修大學，為中國新民主主義革命培養了一大批人才。由此看來，在湖湘文化和船山學的傳承過程中，郭嵩燾以他淵博的學識、卓越的眼光和獨到的見解起到了不可磨滅的作用。

3.6 彭玉麟創立船山書院及對船山學的弘揚

彭玉麟（1816～1890），字雪琴，號退省庵主人，諡號剛直，湖南衡陽人。「湘軍」的主要創始人之一，與曾國藩、左宗棠、胡林翼等並稱晚清「中興名臣」，是晚清著名的政治家、軍事家和書畫家。清代著名學者俞樾曾稱譽他說：「咸豐同治以來諸勳臣中，始終饜服人心、無賢不交口稱之而無毫髮遺憾者，公一人而已。」〔註154〕《清史稿》記載說：「玉麟剛介絕俗，素厭文法，治事輒得法外意。不通權貴，而坦易直亮，無傾軋倨傲之心。歷奉命按重臣疆吏被劾者，於左宗棠、劉坤一、涂宗瀛、張樹聲等，皆主持公道，務存大體，亦不為溪刻。每出巡，偵官吏不法輒劾懲，甚者以軍法斬之然後聞，故所至官吏皆危栗。民有枉，往往盼彭公來。朝廷傾心聽之，不居位而京察屢加褒獎，倚畀蓋過於疆吏。生平奏牘皆手裁，每出，為世傳誦。好畫梅，詩書皆超俗，文采風流亦不沫云。」彭玉麟雖位列晚清重臣，但卻罕見地清廉、正直，一生不慕名利、不避權貴、不治私產，且多次辭去高官和朝廷的嘉獎。但在國家危難之時，他又多次毅然臨危受命，積極參與戰鬥，抵禦外侮，表現出一位儒者高尚的品行和勇者的果敢精神，這在晚清權貴當道、昏暗腐敗的官場顯得十分地特別。彭玉麟的個性何以能如此特立獨行？這既與彭玉麟的學術素養和人格情操有關，也與彭玉麟所生活的湖湘文化氛圍和其思想中積澱的人文精神分不開。多種因素促成了彭玉麟儒將風範的形成，此處僅就王

〔註153〕郭嵩燾，郭嵩燾日記〔M〕//郭嵩燾全集：第 11 冊，長沙：嶽麓書社，2012：236。

〔註154〕俞樾，彭剛直公奏稿序〔M〕//彭玉麟集，長沙：嶽麓書社，2008：534。

船山對他人格和情操產生的重要影響作一詳細的分析和闡述。彭玉麟和王船山同為衡陽人，可謂鄉關情重、桑梓情濃，對王船山的學說和人格彭玉麟更是「親讀其書，私淑其人」〔註155〕，船山精神在他身上得到了深刻的體認和印證，為此彭玉麟積極踐履和弘揚船山學。彭玉麟對船山學術思想的推廣主要集中在兩個方面：

一是強調王船山的堅貞氣節和高尚人格，積極宣傳擴大王船山的影響，為王船山爭取政治上的地位。彭玉麟與王船山是同鄉。他在為王船山立傳時說：「人臣當破國亡家之際，莫不欲矢忠以報君，仗節以自處。屈原放逐，眷眷於懷王，頃襄昏愚之君，至於懷石沉湘，以得死為登仙。夫之於永明王，非有圖議國政之親；永曆之勢，無傾襄全楚之疆，明社先亡，無沅湘江潭之可遊。崎嶇五六十年，褒衣峨冠，蠻壤而居，聞人聲則心悲悼，見訪問則神怵惕。語曰：『誰為為之，孰令聽之！天之窮民，謂之何哉！』」〔註156〕彭玉麟給予王船山一種深切的同情和理解。彭玉麟堅貞的人格自有淵源，往大處說是受湖湘文化的薰陶，往小處講，則王船山的影響不容小覷。王船山生活於明清鼎革之際，親歷亡國之痛。彭玉麟亦生活於「數千年未有之變局」的晚清，面對內憂外患深重的危機，他曾傾全力挽救，在寫給家人的信中，他傾訴了自己盡力國事的愛國情懷，說：「兄以賊寇未下，夙夜兢剔，臨事畏懼謹慎，方寸間不肯些微放鬆，以此身體許國，吾身便為國所有，若有疏虞，何以謝皇恩？小倉詩云：男兒欲報君恩重，死到沙場是善終。讀此增吾士氣百倍。」雖拼盡全力，誓死衛國，但他終無法挽救清王朝走向衰亡的命運。中法戰爭以清政府簽訂妥協的條約而告結束，參與了抗法戰爭的彭玉麟對這種投降行為十分地憤怒，賦詩批評說：「中華大地供蠶食，還策澶淵一役勳」「不許黃龍成痛飲，古今一轍使人哀」。〔註157〕彭、王二人這種為國家境遇憂慮、悲憤和無助的情感極為相似，正是這相似的歷史境遇，使彭玉麟對王船山產生了情感上的共鳴。尤其是王船山平生遭遇之苦，為常人所不堪，卻從未被命運壓垮，在險象環生的環境裏，他從容不迫地求道、傳道，著述立說，堅韌不拔地維護自己的尊嚴，表達出的對聖賢氣象的不懈追求精神，都使得彭玉麟對王船山有一種異代知己的認同感。彭玉麟在上奏朝廷的《改建船山書院

〔註155〕彭玉麟，改建船山書院片〔M〕//彭玉麟集，長沙：嶽麓書社，2008：398。
〔註156〕彭玉麟，王夫之列傳〔M〕//衡陽縣圖志，長沙：嶽麓書社，2010：221。
〔註157〕彭玉麟，感事四律〔M〕//彭玉麟集：第 2 冊，長沙：嶽麓書社，2008：61。

片》中高度讚揚船山學說：「所著書四百餘卷，其論學以漢儒為門戶，以宋五子為堂奧。尤神契張載之說，作《正蒙釋義》，與所著《思問錄》內外篇互相發明。論者謂我朝巨儒輩出，或攻良知捷獲之說，或辨易圖之鑿；或詳考名物、訓詁、音韻，正詩集傳之疏，或修補三禮時享之儀，號為卓絕。而夫之皆已發之於前，與後賢若合符契，不愧命世獨立之君子。」〔註158〕王闓運為彭玉麟所作的墓誌銘也稱其性格特立獨行，「由君子觀之，可謂獨立不懼者也。」可見，彭、王二人，都致力於追求儒家的聖賢氣象和理想人格。

王船山以明遺臣自居，參與過抗清的活動，清廷給予他的思想文化上的地位還是有所保留的，《四庫全書》僅收集了王船山的六種著作，清史館雖將王船山立入了儒林傳，但只有寥寥數語的評價。後郭嵩燾倡議請祀文廟，卻遭到了禮部的議駁，甚至還有湖南本地的官員和士紳隨聲附和禮部的決議，詆毀王船山學行。基於這種情況，彭玉麟認為要弘揚船山學說，首先必須取得朝廷的認可和支持。因此，彭玉麟致力於為王船山正名，並積極恢弘其志，張大其道。他不僅倡議和主持編纂了《衡陽縣志》，為王船山立傳，以存其人，以彰其行；還積極上書朝廷陳述王船山的事蹟，為王船山辯解正名。在彭玉麟編纂《衡陽縣志》之前，已有王敔、潘宗洛、余廷燦、鄧顯鶴及清朝國史館為王船山作過傳，但都不及彭玉麟所作的詳細和全面，他組織編纂的《衡陽縣志》專門列《王夫之列傳》「取材立說，有前人所未及者。」〔註159〕還為王船山兄長王介之、朋友李相國、管嗣裘、管嗣箕兄弟並作《王李二管列傳》，對王船山家世源淵、生平事蹟、志節情操、學問根柢、著述傳播和交友等諸多情況作了詳細記錄，為後人瞭解和研究王船山及船山學留下了寶貴的史料。光緒十一年（1885），彭玉麟為改建船山書院上奏朝廷，在奏摺中他極力為王船山的政治身份辯白正名，稱其學術淵博，品行高潔，雖然自稱明之遺臣，隱匿山林不出仕清朝，但他自殘肢體抵制張獻忠，並拒絕為吳三桂作《勸進表》，這種不恥與農民軍和叛軍為伍的行為完全稱得上是清朝的貞士。彭玉麟希望清廷能夠支持他弘揚船山學說的想法，諭令湖南的官紳積極將船山書院辦好，諭允將船山書院在南城的舊址「改作船山祠宇，祀夫之栗主其中，

〔註158〕彭玉麟，改建船山書院片〔M〕//彭玉麟集：第1冊，長沙：嶽麓書社，2008：398。

〔註159〕楊堅，傳記之部編校後記〔M〕//王夫之，船山全書：第16冊，長沙：嶽麓書社，2011：133。

可否請旨飭有司春秋致祭，俾士民有所觀感而昭激勸之處。」〔註160〕王船山對待張獻忠和吳三桂的態度，另有深刻的歷史原因，並非完全如彭玉麟所言，此處彭玉麟對這兩件事的解釋，完全是為了洗刷王船山早年的抗清行為，為其獲取朝廷的認可爭取機會，其用心良苦。彭玉麟還是一個個性突出和耿直的人，為獲得朝廷對改建船山書院的支持，他明確表示由自己出資買地改建書院，絕不增加政府的財政負擔，「書院延師獎士動用經費，由衡、永、郴、桂士紳捐集；書院則由臣買地改建，也已告成，未支公款」。〔註161〕其考慮之周全和態度之堅決令人欽佩。

二是創建船山書院，通過書院教育培養人才，促進船山學的傳承與發展，進一步提升王船山的影響力。書院是中國古代獨具特色的文化教育機構，自唐中葉書院產生開始，它作為古代社會傳播文化的教育機構在中國存在了上千年之久。「明清以後，書院作為人才培養機構的作用更加突出。由於官學的機構特質以及經費不足等方面的限制，官學無法承擔起培養人才的重任。在這種情勢下，各級地方官吏、鄉紳和士人將人才培養的希望寄託在書院之上，……因此我們認為書院是為傳統中國培養研究儒學和從政專門人才的大學。〔註162〕」同時書院將道德教育滲透到教育教學活動的每一環節，以儒家的忠、孝、義、悌等道德規範作為學生的行為準則，為古代學子們實現修齊治平的理想創造了一個平臺，可以說書院將古代儒者的精神追求、社會政治理想和日用人倫規範都有機地結合在了一起。鑒於書院有這樣強大的社會教化功能，如果能夠創辦一所以王船山名字命名的書院，這將是光大和弘揚船山學術思想的最好和最有效的途徑，同時書院教育還能培養和選拔出不少德才兼備的士子為國效力，這對於日漸走向衰敗的清廷來說未嘗不是好事，而且書院創建後，對地方教育和地域文化的發展也是功在當代、利在千秋的事情。

清光緒八年（1882），在彭玉麟和湖南提學使朱迥然的倡議之下，湖湘部分官紳捐資助學，在衡陽創辦了「船山書院」，書院內祭祀船山神位，旨在學

〔註160〕彭玉麟，改建船山書院片〔M〕//彭玉麟集：第 1 冊，長沙：嶽麓書社，2008：399。

〔註161〕彭玉麟，改建船山書院片〔M〕//彭玉麟集：第 1 冊，長沙：嶽麓書社，2008：399。

〔註162〕李兵，書院教育與科舉關係研究〔M〕，臺北：臺灣大學出版社中心，2005：5。

習、研究和傳播船山思想，這是中國最早以王船山名字命名的學校。清光緒
十年（1884），書院聘請李楊華為首任山長，正式招收生徒，並仿照廣東學海
堂制訂書院章程。《船山書院永定章程》明確規定：在書院前進大廳正中祀王
船山栗主，懸掛王船山巨幅畫像，每年初一、十五由山長率領師生在像前祭
祀。將船山學研究和宣傳放在首位，用船山著作作為教材，聘請名師主講。
書院以「講明夫之之學」為宗旨，不重科舉之學，不課八股，授經史詩賦，以
實學造士。〔註163〕書院積極貫徹王船山經世致用的治學目的，倡議博學篤行
的教育宗旨，提出以公天下之心，扶進人才，體現出價值關懷與知識追求統
一的精神。書院創立時，曾國荃「將家藏所刻《船山遺書》322卷板片捐置書
院，又捐助膏獎銀兩，嘉惠來學。」〔註164〕傾力支持船山書院的創建和船山
學的傳播。清光緒十一年（1885），年彭玉麟認為船山書院處於鬧市，不適合
讀書，於是捐銀一萬餘兩，將書院改建於湘江中的東洲島上。船山書院改建
峻工之後，彭玉麟為此事專門上奏朝廷坦言創立書院的良苦用心。「臣與夫之
生同里閈，親讀其書，私淑其人，敢不勉竭綿薄，力任重建書院之舉」「期講
明夫之之學」「當此海氛不靖，異數厖雜，補救之術，惟在扶植人才，出膺艱
巨。而人才之賢否，端賴學校之陶成。臣以諸生，遭際聖明，忝竊逾分，無濟
時艱。所望二三豪傑，景仰鄉賢，乘時奮勉，養其正氣，儲為通才，是臣區區
之私心所竊願者。」〔註165〕

在彭玉麟的資助和關注下船山書院獲得了很好的辦學條件，聘請了一批
「學問名望素優」的學者來執教，其中就包括當時湖南有名的學者王闓運。
王闓運長期從事教育，先後執教過成都尊經書院、長沙思賢講舍、南昌江西
大學堂，是晚清有名的教育家。在他擔任船山書院山長期間，不僅完善了書
院的教學制度，而且書院的影響力得到了很大的擴展，一時間船山書院出現
了「海內執經問學者踵相接」「諸生從學者眾，齋舍不能容，復於前軒別開學
舍。」〔註166〕一時有「學在船山」之美譽。書院培養了大量有真才實學的人
才，其中佼佼者有楊度、梁鎮中、劉揆一、馬宗霍和蔣瀟青等。另外書院除了

〔註163〕王闓運，湘綺樓詩文集〔M〕，長沙：嶽麓書社，1992：459。

〔註164〕彭玉麟，改建船山書院片〔M〕//彭玉麟集：第1冊，長沙：嶽麓書社，2008：
398。

〔註165〕彭玉麟，改建船山書院片〔M〕//彭玉麟集：第1冊，長沙嶽麓書社，2008：
399。

〔註166〕王闓運，湘綺樓日記：第4卷〔M〕，長沙：嶽麓書社，1997：2562。

從事教育教學，還積極收集和刊刻船山著述和其他湘籍學者的作品，經過數十年的經營，船山書院成為了晚清時期湖南著名的教育和學術研究機構，這對於船山學的研究和傳播，對於近代湖湘文化的發展都起到了不可估量的作用。船山學和船山精神日漸融入書院師生的日常生活和行為中，成為了根植於船山書院和湖湘文化中的文化精粹，激勵著湖湘士子為匡世濟民、興國安邦的偉大理想而奮鬥，而這也正是彭玉麟所期望的。

　　中國文人常借物詠志，王船山以頑石自喻，「船山，山之岑有石如船，頑石也，可以之名。老且死，而船山者仍還其頑石。」〔註167〕王船山這種「頑石」性格、「狂士」氣質，即是他耿介不阿的遺民情懷的凸顯，也是湖湘之地楚風蠻習的體現。彭玉麟也「平生最薄封侯願，願與梅花過一生」〔註168〕，他借梅花喻其孤傲、清幽的不俗品性。彭玉麟還視名利富貴如浮雲，他始終羨慕的是「等身著作富公卿，博得文章壽世名」〔註169〕，他將鎮壓太平天國運動看著是維護儒學的道德使命，投筆從戎，一旦使命完成他便「辭卻腰間金印綬，歸來我是舊書生」〔註170〕。雖相隔兩個多世紀，但二人都頑強不屈、「任性孤行」形成了一種精神氣質同構現象，令人稱歎。

〔註167〕王夫之，薑齋文集〔M〕//船山全書：第 15 冊，長沙：嶽麓書社，2011：128～129。

〔註168〕彭玉麟，詩集補遺〔M〕//彭玉麟集：第 2 冊，長沙：嶽麓書社，2008：133。

〔註169〕彭玉麟，彭玉麟集：第 2 冊〔M〕，長沙：嶽麓書社，2008：72。

〔註170〕彭玉麟，彭玉麟集：第 2 冊〔M〕，長沙：嶽麓書社，2008：31。

第4章 維新思潮興起和對船山學變革思想的弘揚

　　19世紀晚期，資產階級維新思潮興起之後，康有為、梁啟超、譚嗣同等維新志士從船山學中解讀出船山著述之中蘊含有「廢專制」「興民權」「破綱常」「行平等」和「反清革命」等「新」思想，船山學成為了維新派宣傳變法維新和改良社會的理論工具。其中梁啟超算得上是真正用近代科學方法全面研究船山學的第一人，從他研究船山學的歷程，可以折射出梁氏從一個傳統士大夫向近代知識分子轉變的心路歷程。就在王船山學術思想開始向近代發展轉型之時，清廷突然放寬了對王船山等明末清初思想家的禁錮和芥蒂，清光緒三十四年（1908），王船山和顧炎武、黃宗羲一起被獲准從祀孔廟，成為位列孔廟兩廡配享的賢儒。從祀本身對船山學發展沒有太大的直接推動作用，然而圍繞從祀問題，各政治團體和學術派別展開了激烈的爭論，反映出了清末社會力量的變化和社會思潮的變遷，故而這也屬本文討論的範疇。

4.1　維新變法思潮興起

　　維新思潮的倡導者和鼓動者有康有為、梁啟超、嚴復、譚嗣同、黃遵憲、楊度等。尤其是康有為把西方資本主義的政治學說同傳統的儒家思想相結合，宣傳維新變法的道理，在社會上引起極大轟動。他與其弟子梁啟超、譚嗣同、歐榘甲、徐勤等成為了資產階級維新派的中堅力量，他們和其他維新志士一起通過創辦報刊、組織學社、建立新式學堂、發表演說、上書政府等方式，大

力宣傳維新變法思想，在中國掀起了一場轟轟烈烈的開啟民智的思想解放運動。「這場改良運動是由一群在19世紀90年代思想趨於成熟的年輕中國人發動的。他們完全根植於中國文化傳統，並深深地為傳統思想中的一些重要問題所困擾。再者，他們中的一些人與西學有著廣泛地接觸，這在以前幾乎是不可能的。通過他們的努力，西學與傳統文化之間建立起具有重大意義的文化交流。這種文化交流產生了一系列激烈的爭論，最終將一大批士紳捲入其中。因此，19世紀90年代的改良運動是一場真正地思想運動」〔註1〕，「維新派通過向西方資本主義國家尋找真理，傳播了資產階級的自然科學和文化，形成了嶄新的資產階級啟蒙思潮，形成了「新學」對「舊學」、「西學」對「中學」、「學校」對「科舉」的尖銳鬥爭。……在鬥爭中形成了近代史上一次偉大的思想解放運動，……對我國整個民族的覺醒，具有不可低估的進步作用」〔註2〕。梁啟超曾急切地呼籲用西方的民主學說來矯正中國人的奴性，幫助國人擺脫奴性的精神夢魘，覺醒起來。梁氏說：「中國數千年之腐敗，其禍極於今日，推其大原，皆必自奴隸性而來，不除此性，中國萬不能立於世界萬國之間。而自由云者，正使人自知其本性，而不受鉗制於他人。今日非施此藥，萬不能愈此病。」〔註3〕梁啟超認為數千年的中國政治制度和思想文化都鼓勵一種忍耐、守靜乃至逆來順受的人生哲學，這種哲學觀念培養了國人屈從、懦弱的奴性，使得國人缺乏進取意識和勇者之氣，故而在近代遭受西方侵略時只會步步退縮，毫無抗爭到底的鬥志。因此必須以西方的自由、民主思想來作為精神良藥刺激和拯救麻木不仁的國民。

近代以來西方文化逐漸滲透進中國社會，致使晚清中國發生了數千年未有之變化，但從總體上看中國仍是一個以自然經濟為主體的半殖民半傳統的農業國家，儒學仍然是社會的主流思想，而普通百姓處理人倫道德的圭臬也依舊離不開程朱理學的道德範疇。以慈禧為首的保守派牢牢地把持著國家政權，他們對學習西方和變法，持懷疑和反對的態度，嚴格恪守傳統文化和禮儀，堅持「神道」和「聖道」神聖不可侵犯。基於這種治國思路，可以說直至甲午戰爭以前，西方文明對中國的衝擊仍然是局部的和表面的，除了少數學

〔註1〕張灝，梁啟超與中國思想的過渡〔M〕，北京：新星出版社，2006：4。
〔註2〕蕭萐父、李錦全，中國哲學史：下卷〔M〕，北京：人民出版社，1983：328。
〔註3〕丁文江，梁任公先生年譜長編初稿：第1冊〔M〕，北京：中華書局 2010：125。

者、官員和一些在通商口岸生活的士紳之外，絕大多數學者與官吏討論和關心的問題仍然是以儒家學說為主旨的傳統問題。如當時著名的學者蘇輿、葉德輝、王先謙、朱次琦、陳澧、朱一新和王闓運等，在他們的著作和學說中很少顯現出受西方文化影響的痕跡，他們還激烈地抨擊西學、反對變法。例如蘇輿就編輯了《翼教叢編》來抨擊維新變法和新政，該書收集了朱一新、洪良品、安維峻、文悌、孫家鼐、陳寶箴、張之洞、王仁俊、屠守仁、葉德輝、梁鼎芬、王先謙等十多人的文章，主題就是反對變法維新，竭力要求維護傳統綱常名教思想，以鞏固帝制統治，其中影響較大的有張之洞的《勸學篇》，安維峻的《請毀〈新學偽經考〉摺》，葉德輝的《〈長興學記〉駁義》和朱一新的《答康有為書》等。圍繞著是否學習和借鑒西方政治制度、思想文化來改良中國社會這個問題，資產階級維新派與傳統頑固派之間還展開了一場激烈的論戰。

　　在駁斥頑固派守舊思想，爭取統治階級上層支持的過程中，維新派也逐漸認識到植根於傳統文化尤其是儒學上的民族文化對國人的影響力是很強的，要尋求到更多的力量支持維新改良運動，還必須借助於傳統資源。維新派雖然屬於資產階級政治派別，但成員幾乎都來自於舊的文化陣營，與傳統有著千絲萬縷的聯繫。為減少改革的壓力，也為了便於維新思想的廣泛傳播和易於被更多國人所接受，擁有深厚舊學底子的維新派，自然把目光盯在了傳統文化上。秉持「禮失求諸野」的方針，他們將需要引進的西方和傳統文化簡單地雜糅在一起，孔子也被演繹成了倡導改革的「聖王」或「素王」，而資產階級提倡的人人平等思想也可以在孟子的經義中找到答案。如康有為在闡述其救世仁愛之說時就援引了中國古代的聖王先賢來予以佐證，說：「自黃帝、堯、舜開物成務，以厚生民，周公、孔子垂學立教，以迪來士，皆以為仁也。旁及異教，佛氏之普度，皆為仁也。故天下未有去仁而能為人者也。」〔註4〕還說：「堯舜與人人平等相同，此乃孟子明人人當自立，人人皆平等，乃太平大同世之極。」〔註5〕康有為以仁愛為其大同理想實現之旗幟，再將西方的民主思想、平等觀念融入其中，企圖創建一個美好的人類未來社會、大同世界。從康有為擬訂的萬木草堂教學大綱——《長興學記》的內容看，「它

〔註4〕康有為，長興學記〔M〕//康有為全集：第1冊，上海：上海古籍出版社，1990：548。

〔註5〕康有為，子微·禮運注·中庸注〔M〕，北京：中華書局，1987：15。

的立意仍然是儒家的，儘管它建立在康對儒家新的闡釋的基礎上。」另外，「在康看來，儒家思想不僅以修身理想為取向，而且以經世致用的理想為取向，經世理想主要在他所稱的『真正漢學』——儒家的今文經學派中得到清楚有力的表達。」〔註6〕不過康有為在借鑒傳統的時候，又適時地進行了改造，他不僅揭示今文經學的主要理想是經世致用，還力證儒家思想不單單是維護傳統教義和制度，實際上儒學還對制度改良和社會變革持肯定態度。康有為對儒學的改造和對其他文明所持的開放式態度極大地影響了他的學生和追隨者，同時也對思想界產生了深遠的影響。可以說在傳統社會向近代轉換的過程中，維新派扮演了十分重要的角色，他們既是舊的陣營的顛覆者，也是新的世界的開拓者。

維新派在對傳統文化進行重新的解讀和詮釋時，明末清初的一些大儒如顧炎武、黃宗羲、王船山等的著述都為維新派競相閱讀和借鑒。梁啟超在談到《明夷待訪錄》對自己的影響時說：「我們當學生時代，實為刺激青年最有力之興奮劑，我自己的政治活動，可以說受這部書影響最早而最深。」〔註7〕還說：「此書乾隆間入禁書類，光緒間我們一班朋友曾私印許多送人，作為宣傳民主主義的工具。」〔註8〕明末清初思想家們的著述和思想成為了清末維新思潮的酵母和重要的理論來源，維新派認為明末清初思想家的特點就是「以復古為解放」，他們試圖恢復明末思想家所倡導的經世致用思想和民本思想，以提高人的能動性、創造性，啟發民眾的主體意識，期望掀起一場類似西歐的思想啟蒙運動，以達到拯救中國的目的。於是「一些先進的中國人不僅熱烈的向西方追求真理，同時也力圖從中國古代思想武庫中尋找對他們有用的東西。而生當明末清初又與清朝勢不兩立的王船山，自然成了他們的大力推崇的對象。他們把船山思想當作改良或革命的理論武器，賦之以活潑潑的生命力。」〔註9〕在王船山的著述中確實有很多肯定社會進化和鼓勵社會變革的見解，如「天地之化日新」「守其故物而不能日新」。王船山還從歷史進化的角度強調人類社會整體上是發展變化的，說：「蓋天之大命，有千百年之大

〔註6〕張灝，梁啟超與中國思想的過渡〔M〕，北京：新星出版社，2006：30。

〔註7〕梁啟超，中國近三百年學術史專集之七十五〔M〕//飲冰室合集：第10冊，北京：中華書局，1989：46。

〔註8〕梁啟超，中國近三百年學術史專集之七十五〔M〕//飲冰室合集：第10冊，北京：中華書局，1989：47。

〔註9〕王興國，王船山與近代中國〔J〕，船山學報，1989（1）。

化，有數十年之時化，有一時之偶化，有六合之大化，有中土之時化，有一人一事之偶化。」〔註10〕還提出：「以古之制，治古之天下，而未可概之今日者，君子不以立事；以今之宜，治今之天下，而非可必之後日者，君子不以垂法。」〔註11〕這些觀點和主張無疑為維新派倡導的改良運動提供了理論依據和思想養料。清光緒二十四年（1898）梁啟超撰《讀春秋界說》，直接聲明王船山等大儒倡導過變法、改制，以此來證明當時維新思潮和變法主張並不是新鮮事物，古已有之，他們只不過是接續先儒的精神而已。梁啟超說：「孔子改制本無可疑。……黃梨洲有《明夷待訪錄》，黃氏之改制也。王船山有《黃書》、《噩夢》，王氏之改制也。馮林一有《校邠廬抗議》，馮氏之改制也。凡士大夫之讀書有心得者，每覺當時之制度，有未善處，而思有一變通之，此最尋常事。孔子之作《春秋》，小猶是耳。」〔註12〕傳統文化中的民本思想，遂成為了維新派宣傳變法和改良社會的理論工具。譚嗣同也說：「唐虞以後無可觀之政，三代以下無可讀之書，更以論國初三大儒，惟船山先生純是興民權之微旨，次則黃梨洲《明夷待訪錄》，亦具有此義。」〔註13〕作為維新思潮的領軍人物康有為自然也注意到了船山思想中的創新、變革精神，他指出：「王船山已發明舊制、舊俗之大義」。〔註14〕在《孟子詩亡然後春秋作解》中康有為引用了王船山「隱公之三年，平王崩，桓王立，《春秋》於是託始」之語，來論證「改制作而救衰世，不可以已矣。」〔註15〕後又在《萬木草堂講義》中說「王君作《通鑑論》，尚發出春秋不如後世之說」〔註16〕，證明社會是向前進步的，當代必然勝過古代，革故鼎新是社會發展的必要條件。「理學之壞悍已衰歇，漢學亦漸成強弩之末，一般學者所看重的，是《讀通鑑論》《宋論》之類有關經世之作。爾後反滿革命之說興，可與現代民族主義接軌的《黃書》《噩夢》等書，於是廣受青睞。」〔註17〕在這場由維新人士倡導的變革運動中，改良者們從王船山身上主要汲取了革新、民本的精神力量，解讀出船山

〔註10〕王夫之，周易內傳〔M〕//船山全書：第 1 冊，長沙：嶽麓書社，2011：237。
〔註11〕王夫之，讀通鑑論〔M〕//船山全書：第 10 冊，長沙：嶽麓書社，2011：1180。
〔註12〕梁啟超，讀春秋界說文集之三//飲冰室合集：第 1 冊〔M〕，北京：中華書局，1989：15。
〔註13〕譚嗣同，上歐陽中鵠〔M〕//譚嗣同全集，北京：中華書局，1998：464。
〔註14〕康有為，康有為全集：第 2 冊〔M〕，上海：上海古籍出版社，1990：253。
〔註15〕康有為，康有為全集：第 1 冊〔M〕，上海：上海古籍出版社，1990：532。
〔註16〕康有為，康有為全集：第 2 冊〔M〕，上海：上海古籍出版社，1990：559。
〔註17〕嚴壽澂，〈思問錄〉與船山思想〔J〕，百年，1999（5）。

學術思想中蘊含有所謂「廢專制」「興民權」「破綱常」「行平等」的思想，維
新思想家們結合晚清時局和近代社會的發展，將船山學術思想與西方理論與
思想相比附，予以新的學術詮釋正式開啟了船山學的近現代研究進程，其中
以譚嗣同、梁啟超對船山學的研究最有特色。

4.2 譚嗣同人格精神和學術思想與船山學的淵源

譚嗣同（1865～1898），字復生，號壯飛、東海賽冥氏、廖天一閣主，湖
南瀏陽人，近代著名的政治家、思想家，與楊銳、劉光第、林旭、楊深秀和康
廣仁並稱為「戊戌六君子」。代表作有《遠遺堂集外文》《莽蒼蒼齋詩》《廖天
一閣文》《仁學》。譚嗣同一生遊歷廣泛，交往師友眾多，思想接觸面大，學術
思想方面主張兼收並蓄。他對傳統文化的激烈批判和對外來文化的大膽吸收，
展現出了傳統學術向近代轉型的特點。

晚清思想格局是一個新舊中西混雜的局面，譚嗣同這一代知識分子在接
觸西學時，大多數人已經成年或接近成年，舊式教育的影響，也已在他們的
人格和思想上留下下了深深的烙印。對於知識分子的情緒而言，傳統思想即
便是在晚清紛紜複雜的環境下，仍然有其文化認同的一面。「近代中國知識分
子，基於西方衝擊所造成的心理創傷，在情感上常常需要借著肯定傳統而得
到彌補。」〔註18〕這從一方面反映了知識分子與國家關係的密切認同是中國
社會結構的一個明顯特徵，中國知識分子與國家的關係、知識分子在社會中
的地位問題深深扎根於中國的文化傳統中。史華慈在《尋求富強：嚴復與西
方》中有一段文字雖是描述嚴復的，但也同樣適合於同一時期的其他傳統知
識分子。「（嚴復）他的個性文化上的傳統印記是不可磨滅的。不管他對傳統
文化這方面或那方面的看法如何，他卻不是局外旁觀者。事實上，不管他對
一般政治、社會問題的看法偏離傳統有多遠，從個人生活上看，他仍然是一
個傳統的士大夫，社會傳統觀念的轉變並沒有深入他的骨髓。」〔註19〕

譚嗣同亦是如此，譚氏出身官宦之家，自幼接受的是嚴格的傳統教育，
因而傳統文化的知識結構在其思想中佔據有十分重要的地位，即便是以後他

〔註18〕張灝，烈士精神與批判意識——譚嗣同思想的分析〔M〕，北京：新星出版社，
　　　　2006：226。
〔註19〕史華慈，尋求富強：嚴復與西方〔M〕，南京：江蘇人民出版社，1996：2。

對正統儒學提出挑戰和抨擊，也主要是「怒其不爭，哀其不幸」，希望能夠力矯傳統文化的弊端，為強國尋找理論支撐，而非純粹的西化派或崇洋派。他在《仁學‧界說》中說：「凡為仁學者，於佛書當通《華嚴》及心宗、相宗之書；於西書當通《新約》及算學、格致、社會學之書；於中國書當通《易》《春秋公羊傳》《論語》《禮記》《孟子》《莊子》《墨子》《史記》，及陶淵明、周茂叔、張橫渠、陸子靜、王陽明、王船山、黃梨洲之書。」〔註20〕可以發現譚嗣同的學術資源是一個十分廣泛的綜合體系，他吸收了來自於中學、西學和佛教等各方面的思想養料，但中國傳統思想仍是其創作的主要學術資源。因此可以說譚嗣同對清末中國社會現狀的憂慮和思索還是帶有濃厚的傳統文化印記，從整體上來講，譚嗣同的知識結構、思想觀念與傳統學術體系即所謂「舊學」有十分密切的關係，他的經歷和學術思想明顯地體現了傳統知識分子從傳統向近代轉變的痕跡。

晚清知識分子思想上的變化，不僅僅是對西學衝擊的回應，實際上也是傳統文化適應近代社會發展的一個轉變。「晚清儒家思想最大的轉變，毫無疑問是致用精神之復蘇。這種思想的轉變，始於乾嘉末年，遠在鴉片戰爭以前，故其開始與西方的衝擊並無關係。它的興起主要還是由於乾嘉漢學在儒家傳統造成的思想反激。」〔註21〕但毋庸置疑的是鴉片戰爭以後，尤其是甲午戰敗，對中國社會尤其是知識分子造成了沉重打擊，這種由政治危機和文化危機帶來的挫折感和屈辱感極大地刺激了中國近代知識分子的民族主義情緒和愛國熱忱，促使他們積極思考和探索改變現狀的辦法。譚嗣同學術思想和政治觀念的形成和轉變都與湖湘文化淵源頗深。他根據社會背景和歷史環境的變化重新解讀和詮釋了船山思想，為其面臨的時代困惑和焦慮尋求解答的方案。眾所周知王船山的學術思想在近代湘學學統中佔據著舉足輕重的地位，近代湘人在學術思想上鮮有不受船山學影響的，與譚嗣同關係密切，並對其人生和學問產生重大影響的幾位老師如歐陽中鵠、劉人熙、涂啟先等均是船山學的推崇者和實踐者。歐陽中鵠自號「瓣姜」，王船山號「薑齋」，就是取「瓣香薑齋」之意。劉人熙更是認為船山之學「闡鄒魯之宏旨，暢濂洛之精義」「楚人稱之曰：『周子以後一人而已。』」天下學士宗之曰：『孟子以後一人

〔註20〕譚嗣同，仁學界說〔M〕//譚嗣同全集，北京：中華書局，1998：293。
〔註21〕張灝，烈士精神與批判意識——譚嗣同思想的分析〔M〕，北京：新星出版社，2006：228。

而已。』」〔註22〕在老師們的引導下，譚嗣同很早就立志「為天地立心，為生民立命，以續衡陽王子之緒脈，使孔、孟、程、朱之傳不墜於地」。〔註23〕與老師們將王船山視為理學家不同，譚嗣同對王船山學術思想的解讀不再停留在傳統文化的視角，而是結合晚清紛紜複雜的社會現狀，賦予了王船山新的時代意義。他認為船山學不僅僅是中國傳統文化的精萃，其學術思想更應該成為近代改變國運、復興民族與激發志士仁人的理論武器，要想獲得中華民族的新生，須憑「南嶽一聲雷」，才可真正喚醒沉睡的國人。這種建立在對王船山及其船山學的高度認識和信仰上，譚嗣同對船山學術思想進行了深入的研究，開啟了近代船山學的研究新範疇。王船山對譚嗣同的影響具體來看主要集中在如下幾個方面：

首先王船山對譚嗣同高尚人格的形成產生了深遠的影響。從王船山一生不平凡的經歷來看，他是一個敢於犧牲、充滿了勁悍之血性的偉岸大丈夫。他全面繼承了孔孟殺身成仁、捨生取義的觀念，並將其進一步發揚。他認為生命的可貴之處就在於它承載了道義，生命如果不體現道德原則，就沒有了意義和價值，在生與義不能兩全的時候，應當捨生取義。他說：「生以載義，生可貴，義以立生，生可舍。」〔註24〕還說：「義不當死，則慎以全身；義不當生，則決於致命，直也。氣常伸而理不可屈，天所命人之正者此也。」〔註25〕還說：「履信思順者，雖險而不傾，取義蹈仁者，雖死而不辱。」〔註26〕王船山強調的「義」，不是「一人之正義」，也不是「一時之大義」，而是「古今之通義」，是天下之公義，是為傳承和接續華夏民族而具有的擔當精神和獻身精神。他把「義」看成。是人生中比生命還要可貴的東西，為了實現「義」，即便是犧牲自己的生命也在所不惜。這種為了追求道義、理想而不顧一切的想法，看似有些極端，但也反映出王船山人格中所具有的血性和豪傑氣質。王船山一生中都積極堅守愛國情懷和民族氣節，這種矢志不移的精神為後學者樹立了標杆。他是古代為數不多的提倡豪傑精神的儒者，說：「有豪傑而不

〔註22〕劉人熙，重刻〈四書訓義〉序〔M〕//劉人熙集，長沙：湖南人民出版社，2009：312～313。

〔註23〕譚嗣同，上歐陽中鵠〔M〕//譚嗣同全集，北京：中華書局，1998：164。

〔註24〕王夫之，尚書引義〔M〕//船山全書：第2冊，長沙：嶽麓書社，2011：363。

〔註25〕王夫之，張子正蒙注〔M〕//船山全書：第12冊，長沙：嶽麓書社，2011：139。

〔註26〕王夫之，尚書引義〔M〕//船山全書：第2冊，長沙：嶽麓書社，2011：436。

聖賢者矣，未有聖賢而不豪傑者也。」〔註27〕熱烈地謳歌了豪傑之士「義有尤重，情有尤摯」捨生忘死、置流俗之毀譽於不顧的精神，痛斥道學家之所謂「清議」為「流俗之論」，為「齷齪不足道」。讚揚豪傑之士「介乎時之所不可僻，義有尤重，則情有尤摯，捐軀命，忘宗族，以趨其千金俄頃之幾，而名之榮辱、世之褒譏舉非其所恤，即所謂非常之人矣。事異時移，功不薪成，而或操清議以糾其後，此流俗之論所為齷齪而不足道也。」〔註28〕王船山不屈不撓、敢想敢做的豪傑精神和勁悍之血性人格既是湖湘地域風氣的使然，又是他個人品德的結晶，近代受此精神影響和鼓舞的志士很多。「至於直接船山之精神者，尤莫如譚嗣同。無所依傍，浩然獨往，不知宇宙之圻埒，何論世法！其愛同胞而甚仇虐，時時迸發於腦筋而不能自已。是何也？曰：獨立之根性使然也。」〔註29〕與許多維新人士提倡溫和改良主張不同，譚嗣同的見解和行動都十分激進犀利，他大膽地挑戰各種權威和流俗，彰顯出卓厲敢死、剛勁篤實的血性，這方面明顯是受到王船山的影響，他說：「王船山先生曰：聖人之所養，死後可化為百十賢人，賢人可化為百十庸眾，故善吾生者，乃所以善吾死也，亦尊詩『薪火猶傳死後功』也。」〔註30〕戊戌政變發生後，日本使館表示可以為他提供「保護」，他毅然回絕，置自己的生死於度外，擔憂的只是國家和民族的前途，他回覆說：「各國變法無不從流血而成，今日中國未聞有因變法而流血者，此國之所以不昌也。有之，請自嗣同始。」〔註31〕他堅信：「不有行者，誰圖將來？不有死者，誰鼓士氣？」〔註32〕在獄中他賦詩說：「望門投止思張儉，忍死須臾待杜根。我自橫刀向天笑，去留肝膽兩崑崙。」〔註33〕張儉和杜根都是東漢的名士，譚嗣同欽佩他們主張正義、不畏強暴的高尚品質，以他們自喻，表達了自己視死如歸的決心和勇氣。譚嗣同

〔註27〕王夫之，俟解〔M〕//船山全書：第12冊，長沙：嶽麓書社，2011：479。

〔註28〕王夫之，續春秋左氏傳博議〔M〕//船山全書：第 5 冊，長沙：嶽麓書社，2011：607。

〔註29〕楊毓麟，新湖南〔M〕//湖南歷史資料：第 3 期，長沙：湖南人民出版社出版，1959：68。

〔註30〕譚嗣同，上歐陽中鵠〔M〕//譚嗣同全集，北京：中華書局，1998：462。

〔註31〕湖南省地方志編纂委員會，湖南省志：上冊第三十卷人物志〔M〕，長沙：湖南出版社，1992：588。

〔註32〕唐才質，湖南時務學堂略志〔M〕//中國近代教育史教學參考資料，北京：人民教育出版社，1986：403。

〔註33〕楊廷福，譚嗣同年譜〔M〕，北京：人民出版社，1957：118。

以「我以我血薦軒轅」的豪傑氣概展現了勁悍血性的一面。這種願以頸血刷污政，慷慨赴死的精神為後人樹立了一座不朽的豐碑，令人生無限強烈的崇敬心和悲壯感。

其次，船山學對譚嗣同創作《仁學》也有很大的借鑒意義。《仁學》是譚嗣同的代表作，表達了他急於拯救民族的迫切心理和對未來世界的暢想。梁啟超認為《仁學》還是對康有為維新思想的深入闡述和弘揚，是救亡圖存的重要思想武器，他評價此書說：「《仁學》何為而作也？將以光大南海之宗旨，會通世界聖哲之心法，以救全世界之眾生也。南海之教學者曰：『以求仁為宗旨，以大同為條理，以救中國為下手，以殺身破家為究竟。』《仁學》者，即發揮此語之書也。而烈士者，即實行此語之人也。」〔註34〕「仁是儒學中居主導地位的道德理想，仁還具有強烈的宇宙論的涵義。除含有由自然的親情產生的同情和愛的道德情感外，仁還表示一種宇宙法則，或一種力。這種力不僅具有生成的能力，而且還能把整個宇宙結合為一個有機整體。正是以新儒家這一仁的觀點為基礎，譚寫出了他的著作。」〔註35〕譚嗣同在建構道德思想的一元論和力本論時，受張載和王船山的影響很深。熊十力也明確地提到了這一點，說：「復生，船山學也。復生精研船山，其精神偉大，實由所感受於船山者甚深。……考諸船山，生與有及動等，四大基本觀念。上承大易，中為宋、明諸大儒思想之總結，下與現代思想融通，雖本原有未透，而大義已矣。」〔註36〕下面具體來看，王船山學術思想對譚嗣同仁學思想體系產生的影響：

一是繼承和發展了王船山的物質不滅觀點、進化論和「日新」思想等，積極為革故鼎新的維新改良運動作理論上的準備。王船山強調「太和絪縕之氣，為萬物所資始。」〔註37〕即氣是宇宙萬物的本體，整個宇宙除了氣，更無他物。他還指出氣「有變易而無生滅，有幽明而無有無。」〔註38〕所謂虛實、有無等，都只有氣的往來、聚散、屈伸的運動形態，而氣是不可能消失

〔註34〕梁啟超，仁學序〔M〕//譚嗣同全集，北京：中華書局，1998：373。

〔註35〕張灝，梁啟超與中國思想的過渡（1897～1907）〔M〕，北京：新星出版社，2006：45。

〔註36〕熊十力，讀經示要〔M〕//熊十力全集：第三卷，武漢：湖北教育出版社，2001：855～856。

〔註37〕王夫之，張子正蒙注〔M〕//船山全書：第12冊，長沙：嶽麓書社，2011：50。

〔註38〕王夫之，周易內傳〔M〕//船山全書：第1冊，長沙：嶽麓書社，2011：567。

的，王船山認為氣具有唯一性和不生不滅性。他進一步解釋說：「車薪之火，一烈已盡，而為焰、為煙、為燼，木者仍歸木，水者仍歸水，土者仍歸土，特希微而人不見爾。一甑之炊，濕熱之氣，蓬蓬勃勃，必有所歸；若庵蓋嚴密，則鬱而不散。汞見火則飛，不知何往，而究歸於地，有形者且然，況且絪縕不可象者乎」〔註39〕王船山以車薪之火、一甑之炊、汞見火則飛等事例，說明了物質不滅原理，物質通過這些運動只是實現物質不同形式之間的相互轉化、客觀世界的物質並沒有數量上的增加和減少。另外王船山在肯定世界本原是一種物質實體「氣」的基礎上，還指出運動是物質固有的屬性，即物質的原始狀態（「太虛」）其本性就是運動，物質由一種運動狀態向另一種運動狀態不斷地轉化，永不止息和停滯。他指出：「虛空即氣，氣則動也。」〔註40〕又說：「太虛者，本動者也，動以入動，不息不滯」〔註41〕。譚嗣同對這些觀點加以發展，他採用西方物理學上的「以太」概念來代替傳統文化中用「氣」表述宇宙本原的哲學表達方式，提出了「以太」說，認為「以太」化生萬事萬物，且像氣一樣充斥宇宙不生不滅。

　　從傳統文化和近代自然科學知識兩方面出發，列舉水、燭、風、雨等物質不滅的事實，詳細地論證了世界是真實存在和發展變化的。「譬於陶埴，失手而碎之，其為器也毀矣。然陶埴，土所為也。其為陶埴也，在陶埴曰成，在土則毀；及其碎也，還歸乎土，在陶埴曰毀，在土又以成。但有迴環，都無成毀。……王船山之說《易》，謂『一卦有十二爻，半隱半見。』故大易不言有無，隱見而已。」〔註42〕用黏土製成的磚瓦，在土為毀，在陶埴卻是成，一旦磚瓦碎了，又歸為了土，可見物質只是形式的轉化，而不會被消滅。正所謂「《易》以稱天地之量，而不能為之增減。」〔註43〕這與王船山將周易六十四卦理解為乾坤兩卦自身的展開，包含了世界是由自身矛盾而運動演變的必然性思想是一樣的。譚嗣同結合近代科學觀念進行了重新解釋，指出「衡陽王子（易卦六爻）十二位之說」，提出天、地、人「無日不在陰陽交感之中，

〔註39〕王夫之，張子正蒙注〔M〕//船山全書：第 12 冊，長沙：嶽麓書社，2011：22～23。

〔註40〕王夫之，張子正蒙注〔M〕//船山全書：第 12 冊，長沙：嶽麓書社，2011：50。

〔註41〕王夫之，周易外傳〔M〕//船山全書：第 1 冊，長沙：嶽麓書社，2011：1044。

〔註42〕譚嗣同，仁學〔M〕//譚嗣同全集，北京：中華書局，1998：308。

〔註43〕王夫之，周易外傳〔M〕//船山全書：第 1 冊，長沙：嶽麓書社，2011：1055。

是以能化生」。他強調以太自身的運動是世界萬物產生的源泉,「以太烏乎本?曰:以太之動機而已矣。」還用「陰陽兩電」解釋以太內部的運動變化,他說:「獨不見夫雷乎?虛空洞杳,都無一物,忽有雲雨相值,則合兩電。兩則有正有負,正負則有異有同,異則相攻,同則相取,而奔崩轟訇發焉。……斯可謂仁之端也已!王船山邃於《易》,於有雷之卦,說必加精,明而益微。」〔註44〕譚嗣同通過雷是由正負相反的兩種電相接觸而發生,闡發了「異同攻取」的觀點,看到了矛盾鬥爭是事物運動變化的原因,這種對立統一的辯證思想比王船山更加深刻,但也可以看出王船山的學術思想,尤其是《易》學構成了譚嗣同學術思想的基礎。

唐才常說:「復生治《易》,專主船山,以其多發前人之未發。蓋船山邃於《易》,乃本乎《經》《傳》,綜覽百家,擇之甚精,斷以己見,而別開生面者也。其言曰:『《易》為君子謀,不為小人謀;君子之謀於占,非欲知吉凶而已,所以知憂知懼而知所擇執也。又謂《易》者苟精其義,窮其理,但為一陰一陽所繼而成象者,君子無不可用之以為靜存動察、修己治人、撥亂反正之道。』觀此,則知船山之言《易》,誠非漢魏唐宋諸儒所及也。」〔註45〕

強調事物是運動發展的,隨著時代的變化事物也要相應地作出變動,這是維新派倡導改良運動的前提條件,也是對固守祖宗之法不可變的守舊派的有力回擊。譚嗣同還批判了當時在社會上有很大影響力的老子的守靜思想,他說:「李耳之術之亂中國也,柔靜其易知矣。」〔註46〕「烏知乎學子術焉,士大夫術焉,諸侯王術焉,浸淫而天下亦術焉,卒使數千年來成乎似忠信似廉潔、一無刺無非之鄉愿天下。言學術則曰『寧靜』,言治術則曰『安靜』。處事不計是非,而首禁更張;躁妄喜事之名立,百端由是廢馳亦。夫群四萬萬之鄉愿以為國,教安得不亡,種類安得而可保也。」〔註47〕譚嗣同還進一步指出西方的強大就在於『喜動』,說:「西人以喜動而霸五大洲,馴至文士亦尚體操,婦女亦侈遊歷,此其崛興為何知矣。顧哀中國之亡於靜。」〔註48〕為了使國人接受維新派的變革措施,譚嗣同積極發展了王船山的進化論和

〔註44〕譚嗣同,仁學〔M〕//譚嗣同全集,北京:中華書局,1998:320。
〔註45〕唐才常,戊戌聞見錄〔M〕//譚嗣同研究資料彙編,北京:方志出版社,1988:269。
〔註46〕譚嗣同,仁學〔M〕//譚嗣同全集,北京:中華書局,1998:321。
〔註47〕譚嗣同,仁學〔M〕//譚嗣同全集,北京:中華書局,1998:320。
〔註48〕譚嗣同,仁學〔M〕//譚嗣同全集,北京:中華書局,1998:321。

「日新」思想。王船山說：「守其故物而不能日新，雖其未消，亦槁而死，不能待其消亡之已盡而已死，則未消者槁，故曰：日新之謂盛德。」〔註 49〕又說：「天地之德不易，而天地之化日新。」

　　譚嗣同不僅肯定了王船山發展變化的觀點，還借鑒西方自然科學知識進一步完善了王船山的進化論，強調天地萬物只有不斷更新，才有生命力，提出「以太日新」的觀點。他說：「天不新，何以生？地不新，何以運行？日月不新，何以光明？四時不新，何以寒暑發斂之迭更？草木不新，豐縟者歇矣；血氣不新，經絡者絕矣；以太不新，三界萬法皆滅矣。」〔註 50〕指出自然是進化的而且這種變化發展是有規律的。「天地生物之序，該莫先於螺蛤之屬，而魚屬次之，蛇龜之屬又次之，鳥獸又次之，而人其最後焉者也。」〔註 51〕他還將這種進化論運用在社會歷史發展方面，提出「天以新為運，人以新為生。湯以日新為三省，孔以日新為盛德，川上逝者之歎，水哉水哉之取，惟日新故也。未生之天地，今日是也；已生之天地，今日是也，亦日新故也。」〔註 52〕因此譚嗣同強烈主張中國社會應該順應歷史的發展變化趨勢革故鼎新，才能改變落後挨打，任人宰割的局面。譚嗣同結合中西社會發展實際情況，清醒地看到，「歐美二洲以好新而興，日本效之，至變其衣食嗜好。亞、非、澳三洲，以好古而亡。中國動輒援古制，死亡之在眉睫，猶棲心於榛狉未化之世，若於今熟視無睹也者。莊子曰：『莫悲於心死，而身死次之。』諡曰至愚，可不謂之大哀！」〔註 53〕可見古今中外的歷史經驗和教訓都驗證了守舊亡國，創新強種的道理。譚嗣從變法維新的意圖出發，將王船山的觀點，提升到了關係民族生死存亡的高度，不僅為維新派大力號召國人銳意改革、勵志創新提供了傳統思想文化依據，也使船山學與近代社會的發展更加貼近，有力地促進了船山學向近代的轉型。

　　二是借鑒王船山的經世理論和道器論，為維新變法創造理論依據。「王夫之影響譚嗣同之處甚多，其中一個重要的影響就是王夫之一生所特別強調的

〔註49〕王夫之，思問錄外篇〔M〕//船山全書：第 12 冊，長沙：嶽麓書社，1996：434。

〔註50〕譚嗣同，仁學〔M〕//譚嗣同全集，北京：中華書局，1998：318。

〔註51〕譚嗣同，石菊影廬筆識・思篇〔M〕//譚嗣同全集，北京：中華書局，1998：131。

〔註52〕譚嗣同，報貝元微書〔M〕//譚嗣同全集，北京：中華書局，1998：2。

〔註53〕譚嗣同，仁學〔M〕//譚嗣同全集，北京：中華書局，1998：319。

『實學』，王氏所謂的實學主要就是指『致用之學』。〔註54〕王船山認為明朝被滿洲所滅，主要是由陽明學派空談心性輕視務實的流弊所導致，他批評說：「姚江王氏陽儒陰釋、誣聖之邪說，其究也刑法戮之民，為闖賊之黨，皆爭附焉，而以充氣其無善無惡，圓融理事之狂妄。」〔註55〕因此他在治學中特別強調實用，治學一定要明「上下古今興亡之得失」，達到「述往以為來者師」的目的，如果「為史者，記載徒繁，而經世之大略不著，後人欲得其得失之樞機以效法之無由也，則惡用史為？」〔註56〕王船山聯繫明末清初的社會政治，評史論政，努力著述，希望找出一條挽救社會危機的革新道路。譚嗣同十分欣賞這種講求實功實利的致用之學，這種道德實踐精神鼓勵著他關注國事，投身政治活動。在經世理念的指導下譚嗣同借鑒王船山的道器觀，進一步從理論層面論證維新思想的合理性，為改良派提供了有力的思想理論武器。

王船山認為「盈天地之間皆器也」，即世界上只有具體的東西才是實際存在的。在此基礎上他提出了「無其器則無其道」的命題，說：「天下惟器而已矣，道者器之道，器者不可謂道之器也」。〔註57〕王船山指出世界是由具體的事物（器）構成的，道是具體事物（器）的規律，而不能把具體事物說成是由道生成的。譚嗣同進一步提出了「器體道用」的新觀點，說：「竊疑今人所謂道，不依於器，特遁於空虛而已矣。故衡陽王子有『道不離器』之說，曰：『無其器則無其道，無弓矢則無射之道，無車馬則無御之道，洪荒無揖讓之道，唐、虞無弔伐之道，漢、唐無今日之道，則今日無他年之道者多矣。』又曰：『道之可有而且無者多矣，故無其器則無其道。』誠然之言也。信如此言，則道必依於器而後有實用，果非空漠無物之中有所謂道矣。今天下亦一器也，所以馭是器之道安在耶？……故變法者，器既變矣，道之且無者不能終無，道之可有者自須亟有也。……不變今之法，雖周、孔復起，必不能以今之法治今之天下。」〔註58〕王船山強調國家的政治制度、禮儀規範、道德秩序一

〔註54〕張灝，烈士精神與批判意識——譚嗣同思想的分析〔M〕，北京：新星出版社，2006：237。

〔註55〕王夫之，張子正蒙注序論〔M〕//船山全書：第12冊，長沙：嶽麓書社，2011：112。

〔註56〕王夫之，讀通鑒論〔M〕//船山全書：第10冊，長沙：嶽麓書社，2011：225。

〔註57〕王夫之，周易外傳〔M〕//船山全書：第1冊，長沙：嶽麓書社，2011：1027。

〔註58〕譚嗣同，興算議・上歐陽中鵠書〔M〕//譚嗣同全集，長沙：中華書局，1998：160～161。

定要隨著社會的變化而不斷的變革才能夠適應時代的發展，即「道莫盛於趨時」「趨時應變者惟其富有，是以可日新而不困。」〔註59〕

　　譚嗣同將王船山道器論裏隱含的這種「器變道亦變」的思想徹底地挖掘出來，強調道不是一成不變的，新事物的產生就有可能出現新的道，道是依存於器的，而且道器是不能分離的。這種將道置於器下，器大道小、器重道輕、道依器存的論點，徹底地衝擊了舊統治者宣揚的「道器不變」「天不變，道亦不變」等陳腐觀念，也否定了洋務派所倡導的「中體西用」學說，為維新變法作了思想上的準備。譚嗣同還進一步闡釋說：「由此觀之，聖人之道，果非空言而已，必有所麗而後見。麗於耳目，有視聽之道；麗於心思，有仁義智信之道；麗於倫紀，有忠孝友恭之道；麗於禮樂征伐，有治國平天下之道。故道，用也；器，體也。體立而用行，器存而道不亡。自學者不審，誤以道為體，道始迷離徜恍，若一幻物，虛懸於空漠無朕之際，而果何物也耶？於人何補，於世何濟，得之何益，失之何損耶？將非所謂惑世誣民異端者耶？夫苟辨道之不離乎器，則天下之為器亦大矣。器既變，道安得獨不變？變而仍為器，亦仍不離乎道，人自不能棄器，又何以棄道乎哉？」〔註60〕譚嗣同在此指出了從人自身到人類社會治國平天下的原則和仁義智信、忠孝友恭的倫理道德規範，都是依附於具體的形器而存在的，器是本體，道是表現，道器之間相麗不離。

　　總之，譚嗣同積極吸取王船山道器論的觀點，對道器、體用含義作了新的詮釋，使人們認識到道和體是必須隨著時代的變化而發生變化的，由此推演社會制度、祖宗之法、倫理觀念、社會習俗等都隨著時代的變遷而不斷地與時趨新。譚嗣同「道隨器變」的主張「是譚嗣同哲學思想的頂峰，它在唯心主義體系中，迸發出一道唯物主義的光輝。特別重要的是，譚嗣同甚至依據這個理論，論證了變法的必需：『器既變，道安得獨不變？』這是非常堅強的論證，只要能夠再向前推進一步，那簡直就可以直接地得出革命的結論來。」〔註61〕譚嗣同這一光輝的理論直接來源於王船山，可以說船山思想有力地推動了譚嗣同從學術理論研究而轉向於訴諸社會制度變革之實踐的願望。但從

〔註59〕王夫之，張子正蒙注〔M〕//船山全書：第 12 冊，長沙：嶽麓書社，2011：276。
〔註60〕譚嗣同，報貝元徵〔M〕//譚嗣同全集，北京：中華書局，1998：197。
〔註61〕孫長江，試論譚嗣同〔M〕//中國人民大學中國歷史教研室，中國近代思想家研究論文選，北京：三聯書店，1957：43。

另一方面看船山思想經過譚嗣同的詮釋和演繹，也進入了一個新的層面，成為了維新變法最基本的學理依據。

三是充分肯定王船山關於人慾的倫理觀念。專制思想對人性的壓制是中國傳統社會的一大痼疾，傳統社會的變革反映人性解放的要求。船山的人性觀是傳統文化中最具創新精神的因子，也是最具民本主義色彩的思想，具有了近代思想啟蒙的意義。在關於天理與人慾關係上，譚嗣同對朱熹和王陽明在這方面的見解持批判態度，最欣賞的是王船山。他認為朱熹等宋儒鼓吹的「存天理、滅人慾」的禁慾觀，以及王陽明的「滿街聖人說」都違背了儒學傳統，只有王船山的人性主張是真正傳承了孔孟精髓，值得學習和提倡。他說：「王船山曰：『天理即在人慾之中。』無人慾，則天理亦無從發見，最與《大學》之工夫次第合；非如紫陽人慾淨盡之誤於離，姚江滿街聖人之誤於混也。」〔註62〕又說：「世俗小儒，以天理為善，以人慾為惡，不知無人慾，尚安得有天理？吾故悲夫世之妄生分別也。天理，善也；人慾，亦善也。王船山有言曰：『天理即在人慾之中；無人慾，則天理亦無從發現。』」〔註63〕王船山以「人慾」言人性，把人慾看作是人生存發展的必要需求，提倡滿足人的合理的、正常的欲求，以促使人性的全面發展，是合乎時代發展要求的自然人性論。譚嗣同進一步發揮了王船山的自然人性論，充分肯定了人慾的正當性，具有反封建道德等級觀念的意義，為近代新的道德教育思想的形成提供了重要理論依據。譚嗣同認為欲望應該具有合理性，過度地強調禁慾，壓抑人的自然本性，反而會造成人們病態、扭曲的慾望觀念，促使人慾橫流、野心膨脹以至於社會秩序失序、混亂。他進一步解釋說：「遏之塞之，積疲苦反極，反使人慾橫流，一發不可止，終釀為盜賊反叛，攘奪篡弒之禍哉。故私天下者尚儉，其財偏以壅，壅故亂；公天下者尚奢，其財均以流，流故平。」〔註64〕因此必須合理地疏導人慾，這樣社會才會歸於和諧穩定，人心才會歸於寧靜、平和，社會也才會有序的向前發展，因為「夫治平至於人人皆可奢，則人之性盡；物物皆可貴，則物之性亦盡。然治平至於人人可奢，物物可貴，則尤無所用其歆羨畔援，相與兩忘，而咸歸於淡泊。」〔註65〕

〔註62〕譚嗣同，仁學〔M〕//譚嗣同全集，北京：中華書局，1998：333。
〔註63〕譚嗣同，仁學〔M〕//譚嗣同全集，北京：中華書局，1998：301。
〔註64〕譚嗣同，仁學〔M〕//譚嗣同全集，北京：中華書局，1998：327。
〔註65〕譚嗣同，仁學〔M〕//譚嗣同全集，北京：中華書局，1998：326。

　　清末，傳統倫理道德觀念仍然牢牢地佔據在人們的思想觀念和生活習俗中，不僅嚴重阻礙了近代社會的發展，而且也抑制了人們追求文明生活的渴求。在這種歷史條件下，譚嗣同對傳統「禁人慾」「崇儉」道德觀進行了批判，指出「本無所謂奢儉，而妄生分別以為之名，又為之教曰黜奢崇儉。雖唐、虞三代之盛，不能辨去此惑，是何異摶虛空以為質，捫飄風而不釋者矣。」在譚嗣同看來，封建統治階級鼓吹「崇儉」完全是剝奪了人民追求正當物質利益的權力，導致人民深陷窮困飢餓的沼澤。因為人為的崇儉是違背人類社會發展的趨向的，並且對社會生產力的發展也十分不利，如果人們都簡單地、盲目地推崇黜奢崇儉，而不去積極地創造和發展農工商業，那麼，「今日節一食，天下必有受其饑者；明日縮一衣，天下必有受其寒者。家累鉅萬，無異窮人。坐視羸瘠盈溝壑，餓莩蔽道路，一無所動於中，而獨至家子孫之為計劃。……愈儉則愈陋，民智不興，物產凋窳，轉輾相苦，轉輾相累，馴至人人儉而人人貧。天下大勢，遂乃不可支。遂成為至貧極窘之中國。」〔註66〕他從人性平等、人情人慾皆善的資產階級自然人性和近代發展資本主義工商業的需要出發，提出了「崇奢黜儉」的倫理思想，反對盲目的節儉、節約，主張滿足人的合理慾望，要求「盡開所有之礦以裕富強之民」，通過發展生產，積累財富，滿足人們日常的生活需要，這樣人們「各遂其生，各均其利」，才能夠實現富國民強的最終目的，其思想具有鮮明的以人慾解放人性的反傳統、反封建色彩。

　　四是繼承了王船山的批判精神。王船山在《讀通鑑論》中明確指出：「以天下論者，必循天下之公，天下非一姓之私也。」他對「一天下之權歸於人主」的君主專制制度表現出強烈的不滿，也犀利地批判傳統的「忠君」「死節」觀念，認為臣民「只有死事的道理，決無死節的道理」，明確提出了「民本君末」論。譚嗣同認為這種思想和黃宗羲的思想一樣，都是民權主義在傳統思想裏的優秀資源，說：「君統盛而唐、虞後無可觀之政矣，孔教亡而三代下無可讀之書矣！乃若區玉檢於塵編，拾火齊於瓦礫，以冀萬一有當於孔教者，則黃梨洲《明夷待訪錄》其庶幾乎！其次，為王船山之遺書。皆於君民之際有隱恫焉。」〔註67〕王船山「公天下」和君權「可禪，可繼，可革」〔註68〕

〔註66〕譚嗣同，仁學〔M〕//譚嗣同全集，北京：中華書局，1998：322～323。
〔註67〕譚嗣同，仁學〔M〕//譚嗣同全集，北京：中華書局，1998：338。
〔註68〕王夫之，黃書〔M〕//船山全書：第12冊，長沙：嶽麓書社，1996：503。

思想在近代受青睞，譚嗣同深有感觸，他猛烈抨擊君主專制制度說：「故常以為兩千年來之政，秦政也，皆大盜也；二千年來之學，荀學也，皆鄉愿也。惟大盜利用鄉愿，惟鄉愿工媚大盜。」〔註69〕認為二者相互勾結踐踏了中國的政治，敗壞了儒學，致使中國社會兩千多年來一直被專制和獨裁所籠罩，故「天下為君主囊橐中之私產，不始今日，固數千年以來矣。」從而也導致了「二千年來君臣一倫，尤為黑暗否塞，無復人理，延及茲今，方愈劇矣。」〔註70〕譚嗣同對君主起源及君民關係提出新見解：「生民之初，本無所謂君臣，則皆民也。民不能相治，亦不暇治，於是共舉一民為君。夫曰共舉之，則非君擇民，而民擇君也。夫曰共舉之，則其分際又非甚遠於民，而不下儕於民也。夫曰共舉之，則因有民而後有君；君末也，民本也。天下無有因末而累及本者，亦豈可因君而累及民哉？夫曰共舉之，則且必可共廢之。君也者，為民辦事者也，臣也者，助辦民事者也。賦稅之取於民，所以為辦民事之資也。如此而事猶不辦，事不辦而易其人，亦天下之通義也。」〔註71〕在這裡，譚嗣同指出人類社會開始之初根本就沒有君主和臣民的社會等級之分，君主被推選出來就是為人民辦事情的，如果君主不為人民辦事，人民就可以廢除他，這番言論有力地抨擊了傳統社會一直鼓吹的「君權神授」思想對民眾的欺騙性。

譚嗣同倡導建立一種君民之間平等的關係，賦予人民以「共舉」「共廢」的權力，表達了維新派渴望政治改革的訴求。另外他還深刻地批判了綱常名教的虛偽性，指出：「仁之亂也，則於其名。名忽彼而忽此，視權勢之所積；名時重而時輕，視習俗之所尚。俗學陋行，動言名教，敬若天命而不敢逾，畏若國憲而不敢議。嗟呼！以名為教，則其教已為實之賓，而決非實也。又況名者，由人創造，上以制其下，而不能不奉之，則數千年來，三綱五常之慘禍烈毒，由是酷焉矣。君以名桎臣，官以名軛民，父以名壓子，夫以名困妻，兄弟朋友各挾一名以相抗拒，而仁尚有少存焉者得乎？」〔註72〕譚嗣同鞭闢入裏地討伐了封建綱常名教，認為三綱五常是封建統治的鉗制之器，是摧殘人性、扭曲國民的罪魁禍首，大聲疾呼「沖決倫常之網羅」。「譚嗣同則以西方

〔註69〕譚嗣同，仁學〔M〕//譚嗣同全集，北京：中華書局，1998：337。
〔註70〕譚嗣同，仁學〔M〕//譚嗣同全集，北京：中華書局，1998：337。
〔註71〕譚嗣同，仁學〔M〕//譚嗣同全集，北京：中華書局1998：339。
〔註72〕譚嗣同，仁學〔M〕//譚嗣同全集，北京：中華書局1998：299。

的政教風俗為根據（其中尤以基督教的靈魂觀為理論上的樞紐），以否定中國傳統的倫常秩序。這是一種相當透徹的現代文化批判，也是中國現代激進主義的濫觴。」〔註73〕《仁學》動搖了人們對於君臣一綱的信念，起到了振聾發聵的作用，儒家的價值系統第一次受到比較全面、深刻的挑戰。譚嗣同不僅批判了傳統專制制度，而且還滿懷激情地號召國人，「誓殺盡天下之君主，使流血滿地球，以泄萬民之恨」。〔註74〕顯示出近代民族主義和民主主義啟蒙思想的光輝。這樣大膽的革命言論在當時是十分罕見的，正如錢穆所說：「近世以來，學術思想之路益狹，而綱常名教之縛益嚴，然未有敢正面對而施呵斥者；有之，自復生始也。」〔註75〕

以上只是簡單列舉了譚嗣同在暢想建構近代政治制度、經濟體制和思想文化時，對王船山學術資源借鑒和運用的一些方面。其實，譚嗣同對王船山的欣賞和欽佩是發自肺腑的，他說：「宋儒以善談名理，稱為道學，或曰理學。理之與道，虛懸無薄，由是輒易為世詬病，王船山先生乃稱精義之學，然不若六朝人目清談元旨為義學也。義學乎！義學乎！其斯為學者正名之宏軌乎？」〔註76〕又稱讚說：「文至唐已少替，宋後幾絕。國朝衡陽王子，膺五百之運，發斯道之光，出其緒餘，猶當空絕千古。」〔註77〕王船山著作中飽含的種族之戚與家國之痛，在譚嗣同心裏佔據了重要的地位。而王船山堅貞的品格和情操，也成為了譚嗣同學習的榜樣。可以發現作為一位湘籍學者譚嗣同繼承了千年湘學的優秀傳統，深刻把握了湖湘文化的思想精髓，延續了從周敦頤到王船山乃至晚清魏源、曾國藩、郭嵩燾等湘學學者經世致用的治學精神和特立獨行的個性，他稱得上是近代湖湘文化裏的佼佼者，在湖湘文化從傳統向近代轉化的過程中，起了紐帶性的作用，以後辛亥革命和新民主主義革命中的無數湘籍志士如唐才常、黃興、蔡和森、毛澤東等都曾對他產生無限敬仰之情。作為20世紀轉折點上的思想先覺者，勇敢果決的譚嗣同走到了重鑄中國文化範式的邊緣，創立了以西學觀照、衡定和裁決中學的新範式，這種轉變體現了傳統士子向現代知識分子轉變的過程，也預示著新時代的來臨。

〔註73〕余英時，中國現代價值觀念的變遷〔M〕//現代儒學的回顧與展望，北京：三聯書店，2012：95。

〔註74〕譚嗣同，仁學〔M〕//譚嗣同全集，北京：中華書局1998：342。

〔註75〕錢穆，中國近三百年學術史〔M〕，北京：商務印書館，1997：740。

〔註76〕譚嗣同，石菊影廬筆識〔M〕//譚嗣同全集，北京：中華書局1998：122。

〔註77〕譚嗣同，論藝絕句六篇〔M〕//譚嗣同全集，中華書局1998：77。

4.3 梁啟超對船山學研究的新視角和新方法

梁啟超（1873～1929），字卓如、任甫，號任公，別號飲冰室主人，廣東省新會縣人，是近代著名的政治活動家、思想家和史學家。他不僅在政治活動中成績斐然，而且在學術研究上也是碩果累累。從梁啟超對古代思想家的研究來看，他對船山學的研究著力不多，但研究觀點卻很有見地且富有創新性，從梁啟超對王船山及船山學的研究過程和研究內容的變化中，明顯體現出了他從傳統士大夫向近代知識分子轉變的心路歷程。就梁啟超對船山學研究的特點分析，可以將他對船山學的研究分為兩個階段，一是維新變法前後，一是中華民國建立以後。前一個階段受維新思潮的影響和推動，梁啟超滿懷激情地投入政治運動中，積極倡導西學和維新改良思想，對船山學的詮釋帶有十分濃鬱的政治色彩，船山學中提倡的經世致用思想、反專制主張和民本精神受到梁啟超的肯定；後一個階段對船山學的研究趨於全面和客觀，在研究中融入了西方的科學研究方法，他稱得上是第一個用近代科學方法分析船山學的學者。具體來看：

維新變法前後，受晚清經世致用思想和反漢學運動的影響，梁啟超對船山學的研究和借鑒，主要是基於變法運動的需要，目的是從傳統文化裏尋找思想資源，為維新派倡導的社會改良運動提供理論武器，具有強烈的政治色彩。梁啟超最早提到王船山是在《變法通議》，這是他在戊戌變法前撰寫的全面闡述維新變法主張的政論性著作，代表了維新派宣傳改良思想的最高水準。梁啟超認為儒學強調的經世致用思想與西方文明十分相似，國人如能通曉六經經世思想、瞭解歷代掌故典籍和西學，就可以成為利國利民的有用之人。梁啟超肯定王船山通經致用的智慧，說：「故今日欲儲人才，必以通習六經經世之義、歷代掌故之跡，知其所以然之故，而參合之於西政，以求致用者為第一等，求之古人，則有若漢之長沙子政武侯，秦之景略，後周之王樸，宋之荊公夾滁永嘉，元之貴與，明之姚江，國朝之船山、梨洲、亭林、默深，庶幾近之。」〔註78〕

清光緒二十三年（1897），他應邀赴湖南就任時務學堂中文總教習，並參與籌劃成立南學會，在應邀為南學會寫敘時，梁氏高度讚揚了王船山和湘人尚勇任俠的愛國精神說：「湖南天下之中而人才之淵藪也。其學者有畏齋、船

〔註78〕梁啟超，學校餘論變法通議文集之一〔M〕//飲冰室合集：第 1 冊，北京：中華書局，1989：63。

山之遺風；其任俠尚氣與日本薩摩、長門藩士相彷彿；其鄉先輩若魏默深、郭筠仙、曾劼剛諸先生，為中土言西學所自出焉。兩歲以來，官與紳一氣，士與民一心，百廢具舉，異於他日，其可以強天下而保中國者，莫湘人若也。」〔註79〕梁啟超積極讚揚王船山及其湘人具有尚武任俠的豪傑氣概，並且將他們與積極倡導維新政治的日本薩摩、長洲的志士相提並論，其鼓動和宣傳維新變法的用意再明顯不過。

　　清光緒二十四年（1898），梁啟超撰寫《讀春秋界說》，文中更直接稱黃宗羲、王船山、馮桂芬的著作中早就蘊含了改制的思想，以此來證明改良並不是近代新鮮事物，中國古代的士大夫們早就有許多關於改革的論述，說：「黃梨洲有《明夷待訪錄》，黃氏之改制也；王船山有《黃書》，有《噩夢》，王氏之改制也；馮林一有《校邠廬抗議》，馮氏之改制也。凡士大大之讀書有心得者，每覺當時之制度有未善處，而思有以變通之，此最尋常事。」〔註80〕

　　梁啟超對頑固派固步自封的思想和堅守祖宗之法不變的做法十分憤怒，說：「法何以必變？凡在天地之間者莫不變。……故夫變者，古今之公理也。……上下千歲，無時不變，無事不變，公理有固然，非夫人之為也。為不變之說者，動曰『守古守古』，庸詎知自太古、上古、中古、近古以至今日，固已不知萬百千變。今日所目為古法而守之者，其於古人之意，相去豈可以道里計哉？」〔註81〕同年他又著《說動》，強調「力」是萬物的動力，是世界的源泉，世界時刻都在發生日新月異的變化，人類社會也是不斷發展變化的，西方國家就是通過變革才走上了強大之路，呼籲清政府倡導民權、啟迪民智，這樣中國才能融入浩浩蕩蕩的世界潮流，文章中他引用了王船山、譚嗣同的思想言論說：「合聲、光、熱、電、風、萬、雨、露、霜、雪摩激鼓宕而成地球，曰動力。由此言之，則無物無動力，無動力不本於百千億恒河沙數世界自然之公理。蓋動則通，通則仁，仁則一切痛癢相關之事，自不能以秦越肥瘠處之，而必思所以震盪之，疏淪之，以新新不已。此動力之根原也……譚嗣同曰：『日新烏乎本？曰：以太動機而已矣。』王船山邃於《易》者也。

〔註79〕梁啟超，南學會敘文集之二〔M〕//飲冰室合集：第 1 冊，北京：中華書局，1989：66。

〔註80〕梁啟超，讀春秋界說文集之三〔M〕//飲冰室合集：第 1 冊，北京：中華書局，1989：15。

〔註81〕梁啟超，變法通議自序文集之一〔M〕//飲冰室合集：第 1 冊，北京：中華書局，1989：1。

於有雷之卦，說必加精，而微至焉。」〔註82〕梁啟超十分認可王船山、譚嗣同趨勢更新的宇宙觀的，他援引譚、王二人的話來論證自己這個「動」的世界觀，即是認識到傳統社會墨守成規主張固守靜止、封閉的狀態，這正是近代中國逐漸走向衰落的根源之一。因此他極力主張發展變化的歷史觀，就是為了抗衡傳統社會裏占主導地位的固守祖宗之法不可變的「守靜」主張，他憤怒地抨擊道：「言靜而戒動，言柔而戒剛，鄉曲之士，給饘粥，察雞豚，而長養子孫，以之自足而苟視息焉，固亦術之工者矣。烏知乎天子術焉，士大夫術焉，諸侯王術焉，卒使數千年來成乎似忠信、似廉潔，一無刺無非之鄉愿天下。……其朝夕孜孜不已者，不過日制四萬萬人之動力，以成一定不移之鄉愿格式。悲夫？彼西人之哀我『中國之亡於靜』也，曰：此不痛不癢頑鈍無恥者也』」。〔註83〕而王船山則強調事物是處在時時刻刻的變化之中的，認為「天地之德不易，而天地之化日新。今日之風雷非昨日之風雷，是以知今月之日月非昨日之日月也。風同氣，雷同聲，月魄，日月同明，一也。抑以知今日之官骸非昨日之官骸，視聽同喻，觸覺同知耳。皆以其德之不易者類聚而化相符也。」〔註84〕這正好豐富了維新改良運動的理論基礎。

另外，梁啟超對船山學進行的總結和評價也主要是從經世致用和社會改良的角度出發的。清光緒二十一年（1895），梁啟超受賀長齡和魏源編輯《皇朝經世文編》的啟發和影響，參與了《皇朝經世文新編》的編輯工作，他計劃搜集和整理當時有關制度改革和時事方面的文章，以備將來政治革新運動所用。「梁本人顯然對晚清的主要思潮——儒家經世傳統寄予了希望。他知道，目前改革的思想已超出了 19 世紀初賀長齡和魏源提倡的行政上的改革。但正如他所解釋的，他繼續使用『經世』這一傳統，是因為他在儒家有關經世的思想中找到了將新思想引進中國的一個很好的理由。」〔註85〕可見梁啟超對船山學的學習和研究與晚清時局有著密切的關係，面對處於危機中的國家和文化挑戰，近代有識之士有著相似的思想關切和心理需求，因此梁氏對船山

〔註82〕梁啟超，說動文集之三〔M〕//飲冰室合集：第 1 冊，北京：中華書局，1989：38。

〔註83〕梁啟超，說動文集之三〔M〕//飲冰室合集：第 1 冊，北京：中華書局，1989：38。

〔註84〕王夫之，思問錄〔M〕//船山全書：第 12 冊，長沙：嶽麓書社，2011：434。

〔註85〕張灝，梁啟超與中國思想的過渡（1897～1907）〔M〕，北京：新星出版社，2006：41。

學的學習，一定程度上也可以看做是近代知識分子對儒學經世致用觀念的繼承和發揚，雖然時移世易，但在基本道德和社會價值觀等方面梁啟超與以往的前賢們是相通的。

「船山學術，二百多年沒有傳人，到咸同間，羅羅山澤南像稍為得著一點，後來我的畏友譚壯飛嗣同研究得很深。我讀船山書，都是壯飛教我。但船山的復活，只怕還在今日以後哩。」〔註86〕梁啟超說自己對船山學的研究很粗淺，僅僅是略知皮毛而已，這是自謙，他對船山學的研究還是比較深入的。他多次讚揚了王船山的學行和節操，稱王船山與朱舜水二人是「君子之道闇然而日章」的「畸儒」〔註87〕。又將王船山與顧炎武、黃宗羲、顏習齋、劉繼莊比肩，歸類於新舊學派之過渡者，表彰王船山「《正蒙注》《思問錄》兩書，本隱之顯，原始要終。瀏陽譚氏謂五百年來學者，真能通天人之故者，船山一人，非過言也。《讀通鑒論》《宋論》兩編，史識卓絕千古，其價值至今日乃大顯，無俟重贊。抑《黃書》亦《明夷待訪》之亞也。其主張國民平等之勢力，以裁抑專制，三致意焉。黃、王之軒輊，吾蓋難言之。」〔註88〕

梁啟超還認為王船山的經學思想對後來的乾嘉考據學派產生了影響，「乾嘉後漢學家之說經，往往有自矜創獲而實皆船山諸經稗疏所已言者，故船山亦新學派之一導師也。」認為王船山和黃宗羲開創了中國近代民主啟蒙思想的先河，龔自珍、魏源、康有為就是繼承了他們的學風掀起了近代經世致用學術思潮，說：「反抗專制政體的話，創自黃梨洲、王夫之，至龔、魏更為明顯。他們一面講今文，一面講經世，對於新學家刺激力極大，我們年輕時讀他二人的著作，往往發燒。南海康先生的學風，純是從這一派衍出。」〔註89〕

梁啟超曾經將王船山《黃書》《讀通鑒論》《宋論》中關於啟發民權的理論抄錄下來，有三四十條之多，而且他認為在滿洲王朝兩百多年的高壓統治下，國民自立的精神受到了打擊，「不免萎縮了幾分」，正是王船山等傳統儒

〔註86〕梁啟超，中國近三百年學術史專集之七十五〔M〕//飲冰室合集：第 10 冊，北京：中華書局，1989：81。

〔註87〕梁啟超，中國近三百年學術史專集之七十五〔M〕//飲冰室合集：第 10 冊，北京：中華書局，1989：74。

〔註88〕梁啟超，論中國學術思想變遷之大勢文集之七〔M〕//飲冰室合集：第 1 冊，北京：中華書局，1989：82。

〔註89〕梁啟超，儒家哲學專集之一百三〔M〕//飲冰室合集：第 12 冊，北京：中華書局，1989：70。

者激起了現代中國人的民族精神和民主精神，鼓舞了他們為爭取民主自由而努力拼搏，「晚明遺老像顧亭林、黃梨洲、王船山、張蒼水這一班人，把一種極深刻的民族觀念傳給後輩，二百年來未曾斷絕。所以多年來磅礡鬱積的民族精神，盡情發露，排滿革命，成為全國人信仰之中堅。那性質不但是政治的，簡直成為宗教的了。」〔註 90〕上述史料可以看出梁啟超對王船山的理解和認識主要都是為了實現政治改良運動的需要。

對於梁啟超等清末學者而言，回憶歷史最重要的動力，就是通過重構歷史，起到挽救時局的作用。在對傳統文化和過去歷史的回憶和重構中，似乎「明末學術」與「清末政治」之間有著不可割裂的因果關係。作為「明末清初三大家」的顧炎武、黃宗羲、王船山，在某種程度上，已經成為清末進步人士倡導革新的政治資源和傳承傳統文化的象徵符號。梁啟超就認為明末學者對自己從事維新改良運動起到了很大的思想啟蒙的作用，他說：「凡大思想家所留下的話，雖或在當時不發生效力，然而那話灌輸到國民的『下意識』裏頭，碰著機緣，便會復活，而且其力極猛。清初幾位大師──實即殘明遺老──黃梨洲、顧亭林、朱舜水、王船山之流，他們許多話，在過去二百多年間，大家熟視無睹，到這時忽然像電氣一般把許多青年的心弦震得直跳。他們所提倡的『經世致用之學』，其具體的理論，雖然許多不適用，然而那種精神是『超漢學』、『超宋學』的，能令學者對於二百多年的漢宋門戶得一種解放，大膽的獨求其是。他們曾痛論八股科舉之汩沒人才，到這時候讀起來覺得句句親切有味，引起一班人要和這件束縛思想、錮蝕人心的惡制度拼命。他們反抗滿洲的壯烈行動和言論，到這時因為在滿洲朝廷手上丟盡中國人的臉，國人正在要推勘他的責任，讀了先輩的書，驀地把二百年麻木過去的民族意識覺醒轉來。他們有些人曾對於君主專制暴威作大膽的批評，到這時拿外國政體來比較一番，覺得句句都愜心切理，因此從事於推翻幾千年舊政體的猛烈運動。總而言之，最近三十年思想界之變遷，雖波瀾一日比一日壯闊，內容一日比一日複雜，而最初的原動力，我敢用一句話來包舉他，是殘明遺獻思想之復活。」〔註 91〕

〔註 90〕梁啟超，辛亥革命之意義與十年雙十節之樂觀文集之三十七〔M〕//飲冰室合集：第 4 冊，北京：中華書局，1989：1。

〔註 91〕梁啟超，中國近三百年學術史專集之七十五〔M〕//飲冰室合集：第 10 冊，北京：中華書局，1989：29。

　　梁啟超認為，19世紀末出現的這場民族危機不亞於明末清初的社會大變革，「梁啟超在 1897 年前後對 1644 年滿族征服中國所表達的屈辱感和震驚感，無疑與他對西方帝國主義和日本帝國主義戰勝中國所表達的任何屈辱震驚感一樣強烈。他的感受與 17 世紀學者的感受幾乎完全相同，這些學者目睹明朝的滅亡，感到自己生活在一個『天翻地覆』、『國家之血脈淤塞，社稷之大廈傾覆，池魚被殃，無可挽救』的時代。」〔註92〕由此他對明清之際的思想家產生了強烈的時代際遇感和崇敬。對明末社會歷史和學術思想的回憶和借鑒，對清末民初的學者來說已不僅僅是單純的對傳統文化的研究了，它具有了強烈的政治色彩，與傳統理學經世派學者不同，梁啟超在對王船山及其明末思想家的解讀過程中，賦予了他們新的時代特點和政治特色，即積極為其維新變法運動服務。在積極為維新變法運動奔走的過程裏，梁啟超的思想和認識逐漸發生了質的變化，他由一個曾經獲取過功名的傳統士大夫，逐漸轉變成為一名倡導變法改革的資產階級維新派的鬥士。當然這個轉變也不是一蹴而就的，民國前梁啟超思想主體上仍是一個傳統的士大夫，他欣賞和繼承了清中葉以來興盛的經世致用傳統，嘗試會通中西，以解決內在道德修養和外在事功上的統一。他借鑒王船山和船山學說為其維新改良活動提供政治上的思想武器，其政治色彩也是十分明顯的，故而這一時期梁氏對船山學的研究還缺乏理性，很多地方存在過度詮釋和誇張。

　　「梁的思想經過康有為這一中介，成了晚清經世傳統的轉折點。對梁來說，經世思想不只是指具有政治的進取心或一種寬泛的社會責任感，它還更具體地暗示了承認改制對實現經世理想是絕對必要的。……梁氏在《讀春秋界說》中堅持認為《春秋》在儒家經典中最重要，指出『《春秋》為孔子改定制度以教萬世之書』，還說『經世』不只是一種古代的理想，而且還在中國歷史上形成了一個悠久的思想傳統。他將黃宗羲、王夫之和馮桂芬視為試圖通過改制實現儒家經世理想的傑出的儒家學者。梁氏試圖說明的寓意是清楚的，即如果過去的一些傑出的儒家學者在經世理想的指導下已採納了改制主張，那麼處在一個危急時代的近代士紳為什麼不同樣這樣做呢？」〔註93〕可

〔註92〕墨子刻，擺脫困境——新儒學與中國政治文化的演進〔M〕，南京：江蘇人民出版社，1990：214。

〔註93〕張灝，梁啟超與中國思想的過渡（1897～1907）〔M〕，北京：新星出版社，2006：49～50。

見這一時期梁啟超雖然提出了諸如「人權」、「法制」、「新民」、「憲政」等西方文明的成果來用於支持他鼓吹的政治改良運動，但他的思想在本質上與晚清那些暢談經世致用理念的前輩們是一樣的，他雖然取法於西方文化，卻是不自覺地以中國傳統文化為本位，在傳統思想中尋找內在依據。如他認為中國古代早就存在類似西方的議院制機構，《洪範》《孟子》中所提到的「卿士」、「諸大夫」就類似於「上議院」，「庶人」、「國人」即下議院。他還運用孟子的「保民」言論來理解西方的「民權」思想，說：「孟子言民為貴，民事不可緩，故全書所言仁政，所言王政，所言不忍人之政，皆以為民也。泰西諸國今日之政，殆庶近之。」〔註94〕其文化觀明顯是以中學為主的文化調和主義。

梁啟超利用「文化價值的類比」為中國傳統文化進行辯解，將某些西方事物說成是中國古代早就已經存在的，將西方的某些價值觀念和思想偷偷嫁接進中國傳統歷史文化中，藉以為維新變法運動披上一件合理的外衣，這種想法和心情是可以理解的。然而事情的發展遠比想像的複雜，西學中源說的牽強和缺乏理論依據，再加之改造傳統文化遇到的巨大阻力，使梁啟超在思想文化上陷入了困境，這也可以說是 19 世紀末期絕大多數傳統知識分子的困境。

自 19 世紀晚期以來，中國在儒學經世致用思潮和「中體西用」洋務思潮的指導下積極進行了改革自救，但無一取得成功。可見單純地依靠中國固有的傳統文化來改良中國或者是把西方文明嫁接到中國這顆古老的大樹上來拯救中國的想法，都無法徹底的解決近代中國的問題。那麼中國傳統社會和文化在強勁的西方文明面前，如何才能維持其存在並保有鮮活的生命力呢？儒家經世致用思想中包含的那些文化價值和準則如果不再適應近代社會的發展，中國社會到哪裏去尋找更加合適的、有效的組織形式和管理原則呢？又或者西方強國的政治形式、組織原則和經濟理念，如何才能有效地融入中國社會呢？以梁啟超為代表的處於轉型時期的愛國知識分子，從未停止過尋找解決這些問題的方法和途徑。他們希望在古老的儒家經世致用傳統和近代新思想之間架起了一座橋樑，盡力彌合傳統思想和西學之間的文化割裂，推動著中國傳統社會不斷摸索著向近代化方向轉型和前進。從這一角度看，「儒家經世致用思想在晚清作為一種起作用的思想的重新出現，是梁啟超思想發展

〔註94〕梁啟超，讀孟子界說文集之三〔M〕//飲冰室合集：第 1 冊，北京：中華書局，1989：18。

的一個轉折點。因為這一理想不僅支配了對世界的態度，而且還決定了解決國家和社會問題的方法。」〔註95〕但是很遺憾，19 世紀末儒家經世致用思想遭受到嚴重的打擊和侵蝕，在近代西方文化的衝撞下，梁啟超他們將視線移向了異域文化，儒學的發展再一次受挫。

　　清光緒二十四年（1898）戊戌政變發生後，康有為、梁啟超被迫逃亡日本，「戊戌六君子」壯烈犧牲，維新思潮遭遇嚴重打擊。中華民國建立後，梁啟超逐漸淡出政壇，其學術研究中的政治色彩也日益減弱。1918 年底梁氏與友人受邀赴歐洲考察，目睹了一戰後歐洲的頹廢、衰落狀況，以及深入地瞭解了西方社會的問題和弊端後，梁啟超建議發揚光大本國固有的精神文化，號召青年們「要人人存一個尊重愛護本國文化的誠意」，並「要用那西洋人研究學問的方法去研究傳統文化」，「要發揮我們文化，非借他們的文化做途徑不可。因為他們研究的方法，實在精密。所謂『欲善其事，必先利其器。』」〔註96〕主張採用西學的科學研究方法，以西學為整合手段，對傳統文化進行改造和創新，並重新估價傳統文化在近代社會發展歷程中的作用和價值，期待經過改造以後的傳統文化尤其是儒學能夠擔負起重建世界文明的重任。此後梁氏對傳統文化的研究更加地熱衷和投入，他對王船山及其船山學的研究也漸趨於更加全面和理性。這一時期梁啟超研究王船山的最大特色是突出王船山的哲學思想，並運用西方的哲學研究方法詮釋船山學術，將船山學研究提升到了一個新的高度。具體表現在如下兩個方面：

　　首先，梁啟超運用西方哲學研究範疇將王船山和顧炎武的學術思想進行了詳實的比較。說：「吾於清初大師，最尊顧、黃、王、顏，皆明學反動所產也。……顧、黃、王、顏，同一王學之反動也，而其反動所趨之方向各不同，黃氏始終不非王學，但是正其末流之空疏而已。顧、王兩氏黜明存宋，而顧尊考據，王好名理。」〔註97〕梁啟超不僅肯定了兩人對王學末流的批評和修正的貢獻，還明確指出兩人學術特點的不同，一個「尊考據」，一個「好名理」，即便是在對王學的批判上，兩人也是各有所側重。梁啟超認為「船

〔註95〕張灝，梁啟超與中國思想的過渡（1890～1907）〔M〕，北京：新星出版社，2006：203。
〔註96〕梁啟超，歐遊心影錄專集之二十三〔M〕//飲冰室合集：第 5 冊，北京：中華書局，1989：37。
〔註97〕梁啟超，清代學術概論專集之三十四〔M〕//飲冰室合集：第 8 冊，北京：中華書局，1989：16。

山和亭林，都是王學反動所產生人物。但他們不但能破壞而且能建設。拿今
日的術語來講，亭林建設的方向近於『科學的』，船山建設方向近於『哲學
的』。而且「亭林極端的排斥哲理談——最不喜講『性與天道』。船山則不
然，一面極力提倡實行，一面常要研求最高原理。」〔註98〕梁啟超強調王船
山從「哲學的建設」方向開啟經世致用之路，比顧炎武更加注重學術和現實
的結合，對社會發展更具實際意義。另外梁啟超還將顧、王二人還歸類為「新
舊學派過渡者」，肯定了他們在明清之際學術思想轉變中所起的重要作用，
說：「嗚呼，吾論次中國學術史，見夫明末之可以變為清初，清初之可以變
為乾嘉，乾嘉之可以變為今日，而歎時勢之影響於人心者正巨且劇也，而又
信乎人事與時勢迭相左右也。自明中葉，姚江學派披靡天下，一代氣節，蔚
為史光，理想繽紛，度越前古。顧其敝也，撦拾口頭禪，轉相獎借，談空說
有，與實際應用益相遠，橫流恣肆，非直無益於國，而且蔑以自淑。逮晚明
劉蕺山證人一派，已幾於王學革命矣。及明之既亡，而學風亦因以一變。吾
略以時代區分之，則自明永曆即清順治以迄康熙中葉，為近世第一期。於其
間承舊學派之終者，得六人，曰孫夏峰、李二曲、陸桴亭、二張蒿奄、楊園、
呂晚村；為新舊學派之過渡者，得五人，曰顧亭林、黃梨洲、王船山、顏習
齋、劉繼莊；開新學派之始者，得五人，曰閻百詩，二萬充宗、季野、胡東
樵、王寅旭。自餘或傳薪，或別起，皆附庸也，不足以當大師，凡為大師十
有六人。其為學界蟊賊者得四人，曰徐崑山、湯睢州、毛西河、李安溪。今
以次論之。」〔註99〕梁啟超詳細概括了晚明心學向清初實學轉變的歷史軌
跡，肯定了顧炎武、黃宗羲、王船山、顏習齋、劉繼莊等明末清初思想家在
經歷了明王朝的衰敗和覆滅以後，深感陽明心學空疏誤國，痛定思痛將中國
傳統學術研究的風氣轉引向了經世致用的舉動。反動者同時既是先驅者，也
是創新者，是闖舊學而致新知的時代覺醒者。梁啟超站在近代社會發展演進
的角度，充分肯定了王船山等明末清初思想家治學講究實效、關注社會現實
的做法，認為他們是推動中國學術思想向前發展的進步力量，對同時代和後
世都產生了十分重要的影響。

〔註98〕梁啟超，中國近三百年學術史專集之七十五〔M〕//飲冰室合集：第10冊，
　　　　北京：中華書局，1989：75～79。
〔註99〕梁啟超，論中國學術思想變遷之大勢文集之七〔M〕//飲冰室合集：第1冊，
　　　　北京：中華書局，1989：77。

　　其次，梁啟超認為王船山的知識論在古代哲學家中是獨樹一幟的，可以
與西方哲學家笛卡爾、康德媲美。人的認知主體性的空前凸現是近代哲學的
一個重要特徵，梁啟超認為王船山在認識問題上，沒有沿襲程朱理學和陸王
心學的研究路數，而是另闢蹊徑以「實有」的物質世界為認識對象，開始突
破傳統道德倫理對認識論的束縛，積極探討人的認識和實踐的主體性原則，
把樸素唯物主義認識論這個哲學理論思維提升到了一個更高的水平。他說：
「夫之學問之博，和炎武不相上下，但他對於哲學有獨創的見解。向來哲學
家，大抵都是專憑冥想，高談宇宙原理。夫之所注重的問題是，『我們為什麼
能知有宇宙？』『知識的來源在那裡？』『知識怎樣才算正確？』他以為這些
問題不解決，別的話都是空的。這種講哲學法，歐洲是康德以後才有的。夫
之生在康德前一百年，卻在東方倡此論了。」〔註100〕梁啟超認為船山哲學中
對知識本質、知識來源的審查，達到了中國古代哲學研究的最高峰，趨向於
近代哲學啟蒙，而且王船山研究哲學的治學方法也超越了以往的學者。「西方
哲家，前此惟高談宇宙本體，後來漸漸覺得不辨知識之來源，則本體論等於
瞎說，於是認識論和論理學成為哲學主要之部分。船山哲學，正從這方向出
發。他有《知性論》一篇，把這個問題提出。」梁啟超的分析十分精準，王船
山從知識如何產生的角度來論述「性」這一概念，認為只知道事物的現象，
或者只知道事物的名稱，都不能說是真正瞭解此事物。王船山如是說：「言性
者，皆曰吾知性也。折之曰性弗然也，猶將曰，性胡不然也！故必正告之曰，
爾所言性者非性也。今吾勿問其性，且問其知。知實而不知名，知名而不知
實，皆不知也。言性者於此而必窮。目擊而遇之，有其成象，而不能為之名，
如是者於體非芒然也，而不給於用。無以名之，斯無以用之也。習聞而識之，
謂有名之必有實，而究不能得其實。如是者執名以起用，而芒然於其體，雖
有用，固異體之用，非其用也。夫二者則有辨矣。知實而不知名，弗求名焉，
則用將終絀。」王船山將人性論的形而上學問題轉移到認識論的方法論問題
上來，指出如果不先確定知識的來源問題和如何檢驗知識的問題，那麼關於
人性論的研究是永遠都不會得出正確的結論。要怎樣才能真正得到「知」
呢？那就必須做到：「問以審之，學以證之，思以反求之，則實在而終始得乎
名，體定而終伸其用。」即只有經過仔細的分析、研究，才能掌握「知」的本

〔註100〕梁啟超，明清之交中國思想界及其代表人物文集之四十一〔M〕//飲冰室合
　　　　集：第 5 冊，北京：中華書局 1989：32。

質和作用，並最終確定其概念。王船山還批判了浮屠、老莊、列子、告子、荀子等人對「性」和「知」的片面的理解和定義，《知性論》在中國古代哲學史上確實具有很高的學術價值。

梁啟超還從《正蒙注》及《思問錄》內篇等著作中，大量引用船山的哲學論點，來進一步闡述和分析王船山是如何將知識論和本體論結合起來的。梁啟超認為在對「知」的認識上，王船山排斥「唯覺主義」，強調「緣見聞而生之知非真知」，並且指出唯覺主義會導致兩種弊端——「流俗之徇欲者以見聞域其所知」和「釋氏據見聞之所窮而遂謂無」。另外梁啟超認為王船山對「但恃其虛靈之悟」的佛教哲理和空談心性的道學家所倡導的虛無主義也是持排斥態度的，「目所不見，非無色也；耳所不聞，非無聲也；言所不通，非無義也。故曰『知之為知之。不知為不知。』知其有不知者存，則既知有之矣，是知也。」最後，梁氏指出王船山哲學思想的核心是「實有主義」，他所認識的實體就是「人的心」，這是船山哲學本體論的重要依據。梁啟超根據自己的認識把船山哲學歸納為五個要點：

1. 他認「生理體」為實有。
2. 認宇宙本體和生理體合一。
3. 這個實體即人人能思慮之心。
4. 這種實體論建設在知識論的基礎之上，其所以能成立者，因為有超出見聞習氣的「真知」在。
5. 見聞的「知」，也可以補助「真知」，與之駢進。〔註 101〕

總之，在梁啟超看來，宋明學者都沒有注意到對知識本質、知識來源的審查，王船山的知識論和他的治學方法比宋明儒者健實多了，「其治學方法，已漸開科學研究的精神，嘗曰『天下之物理無窮，已精而又有其精者，隨時以變，而皆不失於正。但信諸己而即執之，云何得當？況其所為信諸己者，又或因習氣，或守一先生之言，而漸漬以為己心乎！』」〔註 102〕王船山既提倡身體力行，注重經世致用的實學研究，又深入探討世界的本原等最高原理建設，這在中國古代哲學史上是少有的，梁啟超稱讚他是「為宋明哲學闢一

〔註101〕梁啟超，中國近三百年學術史專集之七十五〔M〕//飲冰室合集：第 10 冊，北京：中華書局，1989：78。
〔註102〕梁啟超，清代學術概論文集之三十四〔M〕//飲冰室合集：第 8 冊，北京：中華書局，1989：15。

新路」「非朱非王，獨立自成一派。」〔註 103〕王船山不僅是一位擁有強烈愛
國主義情懷的儒者，還是一位在學術思想上和政治主張上都崇尚革故鼎新的
革新者，因而他的思想受到了梁啟超的重視和欣賞。梁啟超具有十分強烈的
民族主義情懷，曾說：「我自己常說：『不惜以今日之我去反對昔日之我』，政
治上如此，學問上也是如此。但我是有中心思想和一貫主張的，絕不是望風
使舵，隨機而靡的投機者。我的中心思想是什麼呢？就是愛國。我的一貫主
張是什麼呢？就是救國。我一生的政治活動，其出發點與歸宿點，都是要貫
徹我愛國救國的思想與主張，沒有什麼個人打算」，「我是一個熱烈的愛國主
義者，即說我是國家至上主義者，我也承認」。〔註 104〕

也正如郭沫若所評價的：「平心而論，梁任公地位在當時確實不失為一個
革命家的代表。他是生在中國的傳統帝制被資本主義衝破了的時候，他負戴
著時代的使命，標榜自由思想而與傳統的殘壘作戰。在他那新興氣銳的言論
之前，差不多所有的舊思想、舊風習都好像狂風中的敗葉，完全失掉了它的
精彩。二十年前的青少年——換句話說，就是當時有產階級的子弟——無論
是贊成或反對，可以說沒有一個沒有受過他的思想或文字的洗禮的。」〔註 105〕
梁啟超對宣傳維新思潮、倡導改良運動和推動中國近代化的活動充滿了熱忱，
也提出了很多新穎的主張和見解，這對渴望進步的年輕人起到了思想啟蒙的
作用。但另一方面梁啟超又大力提倡傳統文化，鼓吹「整理國故」，推崇儒學
品格，倡議將西方文化納入東方文化體系中，建構一種新的文化綜合體系。
在傳統文化日漸式微之時，梁啟超的這種中西文化調和觀，充分肯定了傳統
文化的價值和定位，對以後的學者和學術界起了披荊斬棘的開拓性作用，以
後的國粹派、現代新儒家等傳統文化本位主義者受其影響尤為明顯。

4.4　劉人熙積極弘揚王船山道德救世的理念

劉人熙（1844～1919），字艮生，號蔚廬，湖南瀏陽人，清末民初進步的
政治人士。其著述有《蔚廬劉子詩集》《蔚廬亥子集》《蔚廬文稿》《蔚廬劉子

〔註 103〕梁啟超，儒家哲學專集之一百三〔M〕//飲冰室合集：第 12 冊，北京：中華
　　　　書局，1989：62。
〔註 104〕李任夫，追憶梁啟超先生〔M〕，上海：上海人民出版社，1991：418。
〔註 105〕郭沫若，少年時代〔M〕//郭沫若文集：第 6 卷，北京：人民文學出版社，
　　　　1958：112。

文集》和《劉人熙日記》等，他的作品具有深沉的憂國憂民情懷，其拳拳愛國之心在著述中時常湧現。劉人熙深受湖湘文化的影響，在從政和治學的過程裏積極提倡經世致用精神，表現出強烈的社會責任感、歷史使命感。在探求學問和拯救時弊兩方面，劉人熙終身服膺王船山，並決心「廣船山於天下，以新天下。」〔註106〕曾賦詩說：「南嶽天下雄，船山名千古。未酬返日心，已闢群經府。中原王氣歇，生民遂乏主。瞿張濺熱血，志士心獨苦。夫之乃龍潛，超然顧黃伍。著書一萬卷，光芒動星晷。精神臭味閒，彌綸空虛處。咫尺隔船山，私淑倘心許。」〔註107〕

　　青年時期劉人熙熱衷於科舉，推崇時文對策，說：「僕六齡就傅，至二十四歲皆從事科舉之文，二十五歲北遊京師禮闈被放，始從事佛老之學，二十七始從事於程朱之學，此是平生一大轉關。」〔註108〕「所習者不過干祿文字而已，有以周程朱之說進者，則顰蹙終日，扞格而氣不寧，雖心不敢非之，亦不解其析理於毫芒。」〔註109〕後來朋友推薦他閱讀老莊浮屠氏之書，於是又沉溺於老莊、浮屠，「冀旦暮而吾學可成」，但在深入研究佛屠、釋老後，劉人熙感到「沉溺既久，而清夜平坦之間，或不能無愧於心」，要修身、養性、治學和治世還是非儒學不可，於是他由陽明而朱子直至最後寢饋於船山，其求學經歷曲折。「總角才名，藉甚鄉里，自膺鄉薦，奔走幽燕，與當世賢士大夫交，究心濂洛關閩之學，不復為制舉也。始則服膺於朱子，繼乃寢饋於船山，視時文不屑也。」〔註110〕他在詩中描述了這段心路歷程，說：「少年學文史，志必取公卿。冠蓋過閭里，出入有光榮。壯歲憂患餘，乃知外物輕。途窮思通軌，鄰里得友生。示我一卷書，能令盲者明。」〔註111〕王船山高尚的人格品行和淵博的學識，讓劉人熙在困頓、迷茫之時看到了希望，賦詩曰：「攬衣起彷徨，迷津渡無從。幸甜船山鼎，稍稍開屯蒙。」〔註112〕「屯卦」是下震上

〔註106〕劉人熙，劉人熙集〔M〕，長沙：湖南人民出版社，2009：347。

〔註107〕劉人熙，船山書院三里許，未之能遊，作詩頌之〔M〕//劉人熙集，長沙：
　　　　湖南人民出版社，2009：103。

〔註108〕劉人熙，續呻吟語蔚廬文集卷一〔M〕//劉人熙集，長沙：湖南人民出版社，
　　　　2009：224。

〔註109〕劉人熙，答友人問學書〔M〕//劉人熙集，長沙：湖南人民出版社，2009：
　　　　271。

〔註110〕劉人熙，蔚廬文稿敘〔M〕//劉人熙集，長沙：湖南人民出版社，2009：153。

〔註111〕劉人熙，劉人熙集〔M〕，長沙：湖南人民出版社，2009：23。

〔註112〕劉人熙，劉人熙集〔M〕，長沙：湖南人民出版社，2009：3。

坎，雷水交加，象徵著起始維艱，充滿艱難險阻之象。「蒙卦」上艮下坎，山水相循，象徵著啟蒙奮發的通達之象。兩卦相合起來，「屯蒙」不僅有蹇滯、困頓的含義，同時也隱含著無限的生機和勃發的希望。

王船山學術思想不僅給予了劉人熙思想啟蒙和前行的動力，還被劉人熙看作是「救時之良方」，他認為可以將船山學運用於改造社會和挽救日漸衰敗的世風道德中，起到拯救時弊的作用，劉人熙遂將研究和傳播船山學遂視為終身的職責。翻閱《劉人熙日記》（見《蔚廬亥子集》卷二）可以發現，從清光緒五年十一月（1879）至民國六年五月（1917），劉人熙在日記中，提到和閱讀船山著述的情況就達 48 處之多，另外在其他的詩文和發表的文章中也屢屢提到王船山及其船山學。尤其是晚年，更是將主要的精力都放在了籌建船山學社和創辦《船山學報》等活動上，他曾感慨地說：「可憐　卷船山學，壯年抄書到白頭。」劉人熙去世後，康有為挽劉人熙說：「吾徒有復生奇才，說經鏘鏘有聲，溯源知所至；鄉賢紹船山學術，高軒隆隆辱過，捧杖歎無緣。」〔註113〕友人陳嘉祐也輓聯稱讚說：「薑齋之傳，湘皋守闕，滌生起微，至先生而發揮光大其旨；些庵所遇，伯子雖文，道鄰能武，於晚年守顛沛流離以終。」〔註114〕在全面推動船山學發展的過程裏劉人熙的成績是斐然的，他既從學理上闡述和肯定了船山學在湖湘文化的歷史地位，又積極創辦社團和雜誌，廣為宣傳船山思想和湘學，極大地豐富和發展了船山學。他將船山學道德救世的觀念與現世社會相結合，積極倡導提高國民的思想道德素質，為民國求取健康穩定的社會環境而努力。具體來說他推崇和弘揚船山學可以從幾個方面來看：

首先，給予了王船山很高的儒學道統地位。劉人熙不僅沿襲了近代湖湘士子的共識，更是從儒學的道統觀出發，將王船山確定為朱熹以後，傳承理學的集大成者，鼓吹王船山已接近孟子的「亞聖」地位。他在日記中多次表達了這樣的看法，稱「自孟子以來，未有盛於王子者也。」〔註115〕「仲尼沒而微言絕，七十子喪而大義乖。正大義者，代有人焉。續微言者，子思子

〔註113〕康有為，挽劉蔚廬人熙〔M〕//杜常善，中國近現代名家名聯，鄭州：河南人民出版社，1999：181

〔註114〕陳嘉祐，挽劉蔚廬人熙〔M〕//吳恭亨，對聯話，長沙：嶽麓書社，2003：171。

〔註115〕劉人熙，劉人熙日記 1883 年 4 月 2 日〔M〕//王夫之，船山全書：第 16 冊，長沙：嶽麓書社，2011：875。

之後孟子，孟子之後程朱。自程朱以來，未有盛於衡陽王子者也。」〔註116〕
劉人熙給予王船山的高度讚揚不是簡單的盲從湖湘文人，而是建立在對船山
學術思想的深入學習和瞭解的基礎之上的，其日記中多次記載了閱讀《禮記
章句》《張子正蒙注》《四書訓義》和《讀四書大全說》等的情況。他還積極
致力於搜尋和刊刻船山遺著，並為重刻的船山遺著《四書訓義》作序。劉人
熙特別推崇《四書訓義》，認為這是一本「闡鄒魯之宏旨，暢濂洛之精義，
明漢唐之故訓，掃末學之秕糠，儒林鴻制，偉矣皇哉」〔註117〕的優秀著作。
他將《四書訓義》抄下來，寄給其弟，告誡說：「國家以經義取士，講章迭
出，大約不離帖括之習。若夫抉經之心，執聖之勸，未有若船山先生《訓義》
者也。先儒傳經者眾矣，至有宋諸賢出，乃並孔孟之所以致此者而得之，是
以大義立而微言彰也。船山此書，又並朱子之所以然者而得之，其示學者以
希聖之途，可謂披荊斬棘而由康莊矣。雖其間頗有異同，要為紫陽之諍友，
非若毛西河輩之攻擊不自量也。」〔註118〕他還將《四書訓義》推薦給學生
譚嗣同，要求譚「切己反躬」「能自治其喜怒哀樂」，〔註119〕期待將譚嗣同
培養成繼承「周孔之學」的棟樑之才。譚嗣同聽從了老師的建議，認真閱讀
《四書訓義》等船山著作，並逐漸改變了學術興趣，「由永嘉返濂洛」〔註
120〕。在與友人的信中，譚嗣同坦誠劉人熙對自己產生了重大的影響，說：
「既而薄上京師，請業蔚廬，始識永嘉之淺中弱植。」〔註121〕劉人熙還認
為王船山的《禮記章句》不亞於陳雲莊的《禮記集說》，完全可以成為地方
各級學校教授學子的教材。說：「船山先生《禮記章句》，因《大學》《中庸》
有朱子《章句》而作也。四十九篇皆以《學》《庸》為例，而《學》《庸》兩
篇則仍朱子之舊，略伸朱旨，名曰『衍』，示朱子所注已造其極，毋庸饒舌
云爾。此書取注疏之長而去其短，架陳雲莊而上之，他日當有列之學宮以代

〔註116〕 劉人熙，劉人熙日記1883年4月10日〔M〕//王夫之，船山全書：第16冊，
　　　　　長沙：嶽麓書社，2011：875。
〔註117〕 劉人熙，重刻四書訓義〔M〕//劉人熙集，長沙：湖南人民出版社，2009：
　　　　　312。
〔註118〕 劉人熙，鈔〈四書訓義〉數紙付家弟書〔M〕//劉人熙集，長沙：湖南人民
　　　　　出版社2009：274。
〔註119〕 譚嗣同，上劉蔚廬師〔M〕//譚嗣同全集，北京：中華書局1981：138。
〔註120〕 劉人熙，復譚生嗣同書〔M〕//劉人熙集，長沙：湖南人民出版社2009：285。
〔註121〕 譚嗣同，報劉淞芙書一〔M〕//譚嗣同全集，北京：中華書局1981：9。

雲莊書者。」〔註 122〕劉人熙盛譽王船山有孔孟的聖賢氣象說:「衡陽王子真
天人,遺書萬卷妙入神。自詡五百生名世,可有三千拜後塵。」〔註 123〕自
清光緒二年(1876),郭嵩燾向清廷呈遞《請以王夫之從祀文廟疏》開始,
湖南鄉紳就期望將王船山抬升為傳承儒學道統的聖哲賢儒,藉以重振湖湘地
域文化和理學學統。劉人熙在這方面也是不遺餘力地,所以在他的評價中不
乏「亞聖」「道統」「學宮」等詞語,充分肯定了王船山對儒學的傳承和開拓
做出的里程碑式貢獻,也蘊含了希望王船山獲得官方認可取得儒學正統地
位的想法。

其次,劉人熙十分推崇船山道德救世、倡議修身正己的思想,期望藉此
匡正世風禮教、道德習俗,改變國人精神頹廢的局面。王船山認為道德教育
可以培養人的品德和精神,可以淳化社會風氣,樹立良好的習俗。「詩書禮樂
之化,所以造士而養其忠孝,國家之楨幹者也,」〔註 124〕「國無教,不足以
化獷戾之俗。」〔註 125〕船山一生以捍衛儒學為己任,具有強烈的家國情懷,
他坎坷多舛的人生遭遇與明末民族危亡衰亂的社會際遇具有同質性、互通
性,他自覺地將家國、個體的命運聯為一體,對當時國家滅亡、民族衰敗、社
會腐化、學風墮落的社會局面,進行了深刻的批判和反思,突出強調個人德
行的好壞與國家命運息息相關,如果每個人都以積極的態度投身於救治社會
和振興國家的活動中,為國效忠,為國分憂,這樣國家的復興就大有希望。
他如是說:「盡己之理而忠,則以貫天下之理;推己之理而恕,則以貫天下之
情。推其所盡之己忠恕,則天下之情理無不貫也。」〔註 126〕還說:「夫人無日
不思濯其身,亦無日而不思濯其身乎!因積怠之餘而念前此之不可不改也。
苟於一日為知所未知,行所未行,而勉其始新之力,則此日之身心已別矣。
乃苟日新焉,而不容自己也;其繼也,承方新之氣,而知繼此之愈有其修也。
嗣是而日日焉,已知而更有所知,已行而更有所行,而承以常新之功,則日

〔註 122〕劉人熙,劉人熙日記 1886 年正月初二〔M〕//船山全書:第 16 冊,長沙:
　　　　嶽麓書社 2011:877。
〔註 123〕劉人熙,劉人熙集〔M〕,長沙:湖南人民出版社 2009:18。
〔註 124〕王夫之,讀通鑒論卷〔M〕//船山全書:第 10 冊,長沙:嶽麓書社 2011:
　　　　647。
〔註 125〕王夫之,讀通鑒論卷〔M〕//船山全書:第 10 冊,長沙:嶽麓書社 2011:
　　　　1147。
〔註 126〕王夫之,讀四書大全說〔M〕//船山全書:第 6 冊,長沙:嶽麓書社 2011:
　　　　818。

日之進修益盛矣。」〔註127〕劉人熙也十分強調道德上的日新，並對「日新之謂盛德」大加讚賞，認為道德本身是不斷發展變化的，人們應該在道德上不斷地追求和攀越，永遠不知滿足，自強不息，發奮有為，每天都要有新的進步，新的發展，生命不息，修養不止，這樣就能使自己達於完善的境界，成為真正有道德的人。

劉人熙生於清道光二十四年（1844），歿於民國六年（1917），正是中國社會最劇烈的社會轉型期，各種社會矛盾和社會問題異常尖銳，滿清政府對內嚴厲鎮壓農民運動，打擊進步力量；對外則妥協退讓，致使列強在中國肆意橫行，國人苦不堪言。及至辛亥革命，雖然推翻了腐敗的滿清王朝，但國人的生活和境遇卻沒有得到實質性的改善，在劇烈的社會變革之下，存在了數千年之久的社會秩序瞬間土崩瓦解，儒學受到了巨大的衝擊，傳統倫理道德和社會習俗也失去了規範、約束人們行為的作用。「傾側、構陷、鑽營之風大競」，面對混亂的社會狀態，劉人熙感到十分痛心，他認為出現如此糟糕的局面，都是由於「暴徒乘之爭權奪利，廉恥道喪」「附膻之徒，蟻聚蜂屯賄託鑽營之舊染仍未能一律滌除」。他借漢晉的覆亡強調了世風道德的重要性，說：「嗚呼，廉恥者，國家之元氣也。士大夫無廉恥，則夷狄盜賊女主之禍必烈，國未有幸存者也。……固無如此，成千成百，寡廉鮮恥之士大夫何也。覘國者見其上多負乘，百僚營營，白日奔競，則時事可知矣。又況媚夷狄以毒中國，為虎狼傅翼，則生民豈有幸哉！梅福掛冠而逃，董養升堂而歎，漢晉之亡決於此矣。」〔註128〕

劉人熙提出「非道德無以範圍人心」，即主張借復興傳統道德和思想文化，以救治日漸走向頹廢的社會風氣和世俗人心。王船山也認為：「匡維世教以救君之失，存人理於天下者，非士大夫之責乎？」〔註129〕即知識分子應該匡維世教、救君之失，對國家興亡擔負起應盡的責任。王船山還強調：「待一人以安危，而一人又待天下以興廢者也。唯至於天下之風俗波流簧鼓而不可遏，國家之勢，乃如大堤之決，不終旦潰以無餘。」〔註130〕王船山認識到整個社會的道德風尚建設和端正對國家有序發展及社會穩定有很重要的作用，

〔註127〕王夫之，四書訓義〔M〕//船山全書：第7冊，長沙：嶽麓書社2011：54。
〔註128〕劉人熙，讀史〔M〕//劉人熙集，長沙：湖南人民出版社2009：231。
〔註129〕王夫之，讀通鑒論〔M〕//船山全書：第10冊，長沙：嶽麓書社2011：1050。
〔註130〕王夫之，讀通鑒論〔M〕//船山全書：第10冊，長沙：嶽麓書社2011：202。

如果將治亂安危繫於君主一人，而忽視世風倫理道德的引導，就有可能導致社會人倫秩序的混亂，進而引起王朝的覆滅。下啟後賢，自濂溪以來，未能或之先也」〔註131〕，完全具備擔綱此挽救世風道德、淨化社會習俗的重任。「船山之學至今不能磨滅者，以義理之充足也；船山之人至今動人景仰者，以道德之高尚也。」〔註132〕而且「方今朝野周行，無真正豪傑，前途正未可知。亦冀傳播船山學說，為興起中國之種子。所可為者，如斯而已。」〔註133〕為此，劉人熙積極籌建船山學社，弘揚船山學術思想，他甚至寫信給副總統黎元洪申述船山學有助於挽救道德人心和維護社會穩定，希望政府能夠支持和援助船山學的傳播，他在信中說：「人熙念民國元氣，係在人心；人心不正，皆由國學之不昌。因組織船山學社，闡揚其大義微言，以津逮鄒魯。」〔註134〕「船山之學，通天人，　事理，而獨來獨往之精神，足以廉頑而立懦，是聖門之狂狷、洙泗之津梁也。」〔註135〕與劉人熙關係要好的船山學社同仁廖名縉在《船山學報》上也對王船山的道德救世思想作了深入細緻的分析，指出：「（王船山）先生著書行事之最足以拯救時弊者得四事，一曰礪廉恥，一曰明責任，一曰懲惛逸，一曰祛頑舊。……我輩今日以救時為目的，船山學說實目今救時之良方，蓋一代改革之初，武力所攝，廉恥道喪，正學淪淹，得志者多惛淫而逸樂，失志者率堅守以自全，古今雖異，其揆一也。」〔註136〕

　　總之，劉人熙對王船山的推崇是全面而深刻的，他贊許王船山：「躬間出之姿，續不傳之學，言大道則黜陸王而尊孔孟；語治術則抗伊呂而薄申韓。自漢唐以來，所尤折服而無間言者，尤推張子。開庶民之耳目，示後進之規矩，亦盛矣哉！《詩》曰：『高山仰止，景行行止。』雖不能至，心嚮往之矣。」〔註137〕他不僅把船山學看成是救世的有效途徑，廣泛宣傳和傳播，在日常生活中更是將王船山的倫理道德思想作為修身省察的準則，他十分欣賞王船山

〔註131〕 劉人熙，劉人熙集〔M〕，長沙：湖南人民出版社，2009：346。

〔註132〕 劉人熙，船山學報第一卷〔M〕，長沙：湖南師範大學出版社，2009：56。

〔註133〕 劉人熙，劉人熙日記〔M〕//王夫之，船山全書：第16冊，長沙：嶽麓書社，2011：879。

〔註134〕 梁紹輝，劉人熙與船山學社〔J〕，船山學報1986（2）。

〔註135〕 劉人熙，船山學報敘意〔M〕//劉人熙集，長沙：湖南人民出版社，2009：347。

〔註136〕 廖名縉，船山學報第一卷〔M〕，長沙：湖南師範大學出版社，2009：59～60。

〔註137〕 劉人熙，擇術篇〔M〕//劉人熙集，長沙：湖南人民出版社，2009：223～224。

安貧樂道、不慕富貴、不與世俗同流合污，堅持文化興邦，發憤著述的精神和信念。時常以王船山的話語作為自己的座右銘和警示語，提醒自己要時刻注重修身養性，不要成為逐利之徒。一次見同行謀得了一個好的職位，遂產生了羨慕之情後，劉人熙當即就用船山思想告警自己要潔身自好，說：「子貢貨殖，先賢謂少留情豐約之間耳。方外高僧謂不受錢者惟船山一漢，船山題之，則並不少留情豐約之間矣，庶幾顏子矣。吾輩不貪非義之富貴，而於可得者未忘焉，信乎船山之卓立千古不易及也。」〔註138〕這樣自勉的情況在他的日記中很多，如：「子細推勘，富貴利達之心不去，則必有時為物屈，難言浩然之氣矣。船山先生自信無合嶠癖，庶幾乎道矣。高山仰止，豈易言哉！書三賢贊。」〔註139〕他還明確強調說：「王子曰：『不以道用其耳目口體之能，而從嗜欲以沉溺不反，從記誦以玩物喪志，心盡於形器之中，小人之所以卑也。』」〔註140〕「道能物身，故大；不能物身而累於身，則藐乎其卑矣。物身者，以身為物而為道所用，所謂以小體從大體而為大人也，」〔註141〕王船山強調「小人」役於「物」而「大人」役於「道」，即是要求君子窮理精義，盡心知性，明乎道之所自出，而不要沉溺於功名利祿的追求中，確實算得上是傳統知識分子的榜樣。劉人熙不僅用王船山的人格精神和行為準則要求自己，也以此來指導實踐和衡量友人，他結交的朋友歐陽中鵠、涂啟先、王芝祥、譚嗣同、廖名縉等都是船山學的推崇者和踐履者，在他的周圍形成了一個學習和研究船山學術思想的團體，為王船山學術思想的弘揚起到了重要的作用，也為以後船山學社的建立奠定了堅實的基礎。

4.5 清末社會思潮變遷與王船山入祀孔廟

文廟即孔廟，公元前 478 年，魯哀公為表達對孔子去世的悲痛之情，將孔子故宅改作廟堂，首開中國文廟之濫觴。唐大曆十四年（779），唐玄宗追

〔註138〕劉人熙，劉人熙日記〔M〕//王夫之，船山全書：第 16 冊，長沙：嶽麓書社，1996：878。

〔註139〕劉人熙，劉人熙日記〔M〕//王夫之，船山全書：第 16 冊，長沙：嶽麓書社，1996：877。

〔註140〕劉人熙，劉人熙日記〔M〕//王夫之，船山全書：第 16 冊，長沙：嶽麓書社，1996：877。

〔註141〕王夫之，張子正蒙注〔M〕//船山全書：第 12 冊，長沙：嶽麓書社，1996：149。

祀孔子為「文宣王」，文廟開始以王制進行祭祀。元至大元年（1308），元武宗加封孔子為「大成至聖文宣王」，這一封號為以後歷朝所沿襲。明代文廟祭祀孔子禮儀進一步規格化、制度化。清光緒三十二年（1906），清廷將祭孔儀式由中祀升為大祀，祭孔規格達到了頂峰。文廟從祀制度則是指國家為了彰顯對孔子和儒學的尊崇，以孔門弟子及後世儒家聖賢附祭文廟，以達到強化思想統治和社會教化作用的一種禮儀制度。唐代以後開始以孔門弟子和一些歷代儒學大家附祀配享文廟，宋明以後這些配享的人不斷新增，孔廟的規模也逐步提升，明清時期達到頂峰，被稱為「國之大典」，到民國時期，從祀文廟的儒者已達到 162 人。許多王朝都把文廟作為彰顯國家崇儒重道的象徵，昭示了傳統社會對儒家文化的推崇與認同，要求京師國子監、省、府、州、縣學文廟，依照定制，廟內都要奉祀孔了，配享先聖及從祀先賢、先儒。

　　從祀制度代表了儒家道統的衍續，不僅祭祀孔子還祭祀儒家後學，但在選擇什麼樣的儒家後學可以獲得從祀殊榮的問題上，國家政治權力牢牢地掌握了話語權。從祀文廟是中國傳統社會裏給予儒學士子們的最高榮譽，但能否從祀，則受到學術流派、地域文化、政治勢力等很多因素的制約，將地方鄉賢升格為配享祭祀的國家大儒，是提高和強化地域文化的最有效、最快捷的手段，也是地方官員彪炳政績的一個佐證，歷朝的地方官員都比較熱衷於這件事，尤其是清政府為鞏固政權，控制輿論，在形式和規模上不斷強化文廟祀典制度，使得人們對從祀的關注度也不斷增加。王船山在沈寂了兩百多年後，逐漸走進了大眾的視野，隨著湘軍的崛起和湖湘士紳對王船山的推崇，湘籍官吏企盼王船山從祀文廟的心情越來越迫切。清光緒二年（1876），郭嵩燾首次上《請以王夫之從祀文廟疏》，此後幾番波折，直到清光緒三十四年（1908），才得到清政府的允准。圍繞著王船山是否夠資格從祀文廟的問題從朝廷至民間爭論歷時 30 餘年，這 30 多年恰好也是清王朝崩潰前的最後時光。從圍繞著是否從祀的爭論，位居晚清統治上層的理學經世派和保守派之間展開了激烈的論戰和辯駁，同時在社會上資產階級維新派、立憲派、革命派甚至普通民眾也都各抒己見，此時對王船山從祀問題的討論早已超出了思想文化的範疇，與社會時局的發展和社會思潮的演變緊密聯繫起來了。由此可見奏請船山從祀問題不僅僅反映出建構湖湘地域文化的問題，還折射出了清末社會思潮的演變歷程和政治勢力的激烈爭鬥以及清廷在最後苟延殘喘的時段裏為鞏固統治而被迫採取妥協的文化政策。

清光緒二年（1876），郭嵩燾向清廷呈遞的《請以王夫之從祀文廟疏》，首開倡議王船山從祀文廟先河。奏摺中對王船山的人格、氣節和學問都給予了高度評價，說王船山「篤守程朱，任道甚勇」「所著經說，言必徵實，義必切理，持論明通，確有據依。亦可想見其學之深邃。……其尤精者《周易內傳》《讀四書大全》，實能窺見聖賢之用心而發明其精蘊，足補朱子之義所未備。……其讀書養氣之功，涵養體驗，深造自得，動合經權。尤於陸王學術之辨，析之至精，防之至嚴，卓然一出於正，惟以扶世翼教為心。」〔註142〕很遺憾這次請祀很快就被駁回了。郭氏奏請王船山從祀文廟具有多重目的：一是希望通過從祀，將王船山從鄉賢升格為國家大儒，確立王船山儒學道統的地位；二是借從祀提高湖湘文化的地位，強化地域文化的力量；三是希望通過從祀，光大船山學明道救世，修身踐履，正人心，挽風俗的思想，重建傳統道德秩序，挽救晚清衰敗局勢。郭嵩燾請祀的時機正是理學經世思潮鼎盛發展和洋務思潮興起之時，崇尚理學經世思想的湘軍集團在咸同時期異軍突起，一舉平定了洪楊之亂，湖南的軍事地位、政治地位迅速得到提高，「清季以來，湖南人才輩出功業之盛，舉世無出其右」〔註143〕，更有「中興將相，什九湖湘」之盛譽。此時提議從祀文廟，顯示出湖湘士大夫們重振湖湘地域文化和理學道統的強烈願望，因為「一旦進入文廟，升格為國家正統儒學偶像，不僅標誌著其獲得作為象徵符號的正統性和權威性，將被作為理想行為規範而受到廣泛認同。而且通過將地方先賢請祀於文廟，也能夠有效地增加本區域在文化與象徵領域的優勢。因此，對聖哲賢儒祀典的愈發重視，決不單單是一個禮儀形式問題，而是折射著地方權力的張顯和各區域之間的競爭。」〔註144〕

分析郭嵩燾請祀失敗的原因，可以看到在晚清政府內部新舊思潮的鬥爭中，新思潮受到的打擊和挫折。郭嵩燾既是堅定的理學經世派學者，又是洋務思潮的先行者，在面臨兩次鴉片戰爭的打擊和太平天國的重創後，經世派和洋務派們對晚清社會的各種問題都做出了積極的反響和回應，他們關注現實社會，提倡務實精神，尤其是在西方近代科技的刺激下，他們積極鼓吹經

〔註142〕郭嵩燾，請以王夫之從祀文廟疏〔M〕//郭嵩燾奏稿，長沙：嶽麓書社，1983：352。
〔註143〕譚其驤，中國內地移民史湖南篇〔J〕，史學年報，1932（4）。
〔註144〕戶華為，船山崇祀與近代湖湘地方文化建構〔J〕，湖南大學學報（社會科學版），2003（6）。

世致用思想，主張在確保傳統政治制度和儒學價值體系的前提下，接納部分西學作為維護傳統統治秩序的輔助工具，創造了「中體西用」的思想模式，並由此演變成了鼓勵學習西方科技的洋務思潮和洋務運動。郭嵩燾是這股新思潮的早期倡議者，但這些主張和思想在開始出現時遭到的非議和質疑是很大的，即便是如曾國藩、左宗棠、李鴻章等雖然依靠顯赫的軍功獲得了朝廷嘉獎和社會褒揚，但仍然遭到清議派的排斥和嘲諷。19 世紀 70 年代的清廷內部占主導的仍然還是傳統的政治理念和意識形態，強調以維護程朱理學道統為己任，注重道德心性修養，反對理論上的創新和實踐。這批人自詡為理學主敬派，後來即衍化為洋務運動時期的保守派和維新變法時期的頑固派，很多時候他們標榜民族大義，自命清亮氣節，對西方文化持抵制和排斥態度，對經世派和洋務派倡議的改良主張肆意詆毀，可以說這是一群缺乏頭腦、標榜節義、自作高尚、顢頇無知的群體，是政治心態守舊、事功上禍國誤民的倒退落後勢力。可恰恰就是這樣的群體把持了晚清的朝政，倭仁、徐桐、李鴻藻等即為典型代表。至 19 世紀 60 年代後期，頑固派與經世派、洋務派的分歧日趨激化，幾乎是水火不容。在這種情況下，作為經世思潮和洋務思潮的倡導者和鼓動者，郭嵩燾倡議請祀王船山是十分的不合時宜。主持討論王船山從祀文廟一事的禮部尚書徐桐是頑固派的重要成員，《清史稿》說徐桐「守舊，惡西學如仇。門人言新政者，屏不令入謁。」〔註 145〕如此看來，徐桐否決郭嵩燾的奏摺，不過是自然而然的事了。這一點從郭嵩燾的奏摺中也可見端倪，直接斥責徐桐對他個人的偏見是導致禮部駁斥請祀的根本原因，「署禮部左侍郎徐桐以臣出使西洋，為清議所不容。所請應從駁斥，昌言於眾，遠據曾國藩序文內『醇駁互見』之言議駁。」〔註 146〕

在郭嵩燾請祀之前，最早提出王船山從祀問題的是曾國藩的好友歐陽兆熊，他建議曾國藩利用其禮部侍郎的身份，奏請王夫之從祀孔廟，但曾國藩在對請祀面臨的困難作了分析後，斷然拒絕了好友的倡議，說「王船山先生崇祀之說，忝廁禮官，豈伊不思惟近例由地方大吏奏請，禮臣特核准焉，不於部中發端也。而其事又未可遽爾，蓋前歲謝上蔡，今年崇李忠定，若復繼之，則恐數以見輕。且國史儒林之傳，崑山顧氏居首，王先生尚作第二人，他

〔註 145〕趙爾巽，徐桐傳〔M〕//清史稿：卷四百六十五．北京：中華書局，1976：
　　　　　12749。
〔註 146〕郭嵩燾，郭嵩燾全集：第 4 冊〔M〕，長沙：嶽麓書社，2011：836。

日有請顧氏從祀者，則王先生從之矣。大儒有靈，此等遲速蓋有數存，未可率爾也。」〔註147〕曾國藩拒絕的理由有三點，一是請祀的事情應該由地方官員奏請，他做不合適；二是這兩年已經有兩位儒者批准從祀，現在請奏操之過急，通過概率很小；三是在《儒林傳》中王船山排在顧炎武之後，社會影響力在當時還不夠。雖同為湘籍官吏，且同屬於理學經世派，顯然曾國藩晚期局勢、清廷內部的派系分歧和權力鬥爭等問題的分析和認識，比郭嵩燾跟全面和清晰些，他規避了風險沒有貿然前行。曾國藩提議將來等顧炎武請祀的時候，一併將王船山呈請，這個建議在最後竟然成為了事實，三大儒最後果然一起從祀了文廟。

　　清光緒二十年（1894），湖北學政孔祥霖轉呈在兩湖書院肄業的湖北優貢生王葆心、湖南廩生蔣鑫的呈詞上《擬請從祀文廟摺》，再次奏請船山從祀文廟。孔祥霖是山東曲阜人，由孔氏來請祀，也是為了規避反對派「一鄉阿好」的非難。奏摺中對王船山的評論除了重申郭嵩燾奏摺中的理由外，還針對禮部以往評價王船山「著述太繁，純駁互見」，給予了辯解，稱讚王船山完全符合從祀條件，即「闡明正學，傳授道統，學術精純，經綸卓越。」特別強調王船山傳承了張載學說，「其注釋《正蒙》，與《思問錄內外篇》，凡張子引而未發之義，皆疏通證明，使學者有所折衷。道學之傳，茲其嫡派乎。」還高度評價王船山「獨守正學以待來者，其功不在唐韓愈、元趙復下。」奏摺中列舉了乾隆、嘉慶以來碩儒名臣段諤廷、唐鑒、鄧顯鶴、曾國荃、曾國藩和吳廷棟等對王船山的論贊，以證明王船山對儒學的發展確實做出了很大的貢獻，是配得上從祀文廟的，「不登兩廡，實為缺典。」〔註148〕但國史館還認為王船山學說駁雜，其收入《四庫全書》的《春秋稗疏》，其言論「得失互見」。響應請祀的人寥寥無幾，孔祥霖的請祀也以失敗告終。孔祥霖的請祀奏摺和郭嵩燾的大同小異，缺乏新意和更強的說服力。孔氏上奏之時，恰逢甲午中日戰爭期間，此時理學經世思潮已漸入式微，湘軍集團的實力也大不如前，牛莊一役則標誌著湘軍歷史命運的終結。洋務派在歷經了中法戰爭和中日戰爭的打擊後，其勢力已如強弩之末，因此朝廷上響應孔氏的官吏不多。兩次請祀失

〔註147〕曾國藩，致歐陽兆熊〔M〕//王夫之，船山全書：第16冊，長沙：嶽麓書社，2011：557。

〔註148〕孔祥霖，擬請從祀文廟摺〔M〕//王夫之，船山全書：第16冊，長沙：嶽麓書社，2011：684～686。

敗明顯是受制於晚清以來新舊社會思潮的較量和鬥爭，除此之外還與晚清統
治階級內部各權力集團之間和各地域文化之間的爭鬥有密切關係。與王船山
同時被討論從祀文廟的，還有康熙年間的河南名儒張伯行，張准奏從祀，而
王船山則被拒絕，後來清廷又同意宋儒輔廣從祀兩廡，王船山仍舊被拒。這
讓郭嵩燾及其湖南鄉紳們更加感到失望和惆悵，這也從一個方面反映湖湘文
化在與其他地域文化的競爭中居劣勢地位。

　　清光緒三十三年（1907），御史趙啟霖上《請將國初大儒王夫之、黃宗羲、
顧炎武從祀文廟摺》。趙啟霖，湖南湘潭人，與船山先生是同鄉。這次奏請與
以往不同，是將三人捆綁一起請祀。這既反映了清末顧、黃、王三大家相提
並論的事實，又可以分散對王船山的攻擊，儘量規避重蹈前兩次請祀失敗的
風險，這次的奏請方式不啻是　個好的創意，趙啟霖請祀的理由與他的兩位
前輩郭嵩燾和孔祥霖所述差不多，主要都是從傳承儒學、維繫世道的角度來
說。在奏摺中趙啟霖將三人的學行與清初即獲從祀的孫奇逢、陸隴其、湯斌、
陸世儀、張履祥等人相提並論，認為三人「皆卓然無愧於從祀之典者」。他提
議從祀三人的目的就是要崇尚正學，「以樹薄海之儀型，俾遠近聞風者咸知以
希賢希聖為心，自不至畔道離經，蕩軼於禮法之外。於以敦崇正學，維繫世
變，裨益實非淺鮮。」後經過清廷多方商議和協調，終於在光緒三十四年（1908
年 9 月 27 日），上諭正式批准王夫之、黃宗羲、顧炎武三人「均著從祀文廟」，
至此，湖湘士大夫們幾十年的努力終於達成夙願，王船山由鄉賢升格為國家
大儒，受到儒學士子的膜拜和敬仰。然這次請祀也非一帆風順，因為請祀涉
及三個人，支持者和反駁者的範圍無形之中就擴大了很多，彼此之間的爭論
也更加複雜和激烈。再者，當時正值資產階級革命思潮蓬勃發展之時，顧、
黃、王已經被立憲派、革命派和國粹派等資產階級知識分子塑造成了具有進
步思想的愛國學者，因此社會上對請祀活動的議論和質疑也此起彼伏。如國
粹派干將黃節就批判清末的請祀活動純粹是一場鬧劇，是清政府「借前人以
為傀儡而徇其一時之智術而已」。「以三先生之心志而論，則皆不願為二姓之
臣民，夫以其為明之職官也，而位置於國朝儒者之次，則其名為失實；以其
自稱為明臣也，而祀之以國朝儒者，則其鬼亦不歆。……嗚呼！然則今日之
尊三先生者毋辱之，斯可矣。」〔註 149〕康有為則認為黃宗羲是立憲制的鼓吹

〔註 149〕黃節，明儒王船山黃梨洲顧亭林從祀孔廟論//國粹學報：第 7 冊〔M〕，揚州：
　　　　廣陵書社 2006：3073。

者，而革命派代表章太炎則直接抨擊請祀活動，就是清政府「收拾人心計」
〔註150〕採取的伎倆，不值一提。

　　圍繞請祀問題，各家各派意見不一。清廷此時為什麼會同意從祀請求呢？
這與清末社會時局的變化和社會思潮的演變有著密切的關係。清光緒二十六
年（1901）《辛丑條約》簽訂後，清政府淪為了列強統治中國的工具，國勢大
衰已無可救藥，各階層有識之士都在積極探索救亡圖存的道路，各種社會思
潮風起雲湧，繼洋務思潮、維新思潮之後，先後興起了立憲思潮、民主革命
思潮、無政府主義思潮等，變革社會的主張和建議也紛紜湧現。清政府面臨
著「異端」百出、「聖學」陵夷的危機，為進一步加強思想文化控制，維護其
「正學」權威，光緒三十三年（1907），孔廟被升格為大祀，「改覆黃瓦，樂用
八佾，增《武舞》」〔註151〕，與祭天、太廟等最高等級的祀典等同，統治者對
文廟祀典的重視和規格提升，絕不僅僅是尊儒崇賢這麼簡單的原因，還包含
了清政府借抬高歷代忠臣的儒學地位以示尊孔，通過尊孔以起到強化忠君愛
國觀念和鞏固統治的作用，這應該才是清末強化祀典的最終目標。趙啟霖在
奏摺中對三儒的評論，切合了清廷挽救衰敗局勢的需要，奏摺中指出當時中
西思潮交匯，學說紛雜，必須樹立聖儒典型，以有利於世教風化，「請將國初
三大儒從祀孔廟，以光道學而崇國粹，恭摺仰祈聖鑒事。竊維時勢變遷而日
新，聖道昭重而不敝，自中外交通，學說紛雜，後生昧於別擇，或至輕詆國
學，自忘本源，欣逢皇太后、皇上崇儒重道，千載一時，升孔廟為大祀，以樹
圭臬，風聲所被，海內威凜，然於聖教之尊，其關係世道人心，至遠且大矣……
請旨令其一併從祀孔廟，膺兩府之典禮，即以樹薄海之儀型，俾遠近聞風者
咸奉知以希賢希聖為心，自不至畔道離經，蕩軼於禮法之外。於以敦崇正學，
維繫世變，裨益實非淺鮮。」〔註152〕此次請祀活動，偏離了傳承儒學學統和
道統的軌道，轉換成了將顧、黃、王三人當成一個整體，重新進行包裝和詮
釋，將他們描繪成了符合近代社會發展的歷史符號，企圖為搖搖欲墜的清末
政治統治服務。這也從側面反映出了在清末社會思潮紛紜迭變的過程中，面

〔註150〕章太炎，王夫之從祀與楊度參機要//章太炎政論選集：上冊〔M〕，北京：中
　　　　華書局 1977：426。
〔註151〕趙爾巽，清史稿卷84//禮志三‧吉禮三‧先師孔子條〔M〕，北京：中華書局
　　　　1976：2537。
〔註152〕趙啟霖，請三大儒從祀摺//王夫之，船山全書：第16冊〔M〕，長沙：嶽麓
　　　　書社，2011：781～782。

對新思潮和新文化的衝擊，部分官吏和士大夫被迫作出的適應社會變革的改變，即主動對代表上層建築的思想文化體系作出改造以適應近代社會的發展。

　　歷經三十多年，王船山被改造成為捍衛道統、傳承儒學的正統知識分子的象徵，進入到儒學的最高殿堂，這既完成了許多湖湘官紳的夙願，也進一步推動了船山學在全國的傳播和發展。但事情的發展往往是不以人的意志為轉移的，清政府努力將王船山等人塑造成了儒學聖賢，期望能夠在社會風氣和世俗教化上起到強化統治的作用，然清廷走向瓦解的命運是不可改變的，任何的做法都是垂死掙扎，於崩潰結果是徒勞無益。朝堂上激烈的從祀爭論，引起了社會上和學術界對三大儒的關注和興趣，擴大了他們在近代的影響。王船山的排滿思想、顧炎武的郡縣論和黃宗羲的反對君主專制思想，遂成為了資產階級革命派宣傳革命排滿的理論武器，三大儒實實在在地成為了推翻清政府的號召力量和精神動力，為近代新思潮的蓬勃發展和資產階級革命事業創造了條件。

第5章 民主革命思潮中船山民族主義思想的詮釋

　　19 世紀末到 20 世紀初，王船山著述中蘊涵的「夷夏大防」和「光復漢族」等思想，成為資產階級民主革命派宣傳民族、民主革命的有力思想武器。其中當以章太炎以及國粹派最為典型，他們倡導的用「國粹激動種性，增進愛國的熱腸」，借鑒船山學宣揚革命排滿思想，喚醒國人救亡圖存的愛國意識。而劉人熙則不僅「廣船山於天下，以新天下」，還創立《船山學報》和船山學校，有計劃、有組織地從事船山學的推廣和研究，對近代船山學的發展做出了不可磨滅的貢獻。在這一階段，受西方文化思潮的影響，近代學者開始採用西方的研究方法對船山學進行梳理，考察這一時期的船山學史，再現了近代知識分子在中西、新舊的文化夾縫之中積極尋找出路的矛盾和彷徨，也揭示了傳統文化在近代轉型的艱難歷程。

5.1 民主革命思潮興起

　　19 世紀末 20 世紀初期，「亡國滅種」的陰霾籠罩在神州大地上，振興中華，改造中國的呼聲相較於往日更加急切和高漲。「人民之生計從此日蹙。國勢危急，岌岌不可終日。有志之士，多起救國之思，而革命風潮自此萌芽矣。」〔註1〕在孫中山、黃興、宋教仁、蔡鍔、章太炎、劉師培、蔡元培、楊毓麟、馬君武、秦力山、禹之謨、譚人鳳等革命志士和思想家的推動下，民

〔註1〕中國近代史資料叢刊，辛亥革命一〔M〕，上海：上海人民出版社，1957：9。

主革命思潮蓬勃發展起來。推動這一革命思潮轟轟烈烈前進的大旗是民族主義思想，「民族主義思潮是近代中國思想領域的一個強光點，也是攝取並折射那個時代雷電風雲的一面聚光鏡。從某種程度上說，這一思潮因其漫長的流程和廣闊的流域，它幾乎就是一部濃縮別裁了的中國近代史或思想政治史。」〔註2〕很快，民主革命思潮取代維新思潮成為了中國社會又一股進步的思想潮流，它以激烈兇猛的聲勢衝擊著舊思想、舊秩序，指導國人掀起了一場聲勢浩大的反侵略反傳統革命運動，掀開了中國歷史新的一頁。革命派充分利用人民的民族情緒，將傳統民族主義中的種族民族主義思想，亦即「華夷之辨」觀念和「非我族類，其心必異」思想發揮到了極致，他們利用和發揮明末思想家們的學術思想，積極鼓動和宣傳民族革命情緒，將顧炎武、黃宗羲、王船山等明末大儒的思想重新進行了詮釋，使之成為近代政治思想之濫觴。顧炎武說：「有亡國，有亡天下。亡國與亡天下奚辨？曰易姓改號，謂之亡國；仁義充塞，而至於率獸食人，人將相食，謂之亡天下。……自正始以來而大義不明，遍於天下。是故，知保天下，然後知保其國。保國者，其君其臣、肉食者謀之；保天下者，匹夫之賤與有責焉耳矣！」〔註3〕亡國只是一姓之政權的更替，是政治上的概念；而亡天下則是衣冠盡喪，是數千年的綱常倫理失範，是思想文化和精神道德上的重大事情。連做人的基本準則都失去了，人都不能稱之為人了，這是一個多麼危險和悲哀的事情。顧炎武從文化的角度闡釋了民族主義情緒，痛斥了明朝滅亡的悲憤，滿洲是夷狄之邦，清朝的興起明顯是以夷變夏的巨大恥辱，因此每一個華夏子民都有責任奮起抗爭，這就是通常說的「天下興亡，匹夫有責」。明末大儒們與近代資產階級革命思想與運動的開展之間產生了緊密的聯繫，在反對傳統專制主義、倡導民族主義、復蘇傳統思想文化和抵制西方文明衝擊等方面都起到了不可估量的作用。

伴隨著民主革命思潮的興盛，船山學在近代得到了進一步的發展。王船山豐富的民族主義思想資源對反抗外族入侵，實現民族獨立，起到了重要的精神動力作用，孫中山曾經在許多場合提到自己的民族主義思想是秉承了我先輩意願，說：「余之民族主義，特就先民所遺留者發揮而光大之，且改良其

〔註2〕唐文權，覺醒與迷誤——中國近代民族主義思潮研究〔M〕，上海：上海人民出版社，1993：1。

〔註3〕顧炎武，正始//日知錄集釋〔M〕，上海：上海古籍出版社，2006：756。

缺點。」在《中國同盟會本部宣言》中他更是將王船山等志士仁人贊為民族
復興的思想旗幟，說：「維我黃祖，桓桓武烈，戡定亂裯，實肇中邦，以遺孫
子。……故老遺民如史可法、黃道周、倪元潞、顧炎武、黃宗羲、王夫之諸
人，嚴《春秋》夷夏之防，抱冠帶沉淪之隱，孤軍一族，修戈矛於同仇，下筆
千言，傳楮墨於來世。或遭屠殺，或被焚毀，中心未遂，先後殂落。而義聲激
越，流播人間，父老遺傳，簡在耳目。」〔註4〕在孫中山後來提出的十六字政
治綱領中，也可見其鮮明的傳統民族主義成分。普通民眾對於「創立民國」
或「平均地權」可能不太理解，但「驅除韃虜，恢復中華」一語，則如晴空之
霹靂，振人心弦，故此「排滿革命、光復舊物便迅速成為國人的共識」〔註5〕。
這種基於歷史記憶的傳統民族主義宣傳，在民眾中產生了十分強烈的反響，
清末知識分了將近代民族主義理論與中國傳統的政治思想資源、歷史記憶聯
繫起來，積極宣傳革命排滿思想，起到了很好的效果。

　　章太炎說：「王而農著書，一意以攘胡為本。」儼然將王船山描繪為「民
族主義之師」，稱「清之際，卓然能興起頑懦，以成光復之績者，獨賴而農一
家言而已矣。」〔註6〕另外蔡鍔、鄧實、劉師培、黃節、楊毓麟、楊昌濟、章
士釗等亦深受船山民主主義思想的影響。蔡鍔認為王船山尚武的精神是推動
自己投身民主革命的動力，說：「吾間嘗讀王船山氏《黃書·宰制篇》，深喜中
國尚有具野蠻之體系，而富於尚武之精神者。」〔註7〕劉師培模仿《黃書》而
撰寫的《攘書》，即意在宣傳反清的民族革命思想，闡述「垂攘狄經，寓保種
之義，排滿之志」〔註8〕，他高度稱讚王船山夷夏大防的思想，說：「王船山
先生有言，夷狄之於中國，厥類均也，中國不自畛絕夷則地裂矣。大哉言乎！
可謂識華夷之別矣。」〔註9〕章士釗對王船山的民族主義思想也極至推崇，
說：「船山之史說，宏論精義，可以振起吾國之國魂者極多。故發願申說，以

〔註4〕孫中山，中國同盟會本部宣言〔M〕//國父全集：第一冊，臺北：中央文物供
　　　應處，1981：776。
〔註5〕馮天瑜，中國近世民族主義的歷史淵源〔J〕，武漢：湖北大學學報（哲學社會
　　　科學版），1994（4）。
〔註6〕章太炎，重刊船山遺書序〔M〕//王夫之，船山全書：第16冊，長沙：嶽麓
　　　書社，2011：441。
〔註7〕蔡鍔，採王船山成說證中國有尚武之民族〔M〕//船山全書：第16冊，長沙：
　　　嶽麓書社，2011：839。
〔註8〕劉師培，與端方書〔M〕//劉申書遺書補遺，揚州：廣陵書社，2008：110。
〔註9〕劉師培，攘書//劉申書遺書〔M〕，南京：鳳凰出版社，1997：632。

告世之不善讀船山之書，深辜船山之意者」〔註10〕，章士釗以解讀與引申王船山的學說、觀念而撰寫成《王船山史說申義》，文章以船山學中蘊含的種族革命思想為其思想核心，注重從民族情感、歷史記憶的角度來解讀船山學說。章氏在文中的每段後面還加了按語，稱「亡國多才，自古已然。王船山者，亡國之一國民也，故其言皆亡國之音，所說多亡國之協，今繹其義，可得而言」。文中還大量引用王船山原文，旨在昌明排滿革命思想，闡述夷夏之辨和弘揚國魂、國粹之義。章氏甚至不無溢美地說：「辛亥革命以前，船山之說大張，不數年而清室以亡。」〔註11〕楊昌濟就直接將王船山的傳統民族主義轉化為現代的愛國主義，說：「船山一生卓絕之處，在於主張民族主義，以漢族之受制於外來之民族為深恥極痛，此是船山之大節，吾輩所當知也。今者五族一家，船山所謂外來民族如英法俄德美日者，其壓迫之甚非僅為漢族前日所經驗，故吾輩不得以五族為一家，遂無須乎民族主義也。」〔註12〕歐陽祖經注解《黃書》，在序中說：「近數十年來，仁人志士，赴義若渴，視死如歸，以肇造我民國，蓋亦明末諸遺老之精神旁皇淪浹之所致。」〔註13〕戴傳賢在《重刊船山遺書序》說：「自明之亡，愛民憂國之士發憤為學，欲以繼往開來之業，成繼絕舉廢之功，船山先生其最著者也。」表彰船山學術精義，以及「評佛學，評西洋天文數學諸作」，為「中華固有民族文明」，且有「超越世界學術之志」〔註14〕。高旭評價王船山的著述是「最憐遁世遺民，字字傷心故國」，〔註15〕還說：「船山先生在明末四大儒中，文章斷推為第一。就其一人之文論之，論著為上，詞次之，而詩最下。其詞自有一種哀音，較之後唐主李煜正相仲。……然豈但文章而已矣，其天經地義之談，足以垂萬古而不朽矣」〔註16〕。如此多的革命派人士將船山思想演繹為反清鬥爭的武器，將王

〔註10〕章士釗，王船山史說申義//王夫之，船山全書：第16冊〔M〕，長沙：嶽麓書社，2011：827。

〔註11〕章士釗，疏〈黃帝魂〉//船山全書：第16冊〔M〕，長沙：嶽麓書社，2011：830。

〔註12〕楊昌濟，世界主義與國家主義//王夫之，船山全書：第16冊〔M〕，長沙：嶽麓書社，2011：816。

〔註13〕歐陽祖經，王船山黃書注//王夫之，船山全書：第16冊〔M〕，長沙：嶽麓書社，2011：444。

〔註14〕戴傳賢，重刊船山遺書序//王夫之，船山全書：第16冊〔M〕，長沙：嶽麓書社，2011：442。

〔註15〕高旭，高旭集〔M〕，北京：社會科學文獻出版社，2003：568。

〔註16〕高旭，高旭集〔M〕，北京：社會科學文獻出版社，2003：623。

船山作為中華民族人格象徵加以褒揚，這在古代思想家中實屬罕見。然結合清末的時代背景來看，這又是中華民族偉大復興之路的必然。辛亥革命的志士們極力標榜華夏裔胄、炎黃子孫的血脈和身份，通過弘揚傳統文化、闡發學術思想的方式宣傳夷夏大防和種族革命，希望藉此激發國民的民族情感和愛國情懷。

正如楊毓麟在《新湖南》中說的：「王船山氏平生所著書，自經義、史論以至稗官小說，於種族之戚、家國之痛，呻吟嗚咽，舉筆不忘，如盲者之思視也，如痛者之思起也，如瘖者之思言也，如飲食男女之欲一日不能離於其側，朝愁暮思，夢寐以之。雖以黃梨洲之剛俠，至其沉酣沒溺，持此為第一義諦，為畢生歸根立命之所，或尚未之及。」〔註17〕《新湖南》稱得上是 20 世紀初革命人士中將西方近代民主政治思想論述得最全面、最深刻的文章之一，文中如此褒揚王船山於種族、家國的悲戚之情和以種性作為安生立命第一要義的激進觀點，這對推動船山學的傳播起到了非常好的作用。「辛亥革命結束千年之君政，遠於始皇之統一。辛亥思想則完成明清發動之思想轉變，其內容之精彩亦無愧於先秦。茲舉章炳麟以說明，其謂種姓為文化之基礎，則引申王船山之論，一掃傳統之文化民族觀念。其論至為明快。」〔註18〕王船山無疑是一位堅定的民族主義者和偉大的愛國主義思想家，「船山所揭櫫不僅為兩千年中最徹底之民族思想，亦為空前未有最積極之民族思想也。」〔註19〕他藉「春秋大義」而捍衛華夏文明，表達了對祖國最為深沉的摯愛之情，他的著作《黃書》《讀通鑑論》和《宋論》在近代受到了青年人和革命者喜愛，尤其《黃書》以種族為界限闡發民族光復思想，成為清末倡議革命排滿愛國思想論叢中的代表作。

《黃書》中不僅謳歌了漢族始祖黃帝的偉大功績，而且強調華族和夷狄之間有著不可逾越的界限，書中如是說：「人不自畛以絕物，則天維裂矣。華夏不自畛以絕夷，則地維裂矣。天地制人以畛，人不能自畛以絕其黨，則人維裂矣。是故三維者，三極之大司也。」〔註20〕其中提到華夏民族如果不與夷狄劃清界限，「地維」就會斷裂，換句話也就是會導致社會混亂和失

〔註17〕楊毓麟，新湖南//王夫之，船山全書：第 16 冊〔M〕，長沙：嶽麓書社，1996：806。

〔註18〕蕭公權，中國政治思想史〔M〕，北京：新星出版社，2010：626。

〔註19〕蕭公權，中國政治思想史〔M〕，北京：新星出版社，2010：423。

〔註20〕王夫之，黃書//船山全書：第 12 冊〔M〕，長沙：嶽麓書社，2011：501。

序，甚至導致戰亂。可見華夏和夷狄之間之間必須要有嚴格的「種類」畛域界限，而為了劃清和保障彼此之間的界限，王船山決然提出「故聖人先號萬姓而示之以獨貴，保其所貴，匡其終亂，施于孫子，須於後聖，可禪，可繼，可革，而不可使夷類間之。」〔註 21〕其對「夷夏大防」的堅決態度是基於明亡的慘痛教訓，近代辛亥革命的志士們接續其精神，倡導革命排滿，於是掀起了鼓吹國粹、國魂和尊黃的熱潮，《黃書》無疑是這股思潮中的一面鮮豔的旗幟。正如黃節所述：「條別宗法，統於黃帝，以迄今日，以述吾種人興替之跡。」〔註 22〕他更表彰王船山說：「衡陽王氏當有明鼎革，抱種族之痛，發憤著書，乃取軒轅肇紀，推所自出，以一吾族而統吾國。」〔註 23〕王船山「尊黃攘夷」的民族思想在近代成為了漢民族主義者的共識，這對於清末文化民族主義、種族民族主義、政治民族主義的形成和發展都產生了不可估量的影響，它有力地喚醒了國人救亡圖存的意識，推動了革命排滿思想的傳播。然而，從另一方面而言，清末知識分子在傳承中國傳統思想的同時，由於時代和自身的侷限性，對傳統思想資源造成一定程度的誤讀與曲解。其一，為了革命發展的需要，他們對於「民族主義」「革命」等政治理論的概念分析都具有學理性分析不足、激進色彩過於濃厚的特點。民族主義是清末革命思想的重要內容但知識分子在進行宣傳的時候往往被狹隘的大漢族主義所裹挾。

5.2 國粹派對船山思想的弘揚和詮釋

甲午戰後，文化民族主義在中國受到較廣泛的青睞，這是受國際文化現象深刻影響的結果。「伴隨著現代化由西方向全世界推進，每個地區、每個民族的現代化過程幾乎都表現為對西歐近代文化的普遍價值既吸呐又排拒的雙向對流過程。西方和非西方皆出現了形式上反現代化而在實際上成為促成各民族文化現代化的一個重要方面軍——以認同、回歸民族文化傳統為特點，表面上排拒，實際上吸納西方近代化的某些重要價值的文化思潮。典型的代表人物有德國浪漫主義思想家與文化民主主義思想家哈曼、謝林、赫爾德和

〔註21〕王夫之，黃書//船山全書：第 12 冊〔M〕，長沙：嶽麓書社，2011：530。
〔註22〕黃節，黃史總敘//國粹學報：第 3 冊〔M〕，揚州：廣陵書社，2006：404。
〔註23〕黃節，黃史//國粹學報：第 3 冊〔M〕，揚州：廣陵書社，2006：419。

耶拿大戰以後的費希特，英國的柏克、卡萊爾，俄國的陀思妥耶夫斯基，印度的辨喜、古斯、依克巴、泰戈爾、甘地，中國的辜鴻銘、吳宓、梅光迪與後期的梁啟超、梁漱溟、張君勱、熊十力、馬一浮，以及他們的前驅章太炎，日本的岡倉覺三、北一輝、和辻哲郎、西田幾多朗，及非洲、中東的某些學者。」〔註24〕在面對近代化和社會轉型面前，世界各國都面臨著相似的問題，即在近代化的滾滾大潮中如何實現各民族的近代化，又如何繼續保持民族文化的獨立性和價值體系。中國的文化民族主義倡導憑藉中國的傳統思想、歷史和文化，努力增強國人的民族自豪感和自信心，從而起到加強民族凝聚力和宣揚愛國主義的作用。將弘揚傳統文化和國民革命運動結合在一起做得比較好的學術團體非國粹派莫屬。1904 年冬，鄧實、劉師培、黃節等人在上海成立了「國學保存會」，次年初創辦了《國粹學報》，標誌著國粹派的崛起。國粹派的出現突出地反映了國人體認傳統文化的普遍心理，他們以「研究國學，保存國粹」為宗旨，基本口號是「學亡則國亡，國亡則亡族」，基本思路是以保文化來救國家、救民族，以國粹為立國之根本源泉，鼓動國人要明白「愛日以學、讀書保國」的道理。鄧實在《國學保存會簡章》中明確說：「同人設國學保存會於黃浦江上，綢繆宗國，商量舊學，抒懷舊之蓄念，發潛德之幽光；當滄海之橫流，媲前修而獨立。蓋學之不講，本尼父之所憂，《小雅》、《書》盡廢，豈詩人之不懼，愛日以學，讀書保國，匹夫之賤，有責焉矣。」章程聲稱要以「保種、愛國、存學」為職志，反對醉心西學、歐化中國，積極要求復興中國傳統思想文化，倡議加深對國民傳統文化和傳統歷史的宣傳及教育，以增強國人的家國認同感，實現文化救國的目的。「國粹派對社會進化、工業化與文化價值和道德理性的背反，表示了困惑和不安。他們從歷史、語言、文化與種族的具體而特殊的關係出發，界定『中國性』，探尋文化價值之源。他們的思考，不僅成為 20 世紀文化保守主義的濫觴，而且成為包括胡適、魯迅、顧頡剛、郭沫若等在內的各派學者的思想資源之一」。〔註25〕國粹派的人數具體有多少今天已經難以考證，從現有的資料顯示，當時給《國粹學報》撰稿的人達到 60 多位，保留下來的國學保存會會員名單顯示會員有 20 多位，〔註26〕這些會員絕大部分都是辛亥革命時期的著名團體同盟會、光復會

〔註24〕艾愷，文化守成主義〔M〕，臺北：臺北時報出版社公司，1986。
〔註25〕郭齊勇，現當代新儒家學思潮研究〔M〕，北京：人民出版社，2017：7。
〔註26〕鄭師渠，思潮與學派〔M〕，北京：北京大學師範出版社，2005：143。

和南社的成員，具有激進的愛國情結和強烈的民族意識，積極從事著民族復興的革命工作；再者這些成員雖然普遍接受了近代西方教育，但基本上又深受傳統文化的薰陶，稱得上是舊學根柢深厚的學者，因此國粹派的愛國性和革命性都是毋庸置疑的，可以肯定這是一個主要由新型知識分子構成的愛國的文化團體，章太炎、劉師培、鄧實、陳去病、黃節、黃侃、柳亞子、馬敘倫、黃賓虹、馬君武等都是這個團體的健將。

堪稱國粹學派干將的章太炎，是一位具有強烈社會責任感和文化擔當意識的學者。1906 年他出獄後赴日，在東京留學生中成立「國學講習會」，章自己擔任主講。後又成立「國學振起社」，任社長，成員有錢玄同和魯迅兄弟等。另外章太炎、劉師培還改變《民報》編輯方針，使之變成深奧的國學刊物。章太炎將自己的存亡與聖人道統和國故民紀的絕續聯繫在一起，認為上天託付了他復興國粹的大任，如果傳統文化斷絕在他的手中，那就是極大的罪孽，他曾自負地說：「上天以國粹付余。自炳麟之初生，迄於今茲，三十有六，鳳鳥不至，河不出圖，惟余亦不任宅其位，翳素王素臣之跡是踐，豈直抱殘守闕而已？又將官氣財物，恢明而光大之。懷未得遂，累於仇國，惟金火相革歟？則猶有繼述者。至於支那閎碩壯美之學，而遂斬其統緒。國故民紀，絕於余手，是則余之罪也」〔註27〕章太炎以狂傲的口吻表達了傳承和接續民族優秀文化傳統的歷史使命感。他對「國粹」做了具體的解釋，說：「國粹即歷史，這個歷史，是就廣義說的，其中可以分為三項：一是語言文字，二是典章制度，三是人物事蹟。」〔註28〕章氏所闡釋的國粹是一種廣義的中國歷史文化概念，包括歷史、小學、典章、制度，人物事蹟等多方面，這些東西是華夏族先民們長期創造和積累下來的傳統文化的精粹部分，尤其以小學和歷史為最重要，是「中國獨有之學，非共同之學」〔註29〕，「學習它們，至少可以培養出一種自覺心，自覺到漢族始終是一個連續體，不可切斷，並自覺到漢族在所以種族中的特殊性，而且足以紺合整個民族，激勵使用同一語言並擁

〔註27〕章太炎，癸卯獄中自記//章太炎全集：第 4 冊〔M〕，上海：上海人民出版社，
　　　　1985：144。

〔註28〕章太炎，東京留學生演說辭//章太炎政論選集：上冊〔M〕，北京：中華書局
　　　　1977：276。

〔註29〕章太炎，章太炎先生答問//章太炎政論選集：上冊〔M〕，北京：中華書局，
　　　　1977：259。

有共同歷史記憶者團結在一起。」〔註 30〕因此弘揚國粹，恢復漢族的歷史記憶，是與漢民族的靈魂適時相契合的，這對於近代實現國家獨立和民族復興是十分重要的。章氏繼續解釋說，「近來有一種歐化主義的人，總說中國人比西洋人所差甚遠，所以自甘暴棄，說中國必定滅亡，黃種必定剿絕。因為他不曉得中國的長處，見得別無所愛，就把愛國愛種的心，一日衰薄一日。若他曉得，我想就是全無心肝的人，那愛國愛種的心，必定風發泉湧，不可遏抑的」〔註 31〕，章太炎雖然有點誇大民族文化在近代民族國家形成中的作用，但從一定意義上說民族文化近代化確實也是近代民族國家形成不可或缺的一環，用一句話概括國粹派的目的就是「用國粹激動種性，增進愛國熱腸。」〔註 32〕

國粹派提出的復古與守舊的傳統士大大頑固地維護舊傳統有本質的區別，在中國面臨民族危機和文化危機雙重打擊的時候，他們站在新興資產階級的立場上，提倡復興傳統文化，具有積極的意義。他們從挽救民族危亡、建立獨立自主的國家的角度出發，對近代中國社會和中國文化民族性問題進行的反思和探索是深刻的。「國學保存會的國學觀是近代民權思潮和國粹保存思想的交融產物。」〔註 33〕因為：「國粹者，立國之根本也。國粹亡，而種且將不保，何有於國？」〔註 34〕

國粹派的學者們有一個共同的治學特徵，即都熱衷於從古代「良意美法」中尋找為近代「革命光復」事業服務的思想理論武器，在對傳統文化的重新篩選和有選擇性的汲取時，他們中的許多人不約而同地將目光放在了王船山身上，對船山學表現出了濃厚的興趣。細究國粹派學者推崇王船山的原因，與王船山早年抗清的經歷、晚年的遺民風範以及倡議夷夏大防思想和推崇扶長中夏的治學精神等等有密切關係，王船山和船山學在許多方面契合了國粹派和近代民主革命的需求。具體表現在以下幾個方面：

〔註 30〕 王泛森，中國近代思想與學術的系譜〔M〕，長春：吉林出版集團有限責任公司，2011：101。
〔註 31〕 章太炎，東京留學生演說辭//章太炎政論選集：上冊〔M〕，北京：中華書局，1977：276。
〔註 32〕 章太炎，東京留學生演說辭//章太炎政論選集：上冊〔M〕，北京：中華書局，1977：272。
〔註 33〕 王東傑，國學保存會和清季國粹運動〔J〕，四川大學學報（哲社版）1999（1）。
〔註 34〕 雷鐵崖，南華醫院之善舉//雷鐵崖集〔M〕，上海：華中師範大學出版社，1986：338。

　　首先，船山學契合了國粹派從傳統思想文化角度出發拯救中國的思考和探索。20世紀初西學逐漸泛濫，全盤西化的呼聲不斷高漲，國粹派堅持傳統歷史文化在近代社會發展上的作用，十分難得。近代中國社會革命的任務主要是反封建和反侵略，但在很大程度上人們將反封建等同於反傳統，這就導致了對傳統思想文化的抨擊和清理，成為近代革命不可或缺的一個環節，傳統文化在近代遭遇了史無前例的批判。與此同時中國還興起了一股提倡全面學習西方，全盤否定傳統文化的思想文化運動，即「新文化運動」。對傳統文化的猛烈抨擊和全盤否定，極大地制約了傳統文化尤其是儒學在近代的發展，導致了傳統文化在近代的衰落和缺失，直接造成了國人精神上的頹廢和迷茫，面對強勢的西方文化和反傳統，中國原有的存在了數千年的傳統生活秩序和社會習俗被打亂了，傳統的道德價值觀念、倫理觀念和認知結構等被認為不合時宜而遭到了猛烈的批判，國人的自信心和自尊心受到嚴重打擊。對傳統文化的質疑，使得中華民族的向心力和凝聚力也急劇下降。國粹派敏銳地察覺到一旦傳統文化被消滅，中華民族面臨的就不僅僅是亡國之痛，很有可能就是民族消亡的滅頂之災，這局面將是無法想象的。黃節就認為，文化是一個國家、一個民族的精神支柱和靈魂所在，「學亡則亡國，國亡則亡族」，這樣的歷史教訓在世界歷史上比比皆是，印度、波蘭就是例證，「昔者英之墟印度也，俄之裂波蘭也，皆先變亂其言語文學，而後其種族乃凌遲衰微焉。」它們的亡國都是從先被摧毀了民族文化，泯滅了民族特性開始的，今天在印度的很多地方都「無復有文明片影留曜於其間，則國學之亡也」，因為「立乎地圜而名一國，則必有其立國之精神焉，雖震撼攙雜，而不可以滅之也。滅之則必滅其種族而後可；滅其種族，則必滅其國學而後可。」〔註35〕

　　國粹派十分關注傳統文化在近代的生存和發展際遇，積極倡導文化救亡的重要性。他們重新審視和看待中國傳統歷史文化，期望中國傳統的道德價值觀和悠久的歷史文化能夠感召國人，進一步激發國人潛藏的愛國情懷。換句話說，也就是希望從傳統文化中尋找到推進社會進步的精神動力和拯救國家民族的理論武器，為創建一個迥異於西方的獨立富強的國家提供思想上和理論上的指導。為此，諸子百家和歷朝歷代的學者、醇儒們都受到了國粹派的熱捧，而明清之際富有民本啟蒙色彩、強調反清的種族主義思想和抨擊君主專制思想的學者更是國粹派推崇的對象。國粹派發起者鄧實就說：「吾聞泰

〔註35〕黃節，國粹學報敘〔M〕//國粹學報：第3冊，揚州：廣陵書社，2006：7。

西學者，創一學說，則全社會為之震動，而其終卒能倡造社會，左右政界。……明之季，國既亡矣，而北有夏峰、習齋，西有二曲，東南有亭林、梨洲、船山，皆思本所學以救故國，著書立說哭告天下，而天下之人不應，漠然若毋動其中，其言不用，而神州遂至陸沉。夫使數君子之學得以見施於時，則亭林鄉治之說行，而神州早成地方自治之制；梨洲原君原臣之說昌，則專制之局早破；船山愛類辨族之說著，則民族獨立之國久已建於東方矣。是故數君子之學說而用，則其中國非如今之中國可知也。惜其學不用，乃以成此晚近衰亡之局，而反以無用誣古人，古之人不更悲乎？」〔註36〕王船山作為明清之際的大儒自然也受到國粹派的關注和重視，《國粹學報》刊載了王船山先生像和《像贊》，表彰王船山的遺民風範和學術特點，詩曰：「衡山萬仞靈秀儲，篤生先生鴻達儒。五經便便邊讓徙，講學直欲希橫渠。惓懷故國心不渝，孤忠復興湘累俱。漆室感事發長吁，《黃書》一篇經國模。制宰任官良策抒，攘狄大義《春秋》符。西臺遊記晳井書，翮羽所南德不孤。」〔註37〕黃節在《國粹學報》上連載了其創作的《黃史》，從所取之名就明顯看出受王船山的影響。黃節在文中不僅詳細記敘漢族的歷史起源、歌頌漢族先祖們的功績和宣揚漢族與其他少數民族的鬥爭史，還極力推崇德國學者提出的「民族帝國主義」思想，認為民族主義是實現國家獨立和構建新興國家的第一重要條件。他猛烈批判了中國古代泯滅民族主義和種族主義的歷史人物和王朝，對王船山提出的君主「可禪、可繼、可革，而不可使異類間之」的民族主義思想給予了高度的稱讚，說：「吾讀舊史四千年來，其心於種族之變遷與其盛衰大概者，為二子之書而已，悲夫船山有言：可禪、可繼、可革，而不可使異類間之。悠悠日月，今何時興，逝不可追矣。」〔註38〕《黃書》猶如一篇民族宣言，踔厲風發，激起了國粹派的鬥志和愛國熱情，他們將王船山尊黃攘夷的民族思想加以改造，巧妙地融入到了保存國粹和反清排滿的革命活動中，為資產階級革命高潮的到來創造了條件。

　　其次，王船山的人格精神和情操契合了國粹派反清排滿的革命需要。國粹派為適應資產階級革命的需要，積極致力於挖掘和宣傳具有愛國主義情懷和堅貞民族氣節的歷史人物，培養民眾的民族主義情結，王船山在這方面堪

〔註36〕鄧實，國學無用辨〔M〕//國粹學報：第 7 冊，揚州：廣陵書社，2006：3048。
〔註37〕佚名，國粹學報：第 1 冊〔M〕，揚州：廣陵書社，2006：45。
〔註38〕黃節，黃史〔M〕//國粹學報：第 3 冊，揚州：廣陵書社，2006：405。

稱表率。王船山堅稱自己為「明遺臣」，其墓誌銘刻：「有明遺臣行人王夫之字而農葬於此，……幸全歸於茲丘，固銜恤於永世。戊申紀元後三百年十有年月日。」墓誌銘最可留意的是「全歸」和「戊申紀元」。《大戴禮·曾子大孝》上說：「天之所生，地之所養，人為大矣。父母全而生之，子全而歸之，可謂孝矣；不虧其體，不辱其身，可謂全矣」。儒學十分重視身體，將其視為孝的一個重要內容。《禮記·祭義》強調：「身也者，父母之遺體也。行父母之遺體，敢不敬乎？」華夏民族的血脈就是通過一代代的子孫，連綿不斷地傳遞下來的，從更深層次的意義上說，這傳遞的又豈止是身體？蘊含於身體和思想裏的有別於其他族類，且彰顯華夏民族特性的思想、文化和習俗也隨著血脈一併傳遞給了華夏子孫，因此儒學的「全歸」思想從本質上看是一種種族主義思想。清初薙髮令是對儒學「全歸」思想的致命打擊，這是清廷為達到徹底地征服漢民族，消滅反清排滿力量而採取的極端措施。為保留自己儒者的尊嚴和躲避剃髮易服，王船山不惜改名換姓，藏匿於鄉野荒山，蓄髮明志。而「戊申紀元」，則是明朝開始的時間，即洪武元年。王船山在紀元上如此煞費心思，可以想象其孤傲獨行的遺民情懷，即便是死後也寧願做亡國的孤臣，而不想與滿清有一絲關係。

受王船山人格和情操影響的國粹派人士不在少數，例如章太炎屢次提及幼年時跟從外祖父朱有虔學習，老人常給他講述「夷夏之防同於君臣之義」的道理，其《自定年譜》載：「以明、清遺事及王而農（夫之）、顧寧人（炎武）著述大旨相曉，雖未讀其書，聞之啟發。」〔註39〕後來其父在臨終時又留下遺言，要求「歿皆用深衣斂，無如清時章服。」〔註40〕章氏家族在清代已經傳承了七八代，仍然要求以明代葬禮入土，這種根深蒂固的儒家傳統習俗，直接開啟了章太炎對傳統民族意識的認識。章氏後來多次提及幼時受到的傳統民族主義啟蒙教育說：「兄弟少小的時候，因讀蔣氏《東華錄》，其中有戴名世、曾靜、查嗣庭諸人的案件，便就胸中發憤，覺得異種亂華是我們心中第一恨事。後來讀鄭所南、王船山兩先生的書，全是那些保衛漢種的話，民族思想漸漸發達。」〔註41〕章氏加入同盟會，反清排滿的意識愈加濃烈，

〔註39〕湯志鈞，太炎先生自定年譜〔M〕//章太炎年譜長編，北京：中華書局，2013：4。

〔註40〕湯志鈞，章太炎文錄續編卷四〔M〕//章太炎年譜長編，北京：中華書局，2013：10。

〔註41〕章太炎，東京留學生演說辭〔M〕//章太炎政論選集：上冊，北京：中華書局，1977：269。

他憤然剪掉了象徵滿清統治的髮辮，在當時堪稱一偉大壯舉，令人欽佩。及至章氏去世時留下的遺言仍是要保持民族氣節，「若異族入主，務須潔身」，其拳拳愛國之心昭然於世，可與王船山媲美。

國粹派的另外一位重要代表劉師培，其祖父劉毓崧和伯父劉壽曾受聘於曾國藩，參與了《船山遺書》的編纂工作，故而儀徵劉氏與船山學可以說是淵源頗深。劉師培對船山學的認識比其先輩們更加深刻和貼近現實。他的《王船山先生的學說》中說：「我恐怕中國的人，不懂王先生的意思，所以把王先生的學說，一層一層的講出來，給你們列位看看，教你們把王先生所說的話，一樁一樁的實行，我們的中國，就可以起光復軍了。」〔註 42〕更有甚者，他還將自己的名字也改為「光漢」，即取「攘除清廷，光復漢族」之意。劉師培先後加入了光復會、同盟會、國學保存會等反清組織，成為一名激進的資產階級革命人士。關於船山學對劉師培的影響，錢玄同如是說：「自庚子以後，愛國志士憤清廷之辱國，漢族之無權，而南朝巨儒黃梨洲先生詆排君主之論，王船山先生攘斥異族之文，蘊埋已二百餘年，至是復活。愛國志士讀之，大受刺激。故顛覆清廷以建立民國之運動，實為彼時代最重要之時代思潮。劉君於癸卯年（1903）至上海，適值此思潮澎湃洶湧之時，劉君亦即加入此運動。於是續黃氏《明夷待訪錄》而作《中國民約精義》，續王氏《黃書》而作《攘書》。」〔註 43〕劉師培把傳統文化打扮成了他鼓吹的近代民族資產階級學說，以適應革命的需要。還有柳亞子也多次賦詩表彰王船山說：「自昔湘中產奇士，三閭而後又薑齋」、「七尺從天乞活埋，中興辛苦待薑齋」。柳氏更明確稱讚王船山的民族主義思想說：「湖南者，民族主義之出產地也。……明既亡矣，王船山著書立說，乃力陳夷夏之防，為世昭鑒。曾靜、周華，汲其餘波，猶足使偽酋惶誠，淵源信有自哉！」〔註 44〕1937 年日本發動全面侵華戰爭後，柳亞子蟄居在上海租界中的寓所，杜門謝客，以王船山「七尺從天乞活埋」自勉，自題寓廬為「活埋庵」。黃節在《明儒王船山黃梨洲顧亭林從祀孔廟論》中，高度讚揚了王船山、黃宗羲和顧炎武三人的高尚節操，說：「三先生生當晚明，躬遇國變，高蹈不仕，完發以終，語其志節何讓仁山？語其

〔註 42〕劉師培，王船山先生的學說〔M〕//劉申叔遺書補遺，揚州：廣陵書社，2008：123。

〔註 43〕錢玄同，劉申叔遺書〔M〕//劉申叔先生遺書序，南京：鳳凰出版社，199。

〔註 44〕柳亞子，湘獄〔M〕//王夫之，船山全書：第 16 冊，長沙：嶽麓書社出版，1996：857。

道德學術，則位之兩廡誠無愧色。」同時還辛辣地抨擊請祀活動純粹是一場
鬧劇，是清政府「借前人以為傀儡而徇其一時之智術而已」，因為清廷「不正
其名，乃奪其生前之志節」〔註45〕，對明末三位大儒來說從祀簡直就是一種
侮辱，而且「以三先生之心志而論，則皆不願為二姓之臣民，夫以其為明之
職官也，而位置於國朝儒者之次，則其名為失實；以其自稱為明臣也，而祀
之以國朝儒者，則其鬼亦不歆。……嗚呼！然則今日之尊三先生者毋辱之，
斯可矣。」〔註46〕還有鄧實也著《明末四先生學說》，直接表彰了顧炎武、黃
宗羲、王船山和顏習齋四位儒者淵博的學識、經世致用的學風和反抗滿清的
高尚氣節。他說：「四先生亦學而已矣，學經世救時實用之學，以維世變，以
明大義，傳千秋之正誼，待一治於後王。固欲讀書不報國，憂時講學陳古諷
今，著書見志，以救斯世之變，而使之不變者也。是故其言用其言學，則用以
救一時之變，其言不用其學不行，則用以救萬世之變……四先生之堅貞大節
照耀人目，遺書晚出大義日昌，而炎黃遺胄皆得食四先生學術之賜，其有功
於神州不亦大乎？」〔註47〕

再者，王船山夷夏之辨的種族主義思想是國粹派弘揚傳統文化和宣傳反
清排滿運動的有力思想武器。「夷夏之辨」並非王船山首創，但他將這種思想
發揮到了極致，借夷夏大防思想強烈表達了對滿清入主中原的不滿和憤怒，
故這也成為了王船山學術思想的一大特點。正如他所說：「夷狄者，殲之不為
不仁，殺之不為不義，誘之不為不信。何也？信義者人與人相與之道，非以
施之夷狄者。」〔註48〕甚至主張「不以一時之君臣，廢古今夷夏之通義」，把
夷夏大防看得高於一切的種族觀念，以及他的「華夷論」和「攘夷說」，從理
論上否定了清王朝統治的正統性和合理性，成為國粹派宣傳革命排滿的重要
理論源泉之一，甚至成為近代資產階級民族主義思想的直接理論來源之一。
黃節充分吸取了這方面的思想精髓，他把國粹主義與民族主義密切聯繫在一
起，創作了《春秋攘夷大義發微》，借辨析《春秋》攘夷大義，闡明了夷夏大

〔註45〕黃節，明儒王船山黃梨洲顧亭林從祀孔廟論//國粹學報：第 7 冊〔M〕，揚州：
廣陵書社，2006：3073。
〔註46〕黃節，明儒王船山黃梨洲顧亭林從祀孔廟論//國粹學報：第 7 冊〔M〕，揚州：
廣陵書社，2006：3073。
〔註47〕鄧實，明末四先生學說//國粹學報：第 5 冊〔M〕，揚州：廣陵書社，2006：
1456～1457。
〔註48〕王夫之，讀通鑑論，王夫之，船山全書：第 10 冊〔M〕，長沙：嶽麓書社出
版，2011：155。

防的民族主義思想。文中批判了董仲舒違背春秋大義的做法，說：「自董生繁露，援據於邲之戰，謂晉變而為夷狄，楚變而為君子，以為春秋無通辭，從變而移，於是春秋華夷之限，遂至大潰。」〔註 49〕黃節運用史實充分論證了辨明夷夏之辨的必要性，指出正是因為長期以來部分學者對春秋大義錯誤的解析和偷樑換柱，對後世貽禍無窮，導致了華夏民眾對夷夏之辨的認識也出現了問題。步入近代，辨夷夏之防對於解決內憂外患尤為重要，「於茲十年，世變益大，而國恥所叢，人事所敝，靡不由於經誼弗明，邇者泰西民族主義，洶洶東侵，於是愛國之士，輒欲辨別種族，而先行於域內，則涉於政治者亦間有一二。然斯誼弗明，為舉世所駭，其中於事實必無成，蓋宜也，況又有不審乎時與位，張大同之說，以為之助者。」〔註 50〕馬敍倫，也十分贊同「夷夏之辨」，在論述國家、種族的關係時，強調必須辨別種姓，知其利害，並且認為只有漢民族才有資格管理國家，夷狄只能處於被統治的地位，他如是說：「國之遠本在種姓，近本在政教，其必種姓同一，其國固久。故冠弁、衣錦、器用、俎豆而祭立尸，此諸夏之俗而九夷同焉，然不以九夷混諸夏也。居處巢穴，葬無封樹，此夷狄之俗，而諸夏之上世，與之倫，然不以諸夏亂夷狄也，知此者，可與言立國者。⋯⋯故聞以諸夏統夷狄，而未聞以夷狄馭諸夏。何也？冠雖敝不施於足，履雖新不加於首。」〔註 51〕王船山著《黃書》，從哲學與歷史的高度，詳細地分析了漢民族政權興衰治亂的原因，旨在「哀其所敗，原其所劇，⋯⋯矯其所自失，以返黃帝之區畫」〔註 52〕，表達了「攘除異族，扶長中夏」的強烈願望。劉師培模仿《黃書》，創作《攘書》，也是旨在倡導民族革命，為強調「夷夏大防」論點，宣傳「非我族類，其心必異」的革命排滿思想，他還著《辨滿人非中國之臣民》一文，旁徵博引，以論證「滿族入關二百餘年，立其朝者，雖深頌虜首盛德，然咸知滿人非中國人。」〔註 53〕

〔註 49〕黃節，春秋攘夷大義發微〔M〕//國粹學報：第 5 冊，揚州：廣陵書社，2006：2171。

〔註 50〕黃節，春秋攘夷大義發微〔M〕//國粹學報：第 5 冊，揚州：廣陵書社，2006：2177。

〔註 51〕馬敍倫，嘯天廬政學通義〔M〕//國粹學報：第 3 冊，揚州：廣陵書社，2006年：316～317。

〔註 52〕王夫之，黃書·後序〔M〕//王夫之，船山全書：第 12 冊，長沙：嶽麓書社出版，2011：539。

〔註 53〕劉師培，辨滿人非中國之臣民〔M〕//劉申叔遺書補遺，揚州：廣陵書社，2008：572。

文中觀點正確與否值得商榷，但可見劉師培革命的決心和勇氣。總之，為了喚醒民眾的愛國主義情緒和消弭西方文化的強勢欺凌，國粹派的學者們積極致力於重新詮釋傳統文化尤其是儒學，努力挖掘其中蘊含的適應近代社會發展潮流的社會價值和道德價值，彰顯傳統文化獨特的無法被取代的特徵。

學術與國家、民族的關係向來為讀書人所關注，但中國歷史上從未有一個時期像清末民初之時這樣將學術與國家、民族的存亡聯繫得如此緊密。無論是維新派、立憲派、國粹派還是革命派，他們在倡導社會改良或革命活動的時候，對傳統文化都持肯定的態度。他們清楚只有瞭解本國的歷史文化和國情，熟悉傳統文化，才能尋求到民眾的支持，才有希望實現中國社會的偉大變革。因為「我國有四千年的歷史，從前創業的艱難，歷代人群的進化，種族如何競爭，風俗如何沿革，一民族的特質怎樣可貴，必須詳詳細細把舊書看得清楚，然後才曉得我這中國著實可愛的地方。但光是愛他也不行。如今要亡國了，必須如何去救護他。救護中國必從改革社會下手，於是又須在本地方調查了社會許多情形，又調查了許多舊書，研究社會的歷史，然後才能下手去改革他。」〔註 54〕近代國人不僅要考慮中國社會向何處去的問題，還要更深層地思索中國傳統文化在近代如何存在的問題，「中國自古以來，亡國之禍迭見，均國亡而學存。至於今日，則國未亡而學先亡。故近日國學之亡，較嬴秦蒙古之禍尤酷……學亡則一國之政教禮俗均亡；政教禮俗均亡，則邦國不能獨峙，其國必亡，欲謀保國，必先保學。」〔註 55〕傳統文化的傳承與國家、民族是生死與共的，這是以學問為歸依的讀書人面對空前嚴重的社會危機和民族危機所作出的自然反應，也是其繼承往聖先賢之道而表達出的終極關懷之體現。國粹派基於這樣的國情提出了復興古學，但他們也並非是簡單的恢復和提倡傳統文化，他們結合近代社會的變化和發展，積極地吸取西方文化的養料，有意識地剔除傳統文化中的瑕疵，追求「融會中西」，賦予傳統文化現代的價值。他們希望通過對傳統文化的重新詮釋，使傳統文化在近代盛開出適合時代需要的文化之花，以開拓中國傳統文化的新局面。「國粹派的所謂古學復興，歸根結蒂，其在實踐上最終是表現為推動傳統學術向近代

〔註 54〕林獬，論國民當知舊學//辛亥革命前十年間時論選集：第一卷〔M〕，北京：三聯書店，1977：906。

〔註 55〕鄧實，擬設國粹學堂啟〔M〕//桑兵，國學歷史，北京：國家圖書館出版社，2010：89。

化的轉換。」〔註 56〕國粹派都是有較深國學造詣的知識分子，但另一方面，同時他們又接受了近代西方先進思想，傾向於在中國建立近代民主制度，可以說：「國粹派集革命派與學者於一身，作為革命派，他們更擅長借助中國的歷史與文化為反滿革命醞造激情；作為學者，他們既不同於往昔的儒者，更看重民族的文化傳統。國粹派是庚子後國人重新審視中西文化的產物，也是辛亥革命風潮湧動的結果。所以，在一定程度上可以說，晚清國粹派的崛起，從一個角度相當鮮明地彰顯了 20 世紀初年中國社會政治、文化變動及其相互交感的時代品格。」〔註 57〕

5.3　章太炎對王船山「夷夏大防」思想的借鑒和闡發

章炳麟（1869～1936），原名學乘，字枚叔，後易名為炳麟。又因欽佩明末思想家顧絳（即顧炎武）而改名為絳，號太炎，故世人稱之為「太炎先生」，浙江餘杭人。章太炎是近代中國著名的經學家和思想家，也是同盟會的主要成員和辛亥革命的重要領袖之一。民族主義在某種程度上是 20 世紀初年「中國近代史上一個重要的主導力量」〔註 58〕。作為革命排滿的一面旗幟，民族主義為許多的愛國志士所接受，無論是維新派、立憲派、革命派亦或是國粹派都對民族主義各執一詞。章太炎既是革命派的代表，又是國粹派的主力軍，可以說章氏的民族主義情緒代表了晚清一部分傳統知識分子的心理。章太炎固守「夷夏大防」的傳統觀念，引經據典闡發漢民族正統觀念，宣傳反滿思想，其言辭之激烈，鼓動性之強，對推動當時資產階級革命運動的發展起到了非常重要的作用。關於這點魯迅曾有記述說：「我以為先生的業績，留在革命史上的，實在比在學術史上還要大。回憶三十餘年之前，木板的《訄書》已經出版了，我讀不斷，當然也看不懂，恐怕那時的青年，這樣的多得很。我所知道中國有太炎先生，並非因為他的經學和小學，是為了他駁斥康有為和作鄒容的《革命軍》序，竟被監禁於上海的西牢。」〔註 59〕章太炎古

〔註 56〕鄭師渠，晚清國粹派文化思想研究〔M〕，北京：北京師範大學出版社，1997：137。

〔註 57〕鄭師渠，思潮與學派〔M〕，北京：北京大學師範出版社，2005：152。

〔註 58〕余英時，中國現代的民族主義與知識分子〔M〕，臺北：時報出版公司，1981：558。

〔註 59〕章念馳，章太炎生平與學術〔M〕，北京：三聯書店，1988：8。

文功底深厚，一生致力於傳統文化的研究和傳播，享有「清學殿軍」「古文壓陣大將」〔註60〕的盛譽。不過正如魯迅所說，一般人首先注意的是章太炎革命者的影像，這與他充分利用傳統文化對廣大民眾具有的本土性、民族性文化特徵的優勢，積極挖掘傳統文化尤其是儒學中所蘊含的「夷夏之辨」「《春秋》大義」「天下一家」等觀念和思想，為近代民族主義的興盛尋找可資借鑒的理論依據，並以此來論證晚清反清排滿革命運動的合理性和合法性有關。章太炎自己也說：「民族主義，自太古原人之世，其根性固已潛在，遠至今日，乃始發達，此生民之良知本能也。」〔註61〕

　　章太炎在為辛亥革命搖旗吶喊時，充分展示了他深厚的文化功底，他深入研究和借鑒了明清之際的歷史。晚明時期知識分子經歷的國家覆亡、種族擄掠和文化迫害的境遇與清末民初有驚人的類似，故而明末清初的思想家們對清末一代學者產生了十分深刻的影響。章太炎傾心晚明遺老，眾所周知，其一生都重視研究明代的歷史和人物掌故，對「晚明三大家」的顧炎武、黃宗羲、王船山更是有著特別的記憶。他認為，顧炎武、王夫之、戴震等清儒治學，心懷排滿復漢之志，這種精神值得推崇。他曾說：「若顧寧人者，甄明音韻，纖悉尋求，而金石遺文，帝王陵寢，亦靡不禪精考索，惟懼不究，其用在興起幽情，感懷先德，吾輩民族主義者猶食其賜。」〔註62〕據章士釗回憶：「太炎於前朝遺老，推服船山至上。其所為推服之故，則在船山入山惟恐不深，志與『群胡』斷絕關係。」章氏極力從傳統文化裏尋找救國救民的理論依據，試圖將其融入近代化的社會生活和政治革命中，這是傳統知識分子在近代社會轉型時期的典型表現。他們既想反對傳統專制統治，但又害怕西方資本主義進入中國後，導致中國文化的隕落，於是希望建立一個既保留東方國粹又具有西方民主的社會，章太炎對晚明諸老和傳統文化的研究和詮釋中都包含了這種情結。限於篇幅和主題，本處僅分析章太炎對王船山思想的闡釋和借鑒。章太炎論及王船山的地方確實不少，在其最具代表性的著作《訄書》的初刻本（1900年）、重訂本（1903年）和後來更名為《檢論》（1915年）的修訂版中，章太炎引用王船山的著述有十多處。除此之外，在與友人的書信

〔註60〕 胡適，五十年來中國之文學〔M〕，上海：申報館，1924：43。
〔註61〕 章太炎，駁康有為論革命書〔M〕//章太炎政論選集：上冊，上海：中華書局，1977：194。
〔註62〕 章太炎，答夢庵〔M〕//章太炎政論選集：上冊，上海：中華書局，1977：398。

交往中和各種演講、講學中，章太炎都多次提及王船山，其中知名的有《中夏亡國二百四十二年紀念會書》、《東京留學生歡迎會演說辭》、《書曾刻船山遺書後》和《重刊船山遺書序》等。從提及的內容來看，章太炎對王船山的關注主要集中在大漢族主義民族觀和反滿思想方。綜合分析這些史料，可以看出章太炎對王船山學術思想的傳承具有鮮明的時代特點：即借助王船山夷夏大防思想與改良派論戰，積極宣傳反清排滿革命思想。具體闡述如下：

　　章太炎借助王船山夷夏大防思想與改良派論戰，用資產階級民族觀解釋種族革命的正義性和合理性，積極為資產階級革命派搖旗吶喊。章太炎鼓吹純漢族民族主義，強調應以漢民族為基石，建立獨立的中華民國。這一富有革命性和激進性的主張，在一提出就遭到了以康有為為首的資產階級改良派的反對。章太炎提及當時，「康氏之門，又多持《明夷待訪錄》，余常持船山《黃書》與之相角，以為不去滿洲，則改政變法為虛語，宗旨漸分。然康門亦或儳言革命，逾四年始判殊云。」〔註63〕《黃書》是王船山從哲學與歷史學的角度，系統地探討了歷史上漢民族政權治亂興衰因由的著作，該書也是王船山關於治國方略的探究，書中闡述了「拒間氣殊類之災，扶長中夏以盡其材」的主旨。首篇《原極》是全書的綱要，專門論證了聖王必須嚴格遵守「華夷之辨」的觀念，並提出君主「可禪、可繼、可革，而不可使異類間之」的主張。這個觀點契合了章太炎倡議民族革命的需要，將滿族視為異族，不具正統性，可以有效地激勵廣大漢族人民的民族認同感，為反清排滿斗爭服務。章太炎在《訄書》裏明確說：「以《世本》《堯典》為斷，庶方駁姓，悉為一宗，所謂歷史民族然矣。自爾有歸化者，因其類例，並包兼容。魏、周、金元之民，扶服厥角，以奔明氏，明氏視以攜養蓁子，宜不於中夏有點。若其乘時僭盜，比於歸化，類例固殊焉，有典常不赦。善夫，王夫之曰：『聖人先號萬姓，而示以獨貴。保其所貴，匡其終亂，施于孫子，須於後聖。可禪、可繼、可革，而不可使異類間之。』不其然乎！」〔註64〕又說：「觀於《黃書》，知吾民之皆出於軒轅。余以姜姓之氏族，上及烈山，則謂之皆出於少典可也。海隅蒼生，皆少典之胄；廣輪萬里，皆少典之宅。以少典之宅，而使他人制之。是則祭寢廟者亡其大宗，而以異性為主後也，安論其戎狄與貴種哉？」

〔註63〕湯志鈞，章太炎自定年譜〔M〕//章太炎年譜長編，北京：中華書局 2013：23。
〔註64〕章太炎，訄書重訂本〔M〕//章太炎全集：第3卷，上海：上海人民出版社，
　　　　1982：172。

〔註65〕在《客帝匡謬》一文中，章太炎更是對滿清王朝的正統地位的合法性提出了否定，認為滿洲貴族入主中原，是「客帝」，中國的「共主」則是「仲尼之世冑」。明確提出「支那之共主，自漢以來，二千餘年而未嘗易其姓也。……昔者《春秋》以元統天，而以春王為文王。文王孰謂？則王愆期以為仲尼是已。歐洲紀年以耶穌，衛藏紀年以釋迦，而教皇與達賴剌麻者，皆嘗為其共主。中夏之共主，非仲尼之世冑則誰乎？……彼瀛國之既俘，永曆陸監國之既墜，而支那曠數百年而無君也，如之何其可也。」〔註66〕章太炎認為南明政權崩潰後數千年延續下來的中國就已經亡國了，他著《中夏亡國二百四十二年紀念書》說：「衡陽王而農有言：『民之初生，統建維君，義以自制其倫，仁以自愛其類，疆幹善輔，所以凝黃中之縕也。今族類之不能自固，而何他仁義之云云。』悲夫！言固可以若是，固知一於化者，亦無往而不化也；貞夫觀者，非貞則無以觀也。且曼殊八部，不當數省之眾；雕弓服矢，未若鉛彈之烈。而薊丘大同，鞠為茂草；江都番禺，屠割幾盡。端冕淪為辮髮，坐論易以長跽。茸茲犬羊，安宅是處。哀我漢民，宜臺宜隸。鞭棰之不免，而欲參與政權；小丑之不制，而期扞禦晢族，不其忸乎！」〔註67〕章太炎用王船山的民族愛國主義精神不斷啟迪革命黨人，激勵他們的革命排滿情緒。為此，他還積極論證滿族是「異族賤種，非吾中夏神明之冑」，因此不可能很好地治理我中原神州之地，這是導致近代中國遭受外敵入侵和落後於世界的根源，因此國人應該積極迅速行動起來推翻滿清的統治，才能實現中華民族的復興和崛起。章太炎分析滿洲誤國說：「滿人貪冒，本十倍於漢人，如彼康熙、乾隆二朝，名為法令修明之世，而黷貨者遍於朝列。漢、唐、宋、明盛時，有此穢亂事耶？……宋、明季世，亂政滋章，亦有一二權奸侵於上，而朝士與封疆之吏，猶有清德可稱者，豈其法令善哉？正由貪竇未開，人猶知恥耳！獨此滿洲政府，自邊外馬賊組織成立，摸金成丘，是其天性，餘波所衍，安得不至是乎？」〔註68〕由此得出結論，滿清政府的專制與腐敗，都是由滿人的不良統

〔註65〕章太炎，訄書重訂本〔M〕//章太炎全集：第3卷，上海：上海人民出版社，1982：169。

〔註66〕章太炎，客帝論〔M〕//訄書初刻本//章太炎全集：第3卷，上海：上海人民出版社，1982：65。

〔註67〕章太炎，中夏亡國二百四十二年紀念書〔M〕//章太炎全集：第4卷，上海：上海人民出版社，1982：188。

〔註68〕章太炎，滿洲總督侵吞賑款狀〔M〕//章太炎政論選集：上冊，北京：中華書局，1977：423～424。

治所導致的,「滿人之亂政,非自其法令成,自其天性與習慣成」。章太炎還作《討滿洲檄》號召國人革命排滿,「以黃帝遺胄,秉性淑靈,齊州天府,世食舊德。而逆胡一入,奄然蕩覆。又其腥聞虐政,著在耳目,凡有血氣,宜不與戴日月而共四海。……為是與內外民獻,四萬萬人,契骨為誓曰:自盟以後,當掃除韃虜,恢復中華,建立民國,平均地權。有渝此盟,四萬萬人共擊之。」〔註69〕章氏的這種「排滿」思想與王船山的種族論如出一轍,王船山提出「非我族類,其心必異」,必須「清其族,絕其畛,建其位,各歸其屏」,就是說漢族和少數民族,生活的地域不同,因而在氣質、習俗、思想和行為方式等方面都會不一樣,必須區分彼此之間的界限,建立它們的等級,各自回到自己的區域治理天下,即嚴「夷夏之防」。這種看似極端且具有強烈個人色彩的思想主張契合了清末反清排滿革命運動的需求,於是王船山的「夷夏之辨」、「攘夷觀」引申成了驅逐韃虜、恢復中華的資產階級民族主義觀,受到了許多革命派的極力吹捧。章太炎還將王船山與北擊匈奴立下赫赫戰功的霍去病相提並論,稱「天聞衡嶽竦南條,旁挺船山尚建標。鳳隱豈須依竹實?麏遊長自伴松僚。孫兒有劍言何反?王者遺香老未燒。一卷《黃書》如禹鼎,論功真過霍嫖姚。」〔註70〕

追溯章太炎的革命歷程,發現他是近代傳統知識分子投身革命的典範,出身於地主階級家庭,接受了完整的傳統教育,自幼又受其外祖父思想影響,推崇「夷夏之防,同於君臣之義」的主張,較早就孕育了民族主義思想。章氏毫不諱言自己的民族主義思想,說「余成童時,嘗聞外祖父朱左卿先生言:『清初王船山嘗云,國之變革不足患,而胡人入主中夏則可恥。』排滿之思想,遂醞釀於胸中。及讀《東華錄》至曾靜案,以為呂留良議論不謬。余遂時發狂論口:『明亡於滿清,不如亡於李自成,李自成非異族也。』」〔註71〕又說:「外祖父朱氏,嘗授以《春秋》大義,謂夷夏之辨,嚴於君臣,服膺片言,以至沒齒。」〔註72〕在《光復軍志序》中章太炎稱:「弱冠,睹全祖望文,所

〔註69〕章太炎,討滿洲檄〔M〕//章太炎全集:第 4 卷,上海:上海人民出版社,1982:192。

〔註70〕章太炎,得友人贈船山遺書二通〔M〕//王夫之,船山全書:第 16 冊,長沙:嶽麓書社,2011:800。

〔註71〕湯志鈞,章太炎先生講演錄〔M〕//章太炎年譜長編,上海:中華書局,2013:4。

〔註72〕湯志鈞,《制言》第三十一期〔M〕//章太炎年譜長編,上海:中華書局,2013:4。

述南田、臺灣諸事甚祥,益奮然欲為浙父老雪恥;次又得王夫之《黃書》,志行益定。」〔註73〕家庭教育對章太炎影響深遠,這也從一個方面說明滿清以少數民族入關雖已兩百多年了,但人們的價值觀念、思維方式基本上還是以數千年來存續的儒學思想為準則。以章太炎家庭為例,他曾回憶其父對他的囑託:「『吾家入清已七八世,歿皆用深衣斂,吾雖得職事官,未嘗詣吏部,吾即死,不敢違家教,無加清時章服。』炳麟聞之,尤感動。及免喪,清政衰矣,始從事光復。」〔註74〕正是看到了傳統文化尤其是儒學在民眾中的深入的影響力,故而中國近代各階層在倡導社會改良和革命時都繞不開對傳統文化的重新詮釋和再利用。章太炎在對清王朝中央政權的腐敗和改革感到失望的情況下,曾經把復興民族的希望寄託在了一些地方官員和實力派的身上。他認真研究了《黃書》中「古儀」篇關於擴大地方權力的思想和主張,認為王船山提出的為了抵抗異族,主張地方分權,增強邊區的防禦力量,優待中央和地方官員,給他們以相當的職權,不要牽制的做法十分值得學習。在此基礎上章太炎提出了「分鎮」的理論,並著《分鎮匡謬》,說:「與不得已,官制不及改,則莫若封建、分鎮為一」,他建議並省為「道」,「以督府才者制之,冠名以地,無以虛辭美稱;行政署吏,惟其所令;歲入貢於泉府者數十萬,毋有缺乏;抉寸地失,惟斯人是問,……若是,則外人不得挾政府以制九域,冀少假歲月以修內政。人人親其大吏,爭為效命,而天下少安矣」〔註75〕。章太炎幻想通過分權來保全中國的疆域領土不被列強瓜分,藉此希望清政府能夠改革內政實現富國安民,然而無情的現實擊破了他的改良夢想。

1900 年,章太炎決意剪斷髮辮與腐敗的滿清政府決裂,以更加激進的漢族形儀表達革命的決心。說「余年已立,而猶被戎狄之服,不違咫尺,弗能剪除,余之罪也」。〔註76〕章太炎以這種決絕方式表明「不臣滿清之志」,其氣節與王船山的「全歸」毫無二致。這一時期在與改良派的論戰中,章太炎以種族和文化為漢民族認同的符號,構建了近代種族民族主義。可以發現,章

〔註73〕 湯志鈞,章太炎自定年譜〔M〕//章太炎年譜長編,北京:中華書局,2013:6。

〔註74〕 湯志鈞,章太炎文錄續編卷四〔M〕//章太炎年譜長編,北京:中華書局,2013:7。

〔註75〕 章太炎,分鎮論//訄書初刻本〔M〕//章太炎全集:第3卷,上海:上海人民出版社,1982:73。

〔註76〕 章太炎,訄書重訂本〔M〕//章太炎全集:第3卷,上海:上海人民出版社,1982:347。

太炎對王船山及其晚明諸老的利用，帶有很強烈的政治色彩和實用主義思想。關於這一點侯外廬曾經說：「太炎是一個極端的民族主義者，最反對滿清統治的人，他最怕言致用有利於滿清，所以他對於清代的人物評價第一義，首先是基於反滿一點。」〔註77〕「太炎認顧黃王三人以船山為最高，屬於徹底與清政府不發生關係者。復興的舉動和言論只能提醒對方修復自己的漏洞。」〔註78〕1906年章太炎著《衡三老》，將黃宗羲、顧炎武、王船山三人相提並論，以見高下，說：「季明之遺老惟王而農為最清。寧人居華陰，以關中為天府，其險可守，雖著書，不忘兵革之事，其志不就，則推跡百王之制，以待後聖，其材高矣！徵辟雖不行，群盜為之動容，使虜得假借其名以詫耀天下。欲為至高，孰於船山榛莽之地，與群胡隔絕者。要有規畫，則不得不處都市，工之與顧，未有以相軒輊也？黃太冲以明夷待訪為名，陳義雖高，將俟虜之下問。……以死拒徵，而令其子百家從事於徐、葉間，若曰明臣不可以貳，子未仕明，則無害於為虜者。以《黃書》種族之義正之，則嗒焉自喪矣。」〔註79〕章太炎一直認為王船山的人格操守遠在顧、黃二人之上，即便是他最仰慕的顧炎武，其民族氣節雖然高於黃宗羲，但是與王船山相比則也遜色不少。他曾說過：「明之亡，不降其志者，其王而農、劉伯繩、應嗣寅、沈郎思邪！寧人、太沖欲行其學，不能與清吏無酬酢也。磨而磷，涅而不緇，吾於寧人尤信。吳三桂引虜入門，毒敷諸夏，後雖抗清，不足以自贖。故王而農堅臥不與其事；以不祥辭者，薛方詭對之類也，賢者避世可也。」〔註80〕可見章太炎十分看重儒者的氣節和道德情操，認為學者應具有高尚的情操、理性的精神和強烈的民族主義思想，不能輕易屈服於現實。他著有《王夫之從祀與楊度參機要》譏諷了以楊度為首的所謂立憲派的投機主義思想，說：「今之言立憲者，左持法規之文明，右操運動之秘術，正與餘姚異世同奸矣。……楊度本愛國協會會員，與徐錫麟、黃興、劉揆一蓋嘗歃血涖盟，誓滅建夷而後朝食者也。……而滿洲人亦尊寵之，忘其疇昔，則未知其與尊祀衡陽之心一耶異耶？又未知此楊度者，將終為餘姚之事耶？抑將返為衡陽之事耶？」〔註81〕

〔註77〕侯外廬，說林下〔M〕//近代中國思想學說史：下冊，生活書店，1947：848。
〔註78〕侯外廬，說林下〔M〕//近代中國思想學說史：下冊，生活書店，1947：848。
〔註79〕章太炎，衡三老〔M〕//章太炎政論選集：上冊，北京：中華書局，1977：325。
〔註80〕章太炎，蓟漢三言〔M〕，上海：上海書店出版社，2011：117。
〔註81〕章太炎，王夫之從祀與楊度參機要〔M〕//章太炎政論選集：上冊，北京：中華書局，1977：427～428。

王泛森專門分析了章太炎堅定的反滿革命情緒，認為源於三個方面的緣由：「第一是清代歷史中一股不與現實政權合作的潛流，第二是歷史記憶的復活，第三是中國在現代世界的挫折。」〔註82〕章太炎自己也承認「多述明清興廢之事，意不在學也」〔註83〕，可見章太炎對王船山的讚美和推崇主要還是為了革命排滿，而非真正學術愛好和興趣，因而章氏的船山學詮釋無疑帶有濃厚的政治色彩和時代特點，這也是近代民族、民主革命思潮發展的一個必然結果。這樣也就可以理解，辛亥革命取得成功後，章太炎為什麼很少再提及王船山，甚至於他還對王船山的史學方法和史學研究頗有微詞。

總體上看近代社會的學術研究與社會時局的發展和社會思潮的變遷有著密切的聯繫，這些思想家的思想和觀點具有鮮明的時代烙印和政治色彩。錢穆在《餘杭章氏學別記》中認為章太炎的學術精神主要集中在史學方面，他認為章氏把治學與民族的存續緊密聯繫起來，是對史學研究的新發展，說：「然則太炎論史，三途同趣，曰歸於民族文化是已。晚近世稱大師，而真能有民族文化之愛好者，其惟在太炎乎。」〔註84〕侯外廬也說：「太炎實在進一步提倡理性主義，繼承船山所謂大匠聖人之作器述器成器之說。求是為學者之起碼條件，而對於改良主義者卑躬屈節，急進功利，而謀百日之短見為用，痛加詆斥。……故太炎之為最後的樸學大師，有其時代的新意義，他於求是與致用二者，就不是清初的經世致用，也不是乾嘉的實事求是，更不是今文家的一尊致用，而是抽史以明因果，覃思以尊理性，舉古今中外之學術或論驗實或論理要，參伍時代，抑揚短長，掃除穿鑿傅會，打破墨守古法，在清末學者中卓然凌厲前哲，獨高人一等。」〔註85〕

章太炎是晚清著名的思想家和史學家，其學術思想是最能代表晚清民初中國社會發展際遇的，革命的新與保守的舊在他身上巧妙地結合起來，其思想中最積極的部分代表了市民階級和新興資產階級對自由、民主的政治訴求，但文化本位主義思想又使他固執地堅守了傳統。章氏對於近代民族主義觀念的建構和資產階級革命理論的創建，特別強調從中國的歷史文化傳統出

〔註82〕王泛森，中國近代思想與學術的系譜〔M〕，長春：吉林出版集團有限責任公司，2011：105。

〔註83〕湯志鈞，太炎先生自定年譜〔M〕//章太炎年譜長編卷二，北京：中華書局，2013：82。

〔註84〕章念馳，章太炎生平與學術〔M〕，北京：三聯書店，1988：26。

〔註85〕侯外廬，近代中國思想學說史〔M〕，生活書店，1947：851。

發，富有濃厚的保守色彩，體現了近代傳統文化薰陶下成長起來的具有文化民族主義特徵的知識分子。他的思想中不僅有復古的成分，還包含了大量反傳統的因子。「長期以來，章氏已被視為傳統文化的代言人，但他實際上已逐漸背離了傳統。我們甚至應該這樣說：在『傳統主義者』這一外殼裏所裝著的已經是過去與大家所認定的『傳統』非常不一樣的內容。章太炎的思想實代表著傳統文化瀕臨崩潰的前夜，在他的一些思想繼承人手上，『傳統』像粉一般碎開了。」〔註 86〕

　　章太炎可以說是從傳統營壘裏蛻變出來的具有愛國思想的新興知識分子的代表，他穿梭於新舊文化之中，徘徊於傳統和近代化之間，努力尋找著實現民族復興的方法和道路，傳統文化給予了他心靈的歸宿和精神的寄託，這也反映了近代知識分子在半殖民地化統治之下思想文化上受到壓抑和衝擊後的普遍心態。總之，至新中國成立前中國社會還將歷經巨大的厄運和災難，但具有愛國情懷的知識分子們仍然會堅持不懈地積極探索復興民族的理論和道路，以後較長的一段時間裏，如何引導傳統文化近代的發展和怎樣實現中華民族的復興，仍然是中國社會各階層探討的主要問題。王船山及其船山學術思想也將繼續在近代歷史舞臺上綻放出絢麗的光彩。

5.4 《船山學報》的創辦及對船山學的推廣

　　民國初年，在弘揚船山學說方面，劉人熙功不可沒。1914 年，劉人熙在長沙成立了國內第一個研究船山學的團體——船山學社，時隔一年，又創辦了《船山學報》，作為宣傳和研究船山學說及弘揚傳統文化的陣地，這兩個機構的建立為船山學的傳播做出了不可磨滅的貢獻。他創辦學社和學報的目的十分明確，「一面為抗懷先哲表彰船山之絕學；一面為拯溺救焚亟於維持人心風俗。」〔註 87〕在《船山學報》的創刊號上，清晰地闡述了辦刊宗旨：「《船山學報》何為而作也？憂中華民國而作也。其憂中國奈何？……迨歐西物質文明勢力滿溢，叩關請吏，帶甲通商，因勢利導，固自有術，而中外隔閡，非詔則驕，深閉固拒，卒歸失敗。憤政府之昏暗，悲列強之侵陵，人人有亡國滅

〔註 86〕王泛森，中國近代思想與學術的系譜〔M〕，長春：吉林出版集團有限責任公司，2011：124。

〔註 87〕船山學社講演集第一〔M〕//船山學報卷一，長沙：湖南師範大學出版社，2009：56。

種之懼。……其曰《船山學報》奈何？船山者，湘西之一片石耳，其形似船，自衡陽子王子隱居求志於此，船山遂名於世。王子名夫之，字而農，學者稱船山先生。……船山之學，通天人，一事理，而獨來獨往之精神，足以廉頑而立懦，是聖門之狂狷、洙泗之津梁也。獨立之國，不可無獨立之教育，不可無獨立之學術；獨立之學術，不可無獨立之精神。不佞湘產也，在湘言湘，願與湘人士昌明正學，以新吾湘；又民國之一分子也，願廣船山於天下，以新天下。」〔註88〕船山學社成立後，對王船山學術思想的挖掘和傳播，主要落實在如下幾個方面：「（一）搜集王船山未刊手稿；（二）編輯出版《船山學報》；（三）籌建船山先生專祠；（四）籌辦船山大學；（五）開講演會；（六）籌建船山圖書館。這六件大事在劉人熙擔任社長的七年中都付諸實現了。另外學社還重新校勘出版了王船山的《古詩評選》、《唐詩評選》、《明詩評選》、《四書訓義》、《相宗絡索》、《搔首問》等六種五十八卷未刊遺著。惟《四書訓義》是重印本。」〔註89〕

《船山學報》雖然是群眾性學術刊物，但它的影響卻不容小覷，學報秉承了船山學社的宗旨，以弘揚船山精神和船山學說為己任。借助報刊雜誌這種近代先進的傳媒工具，不僅可以進一步擴大船山學的影響，更可以將社會賢達改良社會的理想踐行於社會。據《船山學社徵文條例》可知，學報徵集的文章主要涉及幾個方面：一、船山師友述；二、船山語類敘例；三、論現在教育之缺點及改良之法；四、提倡國貨條議；五、續修各省通志議；六、史學叢書敘目；七、譯史拾遺；八、經籍纂詁拾遺。〔註90〕學報每期設有《師說》《廣師》《講演》《通論》《專論》《文苑》《說苑》《附編》等八個固定專欄。劉人熙在《船山學報發例》裏對八個欄目編輯的內容作了明確的闡述：《師說》欄，分期刊行船山遺書校補闕文及箋記引申，冀進一步光大船山學說；《講演》欄，擇優刊登船山學社會員們，討論、學習、演講的優秀篇目，「冀與海內通人，接洽、賞奇、析疑，收麗澤之滋文，得輔仁之針砭」；《廣師》欄，刊登的文章要求，「或以先儒學者之論著，（以有關學術、政術，世所希傳為標準。）或譯述東西哲學家之學說，或自抒心得成一家之言，或對於本社質疑

〔註88〕劉人熙，劉人熙集〔M〕，長沙：湖南人民出版社，2009：345。

〔註89〕劉誌盛，湖南船山學社略考〔J〕，船山學報，1984（1）。

〔註90〕船山學社徵文條例〔M〕//船山學報卷一，長沙：湖南師範大學出版社，2009：3。

問難，惠而好我，所望起予，緬詩人他山之懷，揆亭林廣師之旨，同人不勝歡
迎，並圖瓊報」；《通論》欄，凡是「哲學政學合一者，成己之仁，成物之智，
合內外之道，通時措之宜」的文章皆歸之於通論；《專論》欄，「凡涉及天文地
理，諸子百家，博學多聞，啟人神智，以及國病民瘼，為一時一事而發」的文
章就刊登在專論中；《文苑》欄，刊登的詩文，需要起到「駘宕心靈，潔蠲頑
鄙，移風易俗」的作用，欄目多刊登湘學者的詩文和紀念船山先生的文章；
《說苑》欄，凡「朝野軼聞，叢殘雜說，可以作史料，資考證者，皆歸於本
欄」；《附編》欄包括《國語》與《領戒》兩個小欄目，分別專門記敘國內和國
際大事，提倡經世致用思想，鼓勵國人關心國家的安危，以天下為己任，「同
憂中國，上下一心，朝野同力」。〔註91〕另外每一期的刊物中還刊登了許多與
船山先生相關的歷史圖片，如船山手稿墨蹟、船山故居遺址、船山先生遺像、
船山書院等，這些歷史文物、圖像對後世考證船山學和恢復重建船山遺址等
活動有重要的參考價值。從 1915 年至 1917 年，近三年間，學報出版了八期，
刊登了大量學術性的文章，至今還是我們研究船山學和湘人著作的重要參考
資料。〔註92〕

　　《船山學報》是一份學術氛圍濃厚，組織嚴謹的刊物，劉人熙擔任第一
任總理（社長），首當表率，發表了一系列文章來宣傳船山思想和闡述其道德
救世觀。代表性文章有《船山學報敘意》（第一期）《船山學報發例》（第一期）
《人倫道德講義》（《廣師》欄第一至六期）《四書授義敘一》《四書授義敘二》
（《師說》欄第一期）《鬻子釋義》（《廣師》欄第一期至第三期）《原盜篇》（《通
論》欄第一期和第五期）《文中子補注》（《廣師》欄第六期至第八期）《救敗九
策》（《通論》欄第八期）《春秋公法內傳達旨》（《專論》欄第八期）等〔註93〕。
劉人熙對學報的編輯親力親為，在其生前出版的八期刊物中，他每期都發表
了文章，主要集中在《廣師》《師說》和《通論》三個欄目，其研究、傳播船
山學說和宣揚傳統倫理道德，發揚國粹的目的十分明顯。在如何解決民國初
年的各種社會問題上，劉人熙視傳統文化、傳統道德，尤其視船山學為救世
良方。認為在內憂外患焦灼，軍閥割據混戰的局勢下，要挽救國家民族於危

〔註91〕船山學報發例〔M〕//船山學報卷一，長沙：湖南師範大學出版社，2009：19～
　　　　21。
〔註92〕此處係根據湖南師範大學出版社 2009 年出版《船山學報》第一輯歸納所得。
〔註93〕此處係根據湖南師範大學出版社 2009 年出版《船山學報》第一輯歸納所得。

亡，拯救人民於水火，必須建立獨立自主的國家。說「獨立之國，不可無獨立之教育；獨立之教育，不可無獨立之學術；獨立之學術，不可無獨立之精神」〔註94〕，具備這種獨立精神的學術就是船山學。學報中與此相應的論調亦多次出現：「我輩今日以救時為目的，船山學說實目今救時之良方」，「追憶先生遺書，愈覺鞭僻向裏，施之今日，尤為針對時病之方劑」〔註95〕。

　　船山學社繼創辦報刊後，又相繼創辦了船山中小學和船山圖書館。多渠道、多方位地傳播船山學，《船山學報》發行後，在長沙、上海等地都設有發行點，普通民眾都可以購買閱讀，學報還有償徵集海內外學者研究船山學的優秀稿件，這促使了船山學在海外的發展和傳播。王船山關懷社會、心憂天下的精神，以及船山學社和船山學報宣揚的愛國、救世思想極大地鼓舞了海內外的青年才俊，引導他們積極投身到拯救中國的革命鬥爭中去。正如劉人熙在詩中所說：「頭顱幾許換共和，往事淒涼付逝波。義士頻收柴市骨，魯陽初反鄧林戈。黃花岡畔英魂聚，紫禁城頭碧血多。畢竟黃炎好孫子，一呼光復舊河山。」〔註96〕受此影響而參加了資產階級革命的志士就有龍研仙、龍仁成、粟勘時、余兆龍、閻鴻居、仇亦山、劉撰一、劉道一、肖仲祁、曹伯聞、曹籽谷、柳聘農、李金山、劉清安、饒梓勻等多人；1921年，毛澤東利用船山學社的社址和經費，創辦湖南自修大學，傳播馬克思列寧主義，又為新民主主義革命培養和造就了一大批的人才，如賀爾康、陳章甫、陳祐魁、毛澤民、毛澤覃、李躍華、蕭其采、王凌波等，為新中國的成立做出了巨大的貢獻。船山學社的創立，開啟了研究船山學術的另一種新模式，梁啟超等學者都是個人之研究，未免顯得單薄和孤零，而船山學社則是一個群體，劉人熙將一大批具有深厚古文功底的學者匯聚在一起，他們開創了船山學研究的新局面和新模式，形成了近代第一個研究和探討船山學的學術團體，為船山學在近代的發展做出了特殊的貢獻。

5.5　西學東漸下船山學研究的新發展

　　西漢以後，儒學成為了傳統社會的主流思想，經過數千年的發展和演變，

〔註94〕劉人熙，船山學報敘意〔M〕//劉人熙集，長沙：湖南人民出版社，2009：347。
〔註95〕廖名縉，船山學報第一卷〔M〕，長沙：湖南師範大學出版社，2009：59。
〔註96〕劉人熙，辛亥陰曆除夕詠懷〔M〕//劉人熙集，長沙：湖南人民出版社，2009：151。

儒學的文化積澱和影響已經滲透到了中國社會的各個角落和各個領域，成為支配人們思想、行為和日常生活的強大力量。「中國傳統社會秩序中的政治統治與傳統文化道德是相輔相成，連為一體的。統治階級利用傳統文化道德教化民心，使之歸順於國家的統治之下；而傳統文化道德也是植根於國家權力之中才得以綿延流長，因而在傳統士大夫的心中「忠君」就意味著「尊古」，而「尊古」也必然會深信君王之道。他們的文化取向和政治取向存在一致性。」〔註 97〕迫使儒學改變的原因，有外來文化衝擊的壓力，也有儒學本身在近代發展遭遇的瓶頸。

　　具體講，一方面是儒學不斷面對西方文化的碰撞和挑戰。19 世紀晚期以來，伴隨著西方資本主義軍事、經濟勢力的入侵，西方文化也如洪水般湧入中國。「西方的科學革命、產業革命完全打翻了傳統的模式，把人類帶進歷史的一個嶄新的階段。東方首先震驚於西方的船堅炮利，而力圖自強，繼而感染到民主、自由、人權、解放的浪潮，乃警覺到自己文化內在的缺失。不能以野蠻戰勝文明一類的論調來給予我們一種虛假的自我安慰。不只為了避免亡國滅種的命運，我們必須急起直追，向西方學習，就是為了走出中世紀，我們也責無旁貸，必須向先進的西方文明學習，以躋身現代的世界之內。」〔註 98〕不僅儒學，就是整個中國社會都不得不接受西方文明。另一方面，儒學的內涵與近代社會發展的需求之間也存在較大的落差。清政府在處理內政和外交時，表現出來的顢頇、腐敗和無能，都讓國人極度失望和憤慨。痛定思痛，人們在譴責和反思失敗的時候，作為從意識形態上維護傳統統治秩序的儒學，也就難逃其咎了。在內外夾擊的境地下，儒學的知識性和權威性都受到了質疑和挑戰，儒學在近代的發展愈加步履艱難。儒學數千年來一直是傳統社會的精神支柱，其基本的理論原則也一直是傳統社會裏國人處理問題和協調關係的準則和依據。近代對儒學的猛烈批評、抨擊和質疑，使儒學主流思想的地位受到了嚴重的動搖，這直接導致了國人在精神信仰上的失落和迷茫，正如張灝所言：「中國傳統的價值中心已受到嚴重的侵蝕，以致中國知識分子已經失去社會發展與人格發展的羅盤針與方向感。」而適時掀起的全盤西化思潮，更加重了傳統文化的衰落。在民族危機和文化危機交織的雙重打擊下，

〔註 97〕鄭大華，中西與新舊之間：中國近代史上的激進與保守〔J〕，學術研究，2011
　　　　（1）。
〔註 98〕劉述先，儒家哲學研究〔M〕，上海：上海古籍出版社，2010：461。

中國由傳統時代的天朝上國逐漸降為文化邊緣化和經濟落後的西方所謂野蠻國度，近代國人的自信與自尊亦受到了極大的挫敗和損傷。張灝將這種狀況稱之為「取向危機」，「所謂取向危機是指文化思想危機深化到某一程度以後，構成文化思想核心的基本宇宙觀與價值觀隨著動搖，因此人的基本文化取向感到失落與迷亂。」〔註99〕

一個國家，一個民族，之所以能夠屹立於世界民族之林，其獨特的民族文化，是被識別的重要標籤。「一個穩定的社會，是一個大家在普遍原則上選擇他們所繼承的獨特文化的社會。在很長一段時間裏，中華帝國就是這樣一個社會。中國人熱愛自己的文明，不僅因為他們生在這種文明之中，而且因為他們認為它是美好的。然而，在十九世紀，歷史和價值在許多中國人的心靈中被撕裂了。」〔註100〕數千年來中國一直領先於世界，民族文化更是源遠流長、博大精深，這不僅是中國人的精神根源，也是東亞大部分國家文化的源泉。傳統時代的強盛局面和醇厚的文化底蘊，增強了國人的文化認同感、民族自信心和民族凝聚力，同時也培養了大部分國人倨傲自尊、夜郎自大的性格。近代中國在戰爭中的失敗，不僅僅是政治軍事活動的失敗，同時還是思想文化的挫敗。面對西方資本主義的強勢衝擊，傳統文化毫無應對之策。19世紀末，主張新學反對舊學，主張西學反對中學的呼聲一浪高過一浪，西學的傳播在中國呈現益高亢行勢態，西方文明在各方面都顯示出傳統文化無可比擬的優勢，時人羨慕西學已成趨勢。傳統文化在人們心目中的價值地位日漸下降，衰落直接導致了國人民族自信心的缺失，對中華民族數千年來形成的精神風貌、價值觀念、思維志趣和情感心理亦產生了很大的影響和衝擊。時勢危亡與西學激蕩使國人承受了巨大的內心煎熬與磨折，面對歷史困境與文化難題，思想敏銳、充滿愛國激情的知識分子急切地對自我進行深刻的反省和思索。

清末民初是一個思潮迭起、新知不斷湧現的時代，愛國學者們的視野不斷被拓寬。在如何改革傳統文化方面，他們大部分贊成「淬厲其所本有而新之」「採補其所本無而新之」的方法〔註101〕，即在西方文化衝擊的觸動下積

〔註99〕張灝，中國近代思想史的轉型時代〔J〕，二十一世紀，1999（4）。
〔註100〕列文森，梁啟超與中國近代思想〔M〕，成都：四川人民出版社，1987：4。
〔註101〕梁啟超，新民說文集之四〔M〕//飲冰室合集：第1冊，北京：中華書局，1989：5。

極吸取外來文化的優點，彌補傳統文化本身主要還是儒學本身思想內涵的不足之處，逐漸實現傳統文化和儒學在近代的蛻變，從而讓傳統文化尤其是儒學適應近代社會發展的需要。實事求是地說兩千多年的儒學文化，早已經滲透和融入了國人的思維方式和生活習俗中，已經成為了中華民族的組成部分和有效標簽。傳統文化和儒學中還是有許多可取之處，全部拋棄是不現實的，全面否定本民族文化也是自我毀滅的做法，百無一利。許多知識分子傾向於改良傳統文化以及儒學，依此為基石積極塑造中華民族在近代的新品格和新風貌，努力培養國人的近代國家意識、民族文化認同感以及高尚的人格情操，以期實現中華民族復興的共同願望。我們以近代學者對船山學的研究和詮釋，來具體地看一下西學影響下傳統文化及其儒學在近代的發展和演變。

最初，受西方文化的影響，學者們嘗試用西學簡單比附船山學，企圖證明先進的西方思想理論在傳統文化裏早就有本可循，古代也有一批具有遠見卓識的思想家，他們學術思想完全可以與近代接軌，希望藉此激起國人對傳統文化的重新關注，這種「援西如中」或「以西釋中」的做法稱之為比附的研究方法。所謂比附，就是簡單地拿一物與另一物相比，試圖找出兩者的相似性，而忽略兩者是否可比。近代以來，許多學者紛紛慕傚西方，用西方的理論和方法來研究中國的問題，套用西方的理論框架來研究中國傳統文化。「好以各不相謀的西洋哲學相緣附，乃至以西洋哲學衡中國哲學。」〔註102〕近代在傳統文化的研究領域中，比附的方法被很多學者甚至是堪稱大師的如梁啟超、胡適、馮友蘭等人所運用。例如梁啟超在《清代學術概論》中，就把清代乾嘉考據之學的興起比附為「中國的文藝復興」。在與西方文化溝通、融合的過程中，比附是近代中國學者邁出向西方文化學習的第一步。這種嘗試雖然存在著明顯的缺陷，但它畢竟實現了傳統文化與西方文化的對接，並且為中國近代的資產階級改良運動和革命運動提供了理論依據，其反傳統性和進步性十分明顯。如楊昌濟認為當中國面臨列強欺壓之時學習船山的民族主義思想具有重要的現實意義，說：「船山一生卓絕之處，在於主張民族主義，以漢族之受制於外來之民族為深恥極痛，此是船山之大節，吾輩所當知也，今者五族一家，船山所謂狹義之民族主義不復如前日之重要，然所謂外來民族如英法俄德美日者，其壓迫之甚非僅如漢族前日之所經驗，故吾輩不得以五族

〔註102〕羅根澤，中國學術思想史的計劃//韋政通中國思想史方法論文選集，臺北：
　　　　水牛出版社，1970：103。

一家，遂無須乎民族主義也。」〔註103〕他還認為王船山的倫理思想具有近代化特徵，王船山講主客體的區別時，強調個體「我」是德的主體，是性情的載體，與西方倫理學講自我實現思想相符合，說：「船山亦主張人本主義者也，其言道與德之區別，即客觀與主觀之別也。近世倫理學家言自我實現說，與船山之論暗合。」〔註104〕。而胡適在致友人錢玄同的信中則將王船山比擬成尼采，說：「（王船山）他要人明白自己（人）在宇宙間的高等地位，努力做『超人』（豪傑）。他最恨『凡民』，『眾庶』——只曉得吃飯、穿衣、睡覺、生兒女的人是也。所以我說他似尼采。」〔註105〕有的學者認為王船山的經濟思想與英國經濟學家亞當‧斯密有相似之處，說：「及今讀王船山之書，其中所言，竟有與斯密《原富》不謀而合者。噫！亦奇矣。」〔註106〕眾所周知，中國哲學作為一門現代意義上的學科，受西方哲學影響很大，但是中國哲學在文化語境、歷史形態和問題向度等很多方面與西方哲學還是有很大差異的。20世紀初的學者們還不太可能把握好借鑒西方哲學的分寸和尺度。這一時期在西方文化的影響下，學者們嘗試運用西學的研究體系，重新詮釋中國古代思想家的思想。他們熱衷於進行中西學者之間的學術思想比較，儘管這種比較簡單且片面，無法真正反映出中西文化的實質和內涵，也算不上真正意義上的中西融合。學者們的比較基本上都是以王船山某一層面的思想或某一個論點與西方思想家有近似性為依據來進行比附，這種缺乏全局性和整體性的比對，在今天看來許多論斷十分荒誕。但置於清末民初時期來看，這種悖論又顯得很正常，中華文化到了近代日漸顯露出不適應社會發展的弊端，頹廢、僵化的學風制約了中華文明前進的動力和創新力，受到越來越多的詬病。此時傳入的西方文明，對於剛剛從傳統桎梏下解放出來的知識分子來說，這是他們呼吸到的第一口新鮮的空氣，激動之餘，缺乏理性，認識片面，這種情形也是可以理解的。

其後，許多學者逐漸擺脫了簡單比附西學的侷限性，熟練地運用近代研

〔註103〕楊昌濟，達化齋日記1914年6月24日〔M〕//楊昌濟集，長沙：湖南教育出版社，2008：512。

〔註104〕楊昌濟，性道微言//論語類鈔〔M〕//王夫之，船山全書：第16冊，長沙：嶽麓書社，2011：814。

〔註105〕胡適，致錢玄同1924年7月9日〔M〕//胡適全集：第23卷，合肥：安徽教育出版社，2003：374。

〔註106〕勇立，王船山學說多與斯密暗合說〔M〕//王夫之，船山全書：第16冊，長沙：嶽麓書社，2011：842。

究方法對船山學進行了系統的分析，這對發展和完善王船山學術思想體系起到了很重要的作用。這些研究成果，比之過去資產階級革命派或國粹派，賦予王船山濃鬱的政治色彩，將其詮釋為一位反清排滿的革命鬥士或激進的民族主義者，明顯要更全面和更貼近歷史上的王船山。「自 20 世紀 20 年代以來，儘管政治化的傾向還存在，人們開始從不同的學術視點對船山思想進行較客觀的研究，使船山研究進入了學術化時期。」〔註 107〕首開先河的是梁啟超，在《中國近三百年學術史》中，逐漸拋開政治視野和立場，以現代的理念研究傳統文化，對中國近三百年的學術思想成果進行了歸納和總結，在該書中梁啟超從純學術的角度對王船山的哲學、經學、史學以及考據等進行了梳理和分析，其中許多評論和分析是較客觀而公允的，而且梁氏中西融合的研究方法和強烈的現實關注情懷，在近代學術研究中具有開拓性的意義，為後來的研究者所推崇和借鑒。除梁啟超外，對船山學研究較有名的還有錢穆的《中國近三百年學術史》、蔣維喬的《中國近三百年哲學史》、王永祥的《船山學譜》和張西堂的《王船山學譜》，這些著作代表了當時船山學研究的最高水準，學者們在研究中都不同程度地使用了近代西方學術研究的分析範疇和術語，有些著作在體例上和編撰方式上也借鑒了西方文化，但同時他們又基本上秉承了傳統知識分子的治學態度，從傳統學術的角度來構建對船山學的分析和研究，一句話，就是融西學研究方法於船山學的研究中，促使船山學適應近代社會的發展變化，這也標誌著現代船山學研究新階段的正式開啟。如王孝魚仿《陸子學譜》《薛子條貫》之例，著《船山學譜》，「將船山言論之涉及哲學者，分類纂輯，並將每類思想融會貫通，熟思至再，然後排列，復於每段首尾各加聯絡之語，使一堆散沙之材料宛如一篇有結構之論文，庶乎船山思想可條理并然，呈現於讀者之前」。〔註 108〕王孝魚從「根本觀念」「氣化論」「心性論」「修養論」「識知論」和「歷史進化論」六個方面詳細談論了船山哲學，此書是一部不可多得的船山哲學入門讀物。張西堂的《王船山學譜》，全書分「傳纂」「學述」「著述考」和《師友記》四個部分。這本著作最初的創作初衷是為張西堂執教課程「清代思想」編纂的教材，說：「船山之學，又所夙好，因感於未有一書綜述其生平學術著述師友者，乃撰為斯編，以供學子

〔註 107〕王興國，王船山與近代中國〔J〕，船山學報，1989（1）。

〔註 108〕王孝魚，船山學譜凡例〔M〕//王夫之，船山全書：第 16 冊，長沙：嶽麓書
　　　　　社 2011：879。

之參閱。」〔註109〕張西堂稱讚王船山：「先生之學，對於四部，造詣俱深闡述亦明，深閎博瞻，較同時黃顧諸儒，有過之而無不及；而於哲學思想，政治思想，先生創見卓識，議論之精闢，尤非黃顧諸儒所能望其項背；義清初論，先生實不愧為當代一大思想家，非梨洲、亭林、夏峰、二曲之所能企及也。」〔註110〕這一時期還有上海太平洋書店（1933年）出版的《船山遺書》對推動船山學術思想也起了重要作用。

可見，近代以來，中華文化受到西方文明空前的衝擊，「在這樣的視域之下，儒家作為一個精神傳統，只是世界眾多精神傳統之一。在這一多元架構的預設之下，它並沒有負擔要證明自己優於其他傳統，而只需要闡明自己的傳統有其立足點與吸引力，便已經很足夠了。」〔註111〕從近代學者對船山學的研究中可以發現，近代知識分子在中西文化衝突和新舊文化過渡的夾縫中積極尋找出路的矛盾和彷徨心態，也進一步揭示出了儒學自身的複雜性和儒學向近代轉化的艱難歷程。包括康有為、梁啟超、章太炎、劉師培、王永祥、張西堂等在內的20世紀前後的學者們，都是飽學之士，他們大多出自傳統文化陣營，所受的教育和學術訓練基本上都是舊式的，但他們又同時秉承了近代知識分子特徵。在近代知識分子形成和發展的過程中，他們屬於承上啟下的一代，可稱之為中國知識界新舊交替時期「過渡一代」的人物，他們是「兩腳踏東西文化，一身處新舊之間」，「他們一方面無法抗拒時代前進的滾滾潮流，或參加革命，或力爭自由，留下時代溶冶的鮮明痕跡。一方面又難以割捨民族情結。尤其是當西方文化出現嚴重危機的第一次世界大戰後，更堅定了他們對民族文化的自信，從而在政治和文化的思想認同上徘徊於時代與民族之間」〔註112〕，多種因素促使他們的時代觀念和民族觀念相互交叉相互滲透，具有了鮮明的時代烙印。如何在新的歷史條件下，重建我們的理想、信念，以至信仰，就成了那個時代所有人精神交往的聚合點，於是熱衷於推崇西學的中國學者和民眾開始放慢腳步，社會文化心理此時呈現出了明顯的折

〔註109〕 張西堂，王船山學譜//近代中國史料叢刊：第782冊〔M〕，臺北：文海出版社，1966：2。

〔註110〕 張西堂，王船山學譜//近代中國史料叢刊：第782冊〔M〕，臺北：文海出版社，1966：17。

〔註111〕 劉述先，儒家哲學研究〔M〕，上海：上海古籍出版社，2010：325。

〔註112〕 鄭大華，中西與新舊之間：中國近代史上的激進與保守〔J〕，學術研究，2011（1）。

向：即開始對中國傳統文化進行反思和重新認知。

　　國人重新關注、整理與研究國學，重新注重發掘傳統文化的資源，這種變化對以後現代新儒學思潮的出現創造了條件。總之，20 世紀初年的這些學者們對船山學和傳統文化的研究，立足於從文化價值層面進行深入分析，用西方文化標準去衡量和探討傳統文化，肯定傳統文化對於中國和世界發展具有現實的、積極的意義和價值，為傳統文化在近代的復興積極尋求一條新的道路，這也為近代中西文化觀向理性化方向發展做出了重要貢獻，有力地推動了中國傳統學術向近代轉型。另外，學者們既重返儒學，又突破儒學傳統研究範疇，這也在一定程度上彌補了中國步入近代社會以來所造成的國人文化認同的危機感和信仰缺失的問題，同時也糾正了新文化運動中全盤否定傳統文化的極端偏激的學術思路，對中國近代學術思想的發展起到了矯枉糾錯的作用。

第 6 章　現代新儒學思潮與船山學研究的新發展

20 世紀 20 年代，現代新儒學思潮開始蓬勃發展起來，第一代現代新儒學學者們也開始了對船山學的繼承和發展。熊十力終身服膺王船山，船山的學識和品行對熊氏產生了非同尋常的影響，同時熊氏也曾對船山人格精神和學術思想作了大力弘揚。錢穆在其宋學觀的視野下對船山學加以研究，認為船山學直接接續宋學，在儒學的發展中具有承上啟下的意義。賀麟在創立「新心學」哲學體系時對船山學的借鑒和詮釋，重在船山的歷史哲學，認為其與黑格爾哲學等現代精神相通。「欲建立國家民族文化之全體大用，則捨船山之精神，其誰與歸」，現代新儒學群體幾代學者都對船山學表示出濃厚的興趣，這本身就是一個值得研究和探討的話題。

6.1　現代新儒學思潮興起

辛亥革命最大的貢獻是推翻了滿清王朝，結束了兩千多年的君主專制制度，對中國近代社會和民主進程的發展起了很大的推動作用。但隨後民國政府在各方面的施政措施，成效甚微，頗令國人失望。「二十年來朝野上下所倡之新學新政，其結果乃至為社會所厭倦所嫉惡；言練兵耶？而盜賊日益滋，秩序日益憂；言理財耶？而帑藏日益空，破產日益迫；言教育耶？而馴至全國人不復識字；言實業耶？而馴至全國人不復得食，其他百端，則皆若是。」[註1]

〔註 1〕梁啟超，大中華發刊詞〔J〕，大中華第 1 卷第 1 期，1915（1）。

批評儘管言辭激烈了點，但也犀利地指出了民國初年政治腐敗、軍備鬆弛、財政乏力、教育落後以及人民貧窮的困窘局面。雪上加霜的是，袁世凱及黨羽還策劃了一場復辟帝制的鬧劇。1913年，剛剛登上總統寶座不久。袁世凱就發表「尊孔令」，鼓吹「孔學博大」。1914年又發表《祭聖告令》，通告全國舉行「祀孔典禮」。為支持袁世凱的復辟，社會上掀起了尊孔復古的潮流。在復辟陰謀和尊孔復古逆流的刺激和捆綁下，儒學成了鼓吹復辟帝制的工具。面對這股逆流，以陳獨秀、李大釗、魯迅等為代表的激進民主主義者，發起了新文化運動，倡導「反傳統、反孔教、反文言」，甚至喊出「打倒孔家店」的口號，儒學遭遇了災難性的打擊。

　　「清季迄今，學人盡棄固有寶藏，不屑探究。而於西學，亦不窮其根柢。往以涉獵所得若干膚泛知解妄自矜炫……思想失自主，精神失獨立……而欲國之不依於人，種之不奴於人，奚可得哉？……吾國人今日所急需要者，思想獨立，學術獨立，精神獨立，一切依自不依他，高視闊步，而遊乎廣天博地之間，空諸依傍，自滅自明。」〔註2〕正如熊十力的感概，中國數千年來，高深的文化即將走向崩潰，因為「清末以來，朝野日以模仿西洋為務。舉西洋所有之新思潮、好制度、好名詞，無不儘量輸入。學子且高呼完全西化，線裝書投廁所之論，倡自海內聞人，騰之著名雜誌。西化氣焰極高，而政教乃日壞。」〔註3〕現代新儒學思潮的興起即是對「五四」運動中絕對肯定西方民主與科學的力量，號召「打倒孔家店」，全盤否定傳統文化的積極回應，是對新文化運動的矯正。但如果從根源上分析，現代新儒學思潮的出現不僅是為了反擊激進的新青年們，它最終的目的還是對中西文化進行深刻反思。說到底，「中國近百年來的危機，根本上是一個文化的危機。文化上有失調整，就不能應付新的文化局勢。中國近代政治軍事上的國恥，也許可以說是起於鴉片戰爭，中國學術文化上的國恥，卻早在鴉片戰爭之前。儒家思想之正式被中國青年們猛烈地反對，雖說是起於新文化運動，但儒家思想的消沉、僵化、無生氣，失掉孔孟的真精神和應付新文化需要的無能，卻早腐蝕在五四運動以前。儒家思想在中國文化生活上失掉了自主權，喪失了新生命，才是中華民族的最大危機。」〔註4〕

〔註2〕郭齊勇，天地間一個讀書人——熊十力傳〔M〕，上海：上海文藝出版社，1994：14。

〔註3〕熊十力，讀經示要〔M〕//熊十力全集：第3卷，湖北教育出版社，2001：737。

〔註4〕賀麟，儒家思想的新開展〔M〕//文化與人生，商務印書館，2005：5。

　　在新文化運動和西方文化的衝擊之下，知識分子的文化自覺性和民族擔當感較之以往任何時候都要強烈，他們敏銳地認識到：「中國當前的時代，是一個民族復興的時代。民族復興不僅是爭抗戰的勝利，不僅是爭中華民族在國際政治中的自由、獨立和平等，民族復興本質上應該是民族文化的復興。民族文化的復興，其主要的潮流、根本的成份就是儒家思想的復興，儒家文化的復興。假如儒家思想沒有新的前途、新的開展，則中華民族以及民族文化也就不會有新的前途、新的開展。換言之，儒家思想的命運，是與民族的前途命運、盛衰消長同一而不可分的。」〔註5〕可見現代新儒學思潮是為了拯救中國文化傳統，保存民族的精神血脈應運而生的。

　　方克立定義現代新儒家時說：「（現代新儒學思潮）指的是 20 世紀 20 年代興起的，以接續儒家道統復興儒學為己任，以服膺宋明理學（特別是儒家心性之學）為主要特徵，力圖以儒家學說為主體為本位，來吸收融合會通西學，以尋求中國現代化道路的一個學術思想流派，也可以說是一種文化思潮。」〔註6〕李澤厚總結說：「在辛亥、五四以來的二十世紀的中國現實和學術土壤上，強調繼承、發揚孔孟程朱陸王，以之為中國哲學或中國思想的根本精神，並以它為主體來吸收、接受和改造西方近代思想和西方哲學以尋求當代中國社會、政治、文化等方面的現實出路。這就是現代新儒家的基本特徵。」〔註7〕從他們的評價裏可以看出現代新儒學的思想裏滲透著強烈的民族意識，有著神聖的民族使命感。即積極傳承儒學道統，深入挖掘儒學中具有的普世價值和人文睿智，把科學和民主的精神融進儒學中，完成儒學在近代的轉型，讓儒學與現代社會和近代新文化實現交融與統一。對傳統文化與中國社會的關係，現代新儒家確實有很清晰的認識，在儒學的「修身—齊家—治國—平天下」的認同系列之中，頭尾的身（自我）和天下（以儒學道德價值體系構建的社會）是核心範疇，通常所說的「內聖外王」即源於此。梁漱溟說：「中國人心目中所有者，近則身家，遠則天下，此外便多半輕忽了。」〔註8〕可以說在中國大地上延續了數千年的中華帝國，就是一個以中華文化和儒學的價值體系為核心的天下共同體。在這個共同體裏「它不是國家至上，不

〔註 5〕賀麟，儒家思想的新開展〔M〕//文化與人生，商務印書館，2005：4。

〔註 6〕方克立，關於現代新儒家研究的幾個問題〔J〕，天津社會科學，1988（4）。

〔註 7〕李澤厚，中國現代思想史論〔M〕，北京：東方出版社，1987：266。

〔註 8〕梁漱溟，中國文化要義〔M〕//梁漱溟全集：第 3 卷，山東人民出版社，1990：163。

是種族至上，而是文化至上。」而且「每個人要負責衛護的，既不是國家，亦不是種族，卻是一種文化。」〔註9〕

探究現代新儒學思潮的興起，其主要源於如下幾個原因：

首先，在西方文明的衝擊下，儒學在近代遭遇了空前的挑戰，獨尊的地位被打破了。晚清70多年間，中國一步步淪為了半殖民半傳統的社會，傳統文化受到嚴重衝擊，作為傳統社會精神支柱的儒學首當其衝受到的打擊最嚴重，以儒學理論為基礎構建的傳統倫理道德秩序開始失範，儒學喪失了其兩千多年來一直居主流思想的政治地位。隨著西方文明不斷進入中國，其先進的科學技術以及倡議追求自由、平等、人權的民主思想，對變革求新的有志之士充滿了誘惑和吸引力，「自從中國講變法維新以來，沒有一個自命為新人物的人敢公然詆謗科學的。」〔註10〕儒學在中西文化衝突中式微、沒落的境遇，使深受傳統文化教育的知識分子倍感失落和憂心。如何維護本民族文化，在此時演變成了中國知識分子們追求民族自尊、自強的鬥爭，復興傳統文化的行動應運而生。

其次，近代文化激進主義對傳統文化所持的全盤否定態度和激烈的「反孔」「反傳統」主張，使儒學在近代的發展更加舉步維艱。文化激進主義的徹底反傳統態度在新文化運動期間達到了高潮，這種對本民族文化採取的毅然決然的反叛態度，比西方文化的殺傷力、破壞力要厲害得多。他們諳熟儒學體系的精神內涵和文化特質，故而當他們從各個方面、各個角度系統地、有針對性地對傳統文化尤其是儒學進行批判和攻擊時，儒學可說是遭遇了近乎致命的打擊。儒學自從西漢武帝以後就被中國歷代統治者確定為正統思想，也是兩千多年來中國傳統文化的重要組成部分，孔子也一直被吹捧為社會的最高精神偶像，享有素王的尊稱和地位，可以說儒學與傳統君主專制統治有著無法割裂的精神聯繫和政治效應，以至於袁世凱復辟帝制時，還要將孔子搬出來為其造勢。因而近代文化激進主義者們在反傳統、反專制的時候，提出反孔也就是必然的了。不過他們採取的方法值得商榷，全盤否定的態度，以及簡單、極端和粗暴地對待傳統和儒學，極易造成傳統和近代對立緊張的關係。由此，現代新儒學旗幟鮮明地站起來呼籲維護傳統文化，弘揚傳統文

〔註9〕梁漱溟，中國文化要義〔M〕//梁漱溟全集：第3卷，山東人民出版社，1990：162。

〔註10〕胡適，〈科學與人生觀〉序〔M〕，濟南：山東人民出版社，1997：10。

化的精髓即儒學。

再者，現代新儒學思潮的興起從根本上說是儒學適應近代社會發展變化的需要而作的自我更新和調整，是從整體上對傳統思想進行的反思。第一次世界大戰不僅給歐洲各國人民帶來了巨大的災難和破壞，同時還暴露了近代文明的弊端，人們失去了戰前對工業文明的樂觀，殘酷的戰爭和強權主義，導致幻滅感和危機感不斷在西方社會擴散，造成了人們在情感、認知、信仰等多方面的危機。梁啟超著《歐遊心影錄》對西方工業文明以及東西方文明進行了反思，他也改變了以往一味推崇西學的態度，強調東方文明尤其是中國文明在近代社會化進程中的意義和作用。這本書在國內知識分子中產生了很大的影響，他們開始重新審視中國自身文化的價值。同樣是倡議復興傳統和儒學，現代新儒學派與國粹派又有不同，國粹派崇揚傳統很大程度上是基於反清排滿的需要，帶有濃鬱的政治色彩。現代新儒學產生於民國建立後，對西方文化的運用更加嫻熟，對傳統文化的認識也更加透徹，他們希望重建儒學的哲學體系和價值體系，使儒學重新回歸國人的生活和心靈，說得神聖點就是重鑄國魂，重新找回儒學所說的國人安身立命的處所。正如張君勱所說：「中國現有近於全球四分之一的人口擺在面前，這全人類四分之一的人口之生命與精神，何處寄託，如何安頓，實際上早已為全人類的共同良心所關注。……如果中國文化不被瞭解，中國文化沒有將來，則這四分之一的人類之生命與精神，將得不到正當的寄託和安頓；此不僅將招來全人類在現實上的共同禍害，而且全人類之共同良心的負擔將永遠無法解除。」現代新儒家學者們將中華文化的發展和中國的未來甚至與世界的和諧緊密地聯繫在一起，表現了高瞻遠矚的眼光和見識。

方東美說現代新儒學是：「返宗儒家，融合中西哲學，以建立新儒學」，現代新儒學不是簡單的復興儒家思想，它是以傳統文化為基礎，積極吸取和融合西方文明，企圖從中國傳統哲學內部發展出民主與科學等現代思想，以謀求中國文化和社會的近代化。余英時總結得更精闢：「面對西方文化的挑戰，中國文化自不能不進行調整和更新，但是調整和更新的動力必須來自中國文化系統的內部。易言之，此文化系統將吸收外來的新因子而變化，卻不能為另一系統（西方）所完全取代。」〔註11〕在強烈的民族文化危機意識刺

〔註11〕余英時，錢穆與新儒家〔M〕//錢穆與現代中國學術，南寧：廣西師範大學出版社，2007：35。

激下，現代新儒學是儒學在近代對自身發展進行反思、自省後的產物，是儒學經世致用精神在近代的延續。現代新儒學的學者們重視儒家的心性之學，強調傳統文化的一本性和優越性，力圖恢復儒學在社會上的主導地位，希望重建儒學的價值體系和道德體系，為中國文化和中國社會在近代尋求新的出路。隨著近代不斷興起的民族救亡運動和民族文化復興運動的發展，現代新儒學的思想被越來越多的國人熟知，逐漸演變成一個學術流派，一股思想潮流，豐富了近代中國思想文化的內涵，也推動了傳統文化以及儒學在近代的新發展。

1921 年梁漱溟出版《東西文化及其哲學》標誌著現代新儒學誕生，後熊十力、賀麟、馮友蘭、錢穆、張君勱等不斷將現代新儒學思想完善和發揚光大。1941 年，《思想與時代》雜誌刊載賀麟的《儒家思想的新發展》一文，被世人普遍看作是現代新儒家的宣言。賀麟認為，儒家思想的命運與中華民族的前途命運息息相關，中國近百年來的危機，說到底就是一個民族的文化危機，民族復興本質上就是民族文化的復興。文章指出「以儒家思想或民族精神為主體去儒化或華化西洋文化」，不然，「中國將失掉文化上的自主權，而陷於文化上的殖民地」；又說「假如儒家思想沒有新的前途、新的發展，則中華民族以及民族文化也就不會有新的前途、新的發展」。賀麟宣稱儒家思想的新開展既是關涉儒家傳統本身的現代命運，又事關近代以來中國文化的選擇和走向問題，號召「蔚成新儒學運動」，遂推動了現代新儒學思想的傳播。

作為一個學派，現代新儒學從產生開始，直至現在幾代學者都很重視王船山及其船山學，這是一個很值得研究的現象。梁漱溟著有《讀王船山〈莊子解〉》一文認為王船山對《莊子》的注解具有卓識高見，是其它的注解無法比擬的，在其《孔家哲學史》中，梁漱溟更是將王船山視為具有開創性的學者。熊十力作為現代新儒學的重要開創者，一生都心契於船山學，其學術理念和對船山學的研究方法，深深地影響了以唐君毅、牟宗三為代表的港臺及海外現代新儒學學者。《心書》是熊十力早年的論文集，書中隨處散見論及船山學術思想的話語，其他的著作如《讀經示要》《十力語要》《原儒》等書中也多有涉及王船山及其學術思想的論述。賀麟著《知行合一問題——由朱熹、王陽明、王船山、孫中山到〈實踐論〉》和《王船山的歷史哲學》，高度評價了王船山的知行觀和歷史哲學思想，認為「王船山是王陽明以後第一人。他在中國哲學史上的地位，遠較與他同時代的顧亭林、黃梨洲為高。他思想的創

穎或不如陽明，但體系的博大平實則過之。」〔註 12〕被公認是現代新儒學重鎮的張君勸在《新儒家思想史》中專闢一個章節寫王船山（第 26 章），張氏認為王船山創立了與朱子「道問學」派及陸王「尊德性」派相對抗的儒家實在論，對後世哲學研究產生了深遠的影響。他還將王船山與 17 世紀歐洲的哲學家博格森相比擬，認為船山的「反省說」顯示了博格森「綿延」的意義。錢穆著《中國近三百年學術史》，他站在維護儒家道統，發揚兩宋「經世明道」精神的學術傳統的立場上，對船山學術思想進行了細緻的論述。馮友蘭在《中國哲學史》和《新理學》中都論及過王船山的學術思想，但馮氏對船山學作深入研究還是在新中國成立後，20 世紀 50、60 年代馮友蘭發表了《王夫之的唯物主義哲學和辯證法思想》等一系列有關船山思想的文章，尤其是上世紀 80 年代出版的《中國哲學史新編》，馮氏用了整章 12 節全面闡述了船山的哲學體系，高度評價船山哲學是傳統社會後期道學的高峰。除此之外在現代新儒學的第二代、三代學者中仍不乏對船山學研究表現出濃厚興趣的學者，如唐君毅、牟宗三，曾昭旭、林安梧等。

　　現代新儒學群體對王船山及其船山學如此重視，這可能要歸咎於王船山的學術旨趣和道德情操與現代新儒學倡導的民族文化本位論相符合。因為王船山不僅對宋明理學作了深入的思考和全面的總結，還從宋明上溯到中華學術文化的歷史源頭，以「六經責我開生面」的氣魄對歷史傳統作出了傳承和開拓性的學術偉績。他「慨明統之墜也，自正、嘉以降，世教早衰，因以發明正學為己事」〔註 13〕，就是要綜攝已有學術資源，全面總結傳統文化，開創出反映時代氣息，陶鑄民族精神，引導人生理想的嶄新哲學體系。無怪乎唐君毅高度評價王船山說：「唯船山則知明學之弊，亦能知宋學之長，獨窮老荒山，磅礴之思，一一見諸文字，而精光畢露，為結束明清之際之大哲，與黑格爾之綜合西方近代理性主義經驗主義之流相類。……在中國，欲救清儒之失，不以考證遺編，苟裕民生為己足，而欲建立國家民族文化之全體大用，則捨船山之精神，其誰與歸！」〔註 14〕

　　下面就以第一代現代新儒學學者對王船山學術的推崇和研究，來瞭解現

〔註 12〕賀麟，文化與人生〔M〕，上海：上海人民出版社，1988：254。
〔註 13〕王敔，大行府君行述〔M〕//王夫之，船山全書：第 16 冊，長沙：嶽麓書社，2011：73。
〔註 14〕唐君毅，原教篇第 24 章〔M〕//中國哲學原論，北京：中國社會科學出版社，2006：664～666。

代新儒學思潮發展過程中對船山學的解讀和弘揚。

6.2 熊十力新唯識論哲學體系下對船山學的闡釋和修正

熊十力（1885～1968），原名繼智、升恒，號子真，晚年號漆園老人，湖北黃岡人，著名哲學家，思想家，現代新儒學早期代表人物之一。他以傳統學術思想為源泉，會通儒佛，融合西哲，構建了宏富的「新唯識論」哲學體系，是中國近代最具原創性的哲學家，為中國哲學的本土化發展做出了巨大的貢獻。「熊十力對於現代新儒學的最大貢獻，乃在於奠定了這一思潮的哲學形而上學之基礎。簡要地說，他的全部工作，就是面對西學的衝擊，在儒學價值系統崩壞的時代，重建儒學的本體論，重建人的道德自我，重建中國文化的本體性。」〔註15〕熊十力形而上學思想的主要思想淵源是《易經》和《易傳》，他認為「依據《大易》，重新建立中國人之宇宙觀與人生觀。奏次膚功者，厥惟王船山。……船山哲學，實為振起沉屙之良藥，遺書具在，學者凝心讀之，而得其深廣之思，感其濃厚之悲，有不憤發為人者乎！」〔註16〕熊十力學術體系的建立還與其早年從事革命政治活動分不開，青年時代他積極參加辛亥革命和護法運動，為革新政治、復興民族而不惜置生死於度外，但其滿腔熱忱在現實社會遭到了沉重打擊。近代中國處在社會轉型時期，魚龍混雜，充斥在現實社會中的人文價值喪失、道德意識危機、生命本性困惑等問題，促使他深入地反思人的安身立命問題。深感「黨人絕無在身心上做工夫者，如何撥亂反正？」又自度非事功之才，遂志學術一途。作為一個崇尚豪傑精神、個性特立獨行的學者，王船山的學識和品行對熊十力的人格和學問都產生了非同尋常的影響。熊十力十分欣賞王船山立志求學、克治私欲和力矯晚明學風的高尚德行，說：「船山竄身瑤洞以沒世，尤為卓絕。余少無奇節，然服膺船山，常求所以守拙而淪於孤海，深懼夫力之不勝也。」〔註17〕縱觀熊十力的一生，發現其獨特的個性特質和治學風格，與王船山有許多相似之處，具體來看：

〔註15〕郭齊勇，現當代新儒家思潮研究〔M〕，北京：人民出版社，2017：65。

〔註16〕熊十力，讀經示要〔M〕//熊十力全集：第 3 卷，武漢：湖北教育出版社，2001：838～839。

〔註17〕熊十力，讀經示要〔M〕//熊十力全集：第 3 卷，武漢：湖北教育出版社，2001：709。

首先，其哲學思想明顯受船山學影響。誠如熊十力自己所說：「余平生於古人，多有少之所歆，移時而鄙，獨至船山，則高山仰止，垂老弗變。」〔註18〕1918 年，第一部論著《心書》出版，從書名到內容都與王船山有密切聯繫，書名《心書》含兩層意思，一是作者三十年心行所存；二是借用了王船山的話「唯此心常在天壤間」。《心書》首篇即為《船山學自記》，書中另外還有多篇文章明確提到和引用了王船山的著述，分別是《張純一存稿序》《與張素武》《鉤王》《日知會王劉餘何朱諸傳》《問津學會啟》《諸葛武侯出師表書後》《至言》《箴名士》等，在書中熊十力給予王船山及其哲學思想很高的評價，稱讚船山學是接續孔子以來薪火相傳的儒家道統真義，並稱船山的「道器一元」「幽明一物」「天在人，道在我」等論點，給正處迷惘中的自己起到了很重要的作用。後來熊十力相繼又出版了《新唯識論》（1932 年文言文本）、《讀經示要》（1945 年）、《十力語要》（1947 年）和《原儒》（1956 年）等著作，在每一本書裏，熊十力都有引用或闡釋船山學說。熊十力以「新唯識論」為核心創立了新的哲學體系，對近現代學界產生了深遠的影響，但他謙虛地將其歸結為僅僅是對船山學術思想的總結和發揮，說：「斯理也，船山王子蓋先我發之矣」〔註19〕，熊十力還稱自己與薑齋（船山）千載是同窗。熊十力對船山學的繼承和發展，最顯著地體現在對船山易學思想的繼承和完善上。他認為王船山是明清時期哲學思想上的巨擘，其學術思想是「繼續程朱以來反佛教精神，而依據大易重新建立中國人之宇宙觀與人生觀」〔註20〕，對後世具有開創性的貢獻。

熊十力在《重印周易變通解序》總結王船山的易學思想說：「晚明有王船山，作《易內外傳》，宗主橫渠，而和會於濂溪、伊川、朱子之間，獨不滿于邵氏。其學尊生以箴寂滅，明有以反空無，主動以起頹廢，率性以一情慾，論益恢宏，浸與西洋思想接近矣。然其骨子裏自是宋學精神，非明者不辨也；其於漢師固一切排斥，不遺餘力也。」〔註21〕後他在《讀經示要》中概括自

〔註18〕熊十力，仲光記〔M〕//十力語要初續//熊十力全集：第 5 卷，武漢：湖北教育出版社，2001：193。

〔註19〕熊十力，新唯識論〔M〕//熊十力全集：第 2 卷，武漢：湖北教育出版社，2001：85。

〔註20〕熊十力，讀經示要〔M〕//熊十力全集：第 3 卷，武漢：湖北教育出版社，2001：838。

〔註21〕熊十力，重印周易變通解序〔M〕//熊十力全集：第 4 卷，武漢：湖北教育出版社，2001：140。

己的學術特點時又說:「吾平生之學,窮探大乘,而通之於《易》,尊生而不可溺寂,彰有而不可耽空,健動而不可頹廢,率性而無事絕欲,此《新唯識論》所以有作,而實根柢《大易》以出也。魏晉人祖尚虛無,承柱下之流風,變而益厲,遂以導入佛法。宋儒受佛氏禪宗影響,守靜之意深,而健動之力,似疏於培養;寡欲之功密,而致用之道,終有所未宏。……二千年來,《易》之大義湮絕已久,晚明王船山作《易外傳》欲振其緒,然於體用之義未融,情性之分莫究,天人之故猶未昭晰,羽翼《大易》,疑於弗備。《新論》之作,庶幾船山之志耳。」〔註22〕「主動」、「率性」、「尊生」、「明有」的歸納十分契合船山易學思想精髓,熊十力毫不掩飾對王船山的推崇和褒揚,將船山學看作是其構建新唯識論哲學體系的重要思想源泉,謙虛地稱自己只是做了繼承和完善船山學說的事情。熊十力認為船山易學思想是繼承了商周及孔孟以來的傳統,並且把易學從兩漢時期宗教性的範式轉化成為了宗教與道德相結合的範式,其功不可沒,王船山是一個真正的哲學家。「後儒在宇宙論上之見地,始終不出漢易二氣五行之域。漢易蓋承術數家之統耳。漢以後之儒,真正有殷易首坤之意義者,濂溪開其端,橫渠、船山之言氣,確已斷絕術數而純為哲學家言。此不可不表章。」〔註23〕熊氏也直率地對船山學作了批評和反思,說:「船山《易內傳》較伊川為佳,然不及《外傳》。《外傳》好處,即其明有、尊生,主動等大義,足為近代思想開一路向。但未免於粗,船山於哲學上之問題,猶乏精究。然其思想宏闊,於治理,群化,尤多卓見,漢以來未有其人也。」〔註24〕

　　其次,其在本體論、宇宙論和認識論等哲學範疇上也借鑒和發展了船山學。王船山在宇宙本體論方面繼承和改造了中國歷代哲學家關於氣本論哲學的思想,對氣從本源上作了規範,確立了「氣」本體的地位和最高哲學範疇的意義,並以元氣這一宇宙本真性存有為核心,構建了較完善的哲學思想體系。在《新唯識論·明心》章中,熊氏充分肯定了王船山體用不二的宇宙本體論思想,說:「此言個人生命力即是宇宙之大生命力,豈形氣可以隔之乎?世俗以為吾人生命力當初生之頃從宇宙大生命力分化而來,既生以後,因拘於

〔註22〕熊十力,讀經示要〔M〕//熊十力全集:第 3 卷,武漢:湖北教育出版社,2001:916。
〔註23〕郭齊勇,存齋論學集〔M〕,北京:三聯書店,2008:30。
〔註24〕熊十力,讀經示要〔M〕//熊十力全集:第 3 卷,武漢:湖北教育出版社,2001:963。

形氣便與宇宙隔絕。殊不知所謂宇宙大生命力乃渾然全體而不可剖分，凡有形氣皆其所凝成者，而何隔之有乎？故吾人初生之頃資生於宇宙之大生命力，既生以後，適於未盡之期，猶息息資生於宇宙之大生命力，吾生與宇宙始終非二體。故吾之生也，息息與宇宙同其新新，百無故故之可守。命之不窮，化之不息也如是。斯理也，船山王子，蓋先我發之矣。」〔註 25〕熊十力完全贊同王船山將宇宙世界看作是一個生生不息、大化周流的開放式動態過程，人雖為天地之精華，萬物之靈秀，但也是宇宙中萬有的一員，而且人的生命和心性的形成和發展與宇宙密不可分，並非「一受成型，終古不易」，而是和萬物一樣都交融於宇宙的化生之中，日生日成，創生不已。在這裡我們可以感覺到船山哲學中充分強調人的能動性、有為性，凸顯主體人在宇宙間的地位和價值。熊十力繼承和發揮了這種思想，「返本歸新」強調本體即「仁者本心也，即吾人與天地所同具之本體也。」〔註 26〕這個本體不僅包括健進不息的「生命本體」，還包括內在的道德自我，甚至涵蓋了天地萬物主導著自然宇宙。這個本體是生生不已，翕闢開合的，是人之所以為人的真宰。因此，「價值真正之終極根源只在每個人的本心，只要除去私欲、小我的束縛或掩蔽，圓滿自足的生命本性或宇宙的心就具有極大的創造性，足以創造世界和改變世界」。「熊十力以這種自覺的人本精神，強調以『人道』統攝『天道』，珍視人的價值，高揚活生生的生命力量，提倡剛健進取的人生態度。」〔註 27〕後來熊十力為反駁劉衡如對新唯識論的抨擊，特意針對劉《破〈新唯識論〉》一文，寫了《破〈破新唯識論〉》予以堅決回擊，再一次以王船山的「本體不二」作為反駁的有力武器。

熊十力還進一步闡述對本體的認識，他借鑒佛教的思辨模式和王船山「大化流行」的觀點，再三強調本體是主體與客體的統一，是本質與現象的統一，是充滿活力，圓滿無缺的。並一再強調人類生命在本質上是宇宙生命的一部分，天地生生不息的變化法則，也適用於人的行為準則中，即吾人與天地萬物同具本心、仁體。說：「圓滿義，是活義。萬變不齊，一切都是真實

〔註 25〕熊十力，新唯識論（文言文本）〔M〕//熊十力全集：第 2 卷，武漢：湖北教育出版社，2001：85。

〔註 26〕熊十力，新唯識論（語體文本）〔M〕//熊十力全集：第 3 卷，武漢：湖北教育出版社，2001：374。

〔註 27〕郭齊勇，天地間一個讀書人——熊十力傳〔M〕，上海：上海文藝出版社，1995：169。

的、全的顯現。所以隨舉一事一物，莫不各各圓滿，都無虧欠。譬如大海水顯現為眾漚，每一漚都以大海水全量為體，毫無虧欠。莊子說：『秋毫比較泰山不為小，泰山比較秋毫也不為大。』因為泰山的實體是絕對的，全的。秋毫的實體，也是絕對的，全的。秋毫和泰山，各各圓滿，有什麼小大可分呢？小大只存乎吾人的情見，非可與真理相應也。王船山先生說：『大化周遍流行，是無往而不圓滿的。譬如藥丸。隨拋一粒丸子，總是味味具足的。』此說很有見地。這個道理，隨處可徵，即就文字來說，一字中持一切義，一名中表一切義。如一字，必答一切人及一切非人，否則此字不立。故言人字時，即已攝持全宇宙而表之，不能析為斷片，謂此唯是此無有彼也。若真可析，則非圓滿。以不可析故，圓滿義得成。我們嘗說，億萬劫攝在一剎那，無量涵於微點。這話毫不稀奇，隨在無非圓滿，所以說之為活。」〔註28〕在熊十力看來體與用的關係為一與多，可分與不可分的關係，本體應該是絕對的、圓滿無缺的，是萬理之原、萬化之始，本體不是宇宙萬有的總和，而是宇宙萬有的法性，由此他構建了獨創性的「體用不二」本體論思想。熊氏一生都積極致力於「體用」關係的探討，他認為現代社會里人們對外在物化世界的狂熱追求和對內在精神世界的遺棄，都是因為「體用」割裂，導致主體和客體、宇宙和人生、現實與理想割裂的結果，只有從形而上層面為個體活動尋找基礎，這樣才能重建人的生命本體，樹立道德主體，扭轉日益頹廢的世風。在此基礎上熊十力又建構了「翕闢成變」的宇宙論和「性量分殊」的認識論，三者構成了「新唯識論」哲學思想體系的主要理論框架，也奠定了現代新儒學形上學的基礎和熊十力現代新儒家先鋒的地位，熊十力「把本體論的重建與民族尊嚴、與中國哲學的現代化和世界化聯繫了起來」〔註29〕，彰顯了他獨具一格的治學特點。

再者，王船山集豪傑與聖賢一體的人格精神和民族主義思想也深深地影響了熊十力，激勵他積極投身民族解放事業。熊十力是王船山真正的仰慕者，說：「中國漢以後儒者，不通《春秋》之義，而民族思想日益式微。南宋之儒，嘗持《春秋》以呼號復仇。復仇者，復趙氏一姓之仇。於民族何興？故民志終不振，則元人又起而乘之矣。若乃明聖挺生，獨知民族思想之可貴，

〔註28〕熊十力，新唯識論（語體文本）〔M〕//熊十力全集：第3卷，武漢：湖北教育出版社，2001：141～142。
〔註29〕郭齊勇，熊十力哲學研究〔M〕，北京：人民出版社，2011：27。

而以哀號於族類者，其唯衡陽王子，鄭所南亦其亞也。」〔註30〕熊十力認為
長久以來國人都偏激和狹隘地理解了孔子的春秋大義，《春秋》所倡言的民族
主義並非種族界限的狹隘觀念而是一種進步的民族觀。「夷夏之辨」其實質是
文野與禮義之有無的判斷，「夏者，大也，中國人有大人之德。……凡兇暴的
侵略主義者，皆無禮無義，皆謂之夷。故《春秋》之所謂文明者，不唯知識創
進而已，必須崇道德而隆禮義。」〔註31〕熊十力認為王船山算得上是對春秋
大義瞭解比較透徹的儒者，「船山著述極多，深憤中夏聖作明述而成為崇高之
文化，乃人道之極隆，不幸為夷狄鳥獸所殘毀。其書字字句句，皆悲心流露。
世人徒知《黃書》，其實，船山各書，隨在可見其民族思想之活躍。……先儒
之民族思想，皆為尊人道，賤獸行，伸正義，抑侵略，進和平，除暴亂。絕非
懷爭心而與異種人為敵也，此春秋之大義也。」〔註32〕

　　清末民初正是社會時局驟然變化的時期，反清排滿的革命思潮正如火如
荼地在中國大地上演，王船山強烈的民族主義思想，深深地感染了年輕的、
充滿愛國熱情的熊十力，故「稍讀船山、亭林諸老先生書，已有革命之志，遂
不事科舉，而投武昌凱字營當一小兵，謀運動軍隊。」〔註33〕在時代風氣激
蕩召喚之下，從 1903 年至 1918 年間，熊十力先後參加了日知會、同盟會等
革命團體，組織成立了黃岡軍學界講習社和證人學會等愛國社團，積極投身
武昌起義和護法運動，用一腔熱血，洗滌乾坤。歷史有時是驚人的相似，王
船山青年時代參加反清鬥爭以失敗告終，後被迫退伏幽棲，潛心著述，寄民
族復興希望於未來，以「七尺從天乞活埋」的儒者悲壯情懷，完成了「六經責
我開生面」的學術創新研究，建立了龐大而宏富的學術體系。熊十力也有這
樣曲折的經歷，在投身革命十幾年後，他發現革命運動並沒有產生他所預期
的社會效應，反而是「民國以來，上無道揆，下無法守，朝不信道，工不信
度，君子犯義，小人犯刑，上無禮，下無學。賊民興，上下交征利，不奪不

〔註30〕熊十力，答某生〔M〕//熊十力全集：第 2 卷，武漢：湖北教育出版社，2001：
　　　　242。
〔註31〕熊十力，讀經示要〔M〕//熊十力全集：第 3 卷，武漢：湖北教育出版社，
　　　　2001：834。
〔註32〕熊十力，讀經示要〔M〕//熊十力全集：第 3 卷，武漢：湖北教育出版社，
　　　　2001：835。
〔註33〕熊十力，黎滌玄記語〔M〕//十力語要//熊十力全集：第 4 卷，武漢：湖北教
　　　　育出版社，2001：425。

黌，是故上下之間，無是非可言。」〔註34〕這樣敗壞的社會風氣，使熊十力開始質疑和反思自己所從事的革命事業，「深覺吾黨人絕無在身心上作工夫者，如何撥亂反正？吾亦內省三十餘年來皆在悠悠忽忽中過活，實未發真心，未有真志，私欲潛伏，多不堪問。賴天之誘，忽而發覺，無限慚惶。又自察非事功之材，不足領人，又何可妄隨人轉？於是始決志學術一途，時年已三十五矣。此為余一生之大轉變，直是再生時期。」〔註35〕熊氏逐漸認識到，革命不僅僅是一場政治活動，更應該是一次對人的心靈的洗禮。中國目前面臨的「人」存在意義的迷失和價值規範原則的失序，將讓中國社會處於更大的危機中，必須要重構新的哲學體系，及時對現實存在的內在問題做出解答，這樣才能實現民族的復興和近代化，由此他得出了「革政不如革心」〔註36〕的結論，提出：「欲救中國，必須先救學術，必須有人出來挺身講學，以造成風氣。」〔註37〕從此熊十力絕意仕途、淡泊名利，接過了王船山手上的接力棒，將其滿腔真情都傾注在中華文化的存亡絕續之中。

王船山曾經借對亂世中仍能「秉素志而持之以正」的三國時期的儒者管寧的讚美和肯定，表達了自己艱苦治學的決心和目的，說：「天下不可一日廢者，道也；天下廢之，而存之者在我。故君子一日不可廢者，學也。……一日行之習之，而天地之心，昭垂於一日；一人聞之信之，而人禽之辨，立達於一人。其用之也隱，而搏捖清剛粹美之氣於兩間，陰以為功於造化。君子自竭其才以盡人道之極致者，唯以為務焉。有明王起，而因子敷其大用。即其不然，而天下分崩、人心晦否之日，獨握天樞以爭剝復，功亦大矣。」〔註38〕三國時期，群雄紛爭，民不聊生以至於禮樂崩潰，管寧遠避遼東。在亂世中，始終保持著一顆寧靜的心，「專講詩書、習俎豆，非學者勿見。」〔註39〕管寧通過自己的專注治學傳承儒家的道義，並以自己的修身踐履，積極感化周圍的百姓，人們從管寧的身上感受到了一種精神上的平和和內心裏的指歸，自

〔註34〕熊十力，某報序言〔M〕//熊十力全集：第 1 卷，武漢：湖北教育出版社，2001：18。

〔註35〕熊十力，黎滌玄記語〔M〕//十力語要//熊十力全集：第 4 卷，武漢：湖北教育出版社，2001：425。

〔註36〕熊十力，熊十力全集：第 1 卷〔M〕，武漢：湖北教育出版社，2001：7。

〔註37〕徐復觀，有關熊十力先生的片鱗只爪〔M〕//徐復觀文錄選粹，臺北：學生書局，1980：349。

〔註38〕王夫之，讀通鑒論〔M〕//船山全書：第 10 冊，長沙：嶽麓書社，2011：346。

〔註39〕王夫之，讀通鑒論〔M〕//船山全書：第 10 冊，長沙：嶽麓書社，2011：345。

發地聚集生活在他周圍，且人人守禮謙讓，戶戶和睦相處，形成了良好的社
會風氣，為後世所稱道。王船山和熊十力所處的時代也都是社會分崩離析、
禮義不存、廉恥淪落，王船山以管寧勉勵自己，熊十力也以王船山為榜樣激
勵自己，說：「王船山《讀四書大全》說『志者心之所存主』，斯為正義。孟子
曰：『人之所以易於禽獸幾希，庶民去之，君子存之。』船山存主之義，從是
出也。今日中國人貪污淫佚，卑賤虛誑，甘為亡虜，毫不知恥，沿不如怒蛙之
有鬥志有生氣也。此何以故？以其覥然人面，而中無存主，人理絕而生意盡
也。國已亡而無所知，種將滅而不觀痛癢。人氣滅絕，一至此極。然則今人必
須變而成人，始可與言讀書。此老懷所日夕願望者也。」〔註 40〕人必須要有
真實的志願，方能夠把握其身心，充實其生活。志願是一種向上的努力，有
志願就是有真力量，故而學者必須先以志願立本，才能成就學問或事功。熊
十力救世和治學的志願都是很堅定的，他是近代接續船山精神的最佳者，積
極將儒學的精粹發揚光大以豪傑的浩然正氣，加上睿智的人文思想，「獨握天
樞以爭剝復」，以圖復興中國文化，振興中華民族。針對中華民國的局勢熊氏
頗為感歎地說：「民國三十餘年來，皆法從人也。然則欲法之行，究非執政者
能自守法不可。欲執政守法，非舉世知識分子有品德，有真知見，能持清議，
能奮起對抗，則執政必無所忌憚也。亭林、船山同注重學風士習，此實民治
根源也。中國而欲轉危為安也，王、顧諸儒之學，其可不急講乎？」〔註 41〕

　　熊十力對王船山特立獨行，潛心學問的「孤往精神」也是十分欣賞的。
用他的話說是：「人謂我孤冷。吾以為人不孤冷到極度，不堪與世諧和。」〔註
42〕這種甘受世間冷落寂寞而沛然自足於學術研究的生趣，對於今天有志於學
的人仍是極好的勉勵。他以王船山與李恕谷相比較，高度讚揚了王船山埋頭
苦幹窮深研幾的精神，說：「吾看船山、亭林諸先生書，總覺其惇大篤實，與
天地相似，無可非議。看李恕谷書，令我大起不快之感，其人馳騖聲氣，自以
為念念在宏學。然船山正為欲宏學而與世絕緣。百餘年後，船山精神畢竟灌
注人間。而恕谷之所以傳，乃附其師習齋以行耳。然則恕谷以廣聲氣為宏學

〔註 40〕熊十力，與讀書週刊〔M〕//熊十力全集：第 2 卷，武漢：湖北教育出版社，
　　　　2001：335。
〔註 41〕熊十力，讀經示要〔M〕//熊十力全集：第 3 卷，武漢：湖北教育出版社，
　　　　2001：838。
〔註 42〕熊十力，十力語要〔M〕//熊十力全集：第 4 卷，武漢：湖北教育出版社，
　　　　2001：8。

者，毋亦計之左歟？那般虜廷官僚，胡塵名士，結納雖多，惡足宏此學。恕谷忍不住寂寞，往來京邑，揚譽公卿名流間，自荒所業。恕谷只是太小，所以不能如船山之孤往。吾於其書，覺其一呻一吟，一言一語，無感覺太小。習齋先生便有惇大篤實氣象，差可比肩衡陽、崑山。凡有志學術者，當有孤往精神。」〔註43〕在這種精神的激勵和鞭策之下，他犀利地批評當時學術界的不良風氣說：「中國學人有一至不良的習慣，對於學術根本沒有抉擇一己所願學的東西。因之，於其所學，無有不顧天不顧地而埋頭苦幹的精神，亦無有甘受世間冷落寂寞而沛然自足於中的生趣。如此，而欲其於學術有所創闢，此比孟子所謂『緣木求魚』及『挾泰山超北海』之類，殆尤難之尤難。吾國學人，總好追逐風氣。一時之所尚，則群起而趨其途，如海上逐臭之夫，莫名所以。曾無一剎那，風氣或變，而逐臭者復如故。此等逐臭之習，有兩大病：一、各人無牢固與永久不改之業，遇事無從深入，徒養成浮動性；二、大家共趨於世所矜尚之一途，則其餘千塗萬轍，一切廢棄，無人過問。此二大病，都是中國學人死症。」〔註44〕

　　熊十力從自身做起，積極專注於學術研究，視名利如浮雲，希圖繼承先賢的治學精神，致力於中國本位文化建設，說：「為學，苦事也，亦樂事也。唯真志於學者，乃能忘其苦而知其樂。蓋欲有造於學也，則凡世間一切之富貴榮譽皆不能顧，甘貧賤，忍淡泊，是非至苦之事歟？雖然，所謂功名富貴者，世人以之為樂也。世人之樂，志學者不以為樂也，不以為樂則其不得之也，固不以之為苦矣。且世人之所謂樂，則心有所逐而生者也，既有所逐則苦必隨之。樂利者逐於利，則疲精敝神於營謀之中，而患得患失之心生，雖得利而無片刻之安矣。樂名者逐於名，則徘徊周旋於人心風會迎合之中，而毀譽之情俱，雖得名亦無自得之意矣。又且所逐之物必不能久。不能久則失之而苦益甚，故世人所謂樂，恒與苦對。斯豈有志者所願圖之乎？唯夫有志者不貪世人之樂，故亦不有世人之苦。孜孜子所學而不顧其他，迨夫學而有得，則悠然油然，嘗有包絡天地之慨。斯賓塞氏所謂自揣而重，正學人之大樂也。既非有所逐，則此樂乃為真樂而毫無苦之相隨。是豈無志者所可語

〔註43〕熊十力，十力語要〔M〕//熊十力全集：第 4 卷，武漢：湖北教育出版社，2001：466～467。
〔註44〕熊十力，為哲學年會進一言〔M〕//熊十力全集：第 2 卷，武漢：湖北教育出版社，2001：297～298。

乎？」〔註45〕熊十力稱讚王船山「志在中夏文化之復興」,「是上溯晚周儒家思想的巨儒」,〔註46〕認為其精神十分偉大,值得努力繼承和弘揚,為此他終生都積極追求這種學術的獨立與自由,倡導嚴謹的治學態度與治學精神。

　　20世紀上半葉的知識分子都面臨著一個同樣的困惑,即中國文化和中國社會向何處去的問題。民國建立後社會狀況並沒有朝著預期的方向改善,在目睹了許多革命黨人為謀取權利不擇手段,以至道德淪喪的場景後,熊十力感到十分失望。面對亂象叢生的局面,強烈的民族文化主義思想使其更加憂慮國人日漸失去安生立命之道和精神故園。熊十力將解決社會危機的關注點逐漸轉移到了思想文化層面,他察覺到近代湧現出的新制度、新文化和新科技雖然促使了社會的進步和發展,但同時對傳統文化和傳統社會也產生了不小的打擊,最直接的後果是導致了傳統人文價值和民族道德價值的失落,即國人的主體意識在近代社會的迷失。因此他希望人們「返本開新」,重返儒學的原始教義,重建民族的道德,重塑民族的精神,並固執地認為傳統文化中一樣可以演繹出民主、科學的新價值觀。他積極致力於傳統文化的挖掘和弘揚,致力於中華民族的主體心性轉型,期望構建中國本土的哲學體系,促使國人社會道德的反省和重建,提高國人的思想文化素養和增強民族自信。熊氏說:「晚世列強,皆以凶狡狂噬,迷失仁道,而有人類自毀之憂。然則三統其絕乎？此亦不然。濂、洛、關、閩,金溪、姚江、崑山、衡陽,固猶延一線之緒。仁道未嘗絕也。今世雖不淑,而斯統未墜。上天啟予小子以一隙之明,勉思大統,雖甚不肖,又何敢讓焉？」〔註47〕因此,「熊十力的全部工作,簡要地說,就是面對西學的衝擊,在傳統價值系統崩壞的時代,重建本體論,重建人的道德自我,重建中國文化的主體性。」〔註48〕

　　作為一個具有鮮明個性特徵的思想家,熊十力不僅積極學習和吸收了船山易學思想活潑新創、力求實用的精神,也對船山學提出了不同的看法和見解,不斷修補和完善船山學。在分析船山易學優劣的基礎上,他創建了「關

〔註45〕熊十力,高贊非記語〔M〕//熊十力全集:第4卷,武漢:湖北教育出版社,2001:469。

〔註46〕熊十力,高贊非記語〔M〕//熊十力全集:第4卷,武漢:湖北教育出版社,2001:520。

〔註47〕熊十力,讀經示要〔M〕//熊十力全集:第3卷,武漢:湖北教育出版社,2001:1051。

〔註48〕郭齊勇,熊十力哲學研究〔M〕,北京:人民出版社,2011:23。

翕成變」的宇宙論系統,「翕」是指本體收斂、凝聚而成物質世界的趨勢和功用;「闢」是指本體發散、剛健自強而不隨物化的趨向和功能。翕闢二極沒有先後之分,它們同時存在於實體之中,相反相成,渾一不二。「以本體之流行現似一翕一闢,相反而成化,此謂之變,亦謂之用。」〔註49〕熊氏認為,乾(闢)為體,坤(翕)為用,「闢」即是生命,即是宇宙精神,「闢」作為本體之乾,是內化了的生命精神,具有生生不已的力量和動力,能造就整個世界。故它在邏輯上是先於發用流行之坤(地)的,這一過程是自然發生的過程,並非如王船山強調的「天之聰明」的這樣一種先定學說。因為世界(宇宙)的形成與演進即不是預先計劃和預定的,也無需向外去尋求「能變者」,它只是生命精神的唯變所適、隨緣作主,吾人之真性遍為天地萬物本體,天地萬物之本體即是吾人真性,價值之源就在吾人心中。熊十力認為本體是一種運動和變化的存在,是萬物之所以存在的原因和存在方式,他把運動和變化當作萬事萬物統一的基礎,可以說是一種廣義的生命哲學。「闢翕成變」的宇宙人生論,是熊十力「體用不二」論的邏輯發展,也是對船山學「無體即無用,離用原無體」的體用觀的完善。

另外,他對船山學中「乾坤並建」的思想也頗有異議,說「王船山《易傳》,主張乾坤並建,頗近二元論。此非孔子旨也。」〔註50〕還說「船山易學,主張乾坤並建,故謂陰陽異體。餘議其失之粗者,即此可見。但船山亦承認太極是陰陽之本體,究非二元論。只係其解悟有未透,理論欠圓明耳。」〔註51〕並進一步說:「船山於本原處,不能無誤。其言乾坤並建,蓋未達體用不二之旨,遂有此失。」乾坤並建思想是王船山對宇宙虛空同構的特性所作的高度概括,王船山認為天地是同時形成的,沒有先天後地之分,目的是凸顯「乾坤」作為變化的主體,彰顯天道人事的變化,因此稱「《周易》並建乾坤於首,無有先後,天地一成之象也。」〔註52〕和「大哉《周易》乎!乾坤並建以為大始,以為永成,以統六子,以函五十六卦之變,道大而功高,德盛而與眾,

---

〔註49〕熊十力,十力語要初續〔M〕//熊十力全集:第5卷,武漢:湖北教育出版社,2001:14。

〔註50〕熊十力,讀經示要〔M〕//熊十力全集:第 3 卷,武漢:湖北教育出版社,2001:963。

〔註51〕熊十力,原儒〔M〕//熊十力全集:第 6 卷,武漢:湖北教育出版社,2001:631。

〔註52〕王夫之,張子正蒙注〔M〕//船山全書:第 12 冊,長沙:嶽麓書社,2011:276。

故未有盛於《周易》者也。」〔註53〕他分析船山理論失誤的原因是：「船山未見本體，蓋由反對陽明與佛老之成見誤之也。」這是熊十力站在不同的哲學視角，對船山哲學的批評。他還站在「唯心」和「唯理」的哲學角度對王船山氣本論哲學進行了批評，說：「船山主張率性以一情慾，自甚諦。然反對陽明，而不悟心即是性，則工夫似無入處。」又說；「乾為生化勢能，為理。坤為材質，為物。坤以順承乾者，如自天化言之，萬物莫不資始於乾道變化。物所以成之理，即乾也。自人能言之，如吾之心，其開通發動，以主宰乎吾身，及了別與改造乎物。此可見理健而施，坤但順受。」還有熊十力對船山歷史哲學中過於強烈的理性主義色彩，也提出了異議，說：「船山、程子，以喜玩為劣義，其實，喜玩只是情趣悠長，而伴以思索，真知正解，每由此引生，非是劣義。科學家、哲學家等，於其所研究之諸問題，若無喜樂玩索之心，其尚得有所創發乎？」〔註54〕熊十力認為王船山在這方面沒有脫離宋儒的桎梏，凸顯了他學術的缺陷，說：「船山本晚明大思想家，吾平生服膺甚至。但此等處，卻未脫宋儒桎梏，讀史而遇可歌可泣、可哀可愁之境，而絕不發生同情，尚得謂為不失其心性之乎？」〔註55〕熊十力的哲學思考表現出強烈的生命感悟色彩，洋溢著勃勃生機，十分注重道德主體的個人情感，強調用心用情感去體會，去感悟歷史和哲學，確立積極進取的人生態度，從而塑造健全的人格。熊十力這一治學方法與其治學的根本目的是相一致的，就是希望通過哲學學習和研究重建人性的美善，找回失落的民族精神。

　　總而言之，在中國社會和中國傳統文化受到劇烈衝擊的時代背景下，「除了價值和存在的迷失，精神危機另有深沉的層面，這層面頗難為名，且謂之『形上的迷失』。由於全然採取傳統宗教和哲學的形上世界觀，過去的中國知識分子生活於睿智的世界中。到了現代，科學的輸入成了傳統世界觀的強力溶劑。雖許多受過教育的中國人來說，科學的衝擊並非全然的困擾，因為使外在世界更加合這一點上，科學的確開出了一條新途。但是科學提供的睿智是有其限制的。因為科學雖然能回答許多『什麼』和『如何』的問題，可是對

〔註53〕王夫之，周易外傳〔M〕//船山全書：第 12 冊，長沙：嶽麓書社，2011：989。
〔註54〕熊十力，讀經示要〔M〕//熊十力全集：第 3 卷，武漢：湖北教育出版社，2001：804。
〔註55〕熊十力，讀經示要〔M〕//熊十力全集：第 3 卷，武漢：湖北教育出版社，2001：804。

於『究竟因』卻無法不緘默。因此，科學因其本質之故，無法取代傳統中廣涵一切的世界觀。」〔註56〕於是在民國初年出現了這樣的現象，「西化氣焰極高，而政教乃日壞。士習乃日偷，民初迄今，文理各科之學人，真能在艱難中樸實頭地去下困功，極深研幾，而不肯淺嘗輒止，得少為足者，吾實罕聞其人。至於悠悠多士，蟻聚市朝，蜂呼論壇，學識不殖，情思都盡。清末民初諸名士，今日且求之不可得。人才每況愈下，豈天運歟？」〔註57〕作為現代新儒家早期的開拓先鋒，「熊先生的霹靂一聲，直復活了中國的學脈。」〔註58〕在西方文化的刺激下，熊十力對傳統儒學作了較徹底的批評和反思，力圖從傳統文化內部尋找現代哲學的精神根源，重新確立傳統知識分子對宇宙人生的根本意義的終極關懷。他以現代哲學的觀念與問題意識闡述了傳統哲學思想，重新建構了儒家式的道德理想主義的形而上體系，為現代新儒學的發展奠定了理論基礎。他創立的思辨縝密的中國化的近代哲學體系——新唯識論，對包括天道、自然、社會、人性、個體生命的意義及其終極歸屬等問題重新進行了解釋，重新反省了生命的意義和人生的價值，努力尋找一種積極向上的人生態度和價值理念，以圖解決現實社會裏普遍存在的人文價值的失落和社會道德的淪喪等問題，起到撥亂反正的作用。在其人生道路的選擇和學術思想體系的建構過程裏，船山學始終相伴其裏，給了他精神鼓勵和思想啟蒙的作用，他曾說：「船山所云，蓋得於《春秋》者甚深。《春秋》務正始，蓋貴治時。治時者，勇於自創，以拯天下於昏迷。主動而不為被動，此剛健之極。誠明交盡，故每突變而無不利也。」〔註59〕正是在王船山這種主動創新精神的鼓舞下，熊十力「貫通百家，融會儒佛，究心陽明」，終於成為了一位偉大的哲學家。「他對傳統與現代的雙向批評，他的人文睿識，對於我們民族哲學神殿的建構，對於我們走向現代的精神啟迪，絕不是可有可無的。他和他的哲學的命運，是一面鏡子。」〔註60〕

〔註56〕張灝，新儒家與當代中國的思想危機〔M〕//近代中國思想人物論——保守主義，臺北：時報文化出版社，1980：373～375。
〔註57〕熊十力，讀經示要〔M〕//熊十力全集：第 3 卷，武漢：湖北教育出版社，2001：737。
〔註58〕牟宗三，生命的學問〔M〕，臺北：三民書局，1970：136。
〔註59〕熊十力，讀經示要〔M〕//熊十力全集：第 3 卷，武漢：湖北教育出版社，2001：1043。
〔註60〕郭齊勇，熊十力哲學研究〔M〕，北京：人民出版社，2011：21。

6.3 錢穆宋學觀視野下對船山學的認識和理解

　　錢穆（1895～1990），字賓四，江蘇無錫人，近現代著名史學家、思想家和教育家。錢穆在先秦學術史、秦漢史、兩漢經學、宋明理學、清代與近世思想史等領域，多有創獲，造詣頗深。「錢穆所有研究都環繞著一個中心而展開，這個中心就是中國文化問題。他從歷史出發揭示中國民族文化的風貌、特殊性格和人文精神。在他看來，歷史、民族、文化有三個名詞，實質為一。」中國文化精神與民族性格主要是由儒家奠定和陶養的，錢穆畢生對儒家傳統的精神價值抱著深厚的感情，將之視為錢穆在研究明清時期的學術和思想時，治學多從宋學的角度出發，注重宋學在清代的延續性，強調宋明理學的傳統在清代仍然具有其生命力。他認為兩宋時期是中國古代學術的鼎盛時代，代表了傳統文化的最高峰，開闊、博大、貫通的宋代學術氣象，令每一個有志於學的國人心嚮往之。他稱讚說：「講中國學術史，宋代是一個極盛時期。上比唐代，下比明代，都來得像樣。」旗幟鮮明地表彰了大批的宋儒，「宋學之博，遠超唐賢，只觀《通志堂經解》所收，可見宋代經學之一斑。至史學如司馬光《資治通鑑》、鄭樵《通志》、李燾《續資治通鑑長編》等，其博大精深，尤非唐人所及。而南宋尤盛於北宋。即易代之際人物，如王應麟、胡身之、馬端臨等，其博洽淹雅，皆冠絕一代。世疑宋學為疏陋，非也。即如朱子，其學浩博，豈易窺其涯涘？」〔註61〕錢穆給予宋學很高的歷史地位，認為從明末清初以迄至今的中國近三百年學術思想史，從學術精神上看，都是對宋明理學的繼承和發揮，他說：「今自乾、嘉上溯康、雍，以及明末諸遺老，自諸遺老上溯東林以及陽明，更自陽明上溯朱、陸以及北宋之諸儒，求其學術之遷變而考合之於世事，則承先啟後，如繩秩然，自有條貫。」〔註62〕為此他堅持「不識宋學，即無以識近代」。考究錢穆對宋學高度的認同和極力推崇的原因，除了宋學本身確實輝煌絢麗，是傳統文化的精髓值得後人推崇外，還與錢穆所處的時代有密切的關係。上世紀 30 年代正是外患紛乘，國難深重之時，尤其是全面侵華戰爭爆發，將中華民族推到了生死存亡的邊緣，救亡圖存是中國社會面臨的至關重要的事情。錢穆在學術研究中自覺地承擔起社會責任的意識，認為治學要為現實社會服務，要在抵禦日寇侵略的戰爭中，起到鼓舞和團結國人的作用。宋儒倡議的「嚴夷夏之防」的民族本位意識，明

〔註61〕錢穆，國史大綱〔M〕，北京：商務印書館，2008：859。
〔註62〕錢穆，中國近三百年學術史〔M〕，北京：中華書局，1997：21。

體達用的治學方式和學貴經世、以天下興亡為己任的精神契合了錢穆學術救國的想法。「自宋以下的學術，一變南北朝、隋、唐以來之態度，都帶有一種嚴正的淑世主義」〔註63〕，後又明確指出：「以天下為己任，此乃宋、明學者惟一精神所寄」〔註64〕。錢穆在治學中也積極踐履了宋學精神，自覺地承擔起啟蒙和鼓舞國人的社會責任的意識，其著作「《中國近三百年學術史》特『嚴夷夏之防』，這部書是在抗戰前夕寫成的，此時中國又面臨另一次『亡國』的危機，書中『招魂』的意識表現得十分明顯。」〔註65〕他在《中國近三百年學術史》自序中也寫道「斯編講義，正值『九‧一八事變』驟起。五載以來，身處故都，不齒邊塞，大難目擊，別有會心。」〔註66〕

　　強烈的文化危機感和高度的文化責任感是錢穆倡導宋學精神的根源。錢穆認為他所身處的國土淪喪、日寇猖獗的局面與明末清初之際的境況極為相似，他對清初諸大儒不忘種姓，有志經世、堅守民族氣節，傳承宋學精神的做法表達了推崇和敬佩之情，說：「明清之際，諸家治學，尚多東林遺緒。」最有建樹的，當推黃梨洲（宗羲）、王船山（夫之）、顧亭林（炎武）、顏習齋（元）四家，梨洲嗣軌陽明，船山接跡橫渠，亭林於心性不喜深談，習齋則兼斥宋明，然皆有聞於宋明之緒論者也。不忘種姓，有志經世，皆確乎成其為故國之遺老，與乾嘉之學，精氣夐絕焉。」〔註67〕錢穆期待近代社會能夠繼續傳承宋學精神，發揚民族主義積極抗擊日寇，實現中華民族的復興。「國於天地，必有興亡。吾國家民族文化綿歷，迄五千年不弊，闕有一中心力量焉為之潛持而默運者，則儒家思想是也。」〔註68〕由此錢穆對弘揚宋學精神和傳承儒學道統的王船山及其明末清初的思想家們表達了欽慕之情。錢穆著《王船山孟子性善義闡釋》，指出「船山論性之善不善，主要在辨情才之說。船山之辨理氣，其說較習齋為遂密。至其辨情才，其說益較東原為深至。顏戴皆出船山後，皆於程朱有駁難，然以船山較之，則邈乎遠矣。」〔註69〕但是錢

〔註63〕錢穆，國史大綱〔M〕，北京：商務印書館，2008：793。

〔註64〕錢穆，國史大綱〔M〕，北京：商務印書館，2008：861。

〔註65〕余英時，錢穆與現代中國學術〔M〕，南寧：廣西師範大學出版社，2006：23。

〔註66〕錢穆，中國近三百年學術史‧自序〔M〕，北京：中華書局，1997：4。

〔註67〕錢穆，中國近三百年學術史‧自序〔M〕，北京：中華書局，1997：1。

〔註68〕錢穆，清儒學案序〔M〕//中國學術思想史論叢：第8冊，臺北：東大圖書公司，1980：364。

〔註69〕錢穆，王船山孟子性善義闡釋〔M〕//中國學術思想史論叢：第8冊，臺北：東大圖書公司，1980：82。

穆也提及船山學說湮沒不彰，世人知之甚少不及顏元和戴震的聲望，這對船山學的傳播實在是個遺憾的事情。《清儒學案》中錢穆也立有王船山學案，在序言裏提到：「船山之學尤為治新學讀西方哲學家書者所喜稱，以其探術宇宙本末，分析心理精微，路徑略相似也。……船山之學，長於抉剔心隱，洞人肺腑，其精神血脈，略近江右王門，而於東廓念庵尤似。再復於此轉手，得北宋橫渠正蒙之神契，故亦善言道氣陰陽宇宙之變。其論心術而會於佛，則旁治八識。其論宇宙而會於道，則兼探圜緯，浸深涵廣，匯為大觀。」〔註70〕錢穆對王船山的學術淵源和思想主旨的歸納是比較到位的，他具體論述王船山學術思想是在《中國近三百年學術史》的第三章，分三個部分論述了王船山及其船山學，一為船山傳略，二為船山學術大要，三為船山政治理想。重點在第二、三兩部分，對王船山的體用論、道器論、知行論、心性論、有無論、動靜論、內外論、能所、天理人慾之同行異情論、庶民禽獸論和政治思想的道德倫理思想等，做了詳細的資料列舉和理論梳理，在每一個理論後面錢穆都表達了自己的看法和見解。歸納起來看錢穆對王船山及其船山學的研究和評價主要集中在如下幾個方面：

首先，錢穆充分肯定了船山的學術地位，對王船山糾正王學末流弊端，倡秉承宋儒以天下為己任，學貴經世的學風給予了稱讚。錢穆強調治學要有一種「自覺精神」〔註71〕，「所謂「自覺精神」，就是學者自發地從內心深處湧現出一種感覺，認為他們應該起來擔負著天下的重任，范仲淹的「士當先天下之憂而憂，後天下之樂而樂」是自覺精神的最好榜樣。錢穆認為宋明理學家最重要的特徵就是「以天下為己任，此乃宋、明學者惟一精神所寄。」〔註72〕遺憾的是滿清執政以後，宋儒的這種精神受到了極大的打擊，清前期盛極一時的乾嘉漢學即是改變宋儒學風的例證。錢穆對乾嘉漢學轉入學術的象牙塔不問世事的學風頗有微詞，說：「江、浙考證漢學，其先雖源於愛好民族文化，厭惡異族統治，帶有反抗現實之活氣；其後則變為純學術之探討，鑽入故紙堆中，與現實絕不相干。自宋以來那種以天下為己任的『秀才精神』，卻漸漸消沉了。至少他們只能消極的不昧良心，不能積極的出頭擔當，

〔註70〕錢穆，清儒學案序〔M〕//中國學術思想史論叢：第8冊，臺北：東大圖書公司，1980：374。
〔註71〕錢穆，國史大綱〔M〕，北京：商務印書館，2008：558。
〔註72〕錢穆，國史大綱〔M〕，北京：商務印書館，2008：861。

自任以天下之重。」〔註 73〕王船山及其明末清初的一批學者則很好地繼承了宋儒所倡的關懷社會、心憂天下、「民胞物與」的價值理念，以天下安泰為己任，治學不忘經世致用。錢穆認為王船山的學術造詣是同時期的黃宗羲、顏元、戴震都不及的，他突出了王船山學術思想與其他人的差異性和創新性，說：「明末諸老，其在江南，究心理學者，浙有梨洲，湘有船山，皆卓然為大家。然梨洲貢獻在學案，而自所創獲者並不大。船山則理趣甚深，持論甚卓，不徒近三百年所未有，即列之宋明諸儒，其博大閎括，幽微精警，蓋無多讓。」〔註 74〕

錢穆認為在心性論、道器論、體用論等方面王船山都有創新性見解，比同時期的學者都要精深宏大，說：「船山體用、道器之辨，猶之此後習齋、東原諸人理氣之辨也。顏、戴不認理在氣先，猶之船山不認道在器外，體在用外也。要之則俱為虛實之辨而已。惟船山主觀化而漸得其原，其論尤精。後此焦里堂《孟子正義》頗見及此，顏、戴似猶未及也。」〔註 75〕錢穆肯定了王船山道器交與為體和道器相因相涵的辯證思維，認為王船山「無其器則無其道」的道器觀和「體用胥有而相需以實」的體用觀，系統地駁斥了割裂、顛倒道器關係的唯心主義思想，很好地矯正了晚明王學流弊，並為清初理學的發展提供了借鑒。錢穆還充分肯定了王船山的心性論，說：「船山論性最精之詣，在以日生日新之化言，故不主其初生，而期其日成。梨洲謂『心無本體，工夫所至即其本體』，庶與船山論旨差近。然梨洲發此於晚年，未及深闈，不如船山之透明也。」〔註 76〕又說：「此言夫心之不容絕物以為明也。其言與梨洲所謂『盈天地皆心』者相似。自陽明、蕺山頗發其趣，然終不如船山之言為深透，其後習齋、東原詆排宋儒，單據理氣之辨，而於心物一邊少所發揮，亦不如船山圓宏。」〔註 77〕宋明學者將天命理解為初生之際的一次性事件，將性理解為一種靜止的現成之體，禁錮和僵化了人的自主性、能動性和創造性，使得社會缺乏活力和生氣。而王船山則認為性的生成不是一次成型而無可損益的過程，提出了「性日生日成」論，指出人性是可以改變的，人的善惡也是可以改變的，因此人們要注重自身的修身養性，這是對人的主觀性和能動性

〔註 73〕錢穆，國史大綱〔M〕，北京：商務印書館，2008：860。
〔註 74〕錢穆，中國近三百年學術史〔M〕，北京：中華書局，1997：106。
〔註 75〕錢穆，中國近三百年學術史〔M〕，北京：中華書局，1997：107。
〔註 76〕錢穆，中國近三百年學術史〔M〕，北京：中華書局，1997：109。
〔註 77〕錢穆，中國近三百年學術史〔M〕，北京：中華書局，1997：115。

的強調，對宋儒的心性論起到了救弊補偏的作用。

　　錢穆對王船山學說的充分肯定，有很大的以史為鑒、借古喻今的意味。在《中國近三百年學術史》自序中他將宋儒、東林學派和晚明遺老接續在一起，理由就是他們治學都重視經世明道，具有強烈的民族意識和民族氣節。尤其是距今最近的明末大儒們，他們身上體現的宋學精神不僅對掃滌近代乾嘉餘風有幫助，而且可以嚴夷夏之防激勵民眾抵抗日本侵略者。文中竭力表彰王船山、顧炎武等晚明遺老的民族氣節和品行說：「清初諸老講學，尚拳拳不忘種姓之別，興亡之痛，家國之治亂，身世之進退。而乾嘉以往，則學者惟自限其心思於文字訓詁考訂之間，外此有弗敢問。學術思想之轉變，亦復遷移默運，使屈膝奴顏於異族淫威之下而不自知，是尤可悲而可畏之甚者也」〔註78〕，錢穆評論船山學的資料主要集中在道器論、體用論和性日生日成說等方面，這些論點很大程度上都是針對明末王學弊端泛濫，人們樂於空談心性，脫離社會實際，「滿街聖人」卻拯救不了明王朝的覆滅而提出來的。「學問空虛，遂為明代士人與官僚之通病。掌握獨裁權的皇帝，往往深居淵默，對朝廷事不聞不問，舉朝形成群龍無首之象，而明代風習又獎勵廷臣風發言事。於是以空疏之人，長叫囂之氣，而致於以議論誤國。」〔註79〕王船山痛恨這種「愧無半策匡時艱，惟余一死報君恩」的虛空治學風氣。為了有效地進行抗清鬥爭和扭轉明末的頹廢局面，他猛烈地抨擊王學末流，系統地駁斥了割裂、顛倒道器關係的唯心主義思想，提出了「道器合一」「道在器中」「理載於氣」「趨時更新」等命題，修補和完善了宋明理學，引導人們轉向經世致用的治學道路，這種接續宋儒學貴經世、以天下為己任的精神正是錢穆所欣賞的嚴正的「淑世主義」〔註80〕。當時中國正處抗日救亡運動高漲之時，錢穆期望尋找一種激發民族投身抗日救亡運動的精神動力，而王船山及其晚明經世學者這種將治學與國家、民族的危難牢牢的聯繫在一起，以「身任天下」的民族精神和氣節正是他所需要的。

　　其次，錢穆強調加強中華的文運和儒學的道統傳承，船山學是其有力的佐證。錢穆認為華夏民族在歷史上受到少數民族的征服，影響最大的有三

〔註78〕錢穆，中國近三百年學術史〔M〕，北京：中華書局，1997：80。
〔註79〕錢穆，國史大綱〔M〕，北京：商務印書館，2008：698。
〔註80〕錢穆，國史大〔M〕，北京：商務印書館，2008：793。

次，即南北朝時期、遼金元時期和滿清時期，這三次征服都使華夏文明遭受到極大的破壞，導致中華文化差點斷絕，尤其是最後一次，「滿清最狡險，入室操戈，深知中華學術深淺而自以利害為之擇，從我者尊，逆我者賤，治學者皆不敢以天下治亂為心，而相率逃於故紙叢碎中，其為人高下深淺不一，而皆足以攘學術、毀風俗而賊人才。故以玄燁、胤禛、弘曆踞其上，則幸而差安，以顒琰、旻寧、奕詝、載湉、載淳為之主，則終不免於大亂。而說者猶謂滿族入關，卒為我所同化，政權雖移，中華之文運依然，誠淺之乎其為論也。」〔註81〕在錢穆看來，清廷採取的文字獄和乾嘉時期興盛的考據學，使華夏文明的發展偏離了原有的軌道，使儒學的發展呈現出畸形，中華文運岌岌可危。要改變近代中國文化誤入歧途和日益衰落的狀況，應該從哪裏開始呢？「曰：必始於宋。何以當始於宋？曰：近世揭櫫漢學之名以與宋學敵，不知宋學，則無以平漢宋之是非。……故不議宋學，即無以識近代也。」〔註82〕而且「夫不為相則為師，得君行道，以天下為己任，此宋明學者幟志也。」〔註83〕錢穆如此強調宋學在清代的延續性和宋學精神，最主要的原因就在於宋學是儒學的新發展，代表了傳統文化的精粹，「中國社會到了宋代，可說是純淨化了。不像唐代，有新的外國宗教，有許多異血統、異民族，宋朝都把來純化，學術領導是儒家，整個社會是中國傳統。」〔註84〕錢穆認為宋學是真正體現中華民族精神與文化精粹的文化傳統，王船山算得上是深入體會宋學精髓的學者，他不僅以天下為己任潛心治學，而且在人格、品行上也積極學習宋儒。宋儒在精神上一直推崇「聖賢氣象」，即以聖賢的人格理想作為自己的人生目標。這種「聖賢氣象」體現的價值包括社會關切和個體安頓兩個方面：前者即憂患社會、經世情懷，追求的是世俗情懷，後者即身心安頓、灑落胸襟，體現的是終極關懷。錢穆以范仲淹和胡安定兩先生為例說明和表彰了宋儒身上所體現的集關懷社會、心憂天下的博大胸懷和灑落自得、閑適安樂的個體人格為一體的聖賢氣象。「達而在朝，則為大政治家如范文正。窮而在野，則為大教育家如胡安定。此乃初期宋學所謂明體達用之最要標準

〔註81〕 錢穆，中國近三百年學術史〔M〕，北京：中華書局，1986：80。
〔註82〕 錢穆，中國近三百年學術史〔M〕，北京：中華書局，1997：1。
〔註83〕 錢穆，中國近三百年學術史自序〔M〕，北京：中華書局，1997：2。
〔註84〕 錢穆，中國文化之成長與發展//中國文化叢談〔M〕，臺北：蘭臺出版社，2001：53。

也。」〔註85〕王船山很好地傳承了這種價值理念。「船山學風，本近橫渠。長精思，重力踐，儼然關學氣象。又旁治老、莊、佛理，皆能得其深趣。故於諸家得失利病，凡所辨詰，動中窾要。而能於心理入微處推見癥結，尤為獨到精處。故論船山學之精神，所長不僅在於顯真明體，而尤在其理惑與辨用焉。其推顯至隱，闡微至顯，皆能切中流俗病痛，有豁蒙披昧之力。」〔註86〕

　　再者，錢穆強調儒學具有強大的自我更新能力，清學是對宋學的延續和發展。他期望通過教學和著述，發揚宋學精神，重塑國人的精神價值和道德觀念。錢穆十分強調儒學自身的發展與轉變，認為宋明理學的傳統在清代並沒有中斷，不僅沒有中斷，而且對清代漢學有很深的影響，清代學風在一定程度上就是對宋學的延續和發展，由此他提出了「每轉益進」的學術觀，批判了梁啟超等尊漢貶宋的「理學反對說」。錢穆從中國學術思想史發展角度出發闡述了宋明理學的淵源及其發展流變，揭示了宋明理學的獨特理論價值，明確提出了清學導源於宋學之見。「言漢學淵源者，必溯諸晚明諸遺老。然其時如夏峰、梨洲、二曲、船山、桴亭、亭林、蒿庵、習齋，一世魁儒耆碩，靡不寢饋於宋學。繼此而降，如恕谷、望溪、穆堂、謝山乃至慎修諸人，皆於宋學有甚深契詣。而於時已及乾隆，漢學之名，始稍稍起。而漢學諸家之高下淺深，亦往往視其所得於宋學之高下淺深以為判。」〔註87〕錢穆指出：「要之有清三百年學術大流，論其精神，仍自沿續宋明理學一派，不當與漢唐經學等量並擬，則昭昭無可疑者。抑學術之事，每轉而益進，途窮而必變。」〔註88〕

　　錢穆還認為清初經世思潮與明末東林學派之間，有密切的聯繫。宋學的主要精神是經世明道，推而至極則是參與政治，東林學派的突出特徵也是提倡士大夫要積極參政議政，把讀書、講學和關心國事緊密地聯結在一起，這明顯是傳承的宋學精神，故而錢氏在探討了兩宋學術以後，就轉到了東林學派，而晚明遺老基本上都繼承了東林學派的精神，他們多不忘種姓，以故國遺老身份行事，有志於經世致用學問與乾嘉考據派志趣大不相同。清學的開展即從晚明遺老們開始，推及其他。在論述清學時，黃宗羲列在了第一位，

〔註85〕錢穆，初期宋學〔M〕//中國學術思想史論叢：第 5 冊，臺北：東大圖書公司，1980：5。

〔註86〕錢穆，中國近三百年學術史〔M〕，北京：中華書局，1997：118。

〔註87〕錢穆，中國近三百年學術史〔M〕，北京：中華書局，1997：1。

〔註88〕錢穆，〈清儒學案〉序〔M〕//中國學術思想史論叢：第 8 冊，臺北：東大圖書公司，1980：366。

這與黃宗羲的家學和師門淵源與東林學派聯繫密切有關，列第二位的就是王船山。而在梁啟超的《中國近三百年學術史》體系裏，清學的開展順序則是黃宗羲、顧炎武、王船山。在錢穆看來王船山的思想更接近宋明理學經世明道的傳統，更接續宋明儒學精神。儘管王船山身處僻壤，師友不多，知其著作者甚少，但其對宋明理學的修正和對王學末流的抨擊，卻和黃宗羲、陳乾初、顏習齋、李恕谷等當時早已經名揚域內的學者一樣。如此看來儒學發展至晚明已是其突變的臨界點，明末社會呈現出來的種種不良社會習氣和政治弊端，促使部分敏銳的儒者深刻反思和積極探索儒學的新發展。王船山生逢其時，對傳統文化和宋明理學作了深入的思考與全面的總結，「可見學術思想，到必變之時，其所以為變者，固自有豪傑大智為之提倡，而風氣轉動，亦自有不知其然而然者存其間。故得閉門造車，出門合轍，有如是之巧。而船山之博大精深，其思路之邃密，論點之警策，則又掩諸家而上之。其用意之廣，不僅僅於社會人事，而廣推之於自然之大化，舉凡心物、人天，種種現象，皆欲格通歸納，冶之一爐，良與橫渠正蒙之學風為近。」〔註89〕

　　錢穆對宋學精神的推崇不僅見諸於對王船山的論述，還見諸於其他的著述中，可以說錢穆窮盡其一生都在踐履宋學精神。「錢先生所繼承的乃是太史公『究天人之際，通古今之變』的大傳統。在中國的學術思想史上，與他心靈最切近、對他所作的學術工作最有啟發的甚至還不是孔孟，而是宋代的朱熹。……而宋明理學恰是中國哲學重要的一環，也是錢先生自認為用力最深的一環。」〔註90〕錢穆明確地表達了對宋明理學的推崇和偏愛，說：「顧余自念，數十年孤陋窮餓，於古今學術略有所窺，其得力最深者莫如宋明儒。雖居鄉僻，未嘗敢一日廢學。雖經亂離困厄，未嘗敢一日頹其志。雖或名利當前，未嘗敢動其心。雖或毀譽橫生，未嘗敢餒其氣。雖學不足以自成立，未嘗或忘先儒之矩矱，時切其嚮慕。雖垂老無以自靖獻，未嘗不於國家民族世道人心，自任以匹夫之有其責。雖數十年光陰浪擲，已如白駒之過隙，而幼年童真，猶往來於我心，知天良之未泯。自問薄有一得，莫匪宋明儒之所賜。顧三十以後，雖亦粗有撰述，終於宋明理學，未敢輕有所論著。……平居於兩《學案》最所潛心，而常念所見未切，所悟未深，輕率妄談，不僅獲罪於前儒，亦且貽害於當代。故雖私奉以為潛修之準繩，而未敢形之筆墨，為著作

〔註89〕錢穆，中國近三百年學術史〔M〕，北京：商務印書館，1997：128。
〔註90〕劉述先，儒家哲學研究〔M〕，上海：上海古籍出版社，2010：48。

之題材也。」〔註 91〕可見,「錢先生的基本思考模式是宋明儒式的,他最能以同情理解的方式去講理學」〔註 92〕,也堅信「學術不熄,則民族不亡」,「希耀更深入地在中國史上尋找中國不會亡的根據」〔註 93〕,這種強烈的學術救國情懷與其他的現代新儒家學者如出一轍。而錢穆將社會思潮的發展變遷和思想史本身的發展演變結合起來加以分析探討,立足於從中國傳統文化本身去尋找思想史發展的「每轉益進說」,還極大地豐富和發展了現代新儒家學派的研究方法和範式。

6.4 賀麟「新心學」哲學觀與船山學的關係

賀麟(1902〜1992),四川金堂縣人,著名的哲學家、教育家和翻譯家。早年接受過系統的西方哲學理論思維訓練,但作為一個具有強烈愛國情懷的儒者,賀麟的治學範疇沒有侷限於西方哲學,他反而是借鑒西方哲學來提高傳統文化尤其是儒學的理論思維水平,期冀創造出具有民族特色的哲學思想體系。他在批判地吸收傳統文化尤其是陸王心學的基礎上,融合西方哲學思想,創立了「新心學」哲學思想體系。賀麟本人並沒有用「新心學」一詞稱呼自己的哲學體系,但「新心學」一詞卻是他創造出來的,他在《知行合一新論》一文中明確地把「新理學」和「新心學」並列相待。故而學術界也就以「新心學」稱謂賀麟的新儒學思想了。

在創立新的哲學體系的過程中,賀麟對傳統文化的吸收主要以陸王心學為主,並將其奉為圭臬,故而陸九淵和王陽明是對賀麟哲學思想影響最大的兩位傳統哲學家,「新心學」是陸王心學在現代的新發展,雖然賀麟秉承了陸王心學,但他並不固守門戶之見,以開放的心態看待儒學其他派別,將理學中的有效成分也融入新哲學體系裏,實現了陸王心學和程朱理學的會通,從而開創了儒學在近代哲學史上的新篇章。可以說調和朱陸是賀麟新儒學的獨特學術風格,這種治學特點在賀麟對王船山的研究中也十分明顯。1946 年賀麟在《哲學評論》第 10 卷第 1 期發表了《王船山的歷史哲學》一文,專門對

〔註 91〕錢穆,宋明理學概述〔M〕//錢賓四先生全集:第 9 冊,臺北:聯經出版社,1998:8。

〔註 92〕劉述先,儒家哲學研究〔M〕,上海:上海古籍出版社,2010:50。

〔註 93〕余英時,一生為故國招魂——敬悼錢賓四師〔M〕,南寧:廣西師範大學出版社,2006:24。

王船山歷史哲學作了深入的探討，提出了一系列獨到的見解，現分析如下：

第一，賀麟認為王船山是宋明道學的集大成者，船山學是集心學和理學之大成，其學術具有強烈的調和主義色彩。賀麟給予了王船山很高的評價，認為他是「王陽明以後第一人，他在中國哲學史上的地位，遠較與他同時代的顧亭林、黃梨洲為高。他的思想的創穎簡易或不如陽明，但體系的博大平實則過之。他的學說乃是集心學和理學之大成。道問學即所以尊德性，格物窮理即所以明心見性。表面上他是紹述橫渠，學脈比較接近程朱，然而骨子裏心學、理學的對立，已經被他解除了，程朱陸王間的矛盾，已經被他消融了。」〔註 94〕賀麟認為王船山是宋明道學的集大成者，這與學術界普遍將王船山視為是張載氣學的傳承人和中國古代樸素唯物主義的集大成者的看法有很大的差異，顯示出賀麟對船山學獨特的研究。賀麟給出的理由是王船山的基本思想是「一個不偏於一面的一元論或合一論，在各種對立的雙方中，他要力求其偏中之全，對立中之統一。」〔註 95〕他的思想是以「以理為體、物為用的理學，以心為體、物為用，知為主、行為從的心學。」〔註 96〕賀麟從王船山的道器合一論、體用合一論、心物合一論、知行合一論、物我合一論等多方面加以詳細論述船山哲學在各種對立的學術中，積極做到偏中求全，對立中求統一，是一種諧和的調解對立、體用兼賅的全體論或合一論。賀麟指出船山哲學雖然注重格物窮理的理學，但也注重彌補王學的偏蔽，歸根到底是屬於唯心主義哲學的體系範疇，「船山不離理而言天，由事物以求明理知天，處處不離理學規範。然而他又不離心而言理，不離心而言天，處處鞭闢近裏，一以心學為宗主。所以我們敢斷言他是集理學與心學的大成的人。他格物窮理以救心學的空寂。他歸返本心，以救理學的支離。」〔註 97〕賀麟強調船山哲學消融了宋明理學中程朱陸王兩派的隔閡，實現了學術史上的圓融發展，使中國哲學史的發展達到了新的理論高峰。

賀麟關於船山哲學唯心主義屬性的分析和研究，在學術界獨樹一幟，與後來其他學者提出的船山學具有「思想啟蒙意義」和「辯證唯物主義」的觀點大相徑庭。這是賀麟為創立「新心學」哲學思想體系所做的思想上和理論

〔註 94〕 賀麟，王船山的歷史哲學〔M〕//文化與人生，北京：商務印書館，1988：258。
〔註 95〕 賀麟，王船山的歷史哲學〔M〕//文化與人生，北京：商務印書館，1988：261。
〔註 96〕 賀麟，王船山的歷史哲學〔M〕//文化與人生，北京：商務印書館，1988：261。
〔註 97〕 賀麟，王船山的歷史哲學〔M〕//文化與人生，北京：商務印書館，1988：265。

上的一個準備步驟。賀麟強調王船山學術思想中的調和主義色彩，是有深刻的學術建國的目的。30 年代關於傳統文化和西洋文化的論辯十分激烈，「全盤西化論」、「民族文化本位主義」或「即中即西」思想等各執一詞，這對抗日救亡和文化建國都不利。因此賀麟在學術上主張融會，反對非此即彼的敵視，他不僅肯定傳統儒學，還主張積極吸取西洋文明以促進儒學的新發展，希望「在儒家思想的新開展裏，可以看到現代與古代的交融，最新與最舊的統一。」〔註98〕更明確地指出「儒家思想的新開展，不是建立在排斥西洋文化上面，而是建立在徹底把握西洋文化上面。儒家思想的新開展，是在西洋文化大規模的輸入後，要求一自主的文化，文化的自主，也就是要求收覆文化上的失地，爭取文化上的獨立與自主。不用說，欲求儒家思想的新開展，在於融會吸收西洋文化的精華與長處」〔註99〕。在王船山的治學理念對消融宋明理學里長期存在的派系紛爭，起了很好的調和典範作用。

第二，賀麟採用西方哲學原理分析船山歷史哲學，認為其與黑格爾哲學精神契合，再現了船山學與現代精神相通的學術價值。賀麟研究船山學最大的特點是用黑格爾哲學理論詮釋了船山的歷史哲學思想，說：「船山的歷史哲學之富於辯證思想，最新穎獨創且令我們驚奇的，就是他早已先黑格爾而提出『理性的機巧』（The Cunning of Reason）的思想。王船山（1619～1692）生在黑格爾（1770～1831）之前約一百五十年，但黑格爾哲學中最重要創新的『理性的機巧』之說，卻早經船山見到，用以表示天道或天意之真實不爽，矛盾發展且具有理性目的。」〔註100〕「理性的機巧」探討的是目的與手段的關係，這一觀點認為歷史是一個有規律的發展過程的思想，充分認識到了在歷史活動中各個有意志的人的活動與歷史發展規律的關係，充滿了思辯色彩。賀麟認為黑格爾的這個重要哲學觀點，在王船山的歷史哲學裏早就已經存在了，只要將黑格爾的理性或上帝換成船山哲學裏的「天」或「理」的概念，就會發現兩者是十分的契合。他以王船山《讀通鑒論》和《宋論》中的史實為例，論證船山思想中蘊含的辯證色彩和具有「理性的機巧」的特點。說：「《讀通鑒論》及《宋論》的第一節，開宗明義即提出天的辯證性，或機巧性，足見辯證的歷史觀在船山思想中所佔的主導地位了。」他又指出王船山在《宋

〔註98〕賀麟，儒家思想的新開展〔M〕//文化與人生，北京：商務印書館，1988：4。
〔註99〕賀麟，儒家思想的新開展〔M〕//文化與人生，北京：商務印書館，1988：7。
〔註100〕賀麟，王船山的歷史哲學〔M〕//文化與人生，北京：商務印書館，1988：267。

近代社會思潮演進格局下的船山學

論》卷一篇首,即指出天或天道的實現不是直線式的,它往往根據實際自然和人事上的變化,斟酌實際情形,採取曲折的途徑依矛盾進展的過程,來達到理性目的,並由此提出了「天無可狃之故常」和「天因化推移,斟酌曲成以制命」的命題,來充分證明天的辯證性和有機巧性。為了充分證明這個命題,他列舉了船山著作中的若干史實,如秦始皇罷侯置守、漢武帝拓展疆土、武則天以正綱常和宋太祖取得天下來作為例證,認為王船山在提示理性的機巧一觀念時,舉出了類似於黑格爾所謂具有大欲(master passion)或權力意志的英雄,明顯看出王船山所說的「天」,是萬能而有機巧的,是「假個人的私心以濟天下的大公,假英雄的情慾以達到普遍理念的目的」。由此賀麟認為王船山善於從天道之表現於歷史的發展中發現對立統一、相反相成的原則,這一辯證的歷史觀是船山在歷史哲學上的獨特貢獻,完全可以與黑格爾媲美。賀麟還歸納出船山哲學與黑格爾有四個方面相似:一是,王船山以天或理性代表全體,主張研究歷史要「合古往今來」考慮,不要囿於一時一地的意見,這含有黑格爾「真理是全體」的意思。二是,王船山注重聖賢英雄,或時君及才智之士在歷史演變上的地位,認為英雄偉人都是天假借來完成歷史使命和理性目的的手段與工具。這和黑格爾對於英雄在歷史上的地位的看法是類似的。三是,王船山突破了宋明理學家狹義的道德觀念,不再以好大喜功、殘民以逞這樣的話,簡單地指責評價秦始皇、漢武帝等歷史人物,而是認為應該把他們放在整個中國歷史發展的長河中去客觀地審視和評價,肯定秦皇漢武等人的歷史功績,肯定他們體現出的「理性的機巧」,船山的這種歷史哲學觀,不僅體現出他思想的深邃遠見,還富有近代精神。四是,王船山所說的「天」,是具有人格的有神論意義,與黑格爾所說的上帝或天意相接近。

賀麟以黑格爾哲學詮釋中國傳統哲學,這種治學方式並非單純的學術興趣,而是受強烈的時代精神感召的。正如他自己所述:「我們所處的時代與黑格爾的時代──都是:政治方面,正當強鄰壓境,國內四分五裂,人心渙散頹喪的時代;學術方面,正當啟蒙運動之後;文藝方面,正當浪漫文藝運動之後──因此很有些相同,黑格爾的學說於解答時代問題,實有足資我們借鑒的地方。而黑格爾之內容、有生命、有歷史感的邏輯──分析矛盾,調解矛盾,征服衝突的邏輯,及其重民族歷史文化,重有求超越的精神生活的思想,實足震聾起頑,喚醒對於民族精神的自覺與鼓舞,對於民族性於民族文化的發展,使吾人既不捨己騖外,亦不固步自封,但知依一定之理則,以自

-204-

求超拔，自求發展，而臻於理想之域。」〔註 101〕賀麟對黑格爾的重視和研究，就是希望從中尋找到學術救國的真理，他將自己的學術研究和民族的前途緊密地聯繫在一起。他運用黑格爾「理性的機巧」觀，重新認識中國哲學中的理欲關係問題，通過對王船山哲學的分析，論證了動機與效果之間的不一致，從而突破了傳統儒學唯動機論倫理觀，也否定了宋明理學強調的「存天理滅人性」倫理思想，為他理欲調和的倫理思想打下了基礎。

第三，王船山的學術思想和人格精神滿足了賀麟倡導的「學術建國」理想。賀麟認為「學術是建國的鋼筋水泥，任何開明的政治必是基於學術的政治。一個民族的復興，即是那一民族學術文化的復興。一個國家的建國，本質上必是一個創進的學術文化的建國。抗戰不忘學術，庶不僅是五分鐘熱血的抗戰，而是理智支持情感，學術鍛鍊意志的長期抗戰。『要以戰鬥的精神求學，要以求學的興會作戰。』使全國各界男女生活，一方面都帶有幾分書生氣味，亦即崇高真理、尊重學術的愛智氣味；另一方面又都具有鬥士精神，為民族的獨立自由而鬥爭的精神。這可以說是抗戰建國，也可以說是學術建國。」〔註 102〕賀麟主張學術和政治之間有一種密切的聯繫，「離開學術而講法治就是急功近利、殘民以逞的申韓之術；離開學術而談德治，就是束縛個性、不近人情、不識時務的迂儒之見；離開學術而談禮治，就是粉飾太平、虛有其表、抹煞性靈的繁文縟節與典章制度。」〔註 103〕他對王船山以民族的命脈，學統的維繫為使命，堅貞不屈的氣節和學術思想十分欣賞。他稱讚說：「王船山說：『天下不可一日廢者，道也。天下廢之，而存之者在我，故君子一日不可廢者，學也。……一日行之習之而天地之心昭垂於一日，一人聞之信之，而人禽之辨立達於一人』。足見在一切政治改革，甚至於在種族復興沒有希望的時候，真正的學者，還要苦心孤詣，擔負起延續學統、道統的責任，所以王船山又說：『當天下分崩，人心晦否之日』，負延續道統學統的使命就是『獨握天樞，以爭剝復』的偉業。從學統、道統的重要以及其與政統的關係看來，我們就可以知道，政府尊重學術，就是培養國家的元氣，學者自己尊重學術，就是小之尊重個人的人格，大之培養天下的命脈。」〔註 104〕王船山

〔註 101〕賀麟，五十年來的中國哲學〔M〕，瀋陽：遼寧教育出版社，1989：118。

〔註 102〕賀麟，抗戰建國與學術建國〔M〕//文化與人生，北京：商務印書館，1988：22。

〔註 103〕賀麟，學術與政治〔M〕//文化與人生，北京：商務印書館，1988：249。

〔註 104〕賀麟，學術與政治〔M〕//文化與人生，北京：商務印書館，1988：249。

維護學統和道統是十分執著的，他藉重張載學說以「慨明統之墜也，自正、嘉以降，世教早衰，因以發明正學為己事」〔註105〕。其艱苦治學也是立志長遠，希望通過學術明瞭「上下古今興亡之得失」，為有志於民族復興的仁人志士提供經邦濟世之學說，以扶長中夏於後世。因此，「夫之荒山弊榻，終歲孜孜，以求所謂育物之仁，經邦之禮，窮探極論，千變而不離其宗，曠百世不見知而無所悔，雖未為萬世開太平以措施見諸行事，而蒙難艱貞以遯世無悶，固為生民立極。其茹苦含辛，守己以貞，堅強志節，歷劫勿渝。」〔註106〕賀麟評價王船山是：「執一中心思想以評衡歷史上的人物與事變，自評論歷史以使人見道明理而入哲學之門。書中透出了他個人忠於民族文化和道統之苦心孤詣的志事，建立了他的歷史哲學、政治哲學和文化哲學，指示了作人和修養的規範，可以說他書中每字每句都是在為有志做聖賢、做大政治家的人說法。」〔註107〕

賀麟對王船山歷史哲學的詮釋有許多新穎、獨到的見解，他採用中西哲學的比較方法，從新的視角去看待船山哲學，抓住了船山歷史哲學中最具創新性和辯證性的部分，積極論證船山哲學裏蘊含的辯證法思想和理性的機巧的看法。他對船山哲學的這種詮釋帶有很強的目的性，一方面是為創立「新心學」作理論上的準備，另一方面是為傳統文化適應近代社會發展，尋找理論依據。賀麟認為，哲學只有一個，「無論中國哲學西洋哲學都是人性的最高表現，人類理性發揮其光輝以理解宇宙人生，提高人類精神生活的努力，無論中國哲學，甚或印度哲學，都是整個哲學的一支，代表整個哲學的一方面。我們都應該把它們視為人類的公共精神產業，我們都應該以同樣虛心客觀的態度去承受，去理會，去擷英咀華，去融會貫通，去發揚光大。」〔註108〕賀麟不像梁漱溟那樣，強調東西方哲學之間的差異和區別，以凸顯中國傳統哲學的特殊性。他認為這樣的比較不利於中西哲學的聯繫，反而希望尋找雙方的共同點，然後相互解釋，相互印證，相互貫通，共同發展。他以平等的眼光、開放的心態看待中西方哲學，對於促進中西哲學的融合和傳統哲學的近代轉換具有積極的、進步的意義。「西洋文化的輸入，給了儒家思想能夠把

〔註105〕王敔，大行府君行述〔M〕//船山全書：第 16 冊，長沙：嶽麓書社，2011：73。

〔註106〕錢基博，近百年湖南學風〔M〕，長沙：嶽麓書社，1985：4。

〔註107〕賀麟，王船山的歷史哲學〔M〕//文化與人生，北京：商務印書館，1988：258。

〔註108〕賀麟，哲學與哲學史論文集〔M〕，北京：商務印書館，1990：353。

握、吸收、融會、轉化西洋文化，以充實自身、發展自身，儒家思想則生存、復活而又新的發展。如不能經過此考驗，度過此關頭，它就會消亡、沉淪而永不能翻身。」〔註109〕因此賀麟十分強調儒學的創新和發展，這也是其構建「新心學」的思想淵源。

6.5 第一代現代新儒家其他學者對船山學的研究〔註110〕

　　作為一個學派，現代新儒家從整體上都很重視船山學研究。從第一代的梁漱溟、張君勱、熊十力、馬一浮、馮友蘭、賀麟、錢穆、方東美，到第二代的唐君毅、牟宗三、徐復觀，再到第三代的余英時、杜維明、劉述先、成中英等人，幾代現代新儒家學者均對船山的學術思想或人格精神表現出了濃厚的研究興趣。一個學派中如此多的人對同一個事物表現出濃厚的興趣，這本身就是一個值得研究的話題。除了前面所提到的熊十力、錢穆和賀麟，下面再綜合論述第一代現代新儒家學者裏還有梁漱溟、張君勱等都對船山學表現出了不同程度的興趣。

一、梁漱溟

　　梁漱溟（1893～1988），原名煥鼎，字壽銘。曾經用筆名漱溟，後以漱溟行世，廣西桂林人，著名思想家、哲學家。梁漱溟倡導加強傳統文化在改造中國社會和構建新型社會中的意識和作用，自稱「是一個有思想，又且本著他的思想而行動的人」，說「中國儒家、西洋派哲學和醫學三者，是我思想所從畫之根柢。」〔註111〕這種思想在《東西文化及其哲學》中梁漱溟稱之為「文化三路向說」，即認為一家文化就是一個民族生活的樣法，文化背景不同解決問題的方法就不同，因解決問題的方法不同就形成了三種不同的文化路向，

〔註109〕賀麟，儒家思想的新發展〔M〕//文化與人生，北京：商務印書館，1988：6。
〔註110〕關於現代新儒家的分期和代表人物的選定，學術界存在不同的看法，本文採用劉述先關於現代新儒家的劃分標準「三代四群」的架構：第一代第一群：梁漱溟、熊十力、馬一浮、張君勱；第一代第二群：馮友蘭、賀麟、錢穆、方東美；第二代第三群：唐君毅、牟宗三、徐復觀；第三代第四群：余英時、劉述先、成中英、杜維明。劉述先，儒家哲學研究：問題、方法及未來開展〔M〕，上海：上海古籍出版社，2010：33，這個劃分標準與方克立的觀點類似，參見方著《現代新儒學與中國現代化》天津人民出版社1997年版。
〔註111〕梁漱溟，朝話〔M〕，山東鄒平鄉村書店，1937：137。

他把人類文化劃分為西洋、印度和中國三種類型，並分析說：「西方文化是以意欲向前要求為根本精神，……中國文化是以意欲自為調和、持中為其根本精神的；印度文化是以意欲反身向後要求為其根本精神的。」三種文化各自獨立發展，自成體系，對人類社會產生了深遠的影響。探究對未來世界的發展而言，梁漱溟認為中國文化較其他兩種文化更適合社會的需求。為此他提出了以儒學為根本的中國文化是人類文化的理想歸宿，如果人們要嘗到「人生的真味」，就應該以儒學的基本價值取向來生活。他對中外文化的獨到解讀，駁斥了「全盤西化論」，增強了國人復興民族文化的自信心，為重新確立傳統文化的地位提供了理論依據。

梁漱溟這種以儒學傳統的人文價值去制約和平衡近代化發展過程中存在的弊端的想法，深刻揭示出近代化突飛猛進的發展過程與人性之間的衝突和矛盾，觸及到了在近代資本主義大潮裏挾下，全世界都在普遍思索的一個文化問題，那就是在對科學和民主等物質文明狂熱追求時，人們的精神如何安頓？如何實現人的終極關懷？從這個意義上說，梁漱溟認為中國傳統文化具有普世性價值，應該在世界文化之林里居於較高的地位，有力地喚醒了人們對傳統文化民族特色的關注。他說：「今天的中國，西學有人提倡，佛學有人提倡，只有談到孔子羞澀不能出口，也是一樣無從為人曉得。孔子之真若非我出頭倡導，可有哪個出頭？這是迫得我自己來做孔家生活的緣故」。〔註112〕梁漱溟有「中國最後一位儒家」〔註113〕美稱，他對現代新儒學派的形成有首創之功，這主要源於 1921 年出版了《東西文化及其哲學》一書，該書是梁漱溟新儒學思想體系的理論基礎，也現代新儒家學派誕生的標誌。作者採用將西方的非理性主義和中國傳統哲學思想相結合的方法，對東西文化進行了深入的比較，並認真思索了中國文化的出路問題，書中再三強調了文化民族性和歷史繼承性，表示中國傳統文化經過修改、調整後可以成為促使中國走向現代化的動力和源泉。該書出現於新文化運動反傳統浪潮高漲的時期，對拯救和復興傳統文化起到了十分重要的作用。另外梁漱溟還身體力行地從事拯救傳統文化的復興活動，他以傳統精神來整合鄉土社會，希望通過鄉村建設來拯救傳統文化危機，體現了知識分子強烈的社會擔當意識。

〔註112〕 梁漱溟，東西文化及其哲學〔M〕，北京：商務印書館，1999：220～221。
〔註113〕 艾愷，最後一個儒家——梁漱溟與現代中國的困境〔M〕，鄭大華譯，長沙：湖南人民出版社，1988。

　　梁漱溟對王船山及其船山學的關注程度不及熊十力和錢穆，但也有涉及。他在《東西文化及其哲學》中稱讚王船山思想具有調和主義色彩，而且做學問頗有「孔家的人生態度」，說：「此刻我們來講中國這一套形而上學的大意。中國這一套東西，大約都具於《周易》。……有一個為大家公認的中心意思，就是『調和』。他們雖然不一定像這樣說詞，而他們心目中的意思確是如此，其大意以為宇宙間實沒有那絕對的、單的、極端的、一偏的、不調和的事物；如果有這些東西，也一定是隱而不現的。凡是現出來的東西都是相對、雙、中庸、平衡、調和。一切的存在，都是如此。……我們試就易卦講幾句，……（乾卦）根本即是調和就好，極端及偏就要失敗。……王船山講這乾卦說，有一完全坤卦隱於其後，頗為別家所未及，要算是善於講調和的。」〔註114〕梁漱溟推行「極高明而道中庸」的調和主義思想，他認為《易經》是儒學的理論淵源之一，其根本精神就是調和，依據這個調和思想可知，宇宙間沒有絕對的不可調和的事物，即使有不調和，也一定是「隱而不現」的，凡是顯現出來的都是相對的調和的東西，王船山「大化流行」的宇宙觀就是最好的解釋。梁漱溟從觀察宇宙流行變化的問題，進而探究得出中國傳統文化存在強烈的調和色彩不排外、不對立，具有兼容性和融合性的特點。他還強調了儒家的人生態度和精神極大地影響了王船山等明末清初的大儒和反清的志士，說：「孔家的人生態度，頗克見矣。……明末出了不少大人物如梨洲、船山……諸先生乃至其他殉難者抗清的許多志士，其精神無論如何不能說不是由於此種人生態度的提倡。」〔註115〕在其另一著作《孔家哲學史》（提綱）中，記敘儒學在清代的變化發展與時代之間的關係時，梁漱溟分四類記述了當時的學術發展趨勢，他把王船山單列為一類，突出了王船山學術上自成體系的開創性精神，「甲：王船山；乙：顏習齋、李剛主；丙：戴東原、焦里堂；丁：康長素。」〔註116〕梁漱溟的學生李淵庭依據老師 1923 年在北京大學哲學系的講課稿，整理出版了《孔家思想史》，在講課中梁漱溟也強調了王船山對儒學的批評和修正。說：「要瞭解孔家的真意義，不能不講宋明人的東西，……我

〔註114〕梁漱溟，東西文化及其哲學〔M〕//王夫之，船山全書：第 16 冊，長沙：嶽麓書社，2011：1000。

〔註115〕梁漱溟，東西文化及其哲學〔M〕//王夫之，船山全書：第 16 冊，長沙：嶽麓書社，2011：1001。

〔註116〕梁漱溟，孔家哲學史〔M〕//王夫之，船山全書：第 16 冊，長沙：嶽麓書社，2011：1001。

們先講明孔孟之真意之後，再把程明道、王陽明提出來講，意在把孔家的意思說個痛快淋漓，使大家知道；其次再講各家，最後講批評派或反對派，如戴東原、王船山、羅整庵等。」〔註117〕還有梁漱溟對王船山的著作《莊子解》也有關注，稱「王船山《莊子解》具有卓識高見，非其他注解可及者」。〔註118〕在其晚年的日記中多次記錄了他閱讀《莊子解》的信息。但奇怪的是梁氏雖屢次閱讀和稱讚王船山的《莊子解》，卻沒有留下詳細的解讀這本書的筆記和文章，十分遺憾。《莊子解》和《莊子通》是船山學在莊子學方面的主要研究成果。其中《莊子解》是採用隨文注解，更能體現王船山莊子學方面造詣。王船山在注解《莊子》時並非是一板一眼地按照原文作注，他對莊子的思想進行了改造和吸收，融入了自己的哲學觀點，體現了「六經責我開生面」的治學風格。梁漱溟是欣賞王船山的這種創造性的治學風格，還是對王船山借注解莊子學慰藉自己苦難的生活和心靈，追求精神自由的理念感同深受，抑或兩者兼而有之？梁漱溟沒有留下關於這方面的隻言片語記錄，故今天不好妄加猜測。

與同時代第一代現代新儒家代表如熊十力、錢穆、賀麟和馮友蘭等相比，梁漱溟對王船山的研究和關注不算多。但作為現代新儒家的主要成員，他主動肩負起了傳承儒家道統的歷史使命，並「願終身為華夏民族社會盡力，並願使自己成為社會所永久信賴的一個人。」總之，「在中國 20 世紀的巨變中，沒有一個活著的知識分子比他的經歷更豐富；在新思潮一波一波的衝擊下，也很少有人像他那樣堅守自己的信念，保持獨特的風格；在中國面臨的重建危機中，他不只是探索孔子價值，也身體力行，為儒家傳統作見證；他雖然曾是一個政治人物，但他一生的信念與理想，是超越現實政治的，在今天海峽兩岸的分裂中，他已成為文化中國的一個象徵。」〔註119〕

二、張君勱

張君勱（1887～1969），原名嘉森，字士林，號立齋，上海寶山人，政治

〔註117〕梁漱溟，孔家哲學史〔M〕//王夫之，船山全書：第 16 冊，長沙：嶽麓書社，2011：1002。

〔註118〕梁漱溟，讀王船山〈莊子解〉〔M〕//王夫之，船山全書：第 16 冊，長沙：嶽麓書社，2011：1002。

〔註119〕韋政通，「文化中國」的象徵——梁漱溟的生平與思想〔M〕//梁漱溟先生紀念文集，北京：中國工人出版社，1993：287。

家、哲學家，現代新儒家的重要代表。自稱一生「徘徊於學術與政治之間」，除了學術研究，還熱衷於參加政治活動，擔任社會公職，並積極創辦學校、書院，致力於將思想主張付諸社會現實，以期踐履宋明講學傳統，恢復傳統知識分子的人格和道德素養，為現代新儒家培養傳承者。一生創辦過三所學校，為傳統文化的傳播和現代新儒學的發展做出了突出的貢獻。所著《新儒家思想史》是推動儒學復興活動的重要著作。在這本著作中張君勱專闢一章論述船山學（第 26 章）。在書中肯定王船山是一位激進的思想家，理由是王船山對各種哲學問題的解決都打破了宋明兩代的思想傳統，創立了「儒家實在論」，以興「朱子道問學派及陸王尊德性派相抗」，「他不僅是張載學說的信徒而已，他本人也屬於新儒家哲學的建立者朱熹、陸九淵及王陽明這類原創思想家之列。他以自己的觀點取代這些思想家的觀點，且不使中國哲學失去健全穩固的基礎。」〔註 120〕張君勱給予了王船山高度的稱讚，他從船山哲學本體論、人性論和知識論三個方面來作重點闡述，以點概面展現出船山學的特色和風貌。

　　首先在本體論方面，張君勱認為王船山繼承了張載的「外在世界實在說」，以承認形而下的物質世界為第一前提，強調「形而上與形而下不可分離」之說，創立了道器合一、體用合一的哲學本體論，以此駁斥了割裂道器關係的思想，並據此反擊了佛學。張氏列舉了王船山經典的「天下惟器」的命題，「天下惟器而已矣。道者，器之道。器者，不可謂之道之器。無其器，則無其道，人類能言之。雖然，苟有其器矣，豈患無道哉……無其器則無其道，人鮮能言之，而固其誠然者也……未有弓矢而無射道，未有車馬而無御道，未有牢醴璧、璧幣、鍾磬、管絃，而無禮樂之道；則未有子而無父道，未有弟而無兄道。道之可有而且無者多矣。故無其器，則無其道。」〔註 121〕張君勱認為這個命題，很好地駁斥了「理在事先」「道本器末」的觀點，是對宋明理學和王學末流之弊的補救和修正。另外他還認為王船山將「有」和「生」之說與「體」和「用」之說緊密地聯繫在一起，突破了程朱理學和陸王心學在形上學本體論方面的侷限，較好地解釋了本體與現象的關係問題。王船山說：「天下之用，皆其有者也，吾從其用而知其體之有，豈待疑哉！用有以為功效，體有以為性情。體用胥有而相胥以實，故盈天下而皆持循之道。」這就是

〔註 120〕張君勱，新儒家思想史〔M〕，北京：中國人民大學出版社，2006：414。
〔註 121〕王夫之，周易外傳〔M〕//船山全書：第 1 冊，長沙：嶽麓書社，2011：1028。

說天下萬物都是實有存在的，實有的萬物都有體有用，體用完備，決不會有離用而獨存的體或離體而存的用，本體只能通過現象才能被認識，而不可能孤然自存。總之張君勱認為，王船山從認識外在世界的存在是第一前提出發，進一步指出無論是天地萬物的化生，還是人與自然、社會的關係，甚至蘊含於社會關係中的倫理道德、價值觀念、審美情感等都貫通著有形和無形（即和合），由此證明了「形而上」與「形而下」是相待相成、互滲互補不可分離的。

其次在人性論方面討論了王船山關於「人性問題」「對心的看法」和「反省說」三方面的探索。張君勱認為王船山的人性論中「含有非常重大的道德意義，他的人性論對思想和人生有很大的貢獻，如果生命日日增長——其實，時時刻刻在增長，那麼，便應當時時刻刻留意生命的發展，由於人性不斷改變，所以，吾人與物質世界的接觸，在何者應為，何者不應為方面，應當謹慎從事。」〔註122〕這是肯定了王船山「性日生日成」「繼善成性」和「習與性成」等觀點。另外張君勱闡釋了王船山從「道心」（即是西哲所謂的思想形式或國人所謂的仁義禮智四端）和「人心」（即人的情感喜怒哀樂）兩方面平行討論心，以此來說明道德判斷（思想形式）是離不開喜怒哀樂等所表現的人情。這即是對孟子學說的恢復，也有力地駁斥了王陽明「心即理」的學說和佛教所謂人心在寂滅狀態下不為情動的說法，再一次強調了「形而上的精神與形而下的物質不可分離」的說法。張君勱論述船山學還有一個突出的特點，即注重王船山與伯格森的比較。他認為，王船山的論調像一個生於17世紀的伯格森主義者，其「反省」說顯示了伯格森「綿延」的意義，「他借反省說接觸到一種過去從未為宋明理學家所知的人生經驗，他使我們認識到心的一面，並強烈顯示伯格森『綿延』的意義」。……伯格森的『記憶』與王夫之的『反省』似乎是同一個東西，……王氏強調孔子所謂『默識』的重要，『默識』兩字與伯格森的記憶說關係密切。」〔註123〕伯格森認為綿延是一個表示自我、意識、生命等現象的存在，是表示變化發展特性的概念，綿延作為真正的時間是質的過程，它沒有明顯的界限和分離的跡象，因此也就沒有過去、現在和將來的劃分，它們本身就是一個不可分割的持續不斷的發展過程，在這個過程中，後面的狀態包含了前面的狀態。這是伯格森對時間所作

〔註122〕張君勱，新儒家思想史〔M〕，北京：中國人民大學出版社，2006：424。
〔註123〕張君勱，新儒家思想史〔M〕，北京：中國人民大學出版社，2006：429～431。

的一個獨特的解釋，是他創立新的形而上學的基石。王船山認為「今與昨相續，彼與此相函，克念之則有，罔念之則亡，人惟此而為人，聖為此而惟聖，狂為此而惟狂，盜惟此而盜，禽惟此而禽，辨乎此而聖之功決矣。」〔註124〕張君勱認為王船山借鑒《尚書・多方》:「惟聖罔念作狂，惟狂克念作聖。」〔註125〕這兩句話，強調「念」對於過去未來之悠遠綿延的持存，「克念」也是將過去和將來涵攝於現在，使得過去、現在與將來相續相通並使此種相續相通持續存在。即「相續之謂念，能持之謂克。遽忘之謂罔，此聖狂之大界也。」〔註126〕這就是典型的中國伯格森主義。張氏強調的還是船山哲學中的形而上思想，他認為船山哲學具有豐富的創造活力，是一種生命哲學，包含了新的人生觀和道德觀，對近現代社會的發展可以起到積極的功效和作用。

　　再者，在知識論方面，王船山十分重視「知」，認為「知」不但來自物及其形，也來自心智的悟性。在物與形及悟性相交後，認識便完成了。因此，「識知者，五常之性，所與天下相通而起用者也。知其物乃知其名，知其名乃知其義;不與物交，則心具此理，而名不能言，事不能成。赤子之無知，精未徹也，愚蒙之無知，物不審也。」〔註127〕關於知識自足的程度如何，以及依賴對外物研究的程度如何的問題，一直困擾著中西方的哲學家，這個問題在中國更加複雜。中國古代哲學中，將認識和實踐的關係表述為知與行的關係，其主要觀點有多種:行先於知，由行致知;知之明也，因知進行;以行驗知，以行證知;知行並進，相資為用等等。宋明以後，圍繞著知行的先後、分合、輕重、難易展開了多次激烈的討論，後來主要演變為以朱熹的「道問學」和王陽明的「心即理」派，雙方各執一詞，多年來爭論不休。王陽明作為後繼學者，在知行觀上糾正了朱熹的不足，深化了道德意識的自覺性和實踐性的關係，但他同時又抹殺了朱熹知行說中的知識論成分，忽略了客觀知識的學習，造成了王學弟子空談心性，任性廢學，流於狂放的弊病。以至於遭人詬病，還承擔了導致明王朝覆亡的責任。而「王夫之在固有知識與來自外物的知識間劃出了一條界限。這樣，他澄清了中國思想上的知識論問題，既相信朱子的說法，也相信王陽明的說法，我們可以想象到，這個問題最後根據他

〔註124〕王夫之，尚書引義〔M〕//船山全書:第 2 冊，長沙:嶽麓書社，2011:391。
〔註125〕王夫之，尚書引義〔M〕//船山全書:第 2 冊，長沙:嶽麓書社，2011:393。
〔註126〕王夫之，尚書引義〔M〕//船山全書:第 2 冊，長沙:嶽麓書社，2011:390。
〔註127〕王夫之，張子正蒙注〔M〕//船山全書:第 12 冊，長沙:嶽麓書社，2011:18。

所指的方向解決——正如歐洲理想主義與經驗主義間爭論的解決一樣——不偏向於任何一方。從這一點看，王夫之敏銳的分析精神對中國知識論思想的發展確有貢獻。」〔註128〕王船山強調知行二者的關係是不可分離、相得益彰的，他窮盡了這一範式的發展餘地，澄清了中國思想上的知識論問題，成為中國古代知行觀的集大成者。張君勱得出結論：「王夫之可說是中國思想界第一個主張行動主義的思想家，他以陰陽交替之變解釋宇宙發展的過程，因而認為一個國家的制度也必須改變。在他那個時代，很多中國學者都夢想恢復封建制度和井田制度；可是，王夫之卻堅決否定，為什麼呢？變化的要素時間是不容許向後退的。王夫之是少數認識不斷變化或更新重要性的中國思想家之一。從本質上看，他是贊同進化觀念的。」〔註129〕可見王船山抨擊明末以來日益空疏化的儒學，積極提倡一種注重實行、注重經世致用的為學風氣，將治學的宗旨確立在安生立命、復興中華文化上，吻合了現代新儒家的研究思路。張君勱用反省的態度，選擇了王船山等思想家，對他們賦予傳統文化現代化的詮釋，以期實現傳統文化在近代的轉型，實現傳統文化適應近代社會的發展。

張君勱一直堅持以傳統文化為根基，積極吸取西方文明，採用改良的方式，把中國建成一個與本民族傳統相適配的民主憲政國家。他熱衷於社會事務和政治活動，依據儒家內聖外王的思想作為行動和精神的指導，畢生為實現民族的復興和建立民主的國家而努力奔波。然近代中國殘酷的政治鬥爭，無情地擊破了張君勱的憲政救國夢想。脫離政治後，張君勱徹底專注於弘揚傳統文化尤其是儒學，上世紀50年代，他和唐君毅、牟宗三、徐復觀聯名發表了《為中國文化敬告世界人士宣言》，宣告儒學在經過「五四」以來的詆毀以後再度活躍於現代中國的思想舞臺，同時，它也表達了現代新儒學力圖走向世界的想法。他堅信中華文化尤其是儒學是一種真正的智慧，「這種真正的智慧是生於憂患，因為只有憂患，可以把我們之精神，從一種定型的生活中解放出來，以產生一超越而涵蓋的胸襟，去看問題的表面與裏面，來路與去路」，〔註130〕才可以真正實現中國人的生命與精神的寄託和安頓。雖然近現代儒學晦暗不彰，但「無論如何，正如在人的生命中有一種節奏，在人類的

〔註128〕張君勱，新儒家思想史〔M〕，北京：中國人民大學出版社，2006：434。
〔註129〕張君勱，新儒家思想史〔M〕，北京：中國人民大學出版社，2006：435。
〔註130〕張君勱，新儒家思想史〔M〕，北京：中國人民大學出版社，2006：554。

思想中亦是一樣，人類的思想有永久存在的性質者，當適當的時間來臨時將要復活。在整個中古時期柏拉圖差不多完全被遺忘，亞里士多德被置之不問，但不管如何地用力去壓抑他們，他們是不能永遠地被壓抑的。當他們的著作於君士坦丁堡被發現，並被翻譯時，隨著來了一個經典思想的復興，這直延續至今日。我覺得儒家思想亦是如此。」〔註131〕張君勱對儒學的復興充滿了期待，他堅信儒學可以適應在近現代社會的發展，這是有一定道理的。「中國是儒家的天下。中國人的人生觀極大部分是受孔子的影響；說得更正確一點，我們可以說，儒家的觀點建築在中國古代傳統之上，因此，孔子和中國人的觀點都是從這個根源而來的。」〔註132〕儒學與現實生活密切相關，它為傳統社會設定了一個個人修養、家庭和睦、國家治理和天下太平等無所不包的社會倫理體系框架，並為此提供了一套完整的管理和運行理論，這是中國傳統社會持續數千年的根源。過去的兩千多年裏，以儒學為主導的傳統文化給予中華民族的精神力量是巨大而進步的，它根植於中華深厚沃土中，引領著中華民族在中古時期長期居於世界強國的行列。雖然近代經歷了一系列的打擊，但如張君勱一樣的儒者們都相信，工業文明下的西方現代文明已背離了價值關懷和道德信仰，變得日益功利、墮落和血腥，表現出無節操、無底線，不適合近代中國社會的發展。要徹底解決中國人的文化信仰、倫理道德等精神重建問題，要推動中國的政治經濟體制改革，實現社會重建，都不能離開儒學的支持。重新挖掘和詮釋儒學的精粹，必定會實現中華民族的復興和強大。

　　近代中國在倉促轉型並接受現代價值時，致使中國社會在很多地方出現了斷裂，傳統文化尤甚。現代新儒家最重要的貢獻，就是為中國文化在近代的發展指明精神方向。即在面對西方文明的碰撞和對話時，如何很好地發掘和創造性地轉化中國傳統文化精神和文化資源，並以此來回應時代的挑戰，在這個方面現代新儒家做的很不錯。現代新儒家興起的時期，正是「西方國家對中國的衝擊，帶來了建築於基督教、科學、技術、民主及民族主義的新文明。新文明的勢力徹底粉碎了中國人對其固有傳統的信心。中國自此陷於混亂之中，不知道如何應付新的情勢。因此，產生了一個非常重要的問題：儒家哲學會不會永遠從中國連根拔去？」〔註133〕現代新儒家學者的回答是

〔註131〕張君勱，新儒家思想史再序〔M〕，北京：中國人民大學出版社，2006：5。
〔註132〕張君勱，新儒家思想史〔M〕，北京：中國人民大學出版社，2006：1。
〔註133〕張君勱，新儒家思想史〔M〕，北京：中國人民大學出版社，2006：541。

「不會」。他們認為,「中國哲學思想中有豐富的寶藏,其所涉及的範圍是多方面的,而且富於變化性。這種思想寶藏,即使暫時被埋沒,也不可能永久失去,將來總會復活的。」〔註134〕賀麟更是針對中國現代文化動向和思想發展趨勢,斷言:「在思想和文化的範圍裏,現代決不可與古代脫節。任何一個現代的新思想,如果與過去的文化完全沒有關係,便有如無源之水、無本之木,絕不能源遠流長、根深蒂固。文化或歷史雖然不免經外族的入侵和內部的分崩瓦解,但也總必有或有其連續性。……廣義的新儒家思想的發展或儒家思想的新發展,就是中國現代思想潮的主潮。無論政治、社會、學術、文化各方面的努力,大家都在那裡爭取建設新儒家思想,爭取發揮新儒家思想。自覺地、正式地發揮新儒家思想,蔚成新儒學運動,只是時間早遲、學力充分不充分的問題。」〔註135〕在中國文化遭到巨大的衝擊和破壞之時,現代新儒家學者們試圖接續儒學的精粹,並「返本開新」,實現儒學的近代轉型。所謂「返本者,返傳統儒學之本,對自家文化能自作主宰,開新者,開科學民主之新,使西學中國化而為中國所用。如是中國的現代化,就是出自傳統文化內在自覺的要求,民主科學是共法,就不會引生中國傳統儒學與當代科學民主不能兼容的對立誤解,也可以拋開西化移植的感情難堪。」〔註136〕儒學是我們維護中國傳統文化精神的重要支柱,現代新儒家最重要的奮鬥就在這裡,他們守先待後,闡幽發微,揭示了中國文化的主體性。「他們不只在專業範圍內有超特的成就,同時他們對社會有很深的關懷,在文化價值上有一定的擔負,對時代問題本著知識分子的良知與勇氣發言,在道德操守上表現出凜凜的風骨。他們有別於一般學者的知識分子,成為中國大傳統在現代延續下去的象徵。」〔註137〕

王船山對傳統文化尤其是儒學在很多方面都做了總結性的評價,代表了傳統文化發展的一個較高水平,因而受到了現代新儒家集體的關注。可以看到,第一代現代新儒家學者中的許多人都對王船山及其船山學表現出了濃厚的興趣,他們的船山學研究幾乎涉及到了王船山學術思想的許多方面。但由於學者們生活環境的差異、學術旨趣的區別、以及學術研究領域和側重點的

〔註134〕張君勱,新儒家思想史〔M〕,北京:中國人民大學出版社,2006:550。
〔註135〕賀麟,儒家思想的新開展〔M〕//文化與人生,北京:商務印書館,1988:4。
〔註136〕王邦雄,當代新儒家面對的問題及其開展//當代新儒家〔M〕,北京:三聯書店,1989:196。
〔註137〕劉述先,儒家哲學研究〔M〕,南京:江蘇人民出版社,2010:77。

差異，他們的船山學研究也呈現出各自不同的特色，體現了不同的治學風格。例如梁漱溟站在復興儒學的角度肯定了船山學，熊十力對船山學的研究主要集中在形上學方面，賀麟則特別重視船山學的知行觀和歷史哲學，張君勱則強調王船山的人生論和知識論，稱讚王船山創立了與朱子「道問學」派及陸王「尊德性」派相對抗的「儒家實在論」，錢穆則站在宋學的立場細緻地論述船山學，而馮友蘭的船山學研究明顯受到了馬克思主義史學理論的影響。儘管他們的研究詳略、輕重各不相同，但綜合考查第一代現代新儒家對王船山及其船山學的重視，發現他們對船山學的研究很大程度上還是受近代中國社會局勢和社會思潮發展的影響，在嚴重的民族危機和文化危機的雙重打擊之下，近代學者都面臨著艱難的生存境遇，其生命和精神都缺乏安頓之處。他們既面臨傳統文化在近代化轉型中的尷尬，又面臨工業文明帶來的「人的意義的失落」的精神困境，同時他們還要面臨國家淪陷的危亡境地。多重困境促使現代新儒家學者們痛定思痛，於是重塑國人的信仰和道德理念，團結和凝聚國人的力量，以開創我中華新時代是每一個近代學者的夢想。正如熊十力所言：「天人之奧，造化之原，六籍發揮，既明且備。參研西籍，益見聖言不虛妄耳。治道、群化，經學見得遠大。西學析入精祥，溫故知新，不迷舉措。何用標榜西化，將先賢精神遺產一切掃蕩哉？吾非不注重吸收西學者，但固有經學，必須尊重。區區此心，未知當世有察納者否？」〔註138〕他們在學術研究和探索中，一直都蘊涵了強烈的救亡圖存和民族復興的願望。隨著時代的發展，歷代的現代新儒家學者不斷深入探討和研究船山學，其內在的歷史文化價值和社會價值不斷被挖掘出來，有力地促進了船山學在港臺地區和海外的傳播和發展，這也使船山學與現代新儒家學派的聯繫更加緊密，成為其繞不開的話題。

〔註138〕熊十力，讀經示要〔M〕//熊十力全集：第 3 卷，武漢：湖北教育出版社，2001：739。

第7章　馬克思主義思潮與船山思想研究的新範式

　　20 世紀 20、30 年代，馬克思主義思潮成為了影響中國社會的主流思潮，嵇文甫、侯外廬、張岱年等一批馬克思主義工作者，採用唯物史觀和辯證法研究船山學，將船山學研究推進到了一個全面發展的嶄新階段。這與以往將王船山確定為埋學家、改革者或民族主義者的研究相比，具有突破性的進步。

　　嵇文甫是最早運用唯物史觀進行船山學研究的學者，他的專著《船山哲學》及其研究方法和觀點對後來者提供了寶貴的借鑒。侯外廬是唯物史觀研究裏影響最突出的史學家，他的專著《船山學案》認為王船山是中國歷史上具有近代啟蒙思想的唯物主義哲學家。張岱年則高度讚揚了王船山的唯物主義思想，大有以繼承船山學為己任的壯志，但遺憾的是其沒有論述船山學的專著問世，美中不足。這三人的研究方法和研究內容各有千秋，對史學界都產生了不小的影響，尤其對新中國成立後的船山學研究產生了直接影響。

7.1 馬克思主義思潮興起

　　馬克思主義傳入中國後，在短短的幾十年時間裏，它由西方文化思潮中的一支涓涓細流逐漸匯為滔滔巨川，最後演變成了氣勢磅礴的時代思潮，竟而成功地指導了中國新民主主義革命鬥爭，其傳播之快，發展之迅猛，是以往任何社會思潮所無法比擬的。五四運動後期，馬克思主義逐漸演變成了中

國社會的主流社會思潮，更實現了馬克思主義與中國革命和社會實際的結合，即馬克思主義中國化。隨著馬克思主義在中國的廣泛傳播，學術界也掀起了用馬克思主義方法研究中國歷史和現實問題的熱潮，李大釗對馬克思主義在中國的傳播做出了十分突出的貢獻。李大釗不僅是中國共產黨的主要創始人之一，同時還是我國早期著名的馬克思主義史學家。從 1919 年開始，他先後發表了《由經濟上解釋中國近代思想變動的原因》《原人社會於文字書契上之唯物的反映》《中國古代經濟思想之特點》《馬克思經濟學》《社會主義與社會運動》《史學思想史》《史學要論》等一系列文章和著作，系統地闡釋了馬克思主義唯物史觀的基本原理。指出「一時代有一時代比較進步的歷史觀，一時代有一時代比較進步的知識；史觀與知識不斷的進步，人們對歷史事實的解喻自然要不斷的變動。」〔註 1〕還進一步解釋說：「今欲把歷史與社會的概念弄得明明白白，最好把馬克思的歷史觀略述一述。馬克思述他的歷史觀常把歷史和社會關聯在一起，縱著看人間的變遷，便是歷史，橫著看人間的現在，便是社會。馬克思的歷史觀，普通稱為唯物史觀，又稱為經濟的歷史觀」〔註 2〕二十世紀早期，李大釗就開始運用馬克思主義的世界觀和方法論，探討了「什麼是歷史」，「什麼是歷史學」，「史學與其相關學問間的關係」等問題，構建了馬克思主義史學體系的基本框架，為馬克思主義史學的發展做出了突出貢獻。李大釗嚴厲地鞭撻了傳統主義和資產階級的舊史學，提出要以唯物史觀「重新改作」中國歷史，重新審視中國社會，說：「中國自古昔聖哲，即習為託古之說，中國哲學家的歷史觀，遂全為循環的、神權的、偉人的歷史觀所結晶。一部整個的中國史，迄茲以前，遂全為是等史觀所支配，以潛入於人心，深固而不可拔除。時至今日，循環的、退落的、精神的、『唯心的』歷史，猶有復活反動的傾勢，吾儕治史學於今日中國，新史觀的樹立，對於舊史觀的抗辯，尤興味正自深切，其責任正自重大。吾願與治斯學者共策勉之。」〔註 3〕

　　這種嶄新的歷史觀和歷史理論，對史學界起到了除舊布新的作用。蔡和森、李達、瞿秋白、惲代英等馬克思主義者紛紛傚仿李大釗，一方面積極從

〔註 1〕李大釗，史學要論〔M〕//李大釗全集：第 4 卷，北京：人民出版社，2006：404。

〔註 2〕李大釗，史學要論〔M〕//李大釗全集：第 4 卷，北京：人民出版社，2006：400。

〔註 3〕李大釗，史觀〔M〕//李大釗全集：第 4 卷，北京：人民出版社，2006：255。

事愛國救亡的革命活動；另一方面又致力於用馬克思主義理論、方法對中國傳統思想文化重新進行分析和整理，以期為中國社會革命提供更詳實的理論依據和歷史考證。20 世紀 20 年代以後，運用馬克思主義研究中國歷史的方式在社會上蔚然成風。這一時期著名的學者有郭沫若、范文瀾、侯外廬、胡繩、艾思奇、張岱年等。這批學者都是經歷了五四新文化運動的洗禮成長起來的馬克思主義學者，對中國社會有較清醒的認識。他們對全盤西方的主張和復古主義都持反對的態度，強調「用馬列主義的尺度，估量中國傳統文化的價值，批判地採用優秀部分來豐富中國無產階級的新文化。」〔註4〕致力於「對中國文化之傳統精神」的發掘和清理，希望從傳統文化尤其是儒學中吸取養料，有益於中國馬克思主義文化建設，以滿足中國社會救亡圖存的需要。郭沫若、侯外廬等積極倡導「掌握和運用馬克思主義理論來研究問題、分析問題，還歷史以本來面目，從而作出科學的論斷」。〔註5〕這一時期湧現出了一批重要的學術成果。例如，郭沫若的《中國古代社會研究》（1930 年），這是用馬克思主義理論系統闡述中國歷史的第一部著作。還有呂振羽的《史前期中國社會研究》和《殷周時代的中國社會》（1934 年和 1936 年）、李鼎聲的《中國近代史》（1937 年）、翦伯贊的《歷史哲學教程》（1938 年）、周谷城的《中國通史》（1939 年）、侯外廬的《中國古代思想學說史》和《中國近代思想學說史》（1944 年）、范文瀾的《中國通史簡編》（1941 年）、杜國庠《先秦諸子思想概要》（1946 年）、胡繩的《帝國主義與中國政治》等等。20 世紀30、40 年代，中國用馬克思主義世界觀和方法論研究中國歷史和社會問題的學術活動呈現出勃勃生機，各種著作如雨後春筍般湧出，涉及到了歷史哲學、政治、經濟等各個領域。另外在編纂形式和史料的運用上也不斷推陳出新，充分顯示了馬克思主義史學的科學性和創新性，為中國革命提供了豐富的理論依據和思想武器。「由此，馬克思主義的中國化可以說最終表達和實現了傳統的相互依賴精神，而不只是一些明顯的理論和策略轉變。……中國人熱切地將現代化奉為實現其根植於歷史中的精神氣質的一種目的明確的道路。」及至中華人民共和國成立，則「實現了新的團結與群眾的熱情模式之間存在著聯繫，這種新的團結旨在把政治組織、城市、鄉村和家庭的道德感化融為

〔註4〕范文瀾，范文瀾歷史論文選集〔M〕，北京：中國社會科學出版社，1979：298。
〔註5〕侯外廬，韌的追求〔M〕，北京：三聯出版社，1985：267。

一體。」〔註6〕這一描述與儒學倡導的修身（個人）、齊家（家族）、治國（政權組織形式）、平天下（儒學的道德倫理秩序）的傳統的人生理想具有相似性。這就促使馬克思主義史學家在傳統和現代之間架起了一座橋樑，他們積極關注和研究傳統文化，為處於變革中的近代社會尋找最適合的理論養料和思想武器。

馬克思主義學者採用唯物史觀和辯證法，重新客觀、科學地研究和探討了船山學。嵇文甫是我國最早用馬克思主義唯物史觀研究船山學的學者，他對王船山的系統研究開始於 1935 年出版的《船山哲學》，此後相繼發表了一系列論文，涉及到船山階級立場、學術淵源、史學研究等多方面，1962 年他將畢生船山學研究成果集結成冊，出版了《王船山學術論叢》，受到學術界的重視和關注。嵇文甫對以往的船山學研究進行了深刻的反思，說：「王船山這個名字，一直為學術界所津津樂道，但是浮慕其名者多，認真研究者少。任取一點，隨意發揮。究竟船山學術思想的整個體系怎麼樣，他在中國思想史上占怎樣的地位，他和各派思想有怎樣的聯繫，在他那浩瀚的議論中『精華』與『糟粕』怎樣錯綜複雜交織著，恐怕非更加深入具體鑽研一番是搞不清楚的。」〔註7〕嵇文甫深入挖掘船山學產生的社會根源、經濟根源和階級根源，探討船山學與中國傳統文化的密切聯繫，通過對詳實史料的考證和分析，得出了船山學是「宗師橫渠、修正程朱、反對陸王」〔註8〕的學術觀點。雖然都是採用唯物史觀，但侯外廬與嵇文甫在船山學研究中，持不同的學術觀點。嵇文甫認為王船山所處的階級立場是代表地主階級利益，王船山僅僅是一個開明進步的地主思想家，因此持「傳統地主」說，而侯外廬則堅持「早期啟蒙說」，認為「17 世紀的中國社會，已存在著資本主義的幼芽」，「不但中國民族經濟變動以及王朝由明而清為異族所統治，而且外國的商業資本主義及其文明也已經衝入中古不動的中國。萬曆年間，傳入了和天主教相依託的天文曆算清學，更驚醒了學者們夢裏摸索的寧靜生活」。王船山不可避免地受到了外來文明的影響，「產生了他的近代人本主義思想。」1942 年出版的《船山學案》是侯外廬探討早期啟蒙思潮的開端。後來在創作《中國近代思想學說史》和

〔註6〕墨子刻，擺脫困境——新儒學與中國政治文化的演進〔M〕，南京：江蘇人民出版社，1990：221。

〔註7〕嵇文甫，王船山學術論叢·序言〔M〕，三聯書店，1962：2。

〔註8〕嵇文甫，王船山學術論叢·序言〔M〕，三聯書店，1962：109。

《中國思想通史》時，進一步補充和完善了對船山學的分析和研究，兩本書中都專闢章節介紹了船山學。侯氏得出結論，決不能簡單地將王船山定性為理學家，船山學是「涵淹六經，傳注無遺，會通六理，批判朱王，中國傳統學術，皆通過了他的思維活動而有所發展，他的方法則是近代的。」〔註9〕除了上述兩位，還有呂振羽、張岱年、馮友蘭等也對船山學進行了相應的研究，呂振羽在 1937 年出版《中國政治思想史》，這是首次以馬克思主義觀點詮釋中國思想發展通史，在著作的最後一章《市民階級政治思想的形成與發展》中論述了黃宗羲、王船山、龔自珍、魏源等人的哲學思想，但全書的篇幅不大，論述比較簡略。張岱年也發表了數篇關於船山哲學的研究性文章，在其專著中也多次論及船山學，1936 年發表的《哲學上一個可能的綜合》一文中，給予了王船山高度的評價，充分肯定了王船山在宇宙論、人生論和致知論方面的學術思想，說：「這三百年中最偉大卓越的思想家，是王船山、顏習齋、戴東原。……我們可以說，這三百年來的哲學思想，實以唯物為主潮。我覺得，現代中國治學者，應繼續王、顏、戴未意之緒而更加擴展。王、顏、戴的哲學，都不甚成然，但他們所走的道路是很對的。新的中國哲學，應順著這三百年來的趨向而前進。」〔註10〕1937 年出版的《中國哲學大綱》中，專門設立《踐形》一章，細緻分析了船山學術思想中的義利統一、理欲統一、造命思想、能所思想、知識的可能與限度思想，致知的方法論等等。張岱年對船山學的詮釋有一個鮮明的特點，即將船山學研究與他力圖建構的新唯物論體系有機地結合在了一起。

　　綜上所述，發現船山學研究已經進入了一個全面發展的嶄新時期。馬克思主義史學家們，在船山學研究的過程中，既繼承了傳統的研究方式，又注重採用唯物史觀和辯證法等新的史學觀點和方法，將船山學研究置於明末清初歷史巨變的大環境下，去作詳細的考評和分析，從而得出客觀、科學的結論，這與以往簡單地把王船山確定為理學家或民族主義者的船山學研究相比具有突破性的進步。這些馬克思主義史學家還有一個共同的特點，他們既是知識淵博的學者，又是鬥志昂揚的革命者。近代紛紜複雜的社會環境和災難叢生的時局，迫使他們必須要有更多的擔當，因此他們的治學都不是單純的為學問而學問，在他們的著作中都表現出濃鬱的經世致用色彩，充滿強烈的

〔註9〕侯外廬，船山學案〔M〕，長沙：嶽麓書社，1982：7。
〔註10〕張岱年，張岱年全集〔M〕，石家莊：河北人民出版，1996：40。

歷史感和現實感，他們努力在學術研究的過程中尋找中國歷史發展的規律性，期望探索出一條符合中國革命發展的道路，以實現中華民族的解放和偉大復興。下面就以嵇文甫、侯外廬、張岱年三位馬克思主義史學家為代表詳細解讀馬克思主義史學研究方法指導下的船山學研究。

7.2 嵇文甫開創了用唯物史觀研究船山學的先河

嵇文甫（1895～1963），名明，字文甫，河南汲縣人，是著名的歷史學家、哲學家和教育家。他是最早運用運用辯證唯物主義和歷史唯物主義方法深入研究王船山的學者，他關於船山學的研究方法和學術觀點可謂是創見卓識，自成一家，代表了船山學研究發展的新方向，為以後運用馬克思主義史學方法研究船山學開闢了新路徑，在我國學術界引起了強烈反響。在嵇文甫一生的學術生涯中，船山學始終是他關注的一個重點，他曾說：「竊自回想，自十七八歲即接觸到船山的著述，幾十年來，思想上一直受其影響。」〔註 11〕關於自己的治學興趣他明確地說：「余近年所蘄向者孫夏峰、王船山、全謝山三人也，蓋立身夏峰，持論宗船山，學問門徑則出入浙東諸老，而尤近謝山。夏峰平實，船山邃實，謝山淹貫，三者兼修，其庶幾乎！」〔註 12〕自 1920 年，時年 25 歲的嵇文甫發表了第一篇船山學研究方面的文章——《王船山的人道主義》起，他就以敏銳的眼光察覺到船山學的博大精深和深邃意義，此後四十多年裏他對研究船山學鍥而不捨、孜孜以求。他所著關於船山學術思想研究的文章多達幾十篇，其研究內容十分廣泛，涉及了王船山的人道主義、民族思想、階級立場、學術淵源、史學研究、哲學研究等許多方面。本章主要討論他早年的船山學研究，僅涉及 20 世紀 30、40 年代的著述，根據《嵇文甫文集》上、中冊歸納，這一段時間他發表的船山學研究著述如下：《王船山的人道主義》（1920 年），《十七世紀中國思想史概論》（1931 年）其中第四章第二節和第五章論述了王船山的民族思想和歷史思想，《船山哲學》（1936 年），《王船山的民族思想》（1943 年），《王船山〈黃書〉中的政治綱領》和《王船山的政術論》（1944 年），《王船山的易學方法論》（1946 年），《王船山的史學方法論》（1948 年），《王船山的學術淵

〔註 11〕嵇文甫，王船山學術論叢〔M〕，北京：三聯書店出版，1962：1。
〔註 12〕魏玉林，中州軼聞〔M〕，上海：上海書店 1992：49。

源》（1949 年）等〔註 13〕。從上述著述中歸納出，嵇文甫早期船山學研究的特色主要表現在如下幾個方面：

　　第一，嵇文甫研究船山學的最大特點就是首開運用馬克思主義原理研究船山學的先河。嵇文甫強調「各時代思想之不同，實由於當時社會物質生活條件之不同，實由於當時社會構成形式之不同。根據這種理論，我們研究十七世紀中國思想變動的由來，就不能專著眼在當時思想轉變的本身上，也不能僅歸到一時政治現象上；我們必須從當時整個社會的發展上，從當時經濟生活的基礎上，找出當時思想變動的真正根源。換句話說，就是要根據社會史、生活史，來研究思想史。」〔註 14〕

　　在對船山學的研究中嵇文甫始終貫穿了這一治學方式，他將王船山的學術思想置於十七世紀的中國社會大環境中，從政治、經濟、思想文化和階級關係的發展演變中，動態地看待王船山學術思想的內容和變化。認為「十七世紀思想變動是由明中葉以降種種社會條件所形成，是當時地主階級自救運動的反映」〔註 15〕，而王船山則是這場自救運動的倡導者和主要代表，「船山的確有很多光輝的開明進步的思想，但總歸是一個地主思想家在那個已經腐爛透頂的，階級矛盾充分暴露的，已經有了資本主義萌芽的封建社會末期，在那個國破家亡遭受慘痛的民族災難的特定歷史環境中，所可能有的開明進步的思想」。〔註 16〕嵇文甫採用唯物主義史觀，結合時代背景，分析了王船山的階級屬性和學術立場。認為應該將對王船山及其船山學的評價放到明末社會裏去作分析，要遵循實事求是的原則，既不能過高地誇大船山學的歷史作用和社會功效，也不能脫離歷史環境苛刻地批判王船山和他的學術思想。嵇文甫認為王船山生活的時代是傳統社會末期，雖然此時已經有了資本主義萌芽，但資本主義的因素在社會中影響很小，王船山的學術思想是遭受了明末國破家亡的民族災難後的一個儒家學者真實的心理反映。王船山所處的階級立場仍然是代表地主階級的利益，只不過他是開明進步的地主思想家。他對

〔註 13〕參見嵇文甫文集〔M〕，鄭州：河南人民出版社（上冊）1985 年版，（中冊）1990 年版。

〔註 14〕嵇文甫，十七世紀中國思想史概論〔M〕//嵇文甫文集：上冊，鄭州：河南人民出版社，1985：68。

〔註 15〕嵇文甫，十七世紀中國思想史概論〔M〕//嵇文甫文集：上冊，鄭州：河南人民出版社，1985：73。

〔註 16〕嵇文甫，王船山學術論叢〔M〕，北京：三聯書店，1962：2。

近代學術研究中將王船山誇大為無神論者、民主主義者、代表市民的思想家等多種學術觀點表示了異議。「嵇文甫可以說是 20 世紀最早的對船山思想研究有成績的學者。他的《船山哲學》出版於 1935 年，1962 年他把《船山哲學》與後來所寫的論船山思想的論文合併，出版了《王船山學術論叢》。……雖然這是他在 60 年代初的表達，但就思想方法和研究方法來說，與他在 30 年代的看法是有一貫性的。」〔註17〕

《船山哲學》是嵇文甫運用馬克思主義觀點完成的第一本船山學研究專著，全書分上下兩篇，上篇包括「天人性命論」和「理勢常變博約論」兩部分；下篇包括「古今因革論」「朝代興亡論」和「華夷文野論」三部分。著作於 1936 年出版，這是嵇文甫早期對船山學術的一個研究總結。他將王船山定性為中國古代傑出的唯物主義哲學家，受階級立場的侷限，他的思想中還含有一些唯心主義的雜質和傳統色彩，但這遮掩不了他卓絕的歷史光芒。文章對王船山哲學的主要理論和觀點作了重要的分析和闡述，指出王船山的根本思想是八個字「天人合一，生生不息」，具體說即是理勢合一、常變合一、動靜合一、體用合一、博約合一……「這些見解貫穿其整個思想，即可用以論古今因革，朝代興亡，同樣的亦可用以論華夷文野問題。」同時嵇文甫認為王船山是個「極深研幾」的學者，他根據自己的哲學見地，闡明歷史演變的法則，指示出歷史上每一事的深微含義，卓然自成一家之言，形成為一貫的哲學體系，說：「……若船山，則反對陸王，修正程朱，而別宗橫渠以創立一個新學派也，假如用辯證法的觀點來看，程朱是『正』，陸王是『反』，清代諸大師是『合』。陸王『揚棄』程朱，」清代諸大師又來個『否定的否定』，而『揚棄』陸王。船山在這個『合』的潮流中，極力反對陸王以扶持道學的正統，但正統派的道學到船山手裏，卻另變一副新面貌，帶上新時代的色彩了。」〔註18〕

嵇文甫在船山學研究領域取得了許多開創性的成就，例如：他發現王船山雖然激烈「反對陸王」，但和陸王還是有共鳴之處的，事實上是對陸王的修正。還強調了哲學在王船山學術思想中的核心地位，肯定船山哲學是對宋明道學乃至整個中國傳統哲學的批判總結。嵇文甫比先前的研究者更傾向於從

〔註17〕陳來，詮釋與重建──王船山的哲學精神〔M〕，北京：三聯書店，2010：6。
〔註18〕嵇文甫，船山哲學〔M〕//嵇文甫文集：上冊，鄭州：河南人民出版社，1985：542。

明末清初的學術大環境入手，從實質內容上具體分析船山學的內涵和精神。
「船山既講理勢合一，根據同一精神，把體用常變也都統一起來。並且因體
用合一，常變合一，使他的理勢合一論更圓滿了」，這是一種典型的辯證觀
點。〔註19〕嵇文甫對王船山學術思想做出總結性的評價說：「船山確乎有許多
精闢獨到的地方，即使從現代歷史哲學的觀點看來，也不能不加以稱讚。舉
其要者：（一）從發展過程上看歷史事象，（二）社會制度的相關聯性或整個
性，（三）客觀的獨立於意識以外的勢力之存在，（四）偶然中顯現必然。」
〔註20〕唯物史觀不僅是近代中國知識分子探索救國道路的指南，也是近代學
術研究的新方法。嵇文甫積極將馬克思主義基本原理和史學研究方法，融入
到對中國傳統文化的研究中，分析和研究中國傳統思想文化，希望發揚傳統
文化的精粹，為革命事業服務。對船山學的研究，也堅持了這個方針，最大
限度地保留了船山學的學術思想原貌。

第二，嵇文甫早期對船山學的研究還結合了近代救亡圖存的革命需要，
積極弘揚王船山的民族主義思想和愛國精神。20年代嵇文甫著《王船山的人
道主義》一文，說：「王船山生在明末大亂的時候，親眼見那一般生靈顛連困
苦的情狀，不免引起一種悲天憫人的感情。所以他的書裏，就很有些人道主
義的意味。」嵇文甫稱讚王船山對人類有一種純摯愛憐的感情，這是有感而
發的。20世紀20年代正是軍閥割據混戰時候，這是近代中國最黑暗的時期，
他抨擊當時的時局是：「官僚們只做官，不做人；軍閥們只做吃人的虎狼，不
做人；政客們只做軍閥的走狗，不做人；甚至一班學者，也只做學者，不做
人；今日中國，真所謂『人何寥落鬼何多』了。」〔註21〕鑒於如此環境，嵇
文甫對王船山倡導的以創造精神謀世界進化的人道主義特有感觸，希望藉此
喚醒國人的自主能動性，呼籲學者要有愛國愛民意識，這樣中國才會漸趨於
穩定和諧。他借王船山的話說：「船山說：『傳曰：國將興，聽於人；將亡，聽
於神。』是故正九黎之罪，以絕地天之通，慎所聽也。援天以治人，而褻天之
明威以亂民之聰明，亦異乎帝王之大法矣。……故人之所知，人之天也。物

〔註19〕嵇文甫，船山哲學〔M〕//嵇文甫文集：上冊，鄭州：河南人民出版社，1985：
　　　　522。
〔註20〕嵇文甫，船山哲學〔M〕//嵇文甫文集：上冊，鄭州：河南人民出版社，1985：
　　　　583。
〔註21〕嵇文甫，做人問題〔M〕//嵇文甫文集：上冊，鄭州：河南人民出版社，1985：
　　　　26。

之所知,物之天也。若夫天之為天者,肆應無極,隨時無常,人以為人之天,物以為物之天,統人物之合以敦化,各正性性命而不可齊也。……《春秋》謹天人之際,《洪範》敘協居之倫,皆『聰明』自民,『明威』自民之謂也。」〔註22〕王船山的民本主義思想,換成近代唯物主義學者的說法就是人民決定了國家的興亡,人民才是歷史的創造者,只有順應民心,國家才能興旺。

　　「九・一八事變」後,日寇的侵凌越來愈深,嵇文輔進一步加強了對王船山民族思想的研究。1931 年他發表《十七世紀中國思想史概論》,記述了「王船山及其他大師的民族思想」。1936 年又著《王船山的民族思想》,表彰王船山在明清諸老中,氣節最堅貞,表現出來的民族思想最強烈和最鮮明。文章稱「(王船山)所有各種著述,字裏行間,處處可以看出這種精神。尤其是《黃書》,可以說徹頭徹尾的是一種民族主義。他看得民族高於一切,保全自己民族比什麼天德王道都要緊。」〔註23〕他對《黃書》中提到的:「仁以自愛其類,義以自制其倫,強幹自輔,所以凝黃中之絪縕也。今族類之不能自固,而何他仁義之云云。」〔註24〕,「可禪、可繼、可革,而不可使異類間之。」〔註25〕等觀點給予了充分肯定。嵇文甫對這些思想主張的推崇是與抗日救亡運動緊密聯繫在一起的,他認為在全民族抗戰中,每一個國民都要盡其所有報效祖國,「我們這一群知識分子所能夠報效的是什麼呢?自然,像投筆從戎那一類的事,最痛苦,最壯烈。但是我們並不需要每個知識分子都那樣做。知識分子還另有他自己的特殊任務。」〔註26〕這特殊的任務就是利用手中的筆槍與舌劍,鼓動全國軍民的抗漲情緒,為抗日救國提供思想武器。王船山視民族的盛衰重於一姓的興亡,強調華夷之辨,對「孤秦」「陋宋」和鉗制臣民以自弱其種族的君主深惡痛絕,這些思想是嵇文甫鼓動和教育國民積極抗日救國的絕好歷史資源。嵇文甫通過長期的教學和革命實踐深刻的認識到,中國的民眾教育是十分落後,國家觀念及其淡薄,「只看遍地的漢奸活動,就使我們很難相信一般民眾對於這次抗戰有多大熱情。」因此,知識分子有責

〔註22〕王夫之,尚書引義〔M〕//船山全書:第 2 冊,長沙:嶽麓書社,2011:270～271。

〔註23〕嵇文甫,王船山的民族思想〔M〕//嵇文甫文集:中冊,鄭州:河南人民出版社,1985:80。

〔註24〕王夫之,黃書後序〔M〕//船山全書:第 12 冊,長沙:嶽麓書社,2011:538。

〔註25〕王夫之,黃書〔M〕//原極//船山全書:第 12 冊,長沙:嶽麓書社,2011:503。

〔註26〕嵇文甫,全面抗戰中知識分子能貢獻些什麼〔M〕//嵇文甫文集:中冊,鄭州:河南人民出版社,1990:9。

任和義務，把全國抗戰情緒鼓動起來，因為全國軍民抗戰情緒的高漲，是保證勝利的必要條件。國民大眾的抗戰情緒提高漲了，「漢奸縱使有幾個，也早該嚇破膽而銷聲匿跡了。」〔註27〕嵇文甫強調知識分子發揮自己的特長，從理論上宣傳和發動群眾投身抗日救國運動，為實現國家獨立和民族復興而做出貢獻。

　　第三，嵇文甫在突出了王船山的進化論史觀、經世致用思想和政治理想。抗戰勝利後，嵇文甫在船山學研究方面有了新的突破和轉向，他先後創作了《王船山的政術論》《王船山〈黃書〉中的政治綱領》《王船山易學方法論》《王船山的史學方法論》《王船山論復員》和《王船山的學術淵源》等多篇文章，詳細考察了王船山的政治思想和史學觀。首先，嵇文甫肯定王船山的史學是經世之學。「（王船山）要從史書中尋找『經世之大略』，取得前人的經驗教訓，以用於當前的實踐。那種『記載徒繁』，專門堆砌史料的史書，他是不贊成的。他對於讀史看得很鄭重，反對『玩物喪志』那種讀法。」〔註28〕嵇文甫欣賞王船山提出的治學首先要立志，要端正學習態度，要有目的性，反對空虛，講求落到實處。嵇文甫稱讚說：「船山之學，即不贊成談玄說妙；也不贊成瑣屑餖飣而是主張經世致用。在《讀通鑒論》末尾，解釋《資治通鑒》這個書名，他更詳細發揮讀史所以『資治』，即所以經世的主張。」〔註29〕王船山這種結合現實社會需要，經世致用的治史精神，不僅對當時有現實意義，就是到了近代看來仍然可以給予史學家以很多的啟發。王船山對民族問題、政術問題、知識分子問題、政治作風問題、農民問題等的闡述都十分的深入和細緻，他是自有一套史學方法論，對後學者起到了學術啟蒙的作用。

　　其次，嵇文甫認為王船山著述中的政治制度方面的建設性意見，對近代社會仍然具有啟發性作用。「傳統的舊文化中，有些東西，雖然它原來的具體形態和現代生活不能相合，然而因為時代的轉變，它那具體形態早已失掉，不至於再混入現代生活中。現在留給我們的乃只是它的某些精神或遠景，而這些精神或遠景，在現代生活中又能發生某種有益的作用或暗示，這些東西，

〔註27〕嵇文甫，在全面抗戰中知識分子能貢獻些什麼〔M〕//嵇文甫文集：中冊，鄭州：河南人民出版社，1990：10。
〔註28〕嵇文甫，王船山的史學方法論〔M〕//嵇文甫文集：下冊，鄭州：河南人民出版社，1990：467。
〔註29〕嵇文甫，王船山的史學方法論〔M〕//嵇文甫文集：下冊，鄭州：河南人民出版社，1990：470。

我們當然也可以接受。」〔註30〕嵇文甫認為《黃書》是王船山政治思想的最
高成就，說：「王船山提出劃分軍區，建立方鎮，乃所以強化全國各處軍事的
力量；加重府權，乃所以強化地方政治力量；信任大臣，乃所以強化中央政
治的力量；懲貪墨，抑幸濫，保護富民，乃所以培植人民的力量。不管上下內
外軍民文武，只要是力量就使它儘量發動起來。用整個民族的力量，保障整
個民族的生存和發展——這就是船山民族主義的政治理想。」〔註31〕王船山
的這種政治理想，也契合了建立廣泛的抗日民族統一戰線，抗擊日寇復興民
族的需要，為戰後重建新的政治制度提供了參考意見，受到嵇文甫的重視。
嵇文甫認真地分析和研究了王船山的政治理想，認為王船山在政術論上獨樹
一幟，有別於傳統的申、韓、黃、老以及俗儒的路徑，他稱讚王船山的治術論
是新儒術政治論，說：「王船山為清初諸大師之一，要論起深研幾真正窮理工
夫來，上下千百年，簡直很難找出幾個對手。……他絕不是隨便人云亦云的，
撐門面，唱高調。他是有真知灼見，從實際政治歷史的研究體會中，從其和
申、韓、黃、老、俗儒的鬥爭中，展開一種新政術論，這種政術論，籠統地
講，可以說是：反對申、韓，修正黃、老，深化儒術。」〔註32〕而且「王船
山把儒術政治的內容擴大而深化了。他能夠把握住儒術的根本精神，深識王
道之所以然，縱橫伸縮，六轡在手，絕不是拘文牽義，襲取古人的糟粕。」
〔註33〕

　　總而論之，「王船山對於封建、井田、肉刑……諸問題，都能從歷史發展
的觀點上，予以極正確的分析，極公允的評價。總之，既不流於雜霸，又不流
於迂腐，把原則論和現實論有機的統一起來，這實在是船山獨絕的地方。」
〔註34〕1944年抗日戰爭進入了反攻階段，戰爭即將取得勝利，戰後重建問題
開始提上了日程，嵇文甫也在積極思考這個問題。王船山的政治主張和見解

〔註30〕嵇文甫，漫談學術中國化問題〔M〕//嵇文甫文集：中冊，鄭州：河南人民出
　　　　版社，1990：51。
〔註31〕嵇文甫，王船山〈黃書〉中的政治綱領〔M〕//嵇文甫文集：中冊，鄭州：河
　　　　南人民出版社，1990：126。
〔註32〕嵇文甫，王船山的政術論〔M〕//嵇文甫文集：中冊，鄭州：河南人民出版社，
　　　　1990：288。
〔註33〕嵇文甫，王船山的政術論〔M〕//嵇文甫文集：中冊，鄭州：河南人民出版社，
　　　　1990：306。
〔註34〕嵇文甫，王船山的政術論〔M〕//嵇文甫文集：中冊，鄭州：河南人民出版社，
　　　　1990：313。

給了他很大的思想啟迪，尤其是王船山的「『自靖以靖天下』，即埋頭實幹，不炫耀，不瞻徇，不揀好名色，不鬧閒意氣，但務自盡其道，自修其德，自行其心之所不容已，而治天下之妙用即在於此。」〔註35〕可見儘管世易時移，船山學仍有適應社會發展的一面。

　　嵇文甫也強調學術中國化，指出：「所謂『中國化』，就是要把現代世界性的文化，和自己民族的文化傳統，有機地聯繫起來。所以離開民族傳統就無法講『中國化』。」〔註36〕他精闢地辨析了馬克思主義史學觀下的學術中國化和近代其他學術思潮影響下的學術中國化的區別，指出「國粹論」「中體西用論」和「中國本位文化論」等學術派倡導的學術中國化都只看到了中國文化的民族性，而沒有看到中國文化的世界性，更加沒有把兩者辯證地統一起來，他強調中國傳統文化在近代要存在和發展下去，必須積極地吸取世界性文化的精華，「並且咀嚼消化，使這種文化在中國民族中發榮滋長，放出異樣的光彩。」〔註37〕嵇文甫主張將世界性的優秀文化成果與中華文化傳統有機地融合起來，並再與中國的社會實際情況有機地統一在一起，這樣就能夠發展出既具有中華民族獨特性又具有世界先進性的新的學術文化。他說：「總之，『運用之妙，在乎一心』，『神而明之，存乎其人』。只要展開杏黃旗，就不怕陷入十絕陣。我們的杏黃旗是什麼？就是現代進步的科學思想，尤其是唯物辯證法。仗著這面杏黃旗，我們盡可以在傳統的舊文化中，殺進殺出，掉弄出許多新花樣。」〔註38〕嵇文甫也正是如此，他深入地分析和研究土船山學術思想幾十年，著述涉及王船山學說的多方面，可謂是「殺進殺出」。但他一直堅持以繼承、批判的態度和精神去研究船山學，最大限度地保留了王船山學術思想的原有面貌，充分顯示了他敏銳的見解和科學的研究方法，與以往的學者相比，嵇文輔的立足點更高，視域更開闊，透視更深刻，因此所獲得的成果也就更突出，這些研究成就極大地激發了國內學術界對船山學研究的熱情，船山學研究至此進入一個新的歷史時期，即馬克思主義史學研究範疇。

〔註35〕嵇文甫，王船山的政術論〔M〕//嵇文甫文集：中冊，鄭州：河南人民出版社，1990：313。

〔註36〕嵇文甫，漫談學術中國化問題〔M〕//嵇文甫文集：中冊，鄭州：河南人民出版社，1990：50。

〔註37〕嵇文甫，漫談學術中國化問題〔M〕//嵇文甫文集：中冊，鄭州：河南人民出版社，1990：44。

〔註38〕嵇文甫，漫談學術中國化問題〔M〕//嵇文甫文集：中冊，鄭州：河南人民出版社，1990：53。

7.3 侯外廬「早期啟蒙說」視野下的船山學研究

侯外廬（1903～1987），原名兆麟，又名玉樞，自號外廬，山西平遙縣人。著名歷史學家。侯外廬早年曾留學歐洲，並積極學習和嘗試翻譯馬克思的經典著作《資本論》，後因故翻譯工作停止，但由此侯外廬諳熟了馬克思主義的思維方法和研究方法，自覺地以馬克思主義理論作指導，對中國社會史的研究做出了創造性的貢獻。侯外廬十分強調社會歷史的演進與社會思潮的發展對學術思想史的影響和作用，他認為對中國思想學術史的研究必須做到把學術思想與中國社會史的具體背景有機地融合起來，否則，研究就會流於表面化和膚淺化。以明清之際的思想巨變而言，「如果這時不是如黃宗羲所講的『天崩地解』的時代，也就沒有王夫之所謂的『六經責我開生面』的思潮」。因此他指出：「中國思想史有一個優良傳統，每到社會發展的一定階段，隨著社會歷史的變化和發展，思潮也就有了轉向和進步，這個階段的中國哲人便做出他們自己時代所能做出的總結。……明清之際，王夫之、顧炎武、傅山、唐甄等從各種不同的學術角度，做過道學的總結。其中尤以黃宗羲《明儒學案》、《宋元學案》以及王夫之的各種史論，系統地總結歷代或宋、元、明的思想，為更具有歷史價值。」〔註39〕

在做明清之際社會思潮的研究時，侯外廬另闢蹊徑，他不是由探究思想史的發展來看社會的演變，而是由社會形態的發展來研究思想。秉承這種治學思想，侯外廬對中國明清思想史研究創造性地提出了「早期啟蒙思想說」，確立了用唯物主義史觀研究中國歷史的典範，為以後的學者提供了新的視角和方法，這種一以貫之的治學特點也體現在對王船山及其船山學的研究中。侯外廬對王船山的研究突出的特點就是賦予了王船山和船山學早期啟蒙思想的特點和意義。他對王船山及其船山學的研究主要體現在 1943 年出版的《船山學案》中，船山學案原本是其著作《中國近世思想學說史》的一部分，這個章節完成的時候恰逢王船山逝世 250 週年，單獨發表出來以志紀念。下面就以《船山學案》來分析侯外廬研究船山學的特點：

第一個特點是以馬克思主義原理為指導，運用社會史與思想史相結合的研究方法分析船山學。將馬克思主義原理與中國歷史相結合，從而發現中國歷史的特點和發展的規律性，是侯外廬治學的一個突出特點。侯外廬在回憶

〔註39〕侯外廬，侯外廬史學論文集：下冊〔M〕，北京：人民出版社，1987：65。

自己之所以專注於用馬克思主義史學研究中國歷史的治學經歷時，說：「『五四』以來，史學界出現一種盲目仿傚外國的形式主義學風，企圖按照西方歷史模式來改鑄中國歷史，搞所謂『全盤西化』。侯外廬對這種做法十分地反對，他強調「我們中國學人應當學會使用自己的語言來講解自己的歷史與思潮，學會使用新的方法來掘發自己民族的優良文化傳統」。〔註40〕他提到的這種新的方法就是馬克思主義的歷史依據方法，並且侯外廬還強調在運用馬克思主義史學研究方法是要「注意馬克思主義歷史科學的民族化，所謂『民族化』，就是要把中國豐富的歷史資料，和馬克思主義歷史科學關於人類社會發展的規律做統一的研究，從中總結出中國社會發展的規律和歷史特點。馬克思主義歷史科學的理論和方法，給我們研究中華民族的歷史提供了金鑰匙，應該拿它去打開古老中國的歷史寶庫」。〔註41〕毛澤東也說：「今天的中國是歷史的中國的一個發展，我們是馬克思主義的歷史主義者，我們不應當割斷歷史。從孔夫子到孫中山，我們應當給以總結，繼承這一份珍貴的遺產」。〔註42〕馬克思主義史學家的共同特點之一就是系歷史研究於國家、民族的前途命運中，侯外廬很早就說過：「自三十年代開始，我對於中國歷史的研究，主要做了兩方面的工作，一是社會史研究，二是思想史研究，我向來認為，社會史與思想史相互一貫，不可或缺，而研究中國思想史，當要以中國社會史為基礎」。〔註43〕

　　促使侯外廬關注明清史的原因是多方面的，一方面是 1941 年 1 月，國民黨製造了「皖南事變」，掀起了反共高潮，第二次國共合作出現了裂痕，中國社會和中國共產黨面臨著更加嚴峻的困境和危機。複雜動盪的社會局勢，使得侯外廬將學術研究的焦點放在明清之際和近代史上。另一方面是五四新文化運動以來，如梁啟超、錢穆、胡適等資產階級知識分子在明清史研究領域取得了不俗的成就。相比之下，馬克思主義史學對這一階段的研究還很薄弱。為了在明清史領域構築馬克思主義史學研究陣地，促進馬克思主義史學研究的中國本土化，侯外廬加強了對明清史的考證和研究，《船山學案》即是這一背景之下的創作。他敏銳地認識到王船山及其船山學在中國傳統文化中的重

〔註40〕侯外廬，侯外廬史學論文集：上冊〔M〕，北京：人民出版社，1987：18。
〔註41〕侯外廬，侯外廬史學論文集：上冊〔M〕，北京：人民出版社，1987：18。
〔註42〕毛澤東，毛澤東選集：第二卷〔M〕，北京：人民出版社，1991：522。
〔註43〕侯外廬，我對中國社會史的研究〔J〕，歷史研究，1984（3）。

要性，他說：「船山先生的學術是清以前中國思想的重溫與發展，他不但把六經別開生面地重新解說，而且從孟子以後的中國哲人多在他的理性主義批判之下翻案，所以他的思想，蘊涵了中國學術史的全部傳統」。〔註44〕在《船山學案》自序中，侯外廬就民國以來研究明清思想史的著名學者如胡適、馮友蘭、梁啟超和錢穆等人沒有認識到船山學的重要性而表示了遺憾。說：「船山先生的學術，比清初的諸大儒都要豐富得多，可惜他的遺產一直到晚清策論時代才被人所注意起來。但學人多賞識他的史論，卻不重視他的哲學。民國以來，研究明清思想史的人，不是把他忘記了（如胡適之專重戴東原，而一字不提及船山，實則東原觀念論的哲學體系，不及船山遠甚），便是把他的思想輕描淡寫地謂之像一位理學家（如馮友蘭在其所著《中國哲學史》中所寫的）。梁任公與錢穆皆治中國近三百年學術史者，在船山的片斷學術中頗有論述，而亦缺少對於他的哲學體系的發揮，這不能不說是一種中國學術界的空白了。」〔註45〕又說：「我嘗試著運用馬克思主義的觀點和方法去掘發船山遺留的思想寶庫，著重探索了他的哲學思想，發現他是中國歷史上具有近代新世界觀萌芽的傑出唯物主義哲學家。」〔註46〕為此，侯外廬「覺得民國十二年以來的東原哲學研究，應該讓位於船山哲學研究。」〔註47〕

對船山學的探討和研究，侯外廬採用了有別於前人的研究方法。他很早就認識到社會政治經濟的變化會對思想領域產生重大的影響，即一定時期的思想文化是一定時期社會政治經濟的反映。因此十分強調學術研究中，社會史和思想史的聯繫，提出歷史從哪裏開始，思想進程也就從哪裏開始，他的這種唯物史觀在明清史學研究中表現的尤為明顯。對船山學的研究，侯外廬也採取了這樣的研究方法，他對明末的社會政治局面、經濟發展狀況、社會關係變化等問題都作了深入的分析，以此來說明王船山思想中的創新性和早期思想啟蒙特色。侯外廬認為在十七世紀傳統社會開始解體的過程中，王船山的思想如同鏡子一樣反映出明末的社會矛盾，他對現實社會犀利的批判和對傳統社會君臣之義的懷疑，使得他的思想已經超出了傳統社會的藩籬，開啟了中國近代的思維活動。「夫之正處於一個暴風雨降臨的時代，這正如黃宗

〔註44〕侯外廬，船山學案自序〔M〕//船山學案，長沙：嶽麓書社，1982：2。
〔註45〕侯外廬，船山學案自序〔M〕//船山學案，長沙：嶽麓書社，1982：1。
〔註46〕侯外廬，船山學案新版序〔M〕//船山學案，長沙：嶽麓書社，1982：1。
〔註47〕侯外廬，船山學案自序〔M〕//船山學案，長沙：嶽麓書社，1982：1。

義所說是『天崩地解』的時代。在十六、十七世紀之交，中國歷史正處在一個轉變時期，有多方面歷史資料證明，當時有了資本主義的萌芽。因此，在社會意識上也產生了個人自覺的近代人文主義。夫之的《噩夢》《黃書》和《搔首問》等著作，就含有豐富的反抗傳統制度的精神。」〔註 48〕侯外廬通過分析 17 世紀中國社會政治經濟的變化，以及由此產生的階級關係和社會思潮的演變，詳細剖析了王船山學術思想的形成和學術特點，力求糾正清末以來人們依據各自不同的政治目的和思想訴求對船山學的片面詮釋。他說：「夫之思想，昔人專門研究的很少，梁啟超只敘述過關於夫之思想的一些斷片，而後來從事研究者，不論羅列其論點或綜述其要旨，都不能表達夫之的學問所在。清末雖爭誦夫之的史論，但有的是為了學作策論，以求膺識時務之選；有的是為了注意民族獨立，而追述夫之的辨華夷的思想，以為反清的號召。因而，夫之的思想在這裡是應該作詳細的研究的。」〔註 49〕《船山學案》是侯外廬運用馬克思唯物史觀和辯證法研究中國哲學史的拓荒之作，也成為他探討早期啟蒙思潮的開端。

　　第二個特點是認為船山學具有早期啟蒙思想的色彩，王船山「以一位哲學思想家開啟了中國近代的思維活動」〔註 50〕。侯外廬對十六至十七世紀中國社會的發展和階級關係作了深入的考察和分析，認為中國的歷史此時已經處於傳統解體的緩慢過程中，這一時期中國社會產生了新的生產關係和生產力，即資本主義的幼芽，「從明嘉靖到萬曆年間，是中國歷史上資本主義萌芽最顯著的階段」〔註 51〕，他從土地關係的形式及其在解體過程中的若干變化，手工業、商業的發展，海外貿易的活躍和商業資本的發展三個方面，詳細論證了十六、十七世紀中國已經孕育著資本主義萌芽，認為這一時期思想家的觀點，正是中國社會經濟發展新特點和中國社會條件的反映。由此，侯外廬提出了「早期啟蒙思想」的學術觀點，賦予船山學早期啟蒙思想的色彩，進一步拓寬了船山學的研究範疇和研究方式。侯外廬從三個方面論證了船山學具有啟蒙思想色彩。

　　首先，認為明末清初劇烈變化的時代環境，促使王船山的思想發生了質

〔註 48〕侯外廬，中國思想通史：第五卷〔M〕，北京：人民出版社，2004：38。
〔註 49〕侯外廬，中國思想通史：第五卷〔M〕，北京：人民出版社，2004：38。
〔註 50〕侯外廬，中國思想通史：第五卷〔M〕，北京：人民出版社，2004：38。
〔註 51〕侯外廬，中國思想通史：第五卷〔M〕，北京：人民出版社，2004：3。

的變化，具有了近代人文主義的色彩。「船山的時代，是一個暴風雨降臨的世界，黃梨洲謂之『天崩地解』者實當之」，「不但中國民族經濟變動以及王朝由明而清為異族所統治，而且外國的商業資本主義及其文明也已經衝入中古不動的中國。萬曆年間，傳入了和天主教相依託的天文曆算學，更驚醒了學者們夢裏摸索的寧靜生活」〔註52〕，隨著耶穌會傳教士的到來，西方的哲學、天文、物理、化學、醫學、生物學、地理等近代知識大量傳入中國，對中國的學術思想必然有所觸動。王船山也不可避免地受到些許外來文明的影響，例如與其友方以智，就將中國傳統自然科學和西方科學作比較，將科學技術按其對象，區分為「質測」（自然科學）、「宰理」（社會科學）和「通幾」（哲學）三大類，強調「質測」（科學）為「通幾」（哲學）的基礎，力闢宋明以來「蹈虛空談」「捨物言理」的唯心主義，表現了務實求證的科學唯物主義精神。王船山對方以智給予了很高的評價，說「密翁（方以智字密之）與其公子為質測之學，誠學思兼致實之功。蓋格物者即物以窮理，唯質測為得之」。方以智的學術和氣節情操都為王船山所欣賞，王船山也「個人自覺，產生了他的近世人本主義思想」〔註53〕。

其次，侯外廬認為王船山是中國傳統文化的集大成者，在對傳統學術修正和總結的過程裏，王船山的學術思想超越了前人，突破了宋明理學的藩籬，在很多方面具有了思想啟蒙的意義。王船山對宋明理學是批判的繼承，他反對宋儒的空談性命，也不贊成程子斥讀史為玩物喪志。侯外廬認為在理論上王船山受王充的影響更深刻些，不贊成簡單地將王船山定性為理學家。他認為船山學是「涵淹六經，傳注無遺，會通心理，批判朱王，中國傳統學術大都通過了他的思維活動而有所發展。他的方法則是批判的，這是一種進步的治學方法，而且是夫之自己時代的精神。這已經批判了宋明理學，而自覺於對歷史的從違，厭棄於中古的獨斷」。〔註54〕王船山的繼善成性論、理欲合性說等理論，是宋儒以來存天理、滅人慾命題的強烈抨擊，本質上是近代市民階級人文主義的自覺。侯外廬還認為王船山的思想在某些方面與法國古典政治經濟學家魁奈（1694～1774）的思想有相通之處，即他們都重視農業，認為農業是財富來源和社會收入的重用途徑，保障財產權利和個人經濟自由是社會

〔註52〕 侯外廬，船山學案〔M〕，長沙：嶽麓書社，1982：5。
〔註53〕 侯外廬，船山學案〔M〕，長沙：嶽麓書社，1982：1。
〔註54〕 侯外廬，船山學案〔M〕，長沙：嶽麓書社，1982：7。

繁榮的必要因素，倡導建立「個人私有財產的合理社會」。魁奈強調：「一切利益的本源實際是農業。正是農業供給著原材料，給君主和土地所有者以收入，給僧侶以什一稅，給耕作者以利潤。正是這種不斷地再生產的財富，維持著王國其他一切的價級，給其他職工以活動力，發展商業，增強人口，活躍工業，因而維持國家的繁榮」。魁奈還強調，不論什麼地方，只要人們能取得財富，過富足的生活，安逸地作為所有主享有其勞動和精力獲得的一切東西，他們就會在那裡聚居，並不斷地孳生。王船山設想的將來社會是「誠使減賦而輕之，節役而逸之，禁長吏之淫刑，懲猾吏里蠹之恫喝，則貧富代謝之不常，而無苦於有田之民。則兼併者無可乘以恣其無厭之欲，人可有田，而田自均矣」。魁奈和王船山都認為要使占國民大多數的農民富裕起來並增進國民的財富，最重要的是重視農民和農業生產。魁奈時代的法國，農業中已經產生資本主義生產關係，而船山所處的明末清初也是中國資本主義萌芽之時，侯外廬認為兩人都具有了近世啟蒙的作用。

　　再者，作為一位具有強烈愛國主義思想的明遺臣，王船山對國家滅亡、民族衰落的境況是痛徹心扉的。因此侯外廬特地強調「船山的愛國思想已經超出了傳統藩籬，解脫了一般的狹隘觀點」，帶有明顯的反對傳統主義和思想啟蒙的意識。王船山生活在明末清初時期，時代變化決定了他的思想中蘊含了新的進步因素和啟蒙色彩，「船山的泛神論易學以及走向科學方法的思維，都受了外來文明的影響。」〔註 55〕王船山曾就關於上帝和地球形狀的問題進行過探討，還全面深刻闡明了名與實的關係，提出「名從實起，言必擬實」，名與實交相為用，「實由名立」，反對知實而不知名，也反對知名而不知實，強調名實兩相依，侯外廬認為他的這個觀點明顯是受了近代科學的影響，「解救了高談性命的中古獨斷，是有歷史意義的。」〔註 56〕在侯外廬看來，王船山「開啟了中國近代的思維活動」，王船山的哲學思想和「黑格爾思想的形式相似，有形式性的優點，也包含著形式性的劣點。」〔註 57〕可與德國近代理性派、洛克、亞當斯密等歐洲近代啟蒙學者相比。例如王船山抨擊豪強地主和皇族地主兼併土地，巧取豪奪的思想，具有強烈的反傳統色彩，甚至可以與 16、17 世紀歐洲的「廉價教會」和「廉價政府」的要求相比照。尤其是他

〔註 55〕侯外廬，船山學案〔M〕，長沙：嶽麓書社，1982：5。
〔註 56〕侯外廬，船山學案〔M〕，長沙：嶽麓書社，1982：6。
〔註 57〕侯外廬，船山學案〔M〕，長沙：嶽麓書社，1982：7。

在經濟方面，提出的「紓富民」主張，倡議保護私有財產，神聖不得任意侵害，反對「故家大族」法紀外（超經濟）的強奪，頗具洛克的近代思想，更接近於亞當斯密之「國民之富」的觀點。另外王船山十分同情普通百姓的生活，主張厚民生，興民利，反對操細民之生命，提出了「『理欲皆自然』以及『理欲相變』、『有欲斯有理』、『理欲同行異情』、『理寓欲中』說，這些都是宋儒以來『滅人慾』的反對命題，本質上是近代市民階級人文主義的自覺」〔註58〕侯外廬將王船山的人性論置於明末社會發展的大潮流中，從社會的尺度去評量，賦予了船山學新的特色和內涵，拓展了船山學研究的視野和領域，具有十分積極的作用和意義。

第三，侯外廬運用歷史方法和邏輯方法相統一的原則研究船山哲學，揭示了船山哲學蘊含的唯物主義和辯證法色彩。馬克思主義史學者「應當辯證地研究人類思想、科學和技術的歷史」。〔註59〕借助於辯證思維的基本範疇、概念，侯外廬論證了船山學的進步性，確立了船山哲學在中國學術史上的地位，強調王船山對傳統文化批判繼承的精神和辯證法態度，他說：「船山對於中國文化傳統的發展，是最值得我們研究的。他對於學術傳統的批判發展是最名貴的。」〔註60〕侯外廬對王船山論學痛斥佛老唯心主義世界觀的做法給予了肯定，認為宋明儒學過於吸收佛教和老莊的世界觀，淡化了原始儒學的主旨，給人內釋老外儒學的色彩，即所謂的「朱子道，陸子禪」〔註61〕。王船山對這種唯心主義色彩濃厚的世界觀予以駁斥，他在先天、後天、實虛、有無、體用等方面都與佛老持不同看法，這實際上就是批判了在這些方面吸取了佛老思想的宋儒諸學者。不過王船山對佛老和宋儒也並非單一的批評，他也積極吸收他們思想中的精髓。「船山學說中最明顯地吸收了老莊相宗的知識論之心理分析成分，尤以於莊子為然。」〔註62〕王船山否定了佛老二氏的世界觀，但卻批判地吸收了二氏的方法論，在學說淵源的形式上還吸收了老莊的自然天道觀，去瑕存瑜：「船山的自然法則論，和近代歐洲啟蒙學者有關『人法自然』的絕對理想相似」〔註63〕，具有明顯的進步意義。再有侯外

〔註58〕侯外廬，船山學案〔M〕，長沙：嶽麓書社，1982：73。
〔註59〕列寧，列寧全集：第38卷〔M〕，北京：人民出版社，1959：154。
〔註60〕侯外廬，船山學案〔M〕，長沙：嶽麓書社，1982：6。
〔註61〕侯外廬，船山學案〔M〕，長沙：嶽麓書社，1982：16。
〔註62〕侯外廬，船山學案〔M〕，長沙：嶽麓書社，1982：8。
〔註63〕侯外廬，船山學案〔M〕，長沙：嶽麓書社，1982：12。

盧認為王船山學術思想中充滿濃厚的唯物主義色彩。許多學者都認為王船山的唯物主義思想淵源於張載的氣學，侯外盧則認為王船山的唯物論思想直接來源於王充，說：「二王性論最相近似，為中國講性論的最完善者，而船山繼善成性論，性日生日新論，更多卓見。船山思想，並不高談性命，乃『言必徵實，義必切理』，實在是王充學說的復活與發展。」〔註64〕王充的唯物論和批判精神確實對王船山產生了影響，如王船山的絪縕生化論就明顯受到王充自然史觀的影響。船山的生化觀「在方法論上批判地吸收了老莊的思想，而否定了老莊的自然天道觀，在理論體系上吸取了王充的自然史觀，並充實了王充的哲學。他的來生往化論，雖有循環論的色彩，但著重在變化哲學，其內容含有辯證法的要素，而和宋明理學的不變哲學相反」。〔註65〕由此侯外盧反對將王船山定性為理學家，船山之於宋明理學傳統，以梁任公謂清學是『理學之一人反動』言之，乃近代的思想方法和精神，惟分析論之，船山為顛倒理學的頭足者，理學的外表甚濃，而其內容則洗刷乾淨。」〔註66〕侯外盧將王船山與中國古代唯物主義思想發展緊密地聯繫在一起，奠定了以後王船山古代樸素唯物主義思想發展最高峰的歷史地位，這是以往的船山學研究所忽略的地方。

　　侯外盧強調學術的創新和發展，說：「在治學態度上，我欣賞古人提倡的學貴自得精神。科學是在不斷探索中發展的，如果一個學者不敢言前人之所不言，為前人之所不為，因循守舊而無所作為，是不可能把科學推向前進的。我之所以重在闡微決疑，目的在於使自己的研究工作有所創獲。」〔註67〕在對王船山的研究上侯外盧貫徹了這一治學宗旨和學術鑽研精神，他立足於中國歷史本體，借鑒西方哲學的研究方法，尤其是以馬克思史學理論為指導，通過對16、17世紀中國社會政治、經濟以及社會思潮的發展的考證，將社會史和思想史緊密結合，深入剖析王船山的學術思想，凸顯了船山學中的啟蒙思想和唯物主義兩大特點，也為其「早期啟蒙思想說」尋找到了有力的論證依據。侯外盧著重分析了王船山的自然史學、人性論和知識論，他認為這些學術思想恰恰是王船山階級意識的代表和反映，是明末清初驟然發生的社會

〔註64〕侯外盧，船山學案〔M〕，長沙：嶽麓書社，1982：21。
〔註65〕侯外盧，船山學案〔M〕，長沙：嶽麓書社，1982：26。
〔註66〕侯外盧，船山學案〔M〕，長沙：嶽麓書社，1982：22。
〔註67〕侯外盧，侯外盧史學論文集：上冊〔M〕，北京：人民出版社，1987：17。

變化在學術思想上的體現。他相信「歷史的轉變反映於思維活動,並不是一開始就採取直接的政治形態,因為社會矛盾是或明或暗地錯綜交織著,人類思想也就不可能深入到社會的歷史分析,通常是由自然史和自然人出發的,通常採取抽象理論返原的途徑。例如復古改制的意識,人性傾向的認識,知行先後的思想等。並且他們所代表的階級意識,也常是通過自然哲學與人性論的絕對概念體現出來,西洋的宗教改革便是這樣的。明末清初的學者們,都以各種偏頗的觀點,為歷史的人類和人類的歷史繪出他們理想上美妙的圖譜。」〔註68〕

7.4 張岱年的船山學研究和對「文化綜合創新論」的影響

張岱年(1909～2004),曾用名宇同,別名季同,河北獻縣人,著名哲學家、哲學史家。自號「渠山拙叟」,「渠」指張橫渠,「山」即王船山,可以看出張岱年對張載和王船山為代表的傳統唯物主義思想和辯證法思想充滿了欽佩,他說:「即講唯物,又講『對理』的哲學家,在古代是惠子及《易傳》,在宋是張子,在清代是王船山。附會的說,這也可以說是中國哲學中對理唯物論的傳統。」〔註69〕張岱年認為傳統的唯物主義和辯證法思想是中國傳統文化的精華,「中國文化的優秀傳統是中華民族凝聚力的基礎,是民族自尊心的依據,也是中國文化自我更新向前發展的內在契機」〔註70〕。正是因為有了這種優秀的民族文化和在此基礎上形成的民族精神,中華民族才能夠延續不絕長達五千餘年。張岱年在治學時注重繼承和弘揚傳統文化的優點,尤其重視明清以來的哲學思想,認為近現代哲學應該積極從明清哲學裏吸取養料,發揮和弘揚傳統哲學的優點,說:「中國近三百年來的哲學思想之趨向,更有很多可注意的,即是,這三百年中有創造貢獻的哲學家,都是傾向於唯物的。這三百年中最偉大卓越的思想家,是王船山、顏習齋、戴東原。在宇宙論都講唯氣或唯器;在知識論及方法論,都重經驗及知識之物的基礎;在人生論,

〔註68〕 侯外廬,侯外廬史學論文集:下冊〔M〕,北京:人民出版社,1987:85。
〔註69〕 張岱年,哲學上一個可能的綜合〔M〕//張岱年全集:第1卷,石家莊:河北人民出版社,1996:272。
〔註70〕 張岱年,中國文化的光輝前途〔M〕//張岱年全集:第7卷,石家莊:河北人民出版社,1996:247。

都講踐形，有為。所謂踐形即充分發展人的形體，這種觀念是注重動、生、人本的。我們可以說，這三百年來的哲學思想，實以唯物為主潮。我覺得，現代中國治哲學者，應繼續王、顏、戴未竟之續而更加擴展。王、顏、戴的哲學都不甚成熟，但他們所走的道路是很對的。新的中國哲學，應順著這三百年來的趨向而前進。」〔註71〕可見繼承傳統唯物主義哲學的精髓，結合西方哲學的優秀思想，創立一種適合近代中國發展的新的唯物主義的「綜合哲學」，是張岱年的理想和心願，為此他十分注重中國哲學問題和唯物論的研究。這種心情和目的在 1957 年他為《中國哲學大綱》所作的新序中充分地表露出來：「本書寫作的原意是想對於中國古典哲學作一種分析的研究，將中國哲學中所討論的基本問題探尋出來，加以分類與綜合，然後敘述關於每一個問題的思想學說演變過程。在探尋問題的時候，固然也參照了西方哲學，但主要是試圖發現中國哲學固有的問題，因而許多問題的提法與排列的次序，都與西方哲學不盡相同。在敘述中國哲學各方面的思想時，也曾經力求闡明中國歷史上的主要的唯物主義思想與辯證觀念。對於《易傳》、王充、裴頠、周敦頤、張載、羅欽順、王廷相、王夫之、戴震等的唯物主義學說，對於老子、莊子、《易傳》、揚雄、張載、程顥、程頤、朱熹、王夫之等辯證觀念，都曾經加以解說。雖然講的都不完備，但當時的主觀願望之一卻是企圖闡發中國固有的唯物主義傳統與辯證思想傳統。其次，對於中國從古以來關於人生理想的各種學說，也力求作一些比較充分的敘述。」〔註72〕

　　張岱年的論述不僅充分肯定了傳統哲學對近代哲學體系的創立具有可資借鑒的作用，而且還高度讚揚了王船山等學者的學術思想，大有以繼承他們的學術事業為己任的壯志，說：「清初大儒中，在哲學上最有貢獻者，當推王夫之。他極反對王學，對於朱學雖相當同情，但他所最推崇的乃是張載。張子之不傳的唯氣哲學，到王夫之才得到比較圓滿的發揮。王氏建立一個博大精深的哲學系統。他以為道本於器，由唯氣進而講唯器，是一種顯明的唯物論。」〔註73〕「王船山是明清之際的卓越思想家，他的哲學思想史是中國近

〔註71〕張岱年，哲學上一個可能的綜合〔M〕//張岱年全集：第 1 卷，石家莊：河北人民出版社，1996：273。

〔註72〕張岱年，中國哲學大綱之新序〔M〕//張岱年全集：第 8 卷，石家莊：河北人民出版社，1996：272。

〔註73〕張岱年，中國哲學大綱〔M〕//張岱年全集：第 2 卷，石家莊：河北人民出版社，1996：26。

古時代唯物主義和辯證法思想的最高峰。」〔註74〕遺憾的是，張岱年雖如此推崇王船山，卻沒有專門的船山學研究著作問世，不過他還是發表了許多篇關於王船山及其船山學研究的論文，另外在他的許多著作和文章中都有論及到王船山及其船山學術思想。從 20 世紀 30 年代發表《秦以後哲學中的辯證法》一文，肯定王船山在辯證法方面具有的獨特見解開始，此後在他 60 多年的學術研究生涯裏，對王船山和船山學的關注和研究從未間斷過。「縱觀張先生一生對船山的研究，大體上可以分為三個階段，即建國前、建國初期和改革開放之後，其每一個階段對船山學的發展都作出了重要貢獻。」〔註75〕綜合張岱年所發表的關於船山學研究的文章，可以發現張氏對船山學研究的主要論點和貢獻，主要集中在他早年的專著《中國哲學大綱》中，在該書中數十幾次提到了王船山的學說，書中對船山學的論述涉及到了「宇宙論」「大化論」「人生論」「致知論」等多個方面，詳細而完備地分析了船山哲學思想，突顯了船山學中的唯物史觀和辯證法理論。新中國成立後他又發表了一系列關於船山唯物主義思想研究的文章，如《王船山的唯物論思想》（1954 年）、《王夫之的唯物主義學說》（1956 年節選自《中國唯物主義思想簡史》第八章第二節）、《王夫之的唯物主義》（1957 年節選自《宋元明清哲學史提綱》）、《王船山的歷史地位》（1984 年）和《王船山的主動哲學》（1992 年），這些研究與《中國哲學大綱》中的船山學研究論點基本相似，不出其左右，但又都在原有的基礎上進行了更加深入的探討和分析，更加契合時代的發展和需要。概括起來說，張岱年對船山學的研究特點和貢獻有如下幾個特點：

第一，深入挖掘了船山學中蘊含的唯物論和辯證法思想，將「唯氣論」提高到與理學和心學鼎足而立的地位，使以後宋明理學研究形成了「理學」「心學」和「氣學」三個研究方向。這個論點是張岱年對宋明理學研究的新發展，確立了傳統「氣學」在中國傳統文化史上的學術價值和歷史地位。自30 年代開始，張岱年就用邏輯分析的方法精密地論證唯物主義，並努力從中國古代哲學中探索唯物論和辯證法的優秀傳統。他對中國傳統的「唯氣論」思想作出了近代哲學的詮釋，指出：「宋以後哲學中，唯物論表現為唯氣論，唯氣論成立於張橫渠，認為一切皆一氣之變，太虛也是氣，而理亦在氣之內，心也是由內外之氣而成。唯氣論其實即是唯物論，西文唯物論原字，乃是唯

〔註74〕張岱年，王船山的歷史地位〔J〕，中國哲學史研究，1983（3）。
〔註75〕王興國，張岱年先生對船山學的貢獻〔J〕，船山學刊，2007（1）。

質或唯料的意思，乃謂質料為基本，而氣即是質料的意思，所以唯物論譯作唯氣論，亦無不可。張子的唯氣論並無多大勢力，繼起的理氣論與唯心論，都較唯氣論為盛。到清代，唯氣論的潮流乃一發而不可遏，王船山、顏習齋，先後不相謀的都講唯氣。」〔註 76〕張岱年認為宋明時期除了程朱理學、陸王心學這兩個被廣泛認可的學術派別，還存在著被人們忽視的第三種哲學思潮，即以張載、王廷相、王夫之為代表的氣學，他對三大哲學派別作了明確的總結性區分說：「自南宋至清代的哲學，主要有三大派，即理學、心學、氣學或事學。理學的人生理想是『與理為一』，心學的人生理想是『發明本心』，事學的人生理想則是『踐形』。理學的特點在闡明知識與生活之關係；心學的特點在提出一個最簡易的內心修養方法；事學的特點則在啟導一種活潑充實的生活。就中實以事學的人生理想最合乎人類生活之本質。心學注重神秘經驗，理學不甚講神秘，事學則更完全沒有神秘的成分了。」〔註 77〕

在《中國哲學大綱》中專門闢有「踐形」一節，強調王船山的人性論是有唯物主義傾向的人本的有為哲學。「踐形」就是實現形體中的可能性，把形體中所有可能性都主動發展起來。張岱年指出王船山的人性論，以「存人道」與「踐形」為中心觀念，認為：「船山生當明末清初之際，身經亡國的慘痛，深知專事虛靜養心之無益，故貴人為，重形體，特闡德行非外於身物之義。進而更有容忍之說。」〔註 78〕王船山主張的容忍之道是：「誠於忍者，利不歆而害亦不距；誠於容者，名不競而實亦不爭，誠有之也。知天下之險阻荼毒，皆命之所必受；知物情之刻核殘忍，皆道之所能格。將有憯肌膚戮妻子而不動，受垢污被攘奪而不懟。志之所至，而氣以凝。欲仁得仁，而喪亦仁矣。……行夷狄，素患難，而介然以其賢貞之志，與日月爭光。」〔註 79〕身處國破家亡之時，踐形容忍之說，忍人之所不能忍，容人之所不能容，保持堅定卓絕的志操，王船山這種高尚的品行和積極踐履有為的做法受到張岱年的肯定。

〔註 76〕張岱年，哲學上一個可能的綜合〔M〕//張岱年全集：第 1 卷，石家莊：河北人民出版社，1996：272。

〔註 77〕張岱年，中國哲學大綱〔M〕//張岱年全集：第 2 卷，石家莊：河北人民出版社，1996：411。

〔註 78〕張岱年，中國哲學大綱〔M〕//張岱年全集：第 2 卷，石家莊：河北人民出版社，1996：401。

〔註 79〕王夫之，尚書引義〔M〕//船山全書：第 2 冊，長沙：嶽麓書社，2011：404。

　　張岱年創作《中國哲學大綱》時正值日寇侵凌中國，中華民族處在亡國
的危急時刻，他借鑒王船山的精神強調要不顧個人的利害，發揮人的主觀能
動性，積極投身於救亡圖存的革命運動和振興民族文化的復興大業。站在文
化救亡的角度看，張岱年認為「亡國有亡國的哲學，興國亦有興國哲學。頹
廢的思想可以促進民族之衰落；有力的哲學可以激發民族的潛能。中國現在
所需要的哲學，乃是一種有力量的哲學，能給中華民族以勇氣的哲學。須能
從絕望中看出出路，從危險中看出光明，從死中看出生，從否定中看出更進
的肯定。須能鼓舞人的勇氣，培養人的鬥爭意志，激勵人的堅忍精神，惟其
如此，才能把中國從危機中拯救出，才能有助於民族的再興。」〔註80〕「中
國以前思想，蔽於靜而不知動，蔽於家而不知群，蔽於中庸而不知力。」〔註
81〕這是導致國家落後、國人頹廢的主要原因，也是導致近代中國被侵略的重
要因素。王船山這種主張「盡性」「踐形」，認為人生下來就包含許多可能性，
自己反省把自己的可能性儘量發揮出來，就可以達到「自我實現」的主張，
具有十分積極的現實意義。可以看出張岱年推崇「唯氣論」是有很強烈的拯
救時弊的時代特色，他算得上是近代較早發現傳統哲學中唯物主義價值的哲
學家，他為唯氣論思想作出了恰當的現代定位，促使人們重新審視唯氣論的
學術價值和歷史地位，這對進一步豐富和發展中國傳統哲學起到了很重要的
作用，也為確立「王船山十七世紀的卓越的唯物主義哲學家」的歷史地位奠
定了基礎。

　　第二，將船山學與其力圖建構的「文化綜合創新論」密切關聯起來，希
望創立適合近代中國社會發展的有中國特色的新型哲學體系。20 世紀 30 年
代日本發動了全面侵華戰爭，中華民族面臨亡國滅種的危機。作為一名馬克
思主義學者，張岱年從學術救國的角度出發，認為要實現國家、民族的獨立
與復興，必須首先實現國人精神層面的覺醒。他說：「尤其在中國現在，國家
與文化都在存亡絕續之交，人們或失其自信，或甘於萎墮，最大的國家竟若
不成國，最多的人民竟若無一人。在此時，如企圖民族復興，文化再生，更必
須國人對於世界對於人生都有明切的認識，共同統會於一個大理想之下，勇

〔註80〕張岱年，論現在中國所需要的哲學〔M〕//張岱年全集：第 1 卷，石家莊：河
　　　　　北人民出版社，1996：241。
〔註81〕張岱年，論現在中國所需要的哲學〔M〕//張岱年全集：第 1 卷，石家莊：河
　　　　　北人民出版社，1996：241。

猛奮鬥，精進不息。在此時是需要一個偉大的有力的哲學作一切行動事業之最高指針的。」〔註82〕並進一步指出：「中國民族現值生死存亡之機。應付此種危難，必要有一種勇猛宏毅能應付危機的哲學。此哲學必不是西洋哲學之追隨摹仿，而是中國固有的剛毅宏大的積極思想復活，然又必不採新孔學或新墨學的形態，而是一種新的創造。」〔註83〕必須尋找到適應近代社會發展的、強有力的精神力量，把廣大的國人團結起來，共同為實現中華民族的崛起而奮鬥變成了當務之急。在這種情況之下，張岱年提出了「文化的創造主義」，他認為獲取中國文化的再生，是中華民族復興的前提條件，因此「創造新的中國本位的文化，無疑的，是中國文化之惟一的出路。」〔註84〕他還進一步指出，文化要重建，必須先要有獨立的思想，而欲思想獨立則必須哲學之創造，「所以現在中國假如還有再興的希望，其第一步的表現必須是哲學思想之再興。中國能不能建立起新的偉大的哲學，是中國民族能不能再興之確切的標示。」〔註85〕張岱年將構建新哲學體系提到了關乎國家前途命運的高度，他說：「中國若不能創造一種新的哲學，則民族再興只是空談。哲學上若還不能獨立，別的獨立更談不到。」〔註86〕張岱年從復興民族的立場和高度出發，從傳統思想裏尋找勇猛剛毅的思想武器，說：「今日中國的新哲學，必與過去中國哲學有相當的繼承關係。我們所需要的新哲學，不只是從西洋的最新潮流發出的，更須是從中國本來的傳統中生出的。本來的傳統中，假如有好多傾向，則發展這好的傾向，乃是應當。」〔註87〕在張岱年看來，明清之際王船山、顏習齋、戴東原等提倡的唯物主義思想正是他所提倡的宏毅剛動的思想，新的哲學可以說是他們「這些哲學思想之再度發展，在性質上則是唯物論、理想主義、解析哲學之一種綜合，這個綜合，當然不能說是惟一

〔註82〕張岱年，論現在中國所需要的哲學〔M〕//張岱年文集：第1卷，石家莊：河北人民出版社，1996：237。

〔註83〕張岱年，中國思想源流〔M〕//張岱年文集：第1卷，石家莊：河北人民出版社，1996：199。

〔註84〕張岱年，關於中國本位的文化建設〔M〕//張岱年文集：第1卷，石家莊：河北人民出版社，1996：236。

〔註85〕張岱年，論現在中國所需要的哲學〔M〕//張岱年文集：第1卷，石家莊：河北人民出版社，1996：242。

〔註86〕張岱年，中國思想源流〔M〕//張岱年文集：第1卷，石家莊：河北人民出版社，1996：199。

〔註87〕張岱年，哲學上一個可能的綜合〔M〕//張岱年全集：第1卷，石家莊：河北人民出版社，1996：271。

可能的綜合，然的確是一個真實可能的而且比較接近真理的綜合。」〔註88〕
可見在張岱年新哲學體系的創建中，船山思想確實對他產生了不小的影響。

　　傳統哲學是張岱年構建新哲學的深厚根基和重要的組成部分，王船山對
中國兩千多年來的各種唯心主義思潮如老莊哲學、魏晉玄學、佛教哲學、宋
明理學等唯心主義理論，都進行了總結式的清算，其哲學論斷極其富有戰鬥
的批判精神。他繼承了從王充到張載的唯物主義氣一元論，建立起樸素唯物
主義哲學體系，把傳統唯物主義學說提到新的高度，因此他稱得上是中國樸
素唯物主義思想的集大成者和中國啟蒙主義思想的先導者，而這也正是張岱
年及其近現代唯物主義哲學家所尋找的可資借鑒的有效歷史資源。王船山的
人格精神和學術思想不僅深深地影響和感染著張岱年，也極大地充實和豐富
了張岱年的新哲學體系。通過上述研究可以發現，在馬克思主義史學研究方
法的指導下，張岱年對王船山和船山學進行了比較全面的分析和論證，使船
山學說中適應近現代社會發展的因素被不斷挖掘出來，這不僅對客觀、科學
地評價王船山和船山學提供了有力依據，同時還促進了船山學在近代社會的
轉型，使船山學在馬克思主義史學研究思潮中煥發出新的面貌和活力，為中
國社會的近代轉型和民族復興提供了一種精神信念的支撐，極大地促進了民
族自信心和自尊心的提高，也為中國傳統文化的近現代轉型和馬克思主義中
國化提供了一個很好的借鑒。

〔註88〕張岱年，哲學上一個可能的綜合〔M〕//張岱年全集：第 1 卷，石家莊：河北
　　　人民出版社，1996：277。

結　論

一、對傳統文化近代轉型的思索

　　傳統文化的近代轉型問題是一個大的課題，非隻言片語就能描繪清楚，在探討船山學的發展演變過程時涉及到了船山學從古代向近代發展變化的問題，並由此涉及到了傳統文化和傳統社會近代轉型的大問題，為此本文針對此問題作了一些思考。「中國文化重建的問題事實上可以歸結為中國傳統的基本價值與中心觀念在現代化的要求之下如何調整與轉化的問題。這樣的大問題自然不是單憑文字語言便能完全解決的，生活的實踐尤其重要。但是歷史告訴我們，思想的自覺依然是具有關鍵性的作用的。」〔註1〕這也就是說傳統文化的近代轉型主要就是探討傳統觀念和價值的轉化問題，具體到近代中國的社會而言，可以發現近百餘年來由於受到西方文明的衝擊，各種思想觀念、價值體系不斷地滲透進中國。近代中國傳統文化的衰老除了自身內在的缺陷導致其一時無法適應近代化的發展外，它更可以說是在西方文明衝擊下的一個蛻變歷程。那麼應該通過怎樣的努力來促使傳統文化的變遷，並朝著預期的合理的方向發展呢？這些成為近代知識分子普遍思考的問題。我們可以發現：「文化傳播是一條雙軌線，它同時取決於輸入的觀念的有效性和促成這種輸入的內部刺激的廣泛性。二者中任何一方都不可或缺。中國人的頭腦不是一塊可以隨意接受外部知識的白板。在相當程度上，正是一種持續了幾個世紀之久，希冀從形而上學的、心理的、政治的和經濟的困境中擺脫出來的強

〔註1〕余英時，中國思想傳統的現代詮釋〔M〕，南京：江蘇人民出版社，2006：37。

烈願望，引導許多中國人滿腔熱情地獻身他們原先所崇奉的制度而接受生疏的外國方式的事業。」〔註2〕中國近代化進程深受西方文明的影響，這是毋庸置疑的，但也應更清晰地看到「近代化前夜儒家思想深刻影響著許多中國人的思考方式和理想」「中國人的社會和政治的態度，十分強烈地反應了儒家傳統的價值觀——甚至於在根本就沒有正式受過儒家經典文獻教育的人那兒也是這樣。」〔註3〕

眾所周知，「一定的文化（當作觀念形態的文化）是一定社會的政治和經濟的反映，又給予偉大影響和作用於一定社會的政治和經濟；而經濟是基礎，政治則是經濟的集中體現。這是我們對於文化和政治、經濟的關係及政治和經濟的關係的基本觀點。」〔註4〕「中國文化與現代生活並不是兩個原不相干的實體，尤其不是互相排斥對立的。『現代生活』即是中國文化在現階段的具體轉變。」〔註5〕思想文化的發展與整個社會的發展有著十分緊密的關係，具體到中國近代化發展的進程裏，思想文化對近代化的發展具有精神動力、精神制約和精神建構等許多重要的功用。在構建近代化社會時，我們不僅要考慮解決政治體制問題、經濟發展問題，還更要考慮解決文化建設問題。文化因素在近代化進程中的作用雖然是隱性的，但對民族和國家的團結凝聚卻是至關重要的，如果文化產生缺失、信仰出現危機則有可能會導致近代化發展停滯不前。縱觀世界各國在近代化的發展過程裏，沒有一個國家採取了完全捨棄本民族文化的做法，恰恰相反的是每個國家對本民族的文化基本上都採取了更新後的回歸，即便是學習西方比較徹底的日本等東亞國家，也不可能完全脫離本民族傳統文化的土壤。道理很簡單，許多國家的近代化可能有其政治和經濟的相近性，但它一定有思想文化的相異性，因為這是一個民族區別於其他民族的特性，是這個民族能夠屹立於世界民族之林的最基本條件。梁啟超就曾說過：「凡一國之立於天地，必有其所以立之性質，欲自善其國者，不可不於此特質焉淬厲之，而增長之」，他還更直接地說，「若諸君而吐棄本國學問，不屑從事也，則吾國雖多得百數十之達爾文、約翰彌勒、赫胥黎、斯

〔註 2〕墨子刻，擺脫困境——新儒學與中國政治文化的演進〔M〕，南京：江蘇人民出版社，1990：17。

〔註 3〕墨子刻，擺脫困境——新儒學與中國政治文化的演進〔M〕，南京：江蘇人民出版社，1990：159。

〔註 4〕毛澤東，毛澤東選集：第 2 卷〔M〕，北京：人民出版社，1991：633～634。

〔註 5〕余英時，中國思想傳統的現代詮釋〔M〕，北京：江蘇人民出版社，2006：4。

賓塞，吾懼其於學界無一影響也」。〔註6〕梁啟超再三強調了文化的民族性，
這是近代知識分子對中國思想文化所作的深層次的思考。近代中國遭遇了數
千年來未有之變局，社會歷史也經歷著重大的轉型，亟待解決的問題十分的
龐雜，但文化建設的問題更加刻不容緩。近代許多知識分子將推動傳統文化
向近代轉型，構建有中華民族特色的近代新文化體系作為自己治學和救國的
方向。他們積極淘洗傳統文化的精粹，並努力促使傳統文化與近代社會接續，
以期建立新的文化傳統和國人新的精神世界。當然中國傳統文化向近代社會
轉型也不可能是一蹴而就的，它的經歷肯定是十分曲折的，必然要經過批判、
調整、溝通、融合等多個環節，才能達到預期的目的。近代知識分子們發起
的這些以多種形式出現的文化建設活動和社會救亡運動，就有力地推動了傳
統文化與其他文明的溝通和融合，一定程度上為傳統文化轉型起到了導航的
作用。

近代知識群體掀起的這些社會思潮具有極其重要的歷史意義，不僅對傳
統文化進行了較徹底的批判、總結和改造，而且在此基礎上又適時地引入了
西方文明，西方文明中的近代化思想觀念如新鮮的血液注入了傳統文化的主
體中，促使中華文化在新的時代煥發出了勃勃生機。但是也要看到，傳統文
化畢竟產生於舊的社會體系內部，其核心內容和基本價值觀念主要是為舊的
政治制度和生產方式服務的，因而不可避免地帶有落後的積習和弊端，會對
近代化的發展造成阻礙，因此在對傳統文化的繼承和發揚時，必須要審慎地
進行選擇和突破。尤其是近代，中國還處在西方資本主義大肆侵略的階段，
救亡壓倒了一切，追求中華民族的獨立自強成為了國人的普遍共識，強烈的
民族主義情緒和愛國熱忱很大程度上左右了中國近代社會的發展歷程和學術
文化的發展方向。近代很多知識群積極致力於對傳統文化的挖掘和弘揚，期
望重回傳統話語系統，重新構建中國人的精神世界和文化體系，想讓傳統思
想文化和古聖先賢復活起來，以喚起國人的民族自豪感和自信心，從而為實
現中華民族的獨立自強而奮鬥。傳統文化的學術價值又重新得到了肯定，王
船山及其船山學僅是近代知識群體重新體認傳統文化，探索救亡圖存道路上
的一個範例而已。生活於明清鼎革之際的王船山，以廣博的視野和恢弘的氣
魄，對明以前的思想學術進行了批判和總結。一方面，他批判地繼承了以「六

〔註6〕梁啟超，論中國學術思想變遷之大勢〔M〕//文集之七//飲冰室合集：第1冊，
北京：中華書局，1989：86。

經」為代表的中國傳統學術思想尤其是儒學；另一方面，又根據社會歷史發展變遷的需要大膽創新，充分改造和發展了中國的傳統思想和儒學學術體系。在治學上他完全實現了「六經責我開生面」的宏偉願望，也充分體現了他對傳統文化的傳承和創新。他給後人留下了一個既蘊含了深厚中國文化傳統又有超前時代意義的思想文化體系，但是很遺憾在很長的一段時間裏王船山學術思想的歷史價值沒有引起學界和世人的注意。至十九世紀下半葉，他的著作開始被湖湘的士大夫廣泛刊刻與閱讀，王船山學術思想的精粹也恰好契合了近代社會發展變化的需要，於是船山學術思想逐漸由湖湘大地傳播至全國，船山學不僅成為了近代湖湘文化建設的最重要資源之一，還成為了推動近代社會思潮的有機組成部分，而且經過近代知識群體多元性的詮釋和弘揚，使船山學成功地實現了從傳統向近代的轉型。

　　船山學在近代的發展演變為在近代如何重新建構中國傳統文化體系，如何看待文化的民族性問題，如何讓儒學的思想文化內涵和道德倫理價值在近代持續發展等問題的思考提供了有益的借鑒和幫助。通過前面幾個章節的分析，我們可以明顯看出近代社會各階層、各學術團體都對王船山及其船山學表現出了濃厚的興趣和關注，可以證明王船山及其船山學與近代學人、近代社會思潮之間存在著諸多的契合和密切的關係，因此船山學才會受到近代國人的推崇和借鑒，成為近代國人爭取民族復興、國家富強的精神柱石之一，並有力地推動了近代思潮的演變。縱觀百餘年來的船山學研究，還可以清晰地看見船山學的發展過程與近代社會主流思潮的發展演變歷程十分吻合，社會各階層和學術團體根據他們所認識的政治形勢和救國理論的需求，去認識船山學、詮釋船山學，以至於重新塑造了一個具有近現代氣息的嶄新的船山學理論體系。這種「我注六經」、學為我用的做法，對於船山學的發展起到了不可估量的作用，同時也賦予了船山學強烈的時代氣息。在近代各種社會思潮泉湧風發、異彩紛呈的狀態下，船山學如同一朵炫麗的浪花，閃耀著熠熠的光輝。

　　梁漱溟說：「幾千年的老文化，傳到近百年來，因為西洋文化入侵正叫我們幾千年的老文化不得不改造。我們不能像其他時代的人那樣，可以不用心思。因為我們這個時代，亟待改造；因為要改造，所以非用心思不可。」尤其是「辛亥革命結束了千年帝制，傳統的價值系統失去了固有的物質承當。至此，舊價值不但丟失了作為理想或信仰的精神感召力，而且失去了世俗規範

力量的支撐。」〔註7〕可見西學的傳播、日漸嚴重的民族危機和轟轟烈烈的社會變革，確實一定程度上改變了近代知識分子的知識結構、價值取向、思維方式和審美情趣，通過與西方的對比，他們日漸正視和反思國家的腐敗和落後，從而也激發了更加強烈的改變現狀的熱情。然而他們也更加清醒地認識到，雖然西方文化已經逐漸滲透進了中國社會的各個角落，傳統的帝制也被辛亥革命的炮火摧毀，但是從總體上看中國仍是一個以自然經濟為主體的傳統農業國家，與農業經濟交織在一起的各種舊時的社會關係和生產關係仍然固著在這片大地上。儒學雖然喪失了主流思想的地位，然而普通百姓的行為生活方式和處理人倫道德的圭臬依舊離不開儒學的道德範疇體系，而且數千年來儒學與中國傳統社會發展相隨相行，它已經牢牢地固著在了國人的思維和身體裏了，說儒學是中華民族的一張鮮明的標籤也不為過。正因為根基於傳統文化尤其是儒學上的民族思想文化對國人的影響力很強，要尋求到更多的支持改良的社會力量，就必須借助於傳統思想文化資源，因為中國傳統的價值取向、道德觀念、社會習俗、行為準則經過重新詮釋和構建仍然可以成為倡導民族自尊、自強、自信的主體精神支柱。除經世派和洋務派的知識群體外，近代其他新知識分子，對待傳統文化和儒學，大都經歷了「學習—質疑—回歸」這樣一個曲折的歷程。在對船山學的研究和傳播的過程裏，這個三部曲的過程也是比較明顯的，事實上基於近代特殊的歷史環境和動盪的時代背景，使得近代知識群體對船山學的研究雖然從來都說不上全面、系統，但他們的詮釋都表現了相當突出的實用性，每一個知識群體的船山學認識都帶有深深的時代烙印。

二、儒學價值的重估問題

「中華文明是連續發展幾千年的文明，但近代以來，在西方帝國主義的侵逼壓迫之下，民族生命處於被壓抑的狀態。西方近代文化的輸入，一方面促進了中國走向近代和現代化，並和本土文化不斷結合，使得中國現代文化不斷推陳出新。另一方面，不可否認的是，在西方文化的壓力之下，中國文化的自然傳承遭遇阻斷，我們自己在認識上的失誤也一度造成了對傳統文化的破壞。」〔註8〕以船山學在近代的發展演變為案例，就可以清晰地看出中西

〔註7〕高瑞泉，略論近代中國價值迷失之緣起〔J〕，學術月刊，1994（11）。
〔註8〕陳來，朱子學的時代價值〔N〕，光明日報，2015年5月14日。

方文明之間的衝突和融合，也可以發現在近代化潮流裏傳統文化的無奈和惆悵。由此，我們也可以推測其他如「朱子學」「陽明學」「戴震學」等傳統學術文化都可能面臨同樣的問題，即在近代急劇變化的社會時局中，我們的思想文化發展到底向何處去？傳統文化對近代生活到底有什麼意義和價值？換句話說，就是儒學的價值體系在近代如何重新發揮作用，這是一個十分嚴峻的問題。從船山學的發展歷程來看，近代知識群體經過不斷的探索，逐漸明確了方向，那就是在學習和吸收西方文明的同時，深入挖掘傳統文化的精華，促進傳統文化的轉型方能孕育出真正屬於中國的時代文化之精神。尤其是在20世紀初期，辛亥革命取得成功，推翻了中國最後一個傳統帝制王朝，儒學喪失官方統治思想的地位，更加嚴重的是長期以來儒學對傳統社會在思想文化上的主導地位也終結了，儒學對傳統社會裏民眾生活所具有的社會價值體系和道德倫理評判標準也在退隱和消逝，延續了幾千年的傳統意義的耕讀生活方式更是完全被瓦解了，這一系列事件和問題帶來的最大的負面效應就是導致了近代中國社會面臨著國民道德困惑和精神空虛的危機。這也使得近代許多賦有民族文化情懷和強烈社會責任感的知識分子對近代中國社會的發展充滿了焦慮和擔憂，於是改造儒學讓傳統文化和習俗適應近代社會的發展是他們的不二選擇。由此，他們以極大的勇氣和熱忱積極地反思儒學，重新構建國人的價值取向和終極關懷，努力創造適合中國近代社會發展的思想文化體系。

「儒家在其漫長的發展過程中曾有過各種不同的解釋，但對儒家基本的社會—政治價值觀和信仰，卻是很少被准許各抒己見的。」〔註9〕儒學就其本質而言，是中國傳統社會政治倫理、經濟倫理和日常倫理的總和，它不僅強調個人的修身養性，還通過社會教化潛移默化地啟迪人們遵守道德規範、追求理想社會的自覺，並通過國家權力的認可成為了社會政治制度的有效組成部分，成為了人們必須遵守的外在規範。儒學基於其為傳統社會和君主專制制度服務的立場，其發展必然會受到傳統社會的制約和束縛，其演變始終不可能脫離傳統社會的藩籬和軌道。可是這種狀況在近代發生了變化，西方列強的入侵，打斷了中國傳統社會的正常進程，儒學賴以存在的政治、經濟基礎受到嚴重的打擊，以儒學為代表的傳統價值體系不可避免地也遭受到嚴重

〔註 9〕費正清、劉廣京，劍橋中國晚清史：下卷〔M〕，北京：中國社會科學出版社，1993：340。

的動搖。誠然儒學具有極深的智慧和內涵,「但兩千年來的積澱已經產生了不可令人忽視的負面影響,民族的生力減弱,現實與理想的差距巨大,則近百年來對西方的衝擊,華族所承受的一連串的屈辱與挫折,又決不是不可以想象或者瞭解的事情。」〔註 10〕中國歷來有一種自大的優越感,視自身為天朝上國,對他國、他族的政治、經濟和思想文化一向不大重視,貶稱為夷狄。到了道光年間,面對西方列強強烈的軍事打擊和強勢的文化衝擊,中國傳統社會對抗的防線節節敗退,幾欲全面崩潰,令國人產生強烈的挫折感和失落感。在日益加劇的社會變化下,以儒學為基礎構建的傳統倫理道德體系瀕臨瓦解,傳統的道德價值觀也轟然倒塌,這就促使近代有良知的知識群體在堅守儒學的同時,不得不積極尋找新的方法詮釋或重構儒學。近代知識分子中對儒學發難和質疑聲最早的呼聲是康有為,「任何讀過康有為的富於煽動性解釋的人必然會產生　個感動煩惱的問題:儒家的本來面目和特徵何在?這個問題的出現預示著這樣一個後果:使儒家學說從一直是無可懷疑的信仰中心,變成了其基本特徵是可疑的和有爭議的一種思想體系。」〔註 11〕於是從思想文化的角度出發,為抵禦強勢的異域文化的吞噬和探索救亡圖存的理論,近代知識群體在中西雜陳、新舊交替的境遇裏,自覺地開始反思和探索儒學在近代化的發展。

　　早在 1937 年,邏輯學家沈有鼎提出了一個「中國文化三期說」的觀點,他將中國文化分為「堯舜三代至秦漢時期的文化」「魏晉到明清時期的文化」和「近代時期的文化」三個時期。第一個時期的文化以儒家的窮理盡性哲學為主脈,充滿慎思明辨的邏輯精神,「這一時期的思想是剛勁的,創造的,健康的,開拓的,理想的,積極的,政治道德的,入世的。」第二個時期的文化,以道學返璞歸真的玄學為主脈,「這一時期的文化思想,是唯物的,非理想的,恬退的。」第三個時期的文化,「是動的文化,是處處以靜的文化相對映,而與第一期動的文化暗中相符合的。第三期文化是富有組織能力的。無論哪個社會組織思想,都是以剛勁的邏輯精神為條件的。」因此,當下的時代是一個繼此之後走向新的大綜合的時代,「無論如何,哲學在中國將有空前的復興,中華民族將從哲學的根莖找到一個中心思想,足以扶持中國民族

〔註 10〕劉述先,儒家哲學研究〔M〕,上海:上海古籍出版社,2010:459。
〔註 11〕費正清、劉廣京,劍橋中國晚清史:下卷〔M〕,北京:中國社會科學出版社,1993:341。

的更生。這是必然的現象，因為歷史是有它的波動的節律的。……因為每一次新的文化產生，是對舊的文化的反動，是革命；同時是回到前一期的文化精神，是復古。只有革命是真正的復古，也只有復古是真正的革命。每一次新的文化產生，是綜合著反正兩方面的精神，而達到一個新的，自古未有過形式的。因此是前進，不是後退，是創新，不是因襲，是成熟，不是返舊；也只有創新才是真正的復古。」〔註12〕這是針對整個中國文化的發展而提出的分期，但大體上也適用於儒學的發展。因此可以說儒學的近代轉型，就是指儒學從傳統社會近乎封閉式的、與大一統的專制主義中央集權制度相聯繫的、以獨尊地位存在的傳統社會的舊時文化，轉變到開放式的、與近代民主制度相聯繫的近代文化的過程。但在儒學適應近代社會發展的過程，它仍然保留了傳統文化的基調，儒學中蘊含有許多與時推移與萬古常新的成分，因此儒學的近代轉型稱得上即是「革新」也有「復古」。確實，「『制度的儒家』（institutional Confucianism）的確隨著清廷的覆滅而成為歷史的陳跡，但『精神的儒家』（spiritual Confucianism）並沒有死去，儒家也沒有像列文森所說的，在將來成為只能在博物館裏找到的東西。所謂『政治化的儒家』（politicized Confucianism）與『民間的儒家』（popular Confucianism）都還展現著活力。」〔註13〕作為政治化、制度化的儒家可能不再適應近代社會發展的需要，但是精神的儒家所倡導的人格理想和終極關懷在近代經過革新後，仍然還有其存在和發展的空間。

近代百餘年來中國無論政治、經濟抑或思想文化發展的核心問題，都是救亡圖存和民族復興等相關的話題，不論是經世派、洋務派，抑或是維新派、革命派，又或者是馬克思主義者，這個基本的任務和要求都是一樣的。因此不論是為了抵禦強勢的異域文化的吞噬，還是尋找救亡圖存的理論，抑或是學習西方先進的思想文化，都迴避不了對傳統文化以及儒學的思考和反省，借助於近代風雲迭起的社會思潮的發展，於是在具有極明顯的政治目標的推動下，儒學受到抨擊、批判、重新詮釋、回歸等各種不同的遭遇和對待，近代知識群體極力想創造一個充滿創新和改革精神的近代新儒學。例如，理學經世派倡導為學注重社會實際效果，強調經邦治國，濟世安民；洋務派提出了

〔註12〕沈有鼎，中國哲學今後的發展〔M〕//沈有鼎集，北京：中國社會科學出版社，
　　　　2006：277～279。
〔註13〕劉述先，儒家哲學研究〔M〕，上海：上海古籍出版社，2010：31。

「中體西用」理論，將儒學的本體與西學的器物結合起來，掀起了一場改良運動；維新派又提倡今文經學，並將之確定為維新改良的理論根據；國粹派呼籲「以國粹激動種姓，增進愛國熱腸」，推動辛亥革命的發展；還有以接續儒家道統復興儒學為己任的現代新儒家，希望創造一個現代社會和近代新文化實現交融與統一的新儒學；及至最後馬克思主義史學家也認為傳統文化尤其是儒學中也存在有益於中國馬克思主義文化建設的養料，可以適用於新民主主義革命的需要。可見，儒學作為傳統思想的主幹，它的思想資源是十分豐富的，不僅對中華民族的文明演進產生過巨大的影響，即使在今天，仍具有重要的現實價值和意義。

　　「今天世界各民族、各文化接觸與溝通之頻繁與密切已達到空前的程度。面對著種種共同的危機，也許全人類將來真會創造出一種融合各文化而成的共同價值系統。中國的『大同』夢想未必永遠沒有實現的一天。但是在這一天到來之前，中國人還必須繼續發展自己已有的精神資源，更新自己即成的價值系統。只有這樣，中國人才能期望在未來世界文化的創生過程中提出自己獨特的貢獻！」〔註14〕「現今時代，做一個中國人，最重要的是具有愛國意識，而愛國意識有一定的思想基礎。只有認識到祖國的可愛，才能具有愛國意識。而要認識到祖國的可愛，又必須對於中國文化的優秀傳統有正確的理解。幾千年來，中國文化長期延續發展，雖曾經走過曲折的道路，而仍能自我更新，繼續前進。這發展更新的思想基礎，就是中國文化的基本精神。」〔註15〕儒學即是中國文化基本精神的最佳體現，一代代國人從儒學裏獲得民族意識、思維方式、價值理念和生活方式，繁衍發展、生生不息，因此儒學的存在和延續，對中華民族有著至關重要的意義和作用。「今天的中華民族是歷史上的中華民族發展而來的，中華民族今天的成就是以幾千年發展的中國文化為基礎的，也是以中華民族在歷史上養育起來的文化能力為基礎的。而文化傳承最核心的是價值觀。中華文化在幾千年的發展中，以儒家倡導的仁孝誠信、禮義廉恥、忠恕中和為中心，形成了一套相當完整的價值體系，這一套中華文化的價值體系，支配和影響了中國政治、法律、經濟制度建設和政策施行，支撐了中國社會的倫理關係，主導了人們的行為和價值觀念，促進了中華民族凝聚力的形成，支配和影響了中國歷代與外部世界的關

〔註14〕余英時，中國思想傳統的現代詮釋〔M〕，南京：江蘇人民出版社，2006：34。
〔註15〕張岱年，中國文化的基本精神〔J〕，齊魯學刊，2003（5）。

係。這一套體系是中華民族剛健不息、厚德載物精神的價值基礎和根源，亦即中華民族民族精神的價值內涵。朱子與宋明理學對中華民族價值觀的形成、鞏固發揮了重要的作用。中華民族幾千年來不息奮鬥的發展和這一套中華文化的核心價值體系密切相關，這些價值也構成了中國人之為中國人的基本屬性，中華民族之為中華民族、中華民族特有的生命力無不來自這些價值及其實踐。」〔註 16〕

〔註16〕陳來，朱子學的時代價值〔N〕，光明日報，2015 年 5 月 14 日。

附錄：近代船山學文獻資料及大事簡表（1829～1949）〔註17〕

時間	作者	篇名	發表刊物或出版機構
1829 年	鄧顯鶴	《王夫之傳》	楚寶
1839 年	鄧顯鶴	《船山先生王夫之》	沅湘耆舊集
1842 年	鄧顯鶴	刊刻守遺經屋本《船山遺書》	
1843 年	鄧顯鶴	《船山著述目錄》《船山遺書》	守遺經屋本
1845 年	唐鑒	《王而農先生》	國朝學案小識
1864 年	劉毓崧	《尚書引義跋》《永曆實錄跋》	江南書局
1864 年	張文虎	《書王船山說文廣義後》	舒藝室雜錄
1865 年	曾國藩	《〈王船山遺書〉序》	金陵節署本
1865 年	劉毓崧	《王船山先生年譜》	江南書局
1865 年	劉毓崧	《刻王氏船山叢書凡例》	通義堂文集
1865 年	曾國藩	刊刻完成金陵節署本《船山遺書》	
1870 年	王闓運	《邗江王氏族譜敘》	湘綺樓詩文集
1876 年	郭嵩燾	《請以王夫之從祀文廟疏》	郭嵩燾奏稿
1877 年	歐陽兆熊	《王船山先生軼事》	水窗春囈
1878 年	張憲和	主持創建船山書院	
1880 年	李元度	《駁王夫之李綱論》	天岳山館文鈔

〔註17〕 本表主要參考了朱迪光《王船山以及著作述要》（湖南大學出版社 2010 年版）和《船山全書》第 16 冊，嶽麓書社 1996 年版。

1885 年	彭玉麟	《改建船山書院片》	彭剛直公奏稿
1885 年	彭玉麟	獨捐 1.2 萬兩白銀，將船山書院遷往衡陽東洲島	
1888 年	羅正鈞	《船山師友記》	劬盦文稿
1893 年	王之春	《船山公年譜》	湖北藩署本
1894 年	孔祥霖	《擬請從祀文廟摺》	光緒朝東華錄
1894 年	王之春	《四書箋解》	湖北藩署本
1899 年	俞樾撰	《讀王氏稗疏》	春在堂全書
1902 年	梁啟超	《論中國學術思想變遷之大勢》論近世之學術中涉及王船山	新民叢報
1903 年	章士釗	《王船山史說申義》	國民日日報
1904 年	劉師培	《王船山先生的學說》	中國白話報
1904 年		《採王船山成說證中國有尚武之民族》	東方雜誌
1906 年	鄧實	《明末四先生說》	國粹學報
1906 年	勇立	《王船山學說多與斯密暗合說》	東方雜誌
1906 年	章太炎	《衡三老》	民報
1907 年	趙啟霖	《請三大儒從祀文廟摺》	瀞園集
1907 年	黃節	《明儒王船山黃梨洲顧亭林從祀孔廟論》	國粹學報
1907 年		《論趙侍御奏請以黃宗羲顧炎武王夫之從祀文廟》	廣益叢報
1908 年		清政府批准王夫之、顧炎武、黃宗羲三人均著從祀文廟	
1908 年	章太炎	《王夫之從祀與楊度參機要》	民報
1909 年	錢桂笙	《王船山胡石莊學術論》	錢隱叟遺集
1910 年	林紓	《評選船山史論》	商務印書館
1911 年	歐陽兆熊	《春窗夢囈：王船山先生軼事》	小說月報
1914 年	劉人熙	在長沙成立船山學社	
1915 年	劉人熙	《船山學報敘意》	船山學報
1915 年	劉人熙	《船山子王子授義》《船山子王子四書授義敘二》	船山學報
1915 年		《搔首問愚鼓詞箋合刊》	船山學報

1915 年	曹佐熙	《籜史序》《籜史前八篇跋》《籜史殘篇跋》	船山學報
1915 年	曹佐熙	《記衡陽劉氏所藏王船山先生遺稿》	船山學報
1915 年		連載《子王子四書授義》《籜史》	船山學報
1915 年		《船山古近體詩評選》，此為本書首次公世之本	船山學社
1915 年	陳三立	《船山師友記敘》	船山學報
1917 年	曾慶榜	《船山〈黃書〉宣義》	船山學報
1919 年	小島裕馬	《王夫之的經濟思想》	經濟論叢
1920 年	嵇文甫	《王船山的人道主義》	心聲月刊
1921 年		《相宗絡索》，此為本書首次公世之本	衡陽文明印刷公司出版
1922 年	小島裕馬	《王夫之的經濟說》	支那學
1922 年	徐炳旭 宋錫鈞	《王船山道德進化論》	哲學動態
1923 年	錢穆	《王船山學說》	學燈（上海《時事新報》副刊）
1924 年	梁啟超	《中國近三百年學術史》第七章記王船山和朱舜水	
1924 年	束世澄	《王船山先生之政治思想》	史地學報
1925 年	鄭鶴聲	《讀王船山先生〈讀通鑒論〉〈宋論〉》	史地學報
1929 年	鄭行	《王船山之經濟思想研究》	民鐸雜誌
1929 年	徐世昌	《清儒學案》錄《船山學案》	
1930 年	曾天陽	《船山相宗絡索衍》	湖南船山雜誌
1931 年	嵇文甫	《十七世紀中國思想史概論》	為中國大學編寫的講義稿
1932 年	蔣維喬	《中國近三百年哲學史》	中華書局
1932 年	後藤基	《王船山的中華思想》	斯文
1933 年		《船山遺書》	上海太平洋書店出版
1933 年	余廷燦	《王先生夫之傳》	船山學報
1933 年	有高岩	《王船山的民族思想》	史潮
1934 年	章太炎	《重刊船山遺書序》	太平洋書店
1934 年	王孝魚	《船山學譜》	中華書局
1935 年	李石芩	《中國哲學十講》	世界書局

1935 年	黃鞏	《黃書‧大正篇》	船山學報
1935 年	黃鞏	《續船山先生「群龍無首」解》	船山學報
1935 年	王孝魚	《王船山的歷史進化論》	中山文化教育館季刊
1936 年	嵇文甫	《船山哲學》	開明書店
1936 年	歐陽祖經	《王船山黃書注》	中華書局
1936 年	劉國剛	《船山〈黃書〉的民族思想》	周行（長沙）
1936 年	顧頡剛	《王夫之》	中學生雜誌（北平）
1936 年	趙九成	《王船山的政治思想》	河南政治
1937 年	楊幼炯	《中國政治思想史》第十章《清代之政治思想》	商務印書館
1937 年	錢穆	《中國近三百年學術史》	商務印書館
1937 年	張西堂	《船山思想之體系》	文哲月刊
1937 年	呂振羽	《中國政治思想史》第十編第三章《王夫之的經濟欲望論》	生活書店
1938 年	張西堂	《王船山學譜》	商務印書館
1940 年	劉永明	《關於王船山民族思想之一斑》	時事半月刊
1942 年	楊天錫	《王船山思想評述》	群眾（上海）
1942 年	後藤基巳	《清初政治思想的成立過程》	漢學會雜誌
1943 年	嵇文甫	《王船山的民族思想》	時代中國
1944 年	嵇文甫	《王船山〈黃書〉中的政治綱領》	力行月刊
1944 年	嵇文甫	《王船山的政術論》	力行月刊
1944 年	余求之	《讀〈船山學案〉》	新華日報（重慶）
1944 年	侯外廬	《船山學案》	重慶三友出版社
1946 年	蕭公權	《中國政治思想史》第十九章《王夫之》	商務印書館
1946 年	賀麟	《王船山的歷史哲學》	哲學評論
1946 年	嵇文甫	《王船山的易學方法論》	河南大學學術叢刊
1947 年	徐炳昶	《論船山思想》	學原（南京）
1948 年	趙紀彬	《中國哲學思想》第八章第二節《王船山的哲學思想》	中華書局
1948 年	趙麗生	《王船山學派述》	讀書通訊
1948 年	何貽	《王船山先生之教育思想》	湖南教育
1948 年	嵇文甫	《王船山的史學方法論》	新中華（半月刊）復刊
1949 年	嵇文甫	《王船山的學術淵源》	三聯書店

參考文獻

一、本文研究對象之專著

1. 王夫之，船山全書〔M〕，長沙：嶽麓書社，2011。

2. 李元度，國朝先正事略〔M〕，長沙：嶽麓書社，1991。

3. 鄧顯鶴，南村草堂詩鈔，南村草堂文鈔〔M〕，長沙：嶽麓書社，2008。

4. 曾國藩，曾國藩全集〔M〕，長沙：嶽麓書社，1994。

5. 郭嵩燾，郭嵩燾全集〔M〕，長沙：嶽麓書社，2012。

6. 彭玉麟，彭玉麟集〔M〕，長沙：嶽麓書社，2008。

7. 王闓運，湘綺樓詩文集〔M〕，長沙：嶽麓書社，1992。

8. 譚嗣同，譚嗣同全集〔M〕，北京：中華書局，1981。

9. 梁啟超，飲冰室合集〔M〕，北京：中華書局，1989。

10. 鄧實、黃節主編，國粹學報〔M〕，揚州：廣陵書社，2006。

11. 章太炎，章太炎全集〔M〕，上海：上海人民出版社，1982。

12. 章太炎，章太炎政論選集〔M〕，北京：中華書局，1977。

13. 劉人熙，劉人熙集〔M〕，長沙：湖南人民出版社，2009。

14. 熊十力，熊十力全集〔M〕，武漢：湖北教育出版社，2001。

15. 錢穆，中國學術思想史論叢〔M〕，臺北：東大圖書公司，1980。

16. 錢穆，中國近三百年學術史〔M〕，北京：中華書局，1997。

17. 錢穆，國史大綱〔M〕，北京：商務印書館，2008。

18. 賀麟，文化與人生〔M〕，北京：商務印書館，1988。

19. 張君勱，新儒家思想史〔M〕，北京：中國人民大學出版社，2006。

20. 嵇文輔，嵇文輔文集〔M〕，開封：河南人民出版社，1985。

21. 嵇文甫，王船山學術論叢〔M〕，北京：三聯書店，1962。

22. 侯外廬，侯外廬史學論文集〔M〕，北京：人民出版社，1987。

23. 侯外廬，中國思想通史〔M〕，北京：人民出版社，2004。

24. 侯外廬，船山學案〔M〕，長沙：嶽麓書社，1982。

25. 張岱年，張岱年全集〔M〕，北京：河北人民出版社，1996。

二、近代社會思潮參考著作

1. 吳雁南，中國近代社會思潮〔M〕，長沙：湖南人民出版社，1998。

2. 蕭一山，清代通史〔M〕，上海：華東師範大學出版社，2006。

3. 蕭公權，中國政治思想史〔M〕，北京：新星出版社，2010。

4. 史革新，清代理學史〔M〕，廣州：廣東教育出版社，2007。

5. 陸寶千，清代思想史〔M〕，臺北：臺灣廣文書局，1978。

6. 鄭師渠，思潮與學派〔M〕，北京：北京師範大學出版社，2005。

7. 王爾敏，晚清政治思想史論〔M〕，桂林：廣西師範大學出版社，2005。

8. 鄭大華，晚清思想史〔M〕，長沙：湖南師範大學出版社，2005。

9. 鄭大華，民國思想史論〔M〕，北京：社會科學文獻出版社，2006。

10. 高瑞泉，中國近代社會思潮〔M〕，上海：上海人民出版社，2007。

11. 戚其章，晚清史治要〔M〕，北京：中華書局，2007。

12. 秦燕春，清末民初的晚明想象〔M〕，北京：北京大學出版社，2008。

13. 錢基博、李肖聃，近百年湖南學風‧湘學略〔M〕，長沙：嶽麓書社，1985。

14. 鄭炎，近代湖湘文化概論〔M〕，長沙：湖南師範大學出版社，2008。

15. 田澍，曾國藩與湖湘文化〔M〕，長沙：湖南大學出版社，2004。

16. 王興國，郭嵩燾評傳〔M〕，南京：南京大學出版社，1998。

17. 張灝，梁啟超與中國思想的過渡〔M〕，北京：新星出版社，2006。

18. 王泛森，中國近代思想與學術的系譜〔M〕，吉林：吉林出版集團有限責任公司，2011。

19. 余英時，錢穆與現代中國學術〔M〕，南寧：廣西師範大學出版社，2007。

20. 李澤厚，中國近代思想史論〔M〕，北京：三聯書店，2008。

21. 湯志鈞，章太炎年譜長編〔M〕，北京：中華書局，2013。

三、船山學研究專著

1. 湖南、湖北哲學社會科學學會聯合會合編，王船山學術討論集（上下冊）〔M〕，北京：中華書局，1965。

2. 鄧潭洲，王船山傳論〔M〕，長沙：湖南人民出版社，1982。

3. 陳遠寧，王船山認識論範疇研究〔M〕，長沙：湖南人民出版社，1982。

4. 蔡尚思，王船山思想體系〔M〕，長沙：湖南人民出版社，1985。

5. 陸復初，王船山學案〔M〕，武漢：湖北人民出版社，1987。

6. 鄧樂群，船山思想探析〔M〕，上海：國際展望出版社，1991。

7. 羅小凡、王興國，船山學論（1692～1992）〔M〕，長沙：船山學刊社出版，1993。

8. 蕭萐父，船山哲學引論〔M〕，南昌：江西人民出版社，1993。

9. 袁爾巨，大儒列傳——王夫之〔M〕，長春：吉林文史出版社，1997。

10. 張懷承，王夫之評傳——民族自立自強之魂〔M〕，南寧：廣西教育出版社社，1997。

11. 劉誌盛、劉萍，王船山著作叢考〔M〕，長沙：湖南人民出版社，1999。

12. 章啟輝，曠世大儒：王夫之〔M〕，石家莊：河北人民出版社，2001。

13. 張立文，正學與開新——王船山哲學思想〔M〕，北京：人民出版社，2001。

14. 蕭萐父、許蘇民，王夫之評傳〔M〕，南京：南京大學出版社，2002。

15. 熊考核，人文船山〔M〕，香港：天馬圖書有限公司，2002。

16. 朱迪光，王船山研究著作述要〔M〕，長沙：湖南大學出版社，2010。

17. 鄧輝，王船山歷史哲學研究〔M〕，長沙：嶽麓書社，2004。

18. 陳來，詮釋與重建——王船山哲學精神〔M〕，北京：北京大學出版社，

2004。

四、相關期刊論文

1. 陶懋炳，船山研究綜述〔J〕，湖南師範學院學報，1982（4）。

2. 任繼愈，偉大的唯物主義者王夫之〔J〕，求索，1982（2）。

3. 張岱年，王船山的歷史地位〔J〕，中國哲學史研究，1983（3）。

4. 肖萐父、李維武，侯外廬同志新版〈船山學案〉讀後〔J〕，中國史研究，1983（4）。

5. 張岱年，船山思想的啟蒙性質問題〔J〕，船山學報，1984（1）。

6. 高田淳，清末的王船山〔J〕，船山學報，1984（2）。

7. 黃衛平，論析王夫之思想對譚嗣同的影響〔J〕，船山學報，1984（1）。

8. 劉誌盛，湖南船山學社略考〔J〕，船山學報，1984（1）。

9. 張岱年，王船山的理勢論〔J〕，船山學報，1985（1）。

10. 高田淳，清末的王船山（續）〔J〕，船山學報，1985（2）。

11. 高田淳，清末的王船山（續完）〔J〕，船山學報，1985（10）。

12. 宋偉明，譚嗣同對王船山哲學思想的態度〔J〕，船山學報，1986（2）。

13. 梁紹輝，劉人熙與船山學社〔J〕，船山學報，1986（2）。

14. 鄧樂群，王船山學術思想在清代的傳播〔J〕，衡陽師專學報，1987（1）。

15. 許山河，論曾國藩刊印《船山遺書》〔J〕，船山學報，1988（11）。

16. 方克立，關於現代新儒家研究的幾個問題〔J〕，天津社會科學，1988。

17. 王興國，王船山與中國近現代〔J〕，船山學報，1989（1）。

18. 張岱年，弘揚王船山的精粹思想〔J〕，船山學刊，1991 年創刊號。

19. 熊考核，船山學的三大文化命題〔J〕，船山學刊，1992（2）。

20. 夏曉虹，明末「三大家」之由來〔J〕，瞭望，1992（35）。

21. 蔣昌和，論王夫之對中國哲學由傳統向近代演變之振作用〔J〕，船山學刊，1992（1）。

22. 李錦全，試論王船山思想在中國傳統文化中的地位與作用〔J〕，船山學刊，1993（2）。

23. 劉興邦，王夫之與湖南文化傳統〔J〕，船山學刊，1993（2）。

24. 郭齊勇，船山思想的內在緊張與船山模型的當代意義〔J〕，船山學刊，1993（1）。

25. 劉泱泱，鄧顯鶴曾國荃等刊布（船山遺書）述論〔J〕，船山學社刊，1993。

26. 王興國，清末民初船山學論述評〔J〕，船山學刊，1994（1）。

27. 彭大成、王船山，曾國藩與湖南「省運大盛」〔J〕，船山學刊，1994（2）。

28. 楊金鑫，王船山是湖湘學派承上啟下的關鍵人物〔J〕，湖南師範大學社會（科學）學報，1995（5）。

29. 弘征，湘學複習導師鄧湘皋〔J〕，書屋，1995（1）。

30. 夏劍欽，略論王夫之對譚嗣同的深刻影響〔J〕，求索，1995（1）。

31. 王興國，簡論馮友蘭先生的船山研究〔J〕，船山學刊，1996（2）。

32. 陳勇勤，光緒間關於王夫之從祀文廟的爭論〔J〕，船山學刊，1997（1）。

33. 丁平一，王船山對湖湘文化中主變精神的承接及對近代湖南的影響〔J〕，船山學刊，1997（1）。

34. 胡發貴，經世致用：王夫之與清初學風〔J〕，船山學刊，1998（1）。

35. 趙載光，周敦頤道學與湖湘派儒學的特色——從周敦頤、胡宏到王船山〔J〕，船山學刊，1999（2）。

36. 嚴壽澂，〈思問錄〉與船山思想〔J〕，載於《百年》，1999（5）。

37. 宋偉明，譚嗣同對王船山思想的繼承與發展〔J〕，湘潭師範學院學報，1999年（1）。

38. 朱迪光、謝美萍，王船山學術研究及其分類〔J〕，衡陽師範學院學報，2001（5）。

39. 熊考核，船山思想對近代中國社會變革的主要影響及歷史作用〔J〕，船山學刊，2001（3）。

40. 周輝湘，船山思想與湖湘文化的近代化〔J〕，湘潭大學社會（科學）學報，2002（6）。

41. 周輝湘，船山思想與近代民族意識的形成〔J〕，雲夢學刊，2002。

42. 周輝湘，船山學復蘇與近代思想界的嬗變〔J〕，衡陽師範學院學報（社

會科學），2002（5）。

43. 熊考核，曾國藩為何力倡船山學〔J〕，衡陽師範學院學報（社會科學），2002（2）。

44. 方克立，王船山——從古代湘學過渡到近代湘學的關鍵人物〔J〕，湘潭大學社會科學學報，2003（1）。

45. 李先國，王船山與曾國藩：不同文化衝突中的處世抉擇〔J〕，衡陽師範學院學報（社會科學），2003（2）。

46. 戶華為，船山崇祀與近代湖湘地方文化建構〔J〕，湖南大學學報（社會科學版），2003（6）。

47. 朱迪光，梁啟超與王船山研究〔J〕，船山學刊，2004（2）。

48. 周輝湘，船山學復蘇與戊戌思潮〔J〕，船山學刊，2004（3）。

49. 朱迪光，梁啟超與王船山研究〔J〕，船山學刊，2004（2）。

50. 王立新，跨越歷史的心靈溝通——郭嵩燾對王船山的認識和評價〔J〕，湖南科技學院學報，2005（9）。

51. 戶華為，晚清社會思想變遷與聖廟的最後演出——顧、黃、王三大儒從祀風波探析〔J〕，社會科學研究，2005（2）。

52. 方紅姣，現代新儒家的船山學研究述評〔J〕，哲學動態，2006（8）。

53. 葛榮晉，完成兩個轉變，推進船山學的研究〔J〕，衡陽師範學院學報，2006（1）。

54. 王興國，張岱年先生對船山學的貢獻〔J〕，船山學刊，2007（1）。

55. 段志強，顧炎武、黃宗羲、王夫之從祀孔廟始末新考〔J〕，史學月刊，2011（3）。

56. 段志強，孔廟與憲政：政治視野中的顧炎武、黃宗羲、王夫之從祀孔廟事件〔J〕，近代史研究，2011（4）。

57. 朱漢民，船山詮釋與湖湘文化建構〔J〕，社會科學戰線，2012（8）。